21世纪高等学校旅游管理专业（本科）教材

旅游管理学

TOURISM MANAGEMENT

（第三版）

李　昕◎编著

中国旅游出版社

目　录

第一章

绪　论

自第二次世界大战结束以来，和平与发展成为世界的主题，科学技术飞速发展，带来了人类文明的突飞猛进，生产力的高度发达和世界经济持续高速的发展使人们的物质和文化生活水平得到了前所未有的提高。越来越多的人认识到了度假、旅行、休闲及体验异邦文化在生活中的重要性。人们认识到通过旅游活动，旅游者花费的是金钱、时间和精力，最终得到的是宝贵的回忆、美妙的感受和丰富的阅历，因此当代人普遍把旅游当做现代社会的一种基本生活方式。旅游正从一种主要以休息、娱乐或观光为中心的活动转变成一种生活方式的提高或者追求，正在日益成为一种人们个人发展以及生活方式形成的途径。在这种背景下，世界各国的旅游业都正在经历着一个快速发展的阶段，旅游和旅游业的重要性日益突显。根据世界旅游组织（WTO）的统计，在过去的50年中全世界的旅游入境人数增加了近30倍：1950年为2500万；1970年为1.66亿；1990年为4.58亿；2000年达到6.97亿。[①] 世界旅游及旅行理事会（WTTC）的统计数字显示，从20世纪90年代开始，旅游业已经发展成为世界第一大产业，1998年全世界1/10的就业岗位是旅游业提供的，旅游活动占全球经济活动的6%。[②] 世界旅游及旅行理事会发布的《2011~2021旅游业经济影响报告》认为，未来10年里，世界旅游行业对全球生产总值GDP的贡献每年将达到4.2%，总额为9.2万亿美元，并创造6500万个就业机会。[③] 中国的旅游业从20世纪80年代开始也进入高速发展的阶段，旅游业已经成为中国国民经济中的重要产业，并显示出在21世纪将继续快速发展的迹象。根据世界旅游组织的预测，中国将于2020年成为世界第一大旅游接待国和第四大客源输出国。届时，估计每年将有1.3亿游客前往中国，而中国公民出境旅游的人数将达到1亿，是目前亚洲各国出境游客

---

① 世界旅游组织2002年统计数字，www. world-tourism. org.

② *WTTC Key Statistics 1998*.

③ 中国新闻网，http：//www. chinanews. com/cj/2011/03 -04/2883725. shtml.

的总和。①

面对旅游和旅游业的这种发展趋势，旅游业界的专业人员、从事旅游研究的学者、旅游专业的学生及广大旅游者完全有理由设想，如果旅游继续以当前的趋势和势头发展，在未来的50年或者整个21世纪中，旅游业将会继续成为世界第一大产业，并且将继续对社会的各个领域和人们的生活方式产生巨大的影响。因此，政府部门、企业、高等院校和研究机构都积极参与旅游业的发展。从旅游研究和旅游教育的角度来看，旅游或者旅游学已经成为一门越来越重要的学科。本书旨在从学术和专业的角度，借鉴国内外旅游理论研究的成果，综合和总结旅游管理学的理论，用其分析影响旅游发展的因素、旅游体系内部各个利益相关因素之间的关系、旅游和旅游业对社会生活和发展的各个领域的影响及旅游业未来的发展趋势，力图对旅游和旅游业的机理和结构进行更深入的剖析和认识，促进旅游学科在中国的建设和发展。

第一节 旅游的概念

"旅游"是人类的一种行为，在英文中"travel"（旅行）和"tour"（旅游）常常是可以互换使用的，其广义的、非学术性的含义和我们在日常生活中使用的"旅游"一词的中文含义大体相同，即在整体上泛指人们的旅行、探亲访友、观光、游览、休闲消遣、享受大自然、度假等活动的综合。世界旅游组织对旅游的定义摆脱了人们把"旅游"仅仅看成"度假"的刻板印象。世界旅游组织对旅游的官方定义是："旅游指人们出于休闲、商务及其他目的到其通常环境之外的地区旅行或逗留不超过连续一年的活动。"②

但是，如果把"旅游"（tourism）作为一门学问来研究，从旅游管理学的角度审视"旅游"，其涉及的范围就远远不只是狭义的"旅"和"游"的含义了。从学术研究的角度来看，"旅游"（tourism）也可以表示"旅游学"，利珀（Leiper）认为，"旅游（tourism）是成为旅游者的理论和独特的实践"。③ 研究旅游既要研究广义的"旅游活动"中的内在矛盾和结构，也要研究旅游活动对外

① 中国网，http：//www.china.org.cn/chinese/TR-c/234413.htm，2002年11月20日；http：//www.china.org.cn/chinese/TR-c/235689.htm，2002年11月20日.

② World Tourism Organization. *Concepts*, *Classifications for Tourism Statistics*. Madrid, Spain: WTO.

③ Leiper, N.(2003). *Tourism Management* (2nd Ed.). Frenchs Forest, Australia: Pearson Education Australia, p.33.

部产生的各种影响。旅游学的研究重视旅游活动中的各种内外关系和相互影响。以此为基础，谢彦君将“旅游学”定义为，“旅游学的研究对象是旅游活动的内在矛盾，旅游学的任务就是要通过研究来认识这种矛盾的性质及其发生原因、形态结构、运动规律和它所产生的各种外部影响”。[①] 李天元给“旅游”下的定义也重视旅游活动中发生的各种关系，“旅游是非定居者出于和平目的的旅行和逗留而引起的现象和关系的总和”。[②] 一些学者认为，“旅游”涉及人类的外出活动和商业活动。例如，查德威克（Chadwick）将“旅游学”定义为，“有关人类及其商业活动的一个研究领域，即对人们出于商务、休闲娱乐或者个人原因等目的暂时离开其日常居住及工作环境的活动的研究”。[③]

戈尔德纳（Goeldner）等学者认为，为了更好地定义、描述和研究“旅游”，可以把旅游放到一个包含多种利益相关群体的较大结构体系中。这个较大结构体系包括以下四个主要组成部分。

旅游者 旅游者寻求心理和生理的体验和满足。旅游者的这种特点主要影响旅游目的地的选择和喜爱的休闲活动的种类。

提供旅游商品和服务的企业 企业家把旅游当做挣钱的机会，提供旅游市场需要的商品和服务。

东道地社区或地区的政府 政治家把旅游当做本地区经济发展中的一个致富因素。他们关注本地区人民从旅游业中得到的收入、从国际旅游者获取的外汇收入及直接和间接的旅游税收收入。

东道地社区 东道地人民通常把旅游当做一种文化和就业因素。例如，国际游客的数量会对当地社区产生积极或消极的影响。[④]

韦弗（Weaver）和劳顿（Lawton）从旅游学研究和旅游管理学的角度，在戈尔德纳的研究成果的基础上，将“旅游”进一步分割成多种相互关联和影响的“过程、活动和结果”，这些和旅游相关的“过程、活动和结果”总和构成了一个利益相关群体的结构体系（见图 1－1）。在这个体系中，除了戈尔德纳等学者归纳的四个因素（旅游者、旅游企业、东道地政府及东道地社区）外，还包含客源地政府、高等教育机构和非政府组织。在这个体系中，各个利益相关群体之间相互联系，相互影响，共同起作用。根据这个旅游利益相关群体的结构体系，

---

① 谢彦君. 基础旅游学［M］. 北京：中国旅游出版社，2001.9.

② 李天元. 旅游学概论［M］. 天津：南开大学出版社，2002.34.

③ 史蒂芬·佩吉等著，刘劼莉等译. 现代旅游管理导论［M］. 北京：电子工业出版社，2004.8.

④ Goetdner, C., Ritchie, J. and McIntosh, R.. *Tourism: Principles, Practices, Philosophies* (8th Ed.)［M］. New York: John Wiley & Sons, 2000.14.

可以把“旅游”（或曰“旅游学”）描述为：**“在吸引、运送、接待和管理旅游者及其他来访者的过程中，旅游者、旅游供给商、东道地政府、东道地社区、客源地政府、大学、社区学院和非政府组织通过相互作用而产生的各种过程、活动和结果的总和”**。① 这个体系中的任何两个利益相关群体之间的关系都是双向的、相互影响和相互作用的。这个体系的另一个特点是包含了高等社区学院和综合性大学，这充分体现了高等教育机构不但在职业技能培训方面起着重要的作用，而且在培养高层次人才、学术研究和理论创新方面同样发挥着重要的作用。这也体现了旅游学研究作为一个学科领域正在不断地发展和成熟。

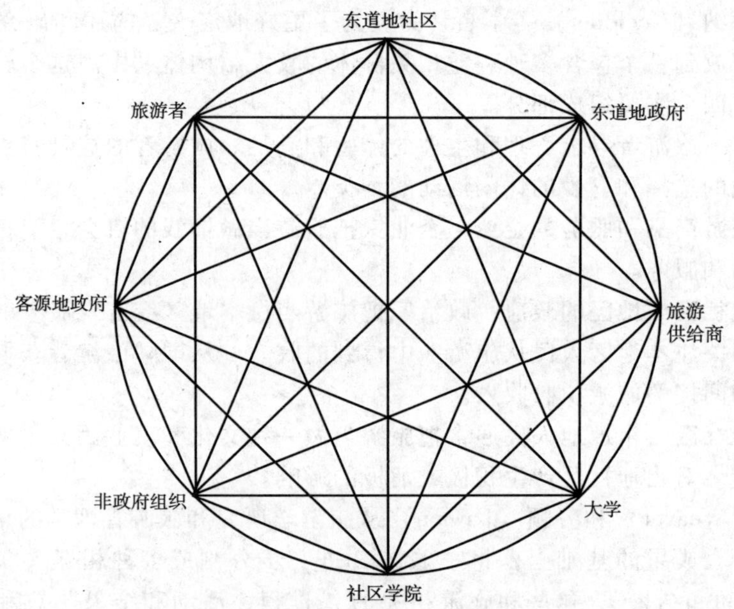

图 1－1　旅游利益相关群体的结构体系

资料来源：Weaver，D. and Lawton，L.（2006）. *Tourism Management*（3rd Ed.）. Milton，Australia：John Wiley & Sons Australia，p. 3.

综上所述，我们可以认为，韦弗和劳顿总结的“旅游利益相关群体的结构体系”和其对“旅游”所下的定义比较有利于旅游管理学的学习和研究。

---

① Weaver，D. and Lawton，L.. *Tourism Management*（3rd Ed.）[M]. Milton，Australia：John Wiley & Sons Australia，Ltd.，2006. 3.

第二节　旅游的发展模式

很多学者都认为，旅游发展的历程通常是沿着从低级阶段到高级阶段的轨迹前进的。这种发展模式的形成是由于旅游的发展一定会受到社会、文化和经济等因素的影响和制约。旅游的这种发展模式在发展中国家的旅游发展中表现得尤为明显。表 1－1 列出了旅游发展的四个阶段和每个阶段所表现出的一些基本特征。

表 1－1　旅游发展阶段模式

旅游发展阶段	主要特征	规划和管理的程度
初级阶段	入境游客的数量很少 混合型地方经济 目的地未被发现 缺少国际形象 企业家对旅游的投资兴趣很小 在旅游设施方面的投资很少 几乎没有各种规模的酒店,住宿设施的规模很小	缺少旅游规划 旅游规划和管理不是优先考虑的事项 管理的风险很低
影响阶段	意识到旅游市场的重要性 由于入境游客人数增加,现有的住宿设施爆满 购买第二套住房的人数增加 酒店连锁集团和旅游经营商前来考察 政府提高了对旅游业的认识	需要对旅游发展速度和旅游规划进行评估
发展阶段	旅游经营商、旅游目的地和政府机构进行旅游促销活动 多国酒店连锁集团与当地合作修建大型酒店 改进旅游设施,包括提升餐馆、酒吧和公共服务设施的功能 混合型经济的性质发生了变化 环境、社会和经济因素的影响打破了社区的平衡,造成了一定程度的紧张和消极影响	修改规划政策以适应旅游的快速发展
延续阶段	旅游目的地继续发展,但是更有选择性地进行促销活动 维护旅游设施变得更加紧迫 旅游业在经济中占支配地位 反对发展大众旅游的呼声日益增加	在旅游领域采用更精确、更先进的规划技术

资料来源：Lumsdon，L.. *Tourism Marketing* ［M］. London，UK：International Thomson Business Press，1997. 8；有改动。

如前所述，从20世纪50年代开始，世界旅游业得到了空前飞速的发展，带来了全球性的“旅游革命”，世界进入了大众旅游（Mass tourism）时代。有关人士和组织也都预测，进入21世纪后，世界旅游业将继续高速发展。但是普恩（Poon）对世界旅游业的发展提出了不同的观点，她编录了从第二次世界大战结束时的1945年到世界进入21世纪初叶的社会发展大事件和旅游增长率年表，并据此绘制了全新的旅游生命周期图，提出了“旧旅游”（Old tourism）和“新旅游”（New tourism）的新概念①（见图1－2）。普恩预言“旧旅游”将走向衰落，“新旅游”将取而代之。

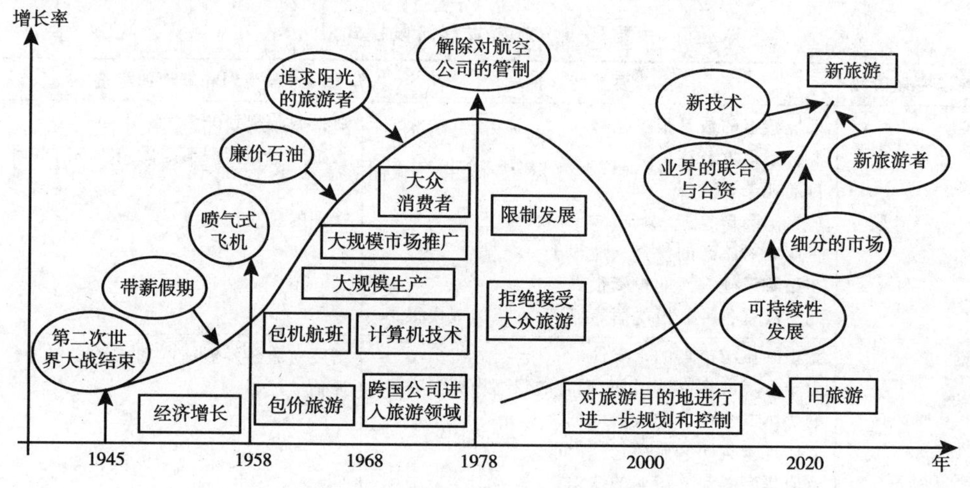

图1－2 旅游生命周期图

资料来源：Lumsdon，L.. *Tourism Marketing*［M］. London，UK：International Thomson Business Press，1997. 278.

普恩把传统的大众旅游称为“旧旅游”，认为旧旅游中的旅游者的消费行为和特点与“新旅游”中的旅游者完全不相同。旧旅游者（传统的大众旅游者）满足于单一的、可预见的、3S型（sun，sea，sand）的、随大流型的度假体验，而新旅游者的旅游经验更丰富，更具独立性和灵活性，他们重视与众不同的体验，更了解旅游目的地的历史和文化，更清醒地意识到自己在旅游活动中的行为对旅游目的地和敏感环境的影响。新旅游者也知道什么是“正确”的旅游行为

① Poon，A.. *Tourism，Technology and Competitive Strategies*［M］. Oxford，UK：CAB International. 1993.

和如何“正确”地进行旅游消费。

在普恩的旅游生命周期图中，旧旅游在20世纪70年代末期达到顶点，并开始走向衰落，而新旅游则从这个时期开始兴起并持续向前发展。按照普恩的逻辑预测，到2020年新旅游的规模将超过旧旅游在20世纪70年代末期所达到的顶峰，并将继续显示出发展的势头。普恩的旅游生命周期图显示，第二次世界大战结束后，由于科学技术的突飞猛进、世界经济的高速发展和社会进步等诸多因素，世界旅游业（旧旅游，即“大众旅游”）一直持续快速发展。到20世纪70年代末期，美国于1978年通过了《航空公司解除管制法》,[①] 由于放松了管制，世界航空市场得到了进一步的活跃。以此为标志，世界旅游业得到了空前的发展，达到了顶峰。但是此后，由于诸多因素的限制，旧旅游的发展速度开始减缓，而新旅游则开始兴起并不断增长。导致这种新旧旅游的兴衰变化的主要原因如下：[②]

新消费者　新旅游消费者的旅游经验更丰富；对环境更敏感；寻求旅游体验和生活质量，而不是3S型的度假。新消费者的出现使旅游市场出现了新的格局。现在，旅游市场的破碎程度远远超过了20年前，因此使寻求标准化的市场营销策略陷入了进退两难的地步。

新技术　越来越多的新技术应用到旅游领域，而新技术的发展速度超过了旅游消费市场的变化速度。这意味着，可以采用先进的技术对旅游消费市场进行更精确的细分。而且旅游消费者不必依靠旅游经营商的帮助就可以很容易地选择旅游目的地和旅游服务，而且几乎不用花钱，也没有风险。借助新技术，旅游供应商有可能以很小的代价调整和协调其提供的旅游产品，因此不必采用规模经济的方式也能获得利润。

限制发展　所有旅游企业都面临着越来越多的与环境相关的限制因素。人们都已经普遍认识到，不应该接受那些消耗能源高、对环境影响大的旅游服务。同时，越来越多的国际组织、政府和跨国公司不得不屈服于旅游发展造成的负面影响，停止发展和开发一些受环境等因素限制的旅游项目。

全球性新实践　在新旅游中，传统的规模经济和经验曲线已经不再适用于旅游的所有领域。旅游新时代的特点包括：旅游需求的超级细分、旅游供给和销售的灵活性及通过非规模经济手段获取利润。

如上所述，按照普恩提出的旅游生命周期理论模型，以大众旅游为标志的旧

---

① http://www.all56.com/list0.php?docid=6511.

② Lumsdon, L.. *Tourism Marketing*[M]. London, UK: International Thomson Business Press, 1997. 278.

旅游的发展速度开始减缓，而新旅游开始兴起并加速发展；但是事实显示，大众旅游不但没有完全退出舞台，而且在世界的很多地区仍然很兴旺地快速发展着。因此可以预言，大众旅游和新旅游这两种旅游模式将会长期并存。其原因主要来自两个方面：一方面是经济因素，大众旅游能够为目的地国家和地区带来可观的经济收入；另一方面是社会心理因素，因为很多旅游者通常都不一定愿意自己安排旅游行程，也不希望到达旅游目的地后自己寻找住处，他们往往希望能够不用学习外语就可以获得相关的旅游产品和服务；希望不必花费很多钱就可以享受到比较舒适的住宿设施并且吃到自己熟悉的食物。尽管如此，从旅游管理者、经营者、研究者和学习者的角度，了解旧旅游和新旅游的基本特点、两者之间的不同之处及新、旧旅游的兴衰趋势将有助于进一步学习和理解旅游管理理论和实践。

不论旅游业发展的趋势如何，它通常总是受到来自四个方面的因素的影响或者制约：经济因素、技术因素、社会因素和政治因素（见图1-3)。因此，从旅游管理的角度，我们应该关注并分析经济、技术和社会对旅游业发展产生的潜在影响。例如，通信技术的迅速发展不但对旅游者如何购买旅游产品和如何获得旅游目的地的信息等方面产生巨大的影响，而且也对经济和工业发展的性质产生了重要的影响。同样，我们也应该关注政府在旅游发展过程中扮演的重要角色，例如，政府可以以官方的名义进行促销、修建交通等基础设施、制定促进旅游业发展的框架性法律和法规等。

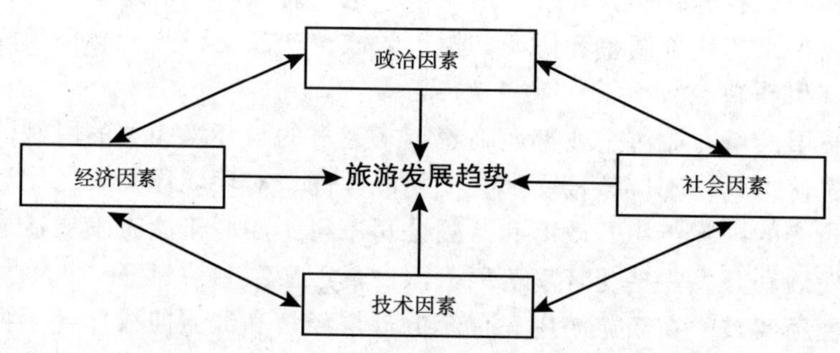

图1-3 制约旅游发展趋势的诸因素

资料来源：Hall，C.. *Introduction to Tourism：Dimensions and Issues*［M］. Frenchs Forest，Australia：Pearson Education Australia，2003. 59.

第三节　旅游学研究

旅游学几乎涵盖我们社会的全部领域。国内外学者现在都普遍倾向于认为旅游学是一门复合型的学科，具有多学科性和跨学科性。例如，研究文化和历史传统旅游，需要采用人类学的研究方法；人们的旅行行为多种多样、旅行原因各异，所以要用心理学的方法研究如何对旅游产品进行市场推广和营销；地理学家关注旅游者的空间活动和地理环境、气候及地貌景观等因素与旅游活动的关系，他们采用地理学的方法对旅游进行研究；旅游是一种社会活动，因此要采用社会学的研究方法分析个体和群体的旅游活动对社会的影响；为了保证旅游企业的有效运转和健康发展，需要采用管理学的方法对旅游企业中的多种问题进行分析和研究；旅游作为一种经济现象，对地区、国家乃至世界的经济发展产生巨大的积极和消极影响，因此有必要采用经济学的方法对旅游进行分析和研究，等等。

旅游学研究的多学科关系可以用一个简图表示（见图 1－4）。这些相关学科与旅游学研究的主要关联如下：

经济学　研究旅游的经济影响及旅游对经济发展产生的各种动力。

地理学　研究地理环境、气候及地貌景观等因素与旅游活动的空间关系，旅游区域划分，旅游资源的分布及分类。

历史学　研究旅游的演变发展史，从历史学的视角研究和解释旅游吸引物的含义。

法学　研究旅游者、旅游从业者及旅游企业应该遵循的法律框架。

生态学　研究旅游对自然环境的影响。

社会学　用社会学的理论框架分析和研究人们的旅游休闲活动及旅游对社会发展产生的各种动力。

心理学　研究人们的旅游动机和需要。

工商管理学　研究旅游企业的管理及各种类型的旅游组织的活动和行为。

人类学　研究旅游者和旅游目的地居民之间的关系和旅游活动对旅游目的地的文化影响，并从人类学的视角研究和解释人文旅游吸引物的含义。

营销学　研究旅游产品的市场推广、营销及旅游市场细分。

农学　研究乡村旅游和农场旅游对乡村多样化及乡村建设的影响。

政治学　研究旅游政策的制定、旅游的地缘政治、旅游对政治的影响及政治对旅游的影响。

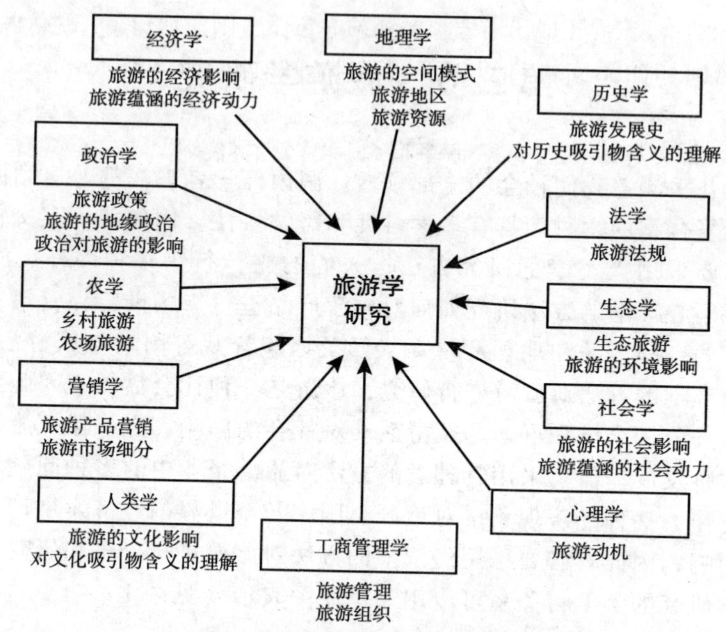

图 1-4 旅游学研究的多学科关系

资料来源：Weaver，D. and Lawton，L.. *Tourism Management*（3rd Ed.）[M]. Milton，Australia：John Wiley & Sons Australia，2006. 16.

旅游学的跨学科性也体现在高等学校对旅游学科的课程的设置上。虽然国外有相当一部分高等学校都设有专门的旅游系或旅游学院，开设旅游专业的课程，但是也有相当一部分旅游课程并不是在这些专门的旅游系、院中开设的，而是设置在一些非旅游系、院或专业中（见图 1-5）。

同行评审旅游学学术刊物的发展历程可以反映出旅游学研究的学术地位正在逐步提升。在英文中，同行评审学术刊物（Refereed academic journal）表示在该刊物上刊登的文章都是经过同行专家的严格盲审（Double-blinded peer review）合格后才发表的，因此这类学术刊物被学术界广泛地认为能够展示代表本学科或专业的最新的、最前沿的发展成果，具有学术同行认可的、很高的学术地位。表 1-2列出了截止到 2006 年的世界主要同行评审英文版旅游学学术刊物的名称和创刊时间。

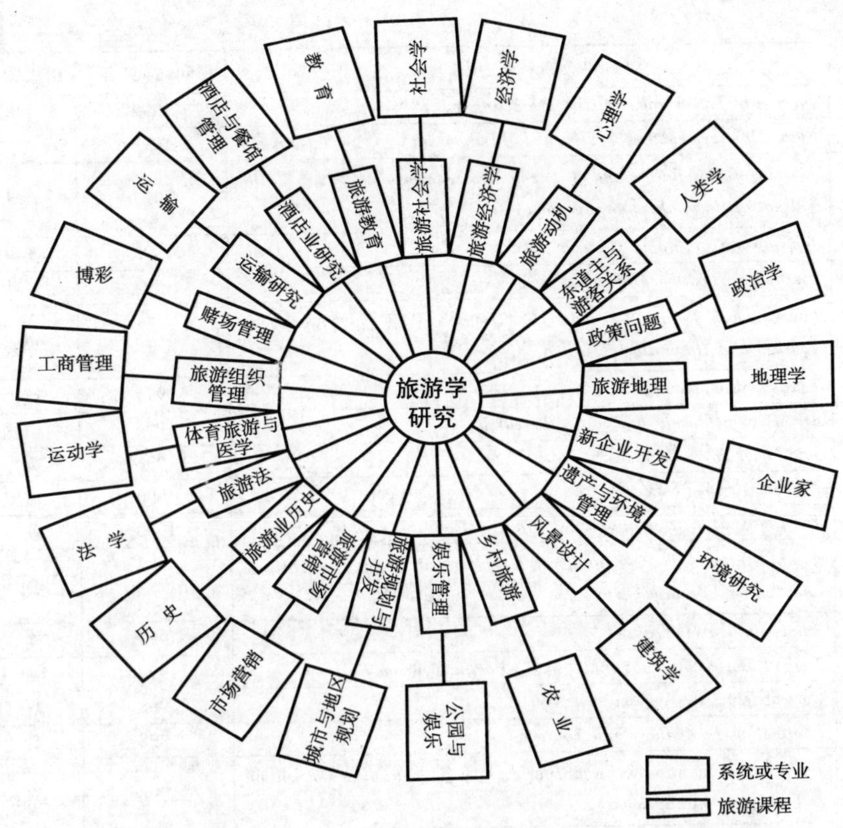

图 1－5 高等学校中各个院（系）及专业与旅游课程的关系

资料来源：Goeldner，C.，Ritchie，J. and McIntosh，R.. *Tourism：Principles，Practices，Philosophies*（8th Ed.）[M]. New York：John Wiley & Sons，2000. 24.

表 1－2 世界主要同行评审英文版旅游学学术刊物

序 号	刊 物 名 称	创刊时间（年）	出版国家/地区
1	*Journal of Travel Research*（原名：*Travel Research Bulletin*）	1962	美 国
2	*Annals of Tourism Research*	1973	美 国
3	*Tourism Recreation Research*	1976	印 度
4	*Journal of Hospitality & Tourism Research*	1976	美 国
5	*Tourism Management*	1980	新 西 兰
6	*Journal of Hospitality and Tourism Education*	1989	美 国
7	*Anarolia*	1990	土 耳 其

续表

序　号	刊　物　名　称	创刊时间(年)	出版国家/地区
8	*Journal of Travel and Tourism Marketing*	1992	中国香港
9	*Event Management*(原名:*Festival Management and Event Tourism*)	1993	美　国
10	*Journal of Hospitality and Tourism Management*(原名:*Australia Journal of Hospitality Management*)	1993	澳大利亚
11	*Journal of Sustainable Tourism*	1993	英　国
12	*Journal of Vacation Marketing*	1994	澳大利亚
13	*International Journal of Tourism Research*(原名:*Progress in Tourism and Hospitality Research*)	1995	英　国
14	*Tourism Economics*	1995	英　国
15	*Asia Pacific Journal of Tourism Research*	1996	中国香港
16	*Journal of Sport Tourism*	1996	英　国
17	*Tourism*(原名:*Turizam*)	1996	克罗地亚
18	*Tourism Analysis International Journal of Hospitality and Tourism*	1996	美　国
19	*Administration*(原名:*Journal of International Hospitality, Leisure and Tourism Management*)	1997	美　国
20	*Studies in Travel Writing*	1997	英　国
21	*Tourism Review International*(原名:*Pacific Tourism Review*)	1997	美　国
22	*Current Issues in Tourism*	1998	新 西 兰
23	*Information Technology and Tourism*	1998	美　国
24	*Journal of Convention & Event Tourism*(原名:*Journal of Convention & Exhibition Management*)	1998	美　国
25	*Tourism Culture and Communication*	1998	澳大利亚
26	*Tourism Geographies*	1999	美　国
27	*Journal of Tourism: An International Research Journal*	2000	印　度
28	*Journal of Quality Assurance in Hospitality & Tourism*	2000	美　国
29	*Journal of Hospitality, Tourism and Leisure Science*	2001	美　国
30	*Journal of Teaching in Travel & Tourism*	2001	中国香港
31	*Journal of Travel and Tourism Research*	2001	土 耳 其
32	*Scandinavian Journal of Hospitality and Tourism*	2001	挪　威
33	*Tourism & Hospitality Research*	2001	英　国
34	*Tourist Studies*	2001	澳大利亚/英国
35	*Journal of Ecotourism*	2002	加 拿 大
36	*Journal of Hospitality, Leisure, Sport & Tourism Education*	2002	英　国
37	*eReview of Tourism Research*(电子刊物)	2003	美国/加拿大
38	*Journal of Tourism and Cultural Change*	2003	英　国
39	*Tourism and Hospitality Planning & Development*	2004	英　国

续表

序　号	刊　物　名　称	创刊时间(年)	出版国家/地区
40	*Tourism in Marine Environments*	2004	新西兰
41	*Journal of China Tourism Research*	2005	中国香港
42	*Journal of Heritage Tourism*	2006	美　国
43	*Tourismos: An International Multidisciplinary Journal of Tourism*	2006	希　腊
44	*International Journal of Culture, Tourism and Hospitality Research*	2007	美　国
45	*International Journal of Tourism Policy*	2007	希腊/英国
46	*Journal of Tourism Consumption and Practice*	2008	英　国
47	*European Journal of Tourism Research*	2009	保加利亚
48	*ARA Journal of Tourism Research*	2009	多米尼加
49	*International Journal of Hospitality Knowledge Management*	2009	英　国
50	*Journal of Tourism History*	2009	英　国
51	*Journal of International Volunteer Tourism and Social Development*	2009	澳大利亚

资料来源：Weaver, D. and Lawton, L.. *Tourism Management* (4th Ed.) [M]. Milton, Australia: John Wiley & Sons Australia, 2010. 359 – 362.

从表1－2中可以看到，旅游学研究在20世纪60年代粗具规模，在其后40多年的发展中，大概经历了两大阶段：1962～1990年和1990年以后。从世界上第一本同行评审英文版旅游学学术刊物《旅行研究》(*Journal of Travel Research*)于1962年在美国问世到1990年是世界旅游学研究的初创阶段。在这个阶段，同行评审旅游学学术刊物的数量比较少。从1990年开始旅游学研究的发展速度开始加快，其质量和学术地位也不断提高，在10多年的时间里，世界上新出现了30多种同行评审旅游学学术刊物。

从表1－2中还可以发现，大部分旅游学学术刊物都是在美国、英国、澳大利亚、新西兰或中国香港等国家或地区出版。这种现象可以从一个侧面显示出这些国家和地区在旅游学研究中的重要地位和旅游学研究在这些国家和地区中的重要性。相比之下，中国大陆虽然无论在入境旅游规模还是在出境旅游规模上都称得上是旅游大国，但是我们的旅游学研究的学术地位和学术水平与国际水平相比较还有一定的差距。与国外旅游学术活动的趋向相比较，我国“从事理论探索、有较高学术水平的作品很少”，“大部分的论文趋向于微观的、业务性的议题”。[①]中国能够称得上同行评审级别的旅游学或旅游专业学术刊物的数量不多。目前，在国内旅游学研究学者普遍认可的同行评审级别的旅游学专业学术刊物中，《旅

① 申葆嘉. 国外旅游研究进展 [J]. 旅游学刊, 1996 (5). 52－56.

游学刊》和《旅游科学》的影响程度比较大一些。当然，由于旅游学的多学科性和跨学科性，中国国内还有大量的其他相关学科的学术刊物，例如，在管理学、经济学、地理学、人文科学、环境科学等学科中的许多刊物的影响力都是很大的，这些刊物每年也都刊登相当数量的高质量旅游学研究论文和成果。这些学术论文和成果可以反映出中国旅游学研究的最新研究成果、实践发展和理论创新。

同行评审旅游学学术刊物发展的基础是旅游学理论的发展和成熟。贾法利（Jafari）把旅游学理论的演变和发展划分为四个阶段，也可以将其称为四个旅游理论平台（Tourism platform）或者四种旅游理论观（Tourism perspective）：拥护提倡型理论平台（Advocacy platform），小心谨慎型理论平台（Cautionary platform），改变适应型理论平台（Adaptancy platform），以知识为基础的理论平台（Knowledge-based platform）。[①] 这四种旅游理论平台或旅游理论观的基本观点如下：

拥护提倡型理论平台 这种理论平台最初出现在20世纪50年代和60年代，认为旅游是促进国内和国际经济发展的积极因素，例如，增加收入、创造就业机会及乘数效应等因素都对经济的发展起积极的作用。拥护提倡型理论观也可以称为“旅游鼓吹主义或推动主义”（Tourism boosterism）。这种理论认为，旅游是一种广泛的理想活动，不会产生负面影响，即使有一些负面影响，也只是对旅游目的地产生极小的负面影响，不会影响大局，因此，各国政府和各个社区都应该尽最大努力吸引和促进旅游活动，最大限度地为旅游活动创造一个自由市场的环境。这种旅游理论观认为，旅游天生就是一种促进社会发展的积极的力量，所以不应该对其进行管理和控制，应该顺其自然任其自由发展。政府部门的作用是通过制定有利于旅游发展的法律和法规，推动旅游业的发展。这种理论观从来不考虑旅游业的潜在消极作用和负面影响，认为旅游和环境保护是两个完全不同的问题和概念，应该分别讨论、分别对待和分别处理，两者不应该混为一谈。

小心谨慎型理论平台 这种理论平台产生于20世纪60年代末期，旅游活动的快速发展使人们开始逐渐认识到，发展旅游带来的并不完全是利益，旅游活动所造成的社会文化代价，甚至经济代价是很沉重的；旅游与社会物理环境和社会文化环境之间存在越来越严重的冲突；自由放任的旅游发展所带来的负面影响不

① Jafari, J.. Sociocultural dimensions of tourism: An English language literature review. In J. Bystrzanowski (Ed.) *Tourism as a Factor of Change: A Sociocultural Study*[M]. Vienna: Vienna Center. 1989. 17－60.

断被现实所证实。旅游活动不断向新的旅游环境迅速扩张，尤其是向发展中的第三世界国家迅速延伸和扩张，给这些地区造成了严重的负面影响。因此，旅游学术界不得不重新考虑毫无控制的“大众旅游”的逻辑性是否可行。由此衍生出了小心谨慎型旅游理论观。这种理论观认为，旅游天生就是一种破坏性力量，因此应该对其进行严格的管理和控制，或者应该完全避免旅游活动。除非进行认真的规划和控制，否则旅游活动最终会给旅游目的地带来种种不良后果。与拥护提倡型旅游理论观相反，小心谨慎型旅游理论观的基本特点是要对旅游进行强化的管理和控制。

改变适应型理论平台　小心谨慎型旅游理论观揭示了伴随旅游业发展而出现的很多消极因素，因此从20世纪80年代初开始，人们极力试图寻找有利于东道地社区发展的旅游活动模式，这就导致了改变适应型理论平台应运而生。这种理论平台倡导与大众旅游相反的、严格管理的小规模替代性旅游（Alternative tourism）模式，用各种替代性旅游代替那些对欠发达地区产生危害的大众旅游。这种理论平台强调人与环境的协调发展，提倡发展适应环境资源的小规模旅游活动，反对大众旅游时代的那种福特主义模式的大规模、标准化旅游产品。聚集在替代性旅游的旗帜下的各种方式包括生态旅游（Ecotourism）、软旅游（Soft tourism）、与环境资源相适应的旅游（Appropriate tourism）、绿色旅游（Green tourism）及负责任旅游（Responsible tourism）等。

以知识为基础的理论平台　从20世纪80年代末开始，旅游学研究进入了以知识为基础的理论平台。这种旅游理论观把知识放在首位，重视旅游学理论的研究。这种旅游理论观认为，在一定程度上，旅游院校的主要作用是发现知识和传授知识；认为旅游管理决策的制定不应该受政治的影响和干扰，也不应该凭感情用事，决策的依据应该是通过科学的研究方法获得的研究成果，即知识。这种理论平台近年来在旅游学研究方面起主导作用，促进了旅游学研究、旅游理论的创新和旅游学科的发展。

虽然旅游学理论的发展可以分为上述四个阶段（四个理论平台或理论观），但是事实上，每当一种新的旅游理论平台或旅游理论观问世时，前一种或前几种旅游理论平台或旅游理论观并没有消失，而是与新出现的旅游理论平台或旅游理论观同时存在，同时起作用。即使在今天，上述任何一种旅游理论平台或旅游理论观都完全可以找到其拥护者和市场。然而每一种新旅游理论平台或旅游理论观的诞生都向旅游理论工作者、旅游业界的专业人士和政府决策部门展示了观察旅游的新视角和认识旅游的新平台、新观念，有助于人们更进一步、更深刻地认识旅游的机理、旅游与人类社会的活动和社会发展之间的关系。

综上所述，我们可以看到，旅游学研究作为一个学科领域，尤其是作为高等学校的一个宽泛的专业领域和学科领域，不论在理论方面还是在实践方面，都在不断地发展和成熟。但是作为一个新兴的和不断发展的学科领域，旅游学和旅游学研究也存在和面临很多内在的和外部的问题。即使在20世纪90年代末期，不论在国外的高等院校还是在国内的高等院校中，旅游学科或旅游专业都没有得到和传统的学科或专业同样的重视，与传统学科或专业相比较也没有得到同样的资源。综合佩奇（Page）、韦弗和奥珀曼（Oppermann）等人的观点，旅游学研究面临的问题或障碍的原因大致可以归纳如下：①

很多人认为旅游活动是轻微的、不重要的活动　很多学术界人士、非专业人士及官方人士都认为旅游业不像农业、制造业、采矿业等行业那样是基本的必要活动，认为旅游是一种以享乐、休闲为动机的活动。因此没有必要投入大量的人力和资源对旅游活动和旅游行为进行大规模的、系统的科学研究。这种认识的直接后果是，和其他自然科学领域和社会科学领域中的学科相比较，旅游学科的研究人员很难申请到国家级或者地方政府级的旅游科研基金，或者很难申请到大笔的旅游科研基金。国内外的旅游学研究学者和高等院校的旅游教育工作者对此都有同感。

作为一门学科，旅游学没有得到完全广泛的认可　到目前为止，虽然很多分析家和学者都承认了旅游学的学术和学科地位，但是还有相当一部分分析家、学者、政府部门的决策者等人认为旅游只是一个涉及食、住、行、游、购、娱诸因素的大产业，它不是一个学科或学术研究领域。

一些人认为旅游学科缺乏统一的指导概念　因为旅游是一门复合型学科，具有多学科性和跨学科性，所以旅游研究人员在选取旅游研究的切入点时，没有统一的方法和原则可以遵循，没有一个统一的旅游指导理论，不同领域的研究者分别从各自不同的立场出发，采用各自学科领域中的概念和分析模型对旅游进行研究。由于缺乏综合的研究方法，因此旅游学科的复合性是一把双刃剑，既有多学科和跨学科的综合优势，又严重制约了旅游学科的学术发展。同样，由于旅游学科的复合性，旅游院（系）中的学者如果不与其他院（系）或专业中的学者（例如，地理学、人类学、经济学、心理学和社会学等学科）合作或结合，就无法或很难在这门学科上取得重大的突破和创新。

---

① 根据 Page, S., Brunt, P., Busby, G. and Connell, J.. *Tourism: A Modern Synthesis* [M]. UK: Thomson Learning, 2001. 和 Weaver, D. and Oppermann, M. (2000). *Tourism Management* [M]. Milton, Australia: John Wiley & Sons Australia, 2000. 中的观点整理。

一些人认为旅游只是一个职业教育领域　虽然很多高等院校都开设旅游专业和旅游课程，但是很多人仍然认为旅游只是一个职业教育或技术教育的领域，主要应该以专科层次的专业为主。因此，旅游教育的重点应该是培养和训练学生的应用型技术和技能，学生毕业后的去向也主要局限在服务领域，例如，饭店、餐馆及其他服务接待企业，旅行社及旅游经营机构等。

旅游学缺少明晰的定义，旅游研究缺少可靠的数据　缺少明晰的旅游定义也阻碍了旅游学研究的发展。对旅游的含义多年来一直没有一个被所有人都接受的明确定义。"旅游"（tourism）这个词本身也常常与一些相关术语交替使用，例如，旅行（travel）、休闲（leisure）、康乐（recreation）及接待服务（hospitality），容易使人们产生误解。当然，20 世纪 80 年代以后，世界旅游组织逐步制定了一些旅游术语的标准定义，这对旅游学的研究起到了积极的推动作用。尽管如此，和其他学科相比，可用于旅游学研究的数据资源仍然非常有限。

第四节　研究旅游学的基本方法和途径

如前所述，旅游学是一门复合型学科，因此从不同的学科角度出发，旅游学的研究方法和途径也是多种多样的。人们很难找到一种大家都认可的、统一的研究方法。旅游学研究人员曾经使用过的一些基本方法和途径主要可以归纳为以下几种：①

机构方法　这种方法重视实施和组织旅游活动的旅游媒介体和机构，例如旅行社这样的旅游机构。这种方法的调查研究对象和内容包括：组织、经营方法、存在的问题、成本和旅行代理商的经济地位，因为旅行代理商代表顾客从航空公司、汽车租赁公司、饭店等机构购买服务。各国的统计部门或者国家的旅游管理部门都经常对包括旅行社和住宿机构在内的服务机构进行抽样调查，所以采用机构方法时可以使用这些公开发表的抽样调查数据。因此，很多人都认为这点是机构方法的一个优点。

产品方法　这种方法研究各种旅游产品及旅游产品的生产、营销和消费方式。例如，研究航空公司的座位情况，包括购买和销售座位的人员情况及宣

① Goeldner, C., Ritchie, J. and McIntosh, R.. *Tourism: Principles, Practices, Philosophies* (8th Ed.) [M]. New York: John Wiley & Sons, 2000. 21－25.

传促销情况等。还可以用同样的方法研究汽车租赁、饭店客房及其他旅游服务情况。这种方法的缺点是耗费时间，使学生无法迅速地掌握旅游的基本规律。

历史方法 历史方法的使用范围不大。这种方法从历史发展的角度对旅游活动和旅游机构进行分析，寻找变革、发展或衰落及旅游者兴趣变化的原因。由于大众旅游出现的时间不长，所以这种方法的实用性有限。

管理方法 这种方法针对与旅游相关的公司，重视经营旅游企业所必需的管理活动，例如计划、研究、定价、广告、控制等。管理方法的使用范围比较广泛，但是，旅游产品、旅游机构和社会时时刻刻都在发生变化，因此，管理目标和管理程序也必须随之发生变化，否则就无法适应旅游环境的变化。

经济方法 由于旅游对国内经济和世界经济都非常重要，所以很多经济学家一直都在认真仔细地对旅游进行研究。他们研究供给、需求、收支平衡、外汇、就业、支出、发展、乘数效应等经济因素。经济方法可以为经济学家提供理论框架，分析旅游和旅游对国民经济及经济发展的贡献率。旅游虽然是一种非常重要的经济现象，但是旅游也会产生非经济影响。因此，经济方法的缺点是，对环境方法、文化方法、心理学方法、社会学方法及人类学方法重视程度不够。

社会学方法 旅游本身就是一种社会活动，因此很多社会学家都很关注旅游活动。他们研究个体和群体的旅游行为及旅游活动对社会的影响。社会学方法研究社会阶层、社会习惯及东道主和客人的风俗习惯。休闲社会学是一门相对发展不完善的学科，随着旅游对社会产生的影响日益增大，会有越来越多的学者从社会学的角度对旅游进行研究，因此，休闲社会学也一定会得到进一步的发展。

地理学方法 地理学是一个非常宽泛的专业领域，因此，很多地理学家自然而然地会对旅游及其空间概念产生兴趣。地理学家们专门研究地理位置、环境、气候、地面景观及经济因素。地理学家采用地理学方法对旅游进行研究的内容包括：旅游区的位置、旅游地点使人们进行的各种运动、旅游设施使地面景观发生的变化、旅游开发规划的扩散及旅游引发的经济、社会和文化问题。因为旅游在很多方面都涉及地理学，所以和其他领域的学者相比，地理学家对旅游的研究更深入。休闲地理学是采用地理学方法研究旅游的一门常见的课程。

跨学科方法 旅游几乎涵盖我们社会的所有方面。我们有文化旅游和文化遗产旅游，因此需要采用人类学方法对这些旅游进行研究。人们的旅行行为和旅行动机多种多样，所以需要采用心理学方法确定旅游产品的最佳促销和市场推广方法。国际旅游者需要本国政府颁发护照和外国政府颁发签证，大多数国家都设置官方的旅游管理和开发部门，因此有很多政治机构参与了旅游活动，这就需要采用政治学的方法对旅游活动进行研究。旅游业变成一个巨大的经济巨人之后，一定会影响到很多人的生活方式，因此必然会引起立法机构的注意，需要制定法律法规约束和规范旅游企业和旅游活动的行为，这就需要采用法学的方法对旅游进行研究。简而言之，跨学科方法也是一种很重要的旅游学研究方法。

系统方法　系统方法是研究旅游所必需的一种方法。一个系统是一组相互关联的群体，这些群体协调构成一个统一的整体，这些群体组织在一起共同实现同一组目标。系统方法综合其他方法，解决微观和宏观的问题。可以用系统方法研究旅游公司的竞争环境、市场、经营效果、旅游公司与其他机构的联系、消费者及旅游公司与消费者之间的相互作用。系统方法还可以从宏观的角度，研究一个国家、一个省（州）或一个地区的整个旅游系统，分析旅游系统内的运行方式及与其他系统的联系，例如，法律系统、政治系统、经济系统和社会系统。

【补充阅读资料】

国内旅游统计数据的用途

- 计算旅游对国家经济所作的贡献，由于旅游对国家经济贡献涉及的范围非常复杂，所以通过这项计算评估旅游收入对国内生产总值作出的贡献；
- 有助于旅游销售和市场促销，由政府支持的旅游组织试图鼓励本国居民在国内度假，而不是去海外旅行；
- 有助于政府的区域发展政策，这些政府把旅游作为区域发展的一种手段，鼓励热点旅游区的国内旅游者去不太成熟的旅游区旅行，以提高不同环境中的旅游质量；
- 为了实现社会目标，以社会为向导的旅游政策可以向平民倾斜，这些政策需要深入理解本国居民的度假习惯。

——资料来源：史蒂芬·佩吉等著，刘劼莉等译. 现代旅游管理导论[M]. 北京：电子工业出版社，2004. 15.

政府介入旅游业的原因

- 获取外汇收入，重视外汇收入对国际收支平衡的重要性；
- 创造就业，提供对教育和培训的需求；
- 对规模大但脆弱的旅游业进行开发和市场营销的谨慎协调；
- 使旅游接待国的净收益最大化；
- 合理分配利润和成本；
- 塑造国家整体旅游目的地的形象；
- 规范市场、保护消费者权益、防止不公平竞争；
- 提供公共产品和基础设施，并将它们作为旅游产品的组成部分；
- 保护旅游资源和环境；
- 控制诸如赌博等社会行为；
- 通过统计和调查监控旅游活动的水平。

——资料来源：克里斯·库珀等著，张俐俐等译. 旅游学——原理与实践[M]. 北京：高等教育出版社，2004. 257 - 258.

【案例分析】

变化中的世界

有史以来，世界就一直沿着进化的道路发展。但从未发生过20世纪这样显著的变化，第二次世界大战后的变化更为显著。1945年以后的变化速度是前所未有的，当我们开始进入21世纪的时候，也没有任何迹象显示变化的速度将减缓。

在众多的因素中，科学技术是改变我们生活方式的首要因素。技术的进步使世界的大部分地区由农业社会变成了工业化社会，并且从20世纪50年代始进入了信息化社会。科学技术为我们提供了各种手段，使旅行变得更快捷、更便宜，使产品的生产效率更高，使全球性的通信联络在瞬间即可完成。传真机、电话会议、语音信息、电子邮件、互联网及移动电话使我们交流信息的速度能和我们的思维同步。卫星和光纤电缆连接北美、欧洲和远东，每天更快、更清晰地传递语音和电子信息。更值得一提的是，新的信息传输技术可以传递更大容量的信息和电话。未来学家约翰·奈斯比特和帕特里夏·阿伯丁写道："我们即将有能力以光的速度在任何地方与任何人交换任何形式的信息，包括语音、数据、文字和图像。”

世界人口在不断增长。今天，在这个星球上有65亿多人，预计到2050年将达到90.7亿。世界人口不但在增长，而且趋于老龄化（见表1-3）。在世界的许多地方，由于出生率下降，在人口结构中老年人将占很大的比例。随着我们年龄的增长，我们会积攒更多的财富。因此我们可以预见，将来会有更多的人能够出去旅游，能够在餐馆就餐。在美国，50岁以上的人拥有全国一半的可自由支配收入，而65岁以上的人所占有的可自由支配的收入是25~34岁年龄段人的两倍。在刚刚过去的10年里，60岁以上的人为户主的美国家庭的净资产增长了30%。

表1-3　世界主要地区人口的年龄中位数

单位：岁

	1950年	2005年	2050年
世界总计	23.5	28.1	37.8
较发达地区	29.0	38.6	45.5
次发达地区	21.4	25.6	36.6
非　洲	19.0	18.9	27.4
亚　洲	22.0	27.7	39.9
欧　洲	29.7	39.0	47.1
拉丁美洲和加勒比地区	20.2	25.9	39.9
北美洲	29.8	36.3	41.5
大洋洲	28.0	32.3	40.5

还有很多趋势对旅游会产生影响。在一些国家，休闲的时间正在增加。美国劳动者的法定假日少于其他发达国家。普通美国人每年有10天法定假日（日本人和加拿大人也如此），德国人每人每年有18天法定假日，瑞典和丹麦公民每人每年有30天法定假日。

许多家庭是双薪收入。这意味着人们有更多的可自由支配的资金可以用于旅游。但是一个家庭中有两个人工作也意味着要缩短度假的时间。人们现在的休假趋势是进行多次短期度假，而不是一次长期度假。

旅游中的季节因素已经变得不太重要了。其部分原因是，现在的休假趋势是什么时间能休，而不是什么时间想休。另外，越来越多的旅游胜地也倾向于“控制气候”。例如，日本有一个25层楼高、长度等于6个美式足球场的室内滑雪场。同时可容纳3000个滑雪者，其温度保持在华氏28度（零下2.2摄氏度）。

由于越来越多的人们意识到了污染和过度开发带来的问题，因此生态旅游得到了发展。世界各地的人们都渴望去亚马孙热带雨林、阿拉斯加的冰川和澳大利亚的大堡礁。青年旅游者的日渐富裕激火了新兴的冒险旅游业。越来越多的人希望到遥远的或者很难到达的地方旅行，例如，新几内亚的中部或者北极。巡航旅行满足了人们的这些愿望。

总之，全世界正在发生着巨大的经济、社会和政治变化。对于旅游业，有些变化是好兆头，有些却不然。

——资料来源：Rocco M. Angelo等著．李昕译．当今饭店业（第2版）[M]．北京：中国旅游出版社，2011. 52－53；略有改动。

案例提示

1. 讨论世界的哪些方面变化，促进了全球旅游业的蓬勃发展。
2. 世界上的哪些经济、社会和政治变化是发展旅游业的促进因素，哪些不是？
3. 为什么“现在的休假趋势是什么时间能休，而不是什么时间想休”？
4. 从旅游管理的角度看，世界的老龄化意味着什么？
5. 结合本案例讨论拥护提倡型理论平台和小心谨慎型理论平台的观点。

【复习与思考】

一、重要专业词汇

旅游（Tourism）
大众旅游（Mass tourism）
旧旅游（Old tourism）
新旅游（New tourism）
同行评审学术刊物（Refereed academic journal）
拥护提倡型理论平台（Advocacy platform）
小心谨慎型理论平台（Cautionary platform）
改变适应型理论平台（Adaptancy platform）
以知识为基础的理论平台（Knowledge-based platform）

二、思考和讨论

1. 简述“旅游利益相关群体的结构体系”中的各个因素之间的相互关系和影响。
2. 根据“旅游发展阶段理论”，讨论旅游发展的各个阶段的主要特征和对旅游的规划和管理程度。
3. 根据普恩的旅游发展理论，讨论“旧旅游”与“新旅游”的关系，并举例说明“旧旅游”开始走向衰落和“新旅游”开始兴起的原因。
4. 结合中外旅游实践和案例，讨论大众旅游和新旅游这两种旅游模式将会长期并存的原因。
5. 概括总结贾法利提出的四个旅游理论平台（旅游理论观）的主要观点。

第二章

旅游系统

如第一章所述，系统方法是研究旅游所必需的一种方法。一个系统是一组相互关联、相互依靠、相互影响的单元，这些单元共同构成了一个功能结构。贝塔朗菲（Bertalanffy）给系统下了简明扼要的定义：系统是一组要素，它们本身并在其环境中相互关联和影响。[①] 利珀（Leiper）认为系统理论是阐述、构造和组织复杂现象的一种方法。[②]系统具有等级性，系统下面通常还含有一些子系统，系统本身也是大型结构的一部分。韦弗和奥珀曼指出，人体包括消化、生育及其他子系统，而人类本身又是较大社会结构的成员，例如家庭、氏族、民族等。系统也涉及系统内部能量的流动和转换，例如，人类把鸡肉当做食物，把鸡肉转换成人体的能量。因此，在一个系统内，任何部分的变化最终都会对系统内的其他单元产生一定的影响。[③]

第一节　基本整体旅游系统

基于系统理论的方法，利珀提出了“基本整体旅游系统”（Basic whole tourism system）的概念。[④] 利珀把旅游放到一个整体的框架体系中，认为“旅游”必须包括以下 5 个相互依存、相互影响和作用的核心基本要素（见图 2－1）：

- 至少要有一个旅游者；

---

① Bertalanffy, L.. *The History & Status of General Systems*[M], p. 31 in Trends in General System Theory, G. Klir, ed., New York: Wiley. 1972.

② Leiper, N.. *Tourism Management*[M]. Melbourne: RMIT Press. 1995.

③ Weaver, D. and Oppermann, M.. *Tourism Management*[M]. Milton, Australia: John Wiley & Sons Australia. 2000.

④ Leiper, N.. *Tourism Management* (3rd Ed.)[M]. Frenchs Forest, Australia: Pearson Education Australia, 2004. 53.

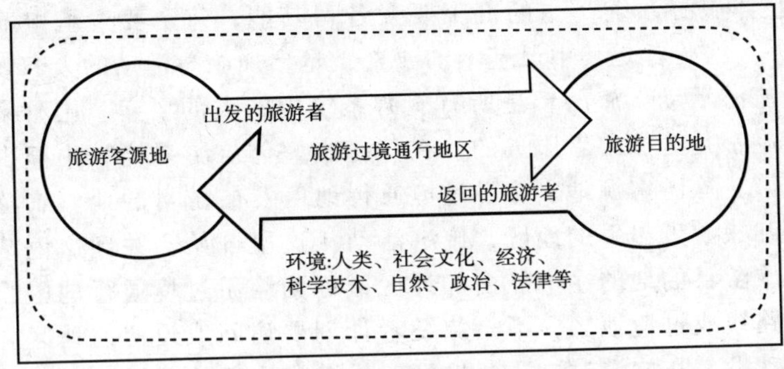

图 2-1 基本整体旅游系统

资料来源：Leiper，N.. *Tourism Management* （3rd Ed.）[M]. Frenchs Forest，Australia: Pearson Education Australia，2004. 53.

- 至少要有一个旅游客源地；
- 至少要有一个旅游过境通行地区；
- 至少要有一个旅游目的地；
- 旅行和旅游业。

在“基本整体旅游系统”中也可能会有多个旅游目的地和旅游过境通行地区。例如，中国（旅游客源地）→泰国（旅游目的地一）→马来西亚（旅游目的地二）→新加坡（旅游目的地三）→中国。图 2-2 表示含有三个目的地的整体旅游系统。

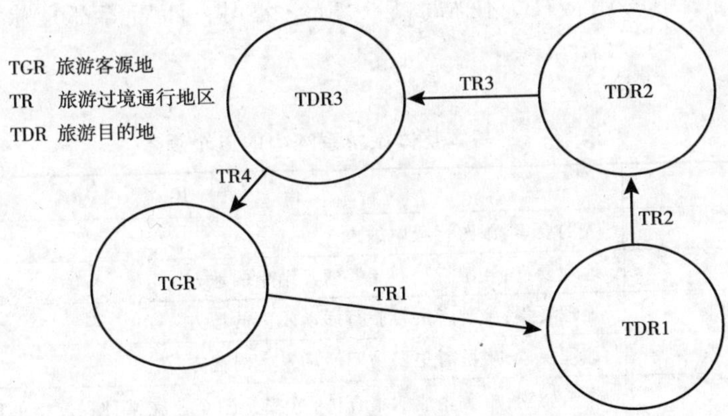

图 2-2 含有三个目的地的整体旅游系统

资料来源：Leiper，N.. *Tourism Management* （3rd Ed.）[M]. Frenchs Forest，Australia: Pearson Education Australia，2004. 52.

“基本整体旅游系统”中的五个要素各司其能，每个要素承担不同的任务（见表2－1）。旅游者是其中最基本的要素，是参加旅游活动的人，没有旅游者就不会发生旅游活动。旅游者是所有旅游系统中的人的要素，旅游系统中的其他要素和设施都是为旅游者服务的。在“基本整体旅游系统”中至少还包括三个地点或地区：旅游客源地、旅游过境通行地区及旅游目的地。旅游客源地是产生旅游者和旅游者出发的地区，旅游活动从这里开始，并到这里结束。旅游者在前往其旅游目的地的途中经由的地区被称为旅游过境通行地区，这里是旅游者的经由路线或过境地区，不是旅游者计划要访问或逗留的地区。旅游者的主要旅行活动发生在旅游过境通行地区。旅游者旅行的目标城市或地区是其旅游目的地，旅游者的主要旅游、参观及访问活动均发生在旅游目的地。假设一个居住在哈尔滨的人要到澳大利亚的黄金海岸度假，按照哈尔滨某个国际旅行社的安排，他从哈尔滨搭乘中国国际航空公司的飞机到北京，在北京的瑞士酒店停留一个晚上后搭乘新加坡航空公司的班机飞到新加坡，在这里又逗留了36小时，住在安国酒店，并顺便到牛车水和乌节路逛了逛商店，晚上还到圣淘沙观看了水幕电影，然后乘澳航班机经悉尼转飞黄金海岸，并在那里进行为期5天的度假旅游活动。在这个例子中，哈尔滨是旅游客源地；北京、新加坡和悉尼是旅游过境通行地；黄金海岸是旅游目的地。“基本整体旅游系统”中的第五个要素是旅游业，旅游业是整体旅游系统中的组织要素。在旅游业中旅游企业有机地组织到一起，在某种程度上共同进行旅游营销活动，提供旅游服务、旅游产品和旅游设施。旅游业可以保障和帮助旅游者顺利地完成旅游行程，获得美好的旅游经历。上述例子中的旅行社、住宿酒店、航空公司、商店等都是旅游业的组成部分。

表2－1　基本整体旅游系统中的五个要素

要　素	描　　述
旅游者	人的要素：旅游行程中的人
旅游客源地	地理要素：旅游行程开始并通常结束的地方
旅游过境通行地区	地理要素：旅游者主要旅行活动发生的地方
旅游目的地	地理要素：旅游者主要访问活动发生的地方
旅游业	组织要素：旅游企业的集合体，这些旅游企业在某种程度上共同工作，进行旅游市场营销和提供旅游服务、产品和设施

资料来源：Leiper，N.. *Tourism Management*（3rd Ed.）[M]. Frenchs Forest，Australia：Pearson Education Australia，2004. 51.

围绕着“基本整体旅游系统”中的这五个要素的是各种环境，例如，社会环境、文化环境、经济环境、物理环境等。旅游活动也会对这些环境产生一定的作用或影响。例如，旅游者之所以能够进行旅游活动，是得益于旅游客源地的经济发展，使之能够获得旅游所必需的可自由支配的时间和金钱。旅游者的旅游活动也可以促进旅游过境通行地区和旅游目的地的经济发展。旅游者的一些行为也可能会给旅游过境通行地区和旅游目的地造成一些消极影响，例如，旅游者丢弃的垃圾等。旅游者在旅游目的地的度假体验和感受也会给旅游客源地带来积极或消极的文化影响，旅游者本身的异邦文化也会对旅游目的地产生积极或消极的影响。

同时，旅游系统也与各种外部环境或外部系统密切相关，例如，社会文化系统、经济系统、政治系统、法律系统及自然系统等。旅游者从其居住地，经过旅游过境通行地区，到达旅游目的地的过程就是旅游系统内的一种基本能量流动过程。旅游系统的运行也需要很多外部系统的支持，例如，汽车工业为旅游业提供各种车辆；石油工业为旅游业的各类车辆提供动力；农业为餐饮业提供粮食和食品原料；各国政府为国际旅游者发放签证，使旅游者能够顺利地经过旅游过境通行地区，最终进入和到达旅游目的地。

在现实生活中，通常有大量的整体旅游系统同时存在，因为每一条旅游线路都可以形成一个系统。当然，一些旅游线路的旅游者人数可能很多，而另一些旅游线路的旅游者人数则可能比较少或者非常少。尽管在一个国家内可能会存在数以千计的整体旅游系统，但是通常可以将这些旅游系统划分为三个类别：

国内旅游系统　本国居民在国内进行旅游。

出境旅游系统　本国居民到国外旅游，该国成为国际旅游客源地。

入境旅游系统　外国人或者居住在海外的本国人入境旅游，该国成为国际旅游目的地或国际旅游过境通行地。

为了适应不同类别的旅游系统的需要，旅游业中的各个部门通常也都进行了分工，分别面向或者主要面向不同类别的旅游系统：国内旅游、出境旅游或入境旅游。

从旅游学研究的角度，采用“基本整体旅游系统”的模式也有助于我们从综合的视角研究和认识旅游。为此，利珀提出了按照整体旅游系统的模式进行旅游学研究的观点，把“基本整体旅游系统”中的五个基本要素放到一个整体的研究框架中（见图2－3）。整体旅游系统中的五个基本要素中的任何一个都可以成为一个研究方向或者专业方向，同时对整体旅游系统中的任何一个基本要素的研究或者学习都会涉及其他几个基本要素。例如，研究旅游者要考虑旅游者与其他四个基本要素（旅游客源地、旅游过境通行地区、旅游目的地和旅游业）的关系。同样，研究旅游目的地也要考虑旅游目的地与其他四个基本要素的关系，以此类推。

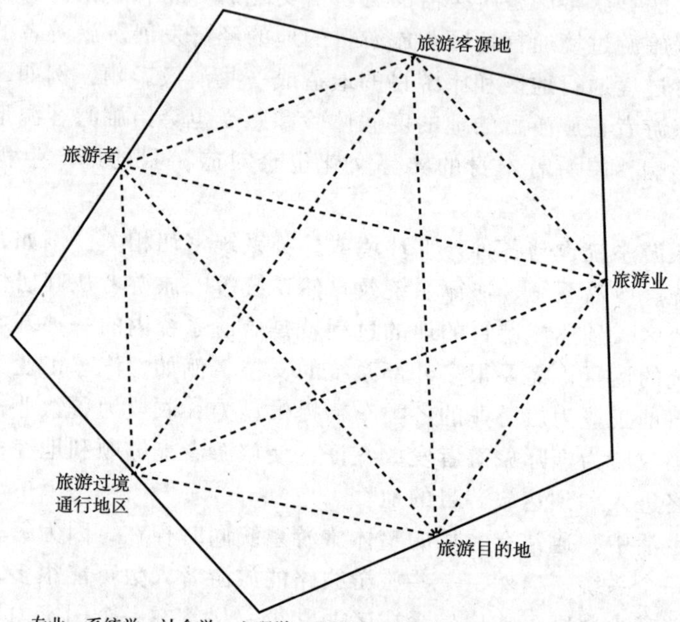

图 2－3 旅游学研究的系统模式

资料来源：Leiper，N.. *Tourism Management*（3rd Ed.）[M]. Frenchs Forest, Australia：Pearson Education Australia，2004. 54.

另外，旅游者发生在“基本整体旅游系统”的地理范围内的旅行可以被划分为五个阶段（见图 2－4）：旅行决策和旅行预期；到旅游目的地的旅行；在旅游目的地的体验；返程旅行；回忆旅游体验。

在第一阶段，人们做出旅行决策，计划和思考拟访问的地点或者旅游吸引物；第二阶段是旅游者到旅游目的地的旅行；第三阶段是旅游者在旅游目的地的各种体验；第四阶段是旅游者返回常住地的旅行；在第五阶段，旅游者对整体旅游体验进行回忆和反思，这将对其未来的旅游决策产生重要的影响。

旅游者旅行的阶段划分对如何进行旅游营销和更好地了解旅游者的行为有着很深刻的启示意义，因此，从商业和市场的角度，可以构建出一个以市场为导向的旅游系统（见图2-4），这个系统包括四部分：市场、旅行、目的地和市场营销。这个系统中的第一部分是市场，主要关注人们的旅游决策或者是否会成为旅游者。第二部分是旅行，描述个体旅游者的旅游行为发生的地点、时间和方式。第三部分是目的地的混合体，即旅游者在目的地使用的旅游吸引物和服务。第四部分是旅游营销，强调营销在鼓励人们旅游方面的重要作用。

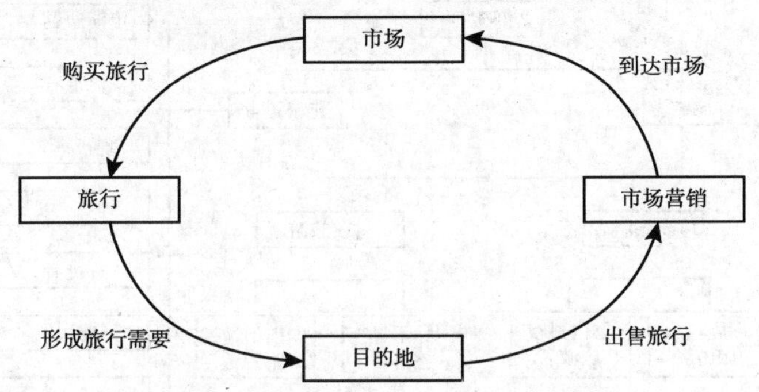

图2-4　以市场为导向的旅游系统

资料来源：Hall，C. M.. *Introduction to Tourism*：*Dimensions and Issues*（4th Ed.）［M］. Frenchs Forest，Australia：Pearson Education Australia. 2003.

第二节　旅游者

旅游者（tourist或visitor）是“基本整体旅游系统”中最基本的要素，出于旅游统计的需要，世界旅游组织、各国的旅游行业协会和政府的旅游行政管理部门都分别对旅游者做出了不尽相同的定义。如第一章所述，世界旅游组织对旅游的官方定义是：“旅游指人们出于休闲、商务及其他目的到其通常环境之外的地区旅行或逗留不超过连续一年的活动。”在“旅游”这个概念中，旅游者是其中的核心部分。

区别旅游者和非旅游者通常采用三个基本标准：[1]

其一，旅游的目的地必须是常住地之外的某地，这就或多或少排除了人们在

① 伦纳德·J. 利克里什等著，程尽能等译. 旅游学通论［M］. 北京：中国旅游出版社，2002. 44.

工作或学习的地方与居住地之间所做的有规律的旅行。

其二，不应该在目的地连续居住12个月以上。从统计学角度来看，居住超过12个月，旅游者就可以被视作该地的常住居民。

其三，访问的主要目的应该排除在目的地从事涉及赚钱的任何活动，这样就可以排除出于工作目的的流动人口（见图2-5）。

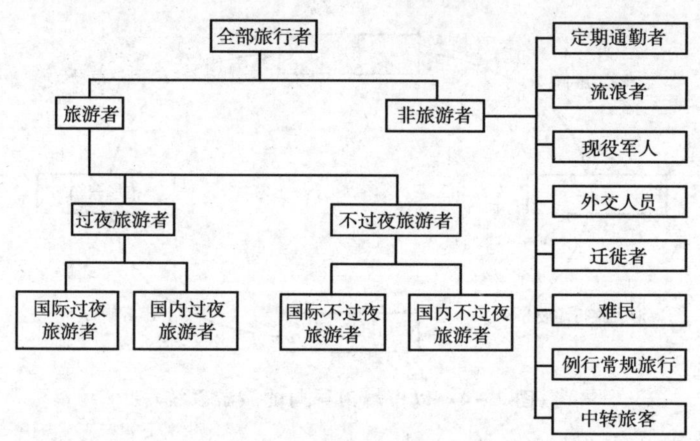

图2-5 旅游者和非旅游者

资料来源：Weaver，D. and Oppermann，M.. *Tourism Management*[M]. Milton，Australia：John Wiley & Sons Australia，Ltd.，2000. 34.

通过研究，韦弗和奥珀曼进一步提出了三个界定旅游者的限定因素：空间因素（Spatial component）；时间因素（Temporal component）；旅行目的（Travel purpose）。①他们认为，要确定一个出行的人是不是旅游者，应该同时考虑这三个因素。

空间因素 世界旅游组织以及大多数官方和非官方旅游管理机构和组织都认为，一个人要成为旅游者就必须离开自己的常住环境（Usual environment），因此空间因素是界定一个人是否是旅游者的一个重要尺度。从空间因素的角度，可以将旅游者分为**国内旅游者**和**国际旅游者**。如果一个人的旅行经历发生在自己的常住国，可以把这个人界定为国内旅游者。如果一个人的旅行经历发生在其常住国之外，这个人则为国际旅游者。这种方法以国境线为界划分国内旅游者和国际旅

① Weaver，D. and Oppermann，M.. *Tourism Management*[M]. Milton，Australia：John Wiley & Sons Australia，Ltd.，2000. 26-33.

游者，没有考虑距离的因素。人们跨过了国境线就意味着离开了自己的常住国，例如，居住在边境城市的居民，跨过国境线之后就有可能成为国际旅游者，尽管其旅行距离可能很短；例如，居住在中国丹东的居民到鸭绿江对岸朝鲜的新义州旅游，就一定会被朝鲜界定为国际旅游者。就世界上大多数国家而言，国内旅游的规模通常总是会超过国际旅游的规模的。

以空间因素的角度看待国际旅游，还可以将旅游者进一步划分为**出境旅游者**和**入境旅游者**。离开自己常住国的旅游者可以被称为出境旅游者，而进入另一个国家（非常住国）的旅游者则可以被称为入境旅游者。任何一个国际旅游者从常住国（旅游客源地）的角度可以被称为出境旅游者，而同时从旅游目的地的角度又可以成为入境旅游者。例如，一个中国人到新西兰度假，从中国的统计角度，这个人是出境旅游者，而从新西兰的统计角度，他是入境旅游者。在世界范围内，入境旅游者的人数通常大于出境旅游者的人数。因为同一个出境旅游者，可能会被当做多个入境旅游者。例如，一个中国人到欧洲六个国家旅游，离开中国（常住国）时被中国统计为一个出境旅游者，但是他在欧洲却被六个国家都统计为入境旅游者。

时间因素　旅行时间的长短也是界定旅游者的一个重要尺度。根据世界旅游组织的定义，对国际旅游者的时间限定通常为 12 个月之内，而大多数国家也都将国内旅游者的时间限定在 6 个月之内。停留时间超过了这些限定的人通常都被归类为临时居民或者移民。从时间的角度，可以将旅游者划分为**过夜旅游者**和**不过夜旅游者**。如果旅游者（包括国内旅游者和国际旅游者）在旅游目的地至少停留一个晚上，这个旅游者可以被称为过夜旅游者。如果旅游者当天就离开旅游目的地，不在该地过夜，则被称为不过夜旅游者。不过夜旅游者主要包括乘邮轮旅游的旅游者和跨境购物的游客。乘邮轮旅游的旅游者访问一些港口，但通常都不在这些港口城市过夜。跨境购物的游客也都通常当天返回常住地，不在境外过夜。例如，我国香港和澳门的居民以购物为目的过境到深圳和珠海，通常也都当日返回。

旅行目的　从旅游的角度，人们通常认为旅行目的主要包括三个大类别：休闲娱乐、探亲访友和商务。

休闲娱乐（Leisure/Recreation）。休闲娱乐是旅游的主要目的之一。观光和度假也通常包括在这个类别中，在英文的旅游统计和旅游研究论文中，日本人通常使用“sightseeing”，美国人通常使用“vacation”，英国人和澳大利亚人通常使用“holiday”。在全世界的旅游活动中，以休闲娱乐为目的的旅游者所占的比例最大（见表 2－2）。

表 2-2 中国、澳大利亚和欧洲入境旅游者的主要旅行目的比较

	中国(2000 年)	澳大利亚(1996 年)	欧洲(1994 年)
观光度假	36.5%	60%	76%
探亲访友	14.3%	19%	10%(包括其他目的)
商　　务	27.5%	9%	14%
其　　他	21.7%	12%	

资料来源:"国家旅游局公布 2000 年入境旅游者抽样调查综合分析报告", www.cnta.gov.cn; BTR (1997). *International Visitor Survey 1996*. Canberra, Australia: Bureau of Tourism; 欧洲旅游观察 (*European Travel Monitor*), 1994/1993.

探亲访友 (Visiting friends and relatives, VFR)。研究显示,探亲访友是旅游者的另一个主要旅行目的,很多旅行都涉及探亲访友。这类旅游者对旅游目的地的选择主要取决于其亲朋好友的居住地。中国在海外各国的侨民和移民比较多,因此以探亲访友为目的到中国旅游的人数的比例也比较大。当一个国家的经济发展到一定程度时,与其他类别的旅游活动相比较,这类旅游活动对经济的影响比较小。探亲访友旅游活动对商业住宿设施的使用相对较少,却能为交通运输业和旅行社提供大笔生意。

商务 (Business)。商务也是一个非常重要的旅行目的。在世界范围内,商务旅行的规模也是非常可观的 (见表 2-2)。当商务旅行者在非商务活动时间进行休闲活动时,或者公务活动结束后,他们就可以转变成为休闲娱乐旅游者,成为旅游的重要部分。商务旅行者的费用通常由其公司支付而不由其本人支付,因此商务旅行者的人均消费水平通常会高于普通旅游者,代表一个高消费的旅游市场细分。

除了上述三个类别的主要旅行目的之外,旅游者的旅行目的还包括体育运动、宗教朝圣、健康疗养、短期修学旅游等。在现实生活中,大部分旅游者的旅行目的并不是单一的。大多数旅游者的旅行目的都或多或少具有多重性,即除了一个主要旅行目的外还有一个或多个次要旅行目的。例如,一个从欧洲到香港参加会议的商务人士,完成会议任务后可能会到澳门休闲放松一天,可能还会到广州探望亲友。如果商务人士的配偶与其同行,那么其旅行目的除了商务活动之外,很可能会涉及一些休闲度假活动。

尽管"探亲访友"也是一个主要旅行目的类别,但是从旅游统计的角度,通常只把旅行目的划分为两个大类别:休闲娱乐和商务,其原因是不论休闲娱乐目的还是商务目的均可以派生出探亲访友目的 (见图 2-6)。如果对出于休闲娱乐目的的休闲旅游与出于商务目的的商务旅行进行比较，人们会发现它们的特征有很多不同之处（见表2－3）。

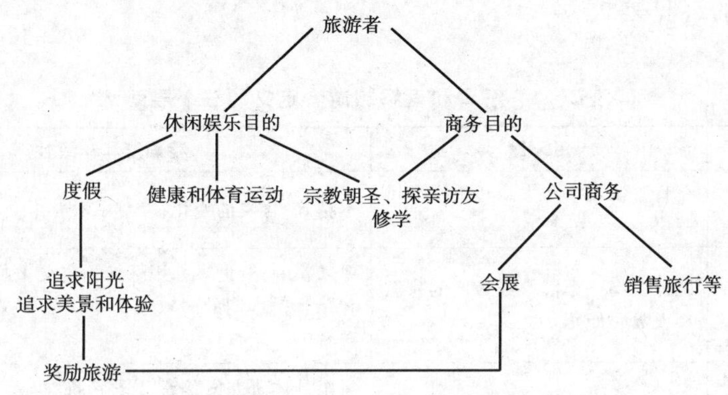

图2－6 旅行目的细分图

资料来源：Bull, A.. *The Economics of Travel and Tourism* (2nd Ed.)[M]. Melbourne, Australia: Addison Wesley Longman, 1995.12；略有改动。

表2－3 休闲旅游和商务旅行特征的比较

	休闲旅游	商务旅行
旅行费用的承担者	旅游者自己	雇主
目的地的选择	旅游者自己	商务活动的组织者
旅行发生的时间	在闲暇时间 在典型的节假日期间和周末	在工作时间 主要在假期之外；平日的工作期间（星期一至星期五）
旅行发生的频率	不经常发生，但是每次持续的时间通常较长	比较经常发生，但是每次持续的时间通常较短
旅行计划的提前量	度假旅游通常提前几个月预订；短期休息通常提前几个星期或几天预订	大型商务活动通常都提前几年进行安排
出行者	任何有经济能力和闲暇时间进行旅游的人	成年人，通常是管理层或者专业技术人员
目的地的类型	大多是海滨、山地、乡村度假地	大部分是现代化的城市
旅伴的类型	朋友和家人	个人商务旅行通常没有伴侣；非个人商务旅行通常与同事结伴

利珀提出了另外一套理解和解释旅游者的模式，他认为可以从三个层面来理解或者解释旅游者的定义：通俗含义（Popular meanings）；技术定义（Technical definitions)；研究应用型概念和定义（Heuristic concepts and definitions）。在不同层面中，旅游者的含义并不完全相同，这些定义的应用范围和对其精确度的要求也是不一样的（见表2-4）。[①]

表2-4　解释和理解旅游者定义的三个层面

类　别	用　途	精确度和一致性
通俗含义	在日常谈话中和大众传播媒介中使用	不精确；含义的变化很大；不需要定义
技术定义	统计访问一个国家或地区的旅游者人数时使用	要求精确；全世界都用标准的定义来描述“国际旅游者”，但是不同的国家使用不同的定义描述“国内旅游者”
研究应用型概念和定义	研究旅游者的活动和旅游行为时使用	每个具体研究案例都要求精确，但是没有广泛认同的定义；每一个研究者都应该设计出适合某个具体研究项目的定义

资料来源：Leiper，N.. *Tourism Management*（3rd Ed.）[M]. Frenchs Forest，Australia：Pearson Education Australia，2004. 30.

通俗含义　人们在日常谈话中常常使用旅游者（tourist）这个词，新闻报道中也常常出现这个词，但是不同的人或同一个人在不同的场合使用这个词时，所表达的含义可能不尽相同。通俗含义不是定义，只是一种大家都认可的流行说法。

技术定义　每个专业领域和学科都制定了专门的技术定义来描述自己独特的专业术语。技术定义一定要精确，因为要根据技术定义来设计调查表和分析统计数据。在旅游界，为了有效地比较国际旅游者在不同国家之间的流动，各国对国际旅游者流动的统计数据必须有可比性。因此各国对国际旅游者的技术定义必须一致。联合国和世界旅游组织的前身国际官方旅游组织联盟（IUOTO）于1963年在罗马召开国际会议，从旅游统计的角度，正式确定了关于国际旅游者的一些统一的技术定义。提出了三个统一的标准术语：International visitor；International tourist；International excursionist。这些术语的标准技术定义如下：[②]

国际游客（International visitor）：出于统计的目的，任何一个人到自己常住

① Leiper，N.. *Tourism Management*（3rd Ed.）[M]. Frenchs Forest，Australia：Pearson Education Australia，2004. 29-34.

② World Tourism Organization. *Recommendations on Tourism Statistics*[R]. Madrid：WTO，1996. 3.

环境以外的国家旅行不超过12个月，其主要旅行目的不是在访问国家进行获取报酬的活动。国际游客包括：国际旅游者（International tourist）：游客在其访问的国家的集体或私人的住宿设施中至少停留一夜；国际短程游览者（International excursionist）：也称为一日游游客（Same-day visitor），不在集体或私人的住宿设施中过夜的游客。这个定义包括乘邮轮旅游的乘客。

各国对国内旅游者的技术定义的标准尚未取得一致意见。很多国家都既参照世界旅游组织的标准，也针对本国的具体情况制定自己的技术定义标准。例如，美国全国旅游资源审查委员会（America National Tourism Resources Review Commission）给旅游者下的定义是“出于商务、娱乐、个人事务的目的或除通勤上下班之外的其他目的，离家旅行至少50英里（单程）的人，不论其是否在外过夜或当日返回”；英国旅游调查（United Kingdom Tourism Survey）对旅游者离开常住地外出旅行的距离没有明确的规定，只规定了至少要停留一夜；澳大利亚工业经济局（Australian Bureau of Industry Economics）对旅游者的定义是“离开常住地至少40千米去另一个地点访问，为期至少24小时但不超过12个月的人”。①

研究应用型概念和定义　研究应用型概念和定义不必和技术定义一致，因为旅游者的技术定义的范围太广，包含各种类型的旅行者和几乎所有旅行目的。研究人员在对旅游者的旅行行为进行某个具体细节的研究时并不一定能完全用到这些技术定义，因此在具体的研究项目中需要制定特定研究应用型概念和定义。例如，在对到某个旅游景区参观的游客的环境行为进行研究的项目中，旅游者的定义可能是这样的：在本研究中，除本景区的员工外，任何到本景区参观的人均视为旅游者。很显然，关于旅游者的这个定义只适用于该项研究。

第三节　旅游客源地

旅游客源地的重要性也是显而易见的，如果这里不能产生旅游需求，就无法形成旅游系统。影响旅游需求的因素很多，通过对第二次世界大战后旅游业迅速发展的趋势的研究，人们发现其中的五个因素对产生旅游需求的影响力比较大。这些因素被称为激励旅游需求的推动因素（Push factor），因为这些因素从旅游客

① Goeldner，C，Ritchie，J. and McIntosh，R.. *Tourism：Principles，Practices，Philosophies*（8th Ed.）[M]. New York：John Wiley & Sons，2000. 17－18.

源市场和客源地的角度，对旅游者产生推动力，推动他们外出旅游，激励他们的旅游需求。这些推动因素主要包括：经济因素、社会因素、人口因素、技术因素和政治因素。

1. 经济因素

一个国家的富裕程度与其旅游需求直接相关。其中的一个主要衡量指标是潜在旅游客源是否拥有足够的实际可自由支配收入。就总体而言，大多数家庭的可自由支配收入的多寡决定着旅游客源地的旅游需求。伯顿（Burton）把社会的经济发展分成四个阶段，并对照社会经济发展的四个阶段对人们在各个阶段的旅游参与程度进行了分析（见表2－5）。①

表2－5 社会经济发展与旅游参与规模的关系

发展阶段	社会经济发展状况	旅游参与规模
第一阶段	以维持生计为主的前工业化经济；以农村为主的农业经济；广大的贫苦大众与少数富有阶层的差距很大	大众不参与旅游；少数富有阶层到国内和国外的一些旅游目的地旅游
第二阶段	正在进行工业化；城市迅速发展；中产阶层正在成长	国内旅游开始扩展；少数富有阶层的国际旅游范围在扩大
第三阶段	几乎工业化；大部分人口集中在城市；中产阶层成为社会的主流	大众参与国内旅游；短程国际旅游量增加；少数富有阶层开始远距离国际旅游
第四阶段	完全工业化；高科技导向；几乎城市化；全体国民高度富裕	大众参与国内旅游和国际旅游（包括短程和远程）

资料来源：Weaver, D. and Oppermann, M.. *Tourism Management*[M]. Milton, Australia: John Wiley & Sons Australia, Ltd., 2000. 71.

在经济发展的第一阶段，经济发展状况的特征是前工业化和农业经济，广大家庭的收入仅够维持生计，此外没有可自由支配收入。广大民众不能参与旅游活动，只有少数富有阶层可以在一定程度上参与国内和国际旅游。在经济发展的第二阶段，由于工业化和城市化的结果，中产阶层开始形成。在这个阶段，国内旅游开始扩展，少数社会精英的国际旅游范围也开始扩大。工业革命时期的英国和欧洲处于这个阶段。按照目前的经济发展水平，中国和印度应该属于第二阶段。

① Burton R.. *Travel Geography* (2nd Ed.)[M]. London: Pitman. 1995.

在经济发展的第三阶段，人口的大部分变得相对富裕，因此国内旅游和到周边国家的国际旅游变成大众化。同时，少数社会精英开始转向远程国际旅游。第二次世界大战后到20世纪50年代初的美国和英国，以及后来发展起来的一些所谓"小龙"国家和地区，例如，韩国、新加坡和中国香港等都属于这个阶段。在经济发展的第四阶段，国家已经完全工业化，全社会都很富裕，国民大规模参与国内旅游和长、短途国际旅游。美国、英国、加拿大、日本、澳大利亚和新西兰等国家目前都处于这个阶段。

2. 社会因素

影响旅游客源地的旅游需求的社会因素之一，是人们所拥有的可自由支配的时间的多寡和对这些可自由支配的时间的态度。随着社会生产力和社会经济水平的发展，人们会拥有越来越多的可自由支配的时间。目前在发达国家，人们普遍享有一定天数的带薪休假权利，这是促进旅游需求的一个重要因素。另外，人们对休闲的看法的转变也反映出社会因素对旅游需求的影响。在工业化时代（伯顿定义中的第二阶段），人们并不认为休闲是其本身天生就应该拥有的权利，而仅仅认为休闲是必要的，其原因是：通过休闲可以恢复体力，这样就可以提高工作效率，因此把休闲作为提高生产力的一种手段。这个时代的休闲哲学是"为了工作而休闲"（Play in order to work）。显然，这种哲学的中心是工作，而不是人们的生活质量。然而，在后工业时代的信息化社会中，人们所持有的休闲哲学发生了显著变化，认为应该"为了休闲而工作"（Work in order to play）。这时，人们认为旅游休闲活动是生活质量的体现，赚钱的目的是获取旅游休闲活动的经济基础，努力工作的目的是更好地休闲，更好地享受人生。这种观念得到全社会的认可后，就可以极大地刺激旅游需求。

3. 人口因素

人口因素的变化也会影响旅游客源地的旅游需求。研究表明，至少有四个方面的变化导致了旅游需求的增加：家庭规模变小、人口增加、城市化和平均寿命的提高。随着家庭可自由支配的收入和可自由支配的时间的增加，家庭的规模在逐渐变小。这一现象在发达国家表现得尤为明显。随着社会经济的发展和人们生活质量的提高，人口的出生率和死亡率从伯顿定义中的第二阶段均开始明显地呈下降趋势，而人口总数也从这个阶段开始逐步增加（见图2－7）。伯顿定义中的第三阶段和第四阶段的一个主要特征是城市化进程的逐渐加速，城市人口的增加也会使旅游的愿望和需求不断增加。人口出生率的降低和平均寿命的提高意味着人口的老龄化。现在，人们从工作岗位退休后通常还能够生存 15～20 年或更长的时间，这也无形中增加了人们可自由支配的时间，因此这也是促进旅游需求的一个因素。值得指出的是，在第四阶段中随着人口出生率的下降和人口老龄化的进一步发展，人口变化会出现不同于第四阶段前期的趋势，即出生率开始下降，人口总数开始下降，而死亡率却出现增长的苗头，因此在人口变化趋势方面很有可能会衍生出一个新的阶段，即所谓的第五阶段（见图 2－7）。这就给旅游研究者提出了一个新的研究课题。

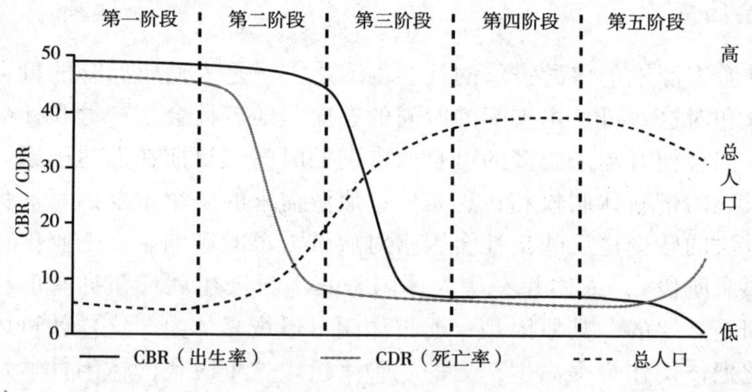

图 2－7　人口的变化趋势

资料来源：Weaver，D. and Lawton，L.. *Tourism Management*（3rd Ed.）[M]. Milton，Australia：John Wiley & Sons Australia，Ltd.，2006. 77.

4. 技术因素

科学技术的进步和发展对旅游业发展的推动作用是深远的。伴随着近代和现代工业发展起来的航空技术、火车技术、汽车技术、公路技术等都极大地推动了旅游业的发展，方便了旅行者的出行，刺激了旅游客源地的旅游需求。图 2－8 显示，随着交通技术的发展，从 20 世纪 50 年代到 20 世纪 90 年代，德国人的出行方式和度假方式都发生了很大变化。人们乘私家车和乘飞机出游的比例大幅增加，度假方式也从在家里自我消遣转变为外出度假。近十几年发展起来的信息技术也使旅游业的运行模式和人们的出行方式发生了巨大变化。信息技术不但彻底革新了旅游休闲活动的预订系统，还开辟了诸如网上虚拟旅游等类型的全新旅游模式。

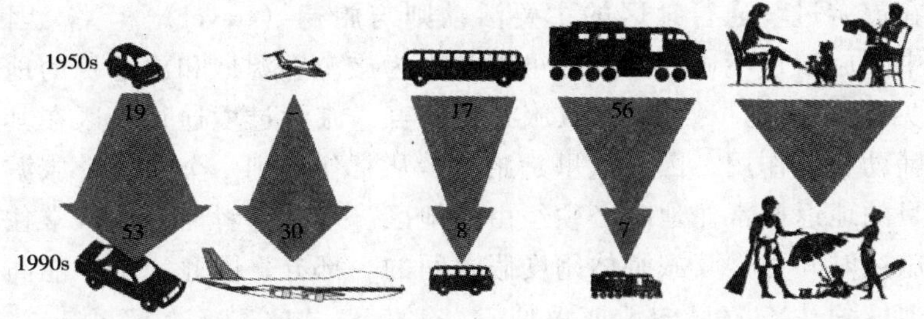

图 2－8　德国人出行方式和度假模式的变迁（1950s～1990s）（%）

资料来源：Weaver, D. and Lawton, L.. *Tourism Management*（3rd Ed.）[M]. Milton, Australia: John Wiley & Sons Australia, Ltd., 2006. 81.

5. 政治因素

旅游活动能否发生还取决于人们是否能够自由地在国内和国际范围旅行。随着经济的发展，越来越多的国家取消了对公民出国旅行的限制，国际旅游障碍的消除无疑会进一步推动旅游客源地的发展，并进一步激励旅游需求。例如，随着改革开放的深入发展、加入世界贸易组织、人民币逐渐向可自由兑换货币的方向发展及越来越多的国家和地区全部或部分对中国公民开放成为中国的出境旅游目的地（据统计，截止到 2007 年 6 月，经国务院批准的中国公民出境旅游目的地国家和地区总计已达 132 个，已正式实施、可以组团前往的有 86 个），中国作为国际旅游客源地的地位正在加强，越来越多的中国人走出国门到世界各地旅行。2006 年，中国的出境人数达到 3452 万人次。[①] 根据世界旅游组织的预测，到 2020 年，中国将成为世界第四大旅游出境客源国，出境旅游人数将达到 1 亿人次，占世界市场份额的 6.2%。[②]

第四节　旅游过境通行地区

旅游者离开常住地在到达旅游目的地之前所经过的所有地区都可以被称为旅游过境通行地区。旅游者在旅游目的地的主要活动都与参观访问（visit）有关，

① http://news.sina.com.cn/c/2007－03－06/171412445370.shtml.

② 魏小安，张凌云．共同的声音：世界旅游宣言［M］．北京：旅游教育出版社，2003. 27.

而旅游者在旅游过境通行地区的主要活动则与旅行（travel）相关，因此在整体旅游系统中，旅游过境通行地区也可以被视为旅游客源地和旅游目的地之间的中间地区（见图2－1）。对绝大多数旅游者而言，旅游过境通行地区在其旅游过程中主要起辅助支持作用，因为这里是旅游者从常住地到一个或多个旅游目的地或者从旅游目的地返回常住地时必须经由的地区。对旅游者而言，从常住地到旅游目的地的旅途时间也是其旅游休闲度假时间的一部分，因此，是否能高效迅速地经由这个地区到达旅游目的地或返回常住地，是大多数旅游者都非常关注的因素。这些因素主要包括：旅行时间、交通费用、交通设施的状况、沿途公共设施的状况、安全和社会治安状况、沿途旅游吸引物的质量等。

1. 旅行时间

科学技术的发展对旅游过境通行地区产生了深远的影响。随着大众旅游的发展，旅游者的旅行距离变得越来越长，但是旅途所用的时间却越来越短。这主要得益于大型喷气式飞机、高速火车、汽车和高速公路的发展。现在，旅游者乘飞机从亚洲到美洲或从澳洲到欧洲可以不停留直飞旅游目的地。

2. 交通费用

从旅游客源地到旅游目的地的交通费用也是大多数旅游者决定是否出游、到哪里旅游的一个因素。从这个意义上讲，距离越远，人们的旅游需求就越小；离常住地越近的旅游目的地通常对旅游客源地的潜在旅游需求的激励作用也越大。

3. 交通设施的状况

交通设施的状况包括两方面的情况：存在什么形式的交通系统和交通系统的方便性。交通系统的形式包括供旅游者使用的航空交通系统、水上交通系统、公路交通系统、铁路客运系统。交通系统的方便性主要包括旅游交通运载工具的班次安排频次和容量。旅游交通运载工具始发的频次越高，载客容量越大，旅游者就越感到方便。如果这些交通系统既完善又方便，旅游者就会认为这条旅游过境通行路线的效率很高，反之则会认为这条线路的效率很低，因此不愿意使用这条线路或者经由这个旅游过境通行地区。

4. 公共设施的状况

旅游过境通行地区的公共设施是否能满足旅游者的需要也会影响旅游者对旅游过境通行地区的知觉和体验。例如，旅行中转设施（机场、火车站）是否完善、方便；机场、港口和火车站之间的公共交通是否方便；城市的公共服务系统是否舒适和方便。

5. 安全和社会治安状况

旅游者对旅行安全和旅游过境通行地区社会治安状况的知觉也是非常重要的因素。近年来，尤其是发生在美国的“9·11”恐怖事件之后，旅游者对旅行安全因素的关注胜过了以往任何时期。安全因素涉及的范围很广，既包括旅行交通工具的安全、旅行过程的安全，也包括社会治安的状况。

6. 沿途旅游吸引物的质量

一些旅游过境通行地区的风光秀丽，旅游过境通行地区也可能还有很多吸引旅游者的景观或者其他娱乐休闲设施。例如，在欧洲，公路两侧的美丽风光就被称为“绿色旅行路线”，因为旅游者坐在旅行巴士上欣赏沿途的风光也是一种美好的体验和享受。旅游者在过境和途经一些城市时，也希望能在这里过得舒服愉快，欣赏到独特的景观和风情。这些与众不同的旅游吸引物和风光都可以使旅游者减轻旅行的单调和沉闷，增加旅途的乐趣，因此也就无形中提高了旅游过境通行地区的效率，增加了其对旅游者的吸引力。

值得指出的是，地理位置上的旅游过境通行地区有时候可以同时兼具旅游目的地和旅游客源地的角色。在很多地区，相当多的到访游客把其当做旅游目的地，而同时又有大量的旅游者仅将其作为到旅游目的地的旅途中的过境地或顺访地。因此，从这个意义上讲，这些地区具有旅游过境通行地区和旅游目的地的双重角色和功能。例如，从整体旅游系统的角度看新加坡，这个城市国家的旅游角色和功能就是多重的。新加坡是一个非常繁忙的旅游过境通行地区，其樟宜机场为全世界60多家航空公司提供服务，连接世界各国的145个城市，是亚太地区的重要交通枢纽。根据最新统计资料，2003年，樟宜机场进出港的航班达15.4万架次，进出港旅客达2464.4万人次。①新加坡也是国际旅游者的一个主要旅游目的地，根据新加坡旅游局的统计，2001年入境旅游人数达752万人，其中46%的旅游者以度假为目的。随着新加坡经济的崛起，其本身也成为一个重要的旅游客源国，2001年新加坡居民出境旅游的人数为436万人次。②新加坡的总人

① 新加坡樟宜机场网站：http://www.changiairport.com.sg.

② Singapore Tourism Board.. *Annual Report on Tourism Statistics 2001*[M]. Singapore: Singapore Tourism Board, 2002.1-3.

口为420万，因此可以得出这样的结论：2001年平均每个新加坡人接待了1.8个入境旅游者，而且几乎每个新加坡人在这一年内都平均出境一次（参见本章的“案例分析”《新加坡旅游的魅力》）。然而，在实际的旅游统计中，很多国家的官方旅游管理机构往往都把旅游者到访的地区统统称为旅游目的地，忽视了其旅游过境通行地区角色和功能的存在。但是旅游企业的管理者则不应该忽视旅游过境通行地区和旅游目的地这两个角色和功能之间的区别，应该充分了解这两者之间的不同点，分别针对不同的功能开发出不同的产品和制定出不同的产品策略，以适应和满足不同类型的旅游者的不同需求。

第五节　旅游目的地

旅游目的地是旅游者离开常住地后，最终到达的地区，旅游者在这里停留一段时间，并进行休闲、消遣等类型的度假活动。旅游目的地的范围在一定程度上可以根据旅游者自己的知觉来确定，因此似乎并没有统一的标准。利珀认为可以将旅游目的地分成两大部分：旅游目的地地区和旅游目的地国家。[①] 旅游目的地地区通常指以旅游者居住的酒店或其他住宿设施为中心，旅游者外出进行旅游消遣活动，当天可以往返的距离范围。因此，在理论上，旅游者过夜的酒店或其他住宿设施就是旅游目的地地区的中心，但人们通常都把旅游城市的中心地区当做旅游目的地地区的中心，因为通常不论住在城市中心地区的什么地方，在城市范围内进行旅游消遣活动后，当天均可以返回临时住所，不必另觅新的住宿设施。显而易见，旅游目的地国家的范围很大，依据国家的大小的不同，旅游目的地国家通常会包含数以十计、数以百计、数以千计，甚至数以万计的旅游目的地地区。也有个别国家，因为国土面积太小，所以只含有一个旅游目的地地区，例如，在城市国家新加坡，住在任何地方的旅游者外出旅游，当天均可以返回住地。因此，新加坡既是一个旅游目的地地区，也是一个旅游目的地国家。

从国际旅游的角度，国际旅游者的首要目标是某个旅游目的地国家，因此国际旅游者首先要进入旅游目的地国家，成为该国的入境旅游者，然后在该国境内进入一个或多个旅游目的地地区进行旅游消遣和参观访问活动，获得旅游经历和

---

① Leiper, N.. *Tourism Management* (3rd Ed.) [M]. Frenchs Forest, Australia: Pearson Education Australia, 2004. 128.

体验。国内旅游者的目标直接就是一个或多个旅游目的地地区，例如，从南京出发的黄山—千岛湖—杭州四日游，黄山、千岛湖和杭州分别都是旅游目的地地区。

在全球范围内，可以根据经济发展和社会发展水平，将旅游目的地国家大致划分为两大类别：发达国家和不发达国家。①

发达国家（More developed countries，MDC）　这些国家的经济发展水平和国民的旅游参与程度相当于伯顿模式中的第三阶段和第四阶段，主要包括美国、加拿大、日本、欧洲国家、澳大利亚、新西兰、韩国、新加坡等。

不发达国家（Less developed countries，LDC）　这一类别中的大多数国家的经济发展水平和国民的旅游参与程度符合伯顿模式中的第二阶段，也有极少数国家可能仍然处于第一阶段。这一类别中的国家主要是所谓的"第三世界"国家，包括拉美国家、加勒比国家、大多数亚洲国家、非洲国家及太平洋和印度洋的一些岛屿国家和地区。

发达国家和不发达国家的旅游目的地地位，从20世纪中叶开始逐步发生了变化。尽管发达国家在旅游目的地国家中的地位目前仍然是主导力量，但是不发达国家在旅游目的地国家中的地位变得越来越重要。总体发展趋势是：发达国家接待的国际旅游入境人数在全球国际旅游入境总人数中的份额从20世纪70年代开始呈下降趋势，而不发达国家接待的国际旅游入境人数在全球国际旅游入境总人数中的份额则从20世纪70年代开始呈上升趋势，而且上升的幅度也比较大（从1970年的111%上升到2007年的350%）。尽管如此，发达国家接待的国际旅游入境人数在全世界的国际旅游入境总人数中仍然占举足轻重的比例（2007年发达国家的份额为650%；而不发达国家的份额为350%）（见表2－6）。

表2－6　发达国家和不发达国家接待国际入境过夜旅游者人数比较

年份	发达国家(亿)	份额(%)	不发达国家(亿)	份额(%)	全球总人数(亿)
1950	0.232	91.7	0.021	8.3	0.252
1960	0.648	93.5	0.045	6.5	0.693
1970	1.42	88.9	0.177	11.1	1.597
1980	2.26	79	0.601	21	2.861
1990	3.527	77.4	1.032	22.6	4.559

① Weaver，D. and Oppermann，M.. *Tourism Management*［M］. Milton，Australia：John Wiley & Sons Australia，Ltd，2000.93.

续表

年份	发达国家(亿)	份额(%)	不发达国家(亿)	份额(%)	全球总人数(亿)
1994	4.193	76.8	1.266	23.2	5.459
1998	4.674	73.5	1.686	26.5	6.360
2002	5.045	71.8	1.982	28.2	7.027
2007	5.873	65.0	3.159	35.0	9.032

资料来源：世界旅游组织（WTO）. 旅游统计年鉴（*Yearbook of Tourism Statistics*）[M]. 1998, 2005；联合国世界旅游组织（UNWTO）. 联合国世界旅游组织世界旅游晴雨表（*UNWTO World Tourism Barometer*）[M]. 2008.

不发达国家在旅游目的地国家中所占地位的崛起主要归结于两个原因：人们对3S型度假旅游的需求和不发达国家经济的逐步发展。随着大众旅游的兴起和发展，从20世纪60年代开始很多旅游者热衷于追求阳光的3S型度假旅游活动，因此在很大程度上刺激了具有3S旅游资源的国家和地区发展度假型旅游，吸引旅游者入境度假，使地中海地区、加勒比地区、太平洋的一些岛屿国家和地区及亚洲地区的很多具有3S型度假旅游资源的国家和地区逐步发展成吸引国际旅游者的旅游目的地。从20世纪70年代开始，一些原来经济和社会并不发达的国家和地区开始在经济上崛起和腾飞，并逐渐跃入伯顿模式中的第三阶段，例如，亚洲的“四小龙”等国家和地区。在经济发展的这个阶段，中产阶层的增加引发了近距离国际旅游的需求，这也必然会促进周边国家旅游目的地地位的巩固和发展。例如，亚洲的旅游发展就得益于亚洲整体经济的发展，尤其是中国经济的发展。当然，随着经济实力的进一步提升，从旅游目的地的角度，一些原来不发达的国家也会升级到发达国家的行列，例如，韩国和新加坡等就已经进入了这个行列。这将会在整体上影响旅游目的地的格局和两大类别的旅游目的地国家的发展趋势和势力对比。据世界旅游组织预测，中国将于2020年成为世界第一大旅游目的地国家，年接待国际旅游者将达到1.37亿人次。①

以发达国家（MDC）和不发达国家（LDC）为界定依据，可以将国际旅游者在世界范围内的流动划分为三个主要地理活动范围（见图2－9）。第一个地理活动范围主要涉及国际旅游者在发达国家之间流动。从20世纪50年代开始，旅游者在这个范围内的流动一直是国际旅游者的主流趋势。在第二个地理活动范围内，随着不发达国家和地区的经济发展和对本地区旅游资源（主要为3S型度假资源）的开发，来自发达国家的旅游者进入不发达国家和地区进行旅游和度假活

① 魏小安，张凌云. 共同的声音：世界旅游宣言［M］. 北京：旅游教育出版社，2003. 27.

动。有人把发达的工业强国周边的不发达的旅游目的地国家和地区看做来自发达国家的旅游者的“快乐边缘”（pleasure periphery），这些“快乐边缘”旅游目的地的主要特征是能够提供高质量的3S型和山地旅游（alpine tourism）产品。在第三个地理活动范围，来自不发达国家和地区的旅游者到与其经济地位相等的国家和地区进行旅游。随着这些国家和地区的经济增长，尤其是受中国经济持续快速增长的影响，这个地理活动范围的旅游发展潜力巨大。另外，随着发展中国家和地区经济的持续发展，在世界范围内完全有可能进一步形成第四个旅游地理活动范围，即来自不发达国家和地区的旅游者到发达国家和地区旅游。例如，欧美发达国家、日本、澳大利亚、新西兰等正在成为中国重要的旅游目的地。

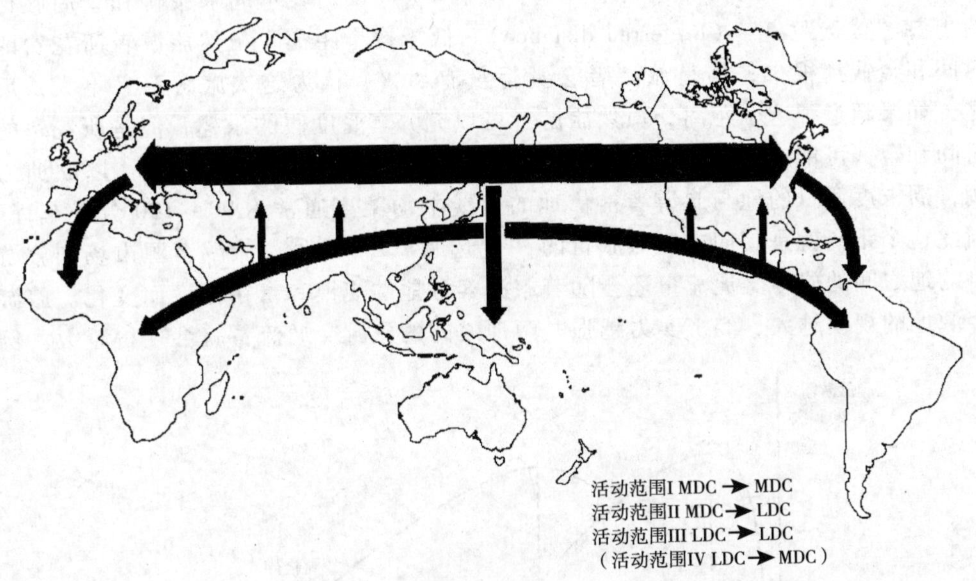

图2－9　国际旅游者的活动范围划分

资料来源：Weaver D. and Lawton L.. *Tourism Management* (3rd Ed.)[M]. Milton, Australia: John Wiley & Sons Australia, Ltd., 2006. 96.

前面已经讨论过，刺激旅游客源地或旅游市场旅游需求的因素被称为推动因素，而从旅游目的地的角度吸引旅游者的因素则被称为拉动因素（Pull factor），即从旅游目的地供给的角度提供有吸引力的旅游产品，以吸引或拉动旅游者前来进行旅游度假活动。

影响旅游目的地的主要拉动因素包括：空间距离因素、旅游吸引物的魅力、文化因素、出游成本因素、旅游目的地政府的支持因素及旅游目的地的社会和政治的稳定性。

1. 空间距离因素

这个因素主要指旅游客源地（旅游市场）与旅游目的地之间的空间距离，也可以称为“地理上的可进入性”。在理论上，旅游客源地和旅游目的地之间的旅客交通流量与两地之间的距离成反比：两地之间的距离越近，两地之间的旅客交通流量越大；两地之间的距离越远，两地之间的旅客交通流量则越小。图2－10简要概括了旅游需求与出游距离（包括相关的出游时间和成本因素）之间的关系。图中两条曲线的峰点距离（OW 和 OF）分别表示周末旅行和2周旅行的出游“优选距离”（Preferred distance）。低于这个距离，虽然旅游者所花费的时间和金钱都很少，但是旅游者会觉得没有尽兴，认为这次旅游意义不大；反之，如果超过了这个距离，虽然旅游者可以充分享受度假的乐趣，但是所花费的时间和金钱可能会超出自己的支付能力，因此旅游需求也不会很大。以欧洲为例，周末度假目的地与旅游者常住地的直线平均距离通常为90～120分钟车程，因此这个距离就是其周末度假旅行的“优选距离”。此外，旅游客源市场和旅游目的地之间的旅客交通流量还会随着旅游客源地的规模和富裕程度而变化。旅游客源地的规模越大、经济实力越强，两地之间的旅游交通流量就会变得越大。例

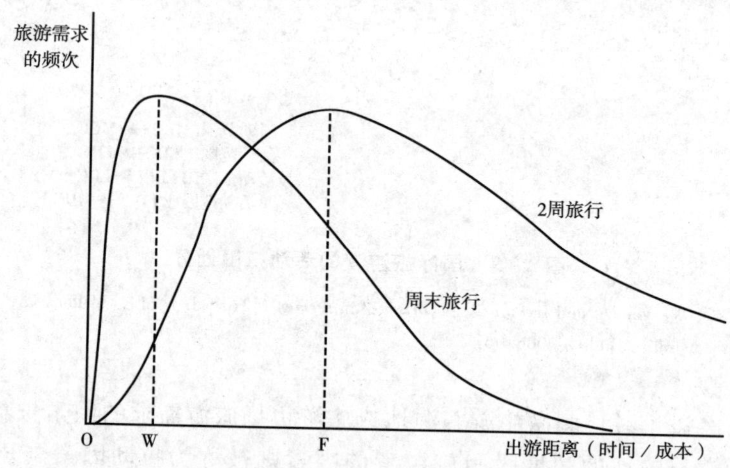

图2－10 出游距离与旅游需求的关系图

资料来源：Bull, A.. *The Economics of Travel and Tourism* (2nd Ed.) [M]. Melbourne, Australia: Addison Wesley Longman, 1995. 45；有改动。

如，东南亚成为中国的一个主要旅游目的地的原因除了中国经济实力的不断增强和越来越多的人民逐渐富裕起来以外，还因为中国距东南亚的空间距离比较近。

2. 旅游吸引物的魅力

对大多数旅游者而言，旅游目的地中的旅游吸引物是他们到访的原因。旅游吸引物在吸引旅游者方面的作用至关重要，因此旅游吸引物不但是旅游目的地的一个重要组成部分，而且是旅游目的地的开发和发展所依靠的一个主要因素。这些既包括自然因素，也包括人文历史因素。例如，优美的景色、宜人的气候、迷人的海滩（例如，美国的夏威夷和澳大利亚的黄金海岸）、独特的自然景观（例如，中国的桂林山水和美加交界的尼亚加拉大瀑布）、重要的历史遗迹（例如，中国的长城和埃及的金字塔）、著名的人造景观和吸引物（例如，迪士尼乐园和拉斯维加斯的赌场）等。决定旅游吸引物魅力的因素还包括旅游吸引物的质量、数量、多样性、独特性、可进入性和旅游者对旅游目的地的整体评价。

3. 文化因素

旅游目的地的异邦文化无疑会对旅游者产生一种神秘感，因此成为牵动旅游者出游的一种激励因素。但是旅游者外出旅游也同时寻求文化中的熟悉和相似因素（包括宗教、风俗及语言方面的相同之处），因为从心理学方面考虑，熟悉性和相似性意味着安全感。因此，从旅游目的地的角度，不论文化的相同因素，还是文化的差异因素都能够对旅游者产生牵引力。文化和宗教的纽带联系也是旅游目的地拉动旅游者来访的重要因素。中国在世界各地有无数的移民和侨民，强烈的亲情纽带关系和文化渊源，使中国成为重要的旅游目的地。每年都有成千上万的海外华侨和华人到中国探亲访友、寻根问祖和重温中华传统文化。宗教朝圣也是旅游目的地对旅游者的一个拉动因素，例如，美国的犹太人到以色列，穆斯林的朝圣者到沙特阿拉伯的麦加，罗马天主教徒到意大利和梵蒂冈，中国的佛教徒到五台山等因素都促进了这些目的地地区的旅游发展。

4. 出游成本因素

出游成本涉及很多因素，包括前面提到的距离因素。大多数旅游者在考虑旅游预算时都将旅行费用和在旅游目的地的消费费用作为一个整体来考虑，因此，除去旅游交通费用，旅游者在旅游目的地的旅游生活成本（其衡量指标是旅游消费指数）就成为旅游者选择旅游目的地的一个很重要的决策依据。和旅游客源地相比，旅游目的地的旅游生活成本（旅游消费指数）越低，对旅游者的吸引力就越大。

这也是来自发达国家（MDC）的旅游者愿意到不发达国家（LDC）的旅游目的地旅行的一个主要原因。汇率水平的走势也会影响旅游目的地的价格水平，因此旅游目的地的外汇汇率对旅游客源地的旅游需求具有深远的影响。汇率的波动可能会对旅游度假成本产生极大的影响，因此会对旅游目的地的客源产生影响。例如，以美元和欧元相比，当美元汇率走强时，就会有较多的美国旅游者到欧洲旅游，因为对美国而言，欧洲成为相对廉价的旅游目的地。反之，当美元疲软时，就会有较多的欧洲各国旅游者到美国旅行。最近几年，人民币持续升值，这在一定程度上降低了中国人出境旅游的成本，因此也刺激了中国人出境旅游的欲望。

5. 旅游目的地政府的支持因素

旅游目的地政府的行政和政策支持及保障对旅游目的地的发展非常重要。旅游目的地的基础设施的建设需要当地政府的统一规划和协调，例如公路、铁路、机场、港口、通信设施等。这些都是保证旅游目的地具有可进入性的重要因素。旅游目的地政府还要对旅游目的地中的旅游企业进行有效的管理，使之能够为旅游者提供优质的服务，确保高水准的旅游接待标准。旅游目的地政府还要行使责任维护旅游目的地的社会治安，确保旅游者的人身安全。旅游目的地政府还应该为旅游行政管理部门提供资金，向海外宣传和推广旅游产品。这一切都有利于建立良好的旅游目的地形象，提高旅游目的地的吸引力。

6. 旅游目的地的社会和政治的稳定性

旅游市场对旅游目的地的社会是否稳定非常敏感，社会不稳定就意味着不安全，因此，任何社会不稳定的旅游目的地对旅游者都是没有吸引力的。例如，20世纪90年代，前南斯拉夫的种族冲突就几乎完全摧毁了当地的旅游业，克罗地亚的入境旅游人数在内战前的1990年为500万，而在内战结束后的1995年，其入境旅游人数只有130万。① 根据世界旅游组织公布的统计资料，2003年在世界范围内，国际旅游入境人数比上一年度减少了1.7%，其主要原因是受美国入侵伊拉克的战争影响。一些非洲国家的政治动荡也极大地削弱了这些国家的旅游目的地的地位，导致非洲国家的丰富旅游资源和其旅游目的地地位很不相称。近年来，尤其是2001年美国发生了“9·11”恐怖袭击事件之后，恐怖袭击也成为旅游者普遍关注的一种社会不安定的因素。每次发生在旅游目的地的恐怖主义事件都会在很大程度上影响其作为旅游目的地的吸引力。美国在“9·11”恐怖事件之后，其

① Needham, P.. War is Over. Peace Gives Tourism a Chance[N]. *Travelweek* 897, July16, 1997. 10 - 11.

2001 年的入境旅游者比上一年度减少了 500 万人次，使国际旅游收入减少了约 1 亿美元。[①] 2002 年 10 月 12 日，穆斯林极端主义分子对印度尼西亚巴厘岛两家夜总会的恐怖袭击事件不但重创了该地的旅游业，而且也对周边地区的国际旅游产生了很大的负面影响。中国国际旅游目的地地位的迅速提高，其原因除了其经济的迅速崛起之外，在很大程度上也归因于近 20 多年来中国社会的持久稳定。

【补充阅读资料】

中国旅游业迈入智慧旅游时代

旅游进入“智慧时代”

何谓智慧旅游？就是游客利用移动云计算、互联网等新技术，借助便携的终端上网设备，主动感知旅游相关信息，并及时安排和调整旅游计划。简单地说，就是游客与网络实时互动，让游程安排进入“触摸时代”。

如果说，上海世博会带给人们智慧旅游的初次体验——在世博园区，只需掏出手机，轻轻一刷，游客手机上就会不时地收到热门场馆的排队信息。园区信息亭内自助终端的互动触摸屏上，园区、场馆和城市的各类服务信息应有尽有。以试点城市南京为例，未来几年，南京市将把景区、旅行社、酒店，以及旅游相关产业的信息资源整合到一起，打造一个统一的智慧旅游中央管理平台和旅游资源数据库。届时，游客来到南京，不必再翻地图、打电话，用手机或电脑登录该系统，就能了解到如何坐车最方便、哪家餐馆的菜最合口味、哪里购物娱乐最划算。

智慧旅游利用信息化技术，把一些旅游资源进行整合，然后为广大游客量身定做，提供适需对路的旅游产品。例如，澳门去年接待内地游客 1000 多万人次，它的信息平台能够体现各省的具体人数及排名。但在国内许多旅游城市每年接待的游客数量远高于澳门游客人数，可并不清楚他们分别都来自哪里，各有多少人；连客源地构成情况、游客指向及发展趋势都不明朗。由此很难开发出具有针对性适销对路的旅游产品。

对于游客而言，安全是最重要的。智慧旅游不仅可以满足游客出行、住宿、游览等相关需求，在旅游安全、旅游便利性需求、旅游移动搜索等方面也有突出作用。例如，探险旅游者遇险时可以通过终端迅速找到最近的避难所、急救站等，方

---

① http://ap1.ettoday.com.

便救援力量尽快确定遇险游客位置，实施有效救援。再如，目前南京中山陵园风景区数字指挥中心内有一面“电视墙”，不停地轮换显示景区内50个探头监测到的画面。根据智慧旅游设计方案，这套视频监控系统有望增加智能视频识别功能，可以根据预先定义的各种规则，自动发现突发异常事件并报警，为工作人员“减负”。同时，对于游客在景区走失的，还将有专门的“人员追踪系统”。该系统将旅游年卡、市民卡与游客手机事先绑定，对游客在景区中游览过的区域进行记录，可初步锁定走失游客的位置。由此可见，建立“智慧旅游”平台，不仅可以提高旅游管理的效率及服务水平，而且能够为游客的旅游安全筑上一道“防护墙”。

各地试水智慧旅游

目前，许多地方都在开展智慧城市建设并取得了很好的效果。地方智慧城市建设的实践和推进旅游业发展成为现代服务业的目标，国家旅游局对“智慧旅游城市”试点工作进行了部署，今年又正式确定江苏镇江为“国家智慧旅游服务中心”。未来，我国还将积极推进在有条件的城市开展试点工作。此外，还将在认真总结一些成功数字景区经验的基础上，逐步提高精品旅游景区的数字化水平；同时鼓励旅游饭店、旅游车船公司、旅游购物公司在信息化建设方面大胆探索，不断提高对游客服务的智能化水平，从而推动国内旅游者在中国大地上实现“智慧旅游”。

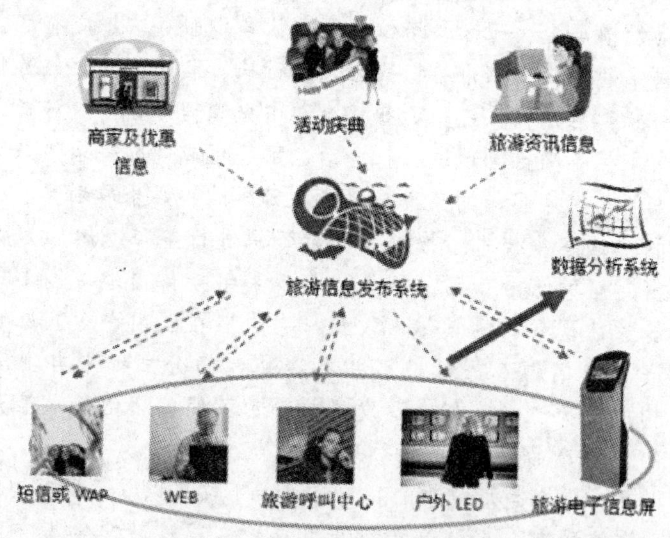

智慧旅游示意图

——资料来源：朋游风景网，http：//www. upengyou. com/news/newsdetail_ 401. html；略有删改。

【案例分析】

新加坡旅游的魅力

新加坡政府十分重视发展旅游业，把旅游业看做“无限资源”。早在1964年，新加坡就成立了旅游促进局，具体负责领导和推动旅游业的发展。该局在新加坡有关部门的配合下，充分利用本国的有利条件，大力开发旅游业。1970年接待游客首次突破50万人，1978年突破200万人，1990年突破500万人，1995年已突破714万人，旅游业收入高达116亿新元（约合83亿美元），约占国民生产总值的近97%。旅游业的发展，全面促进了新加坡的城市绿化、基础设施和服务质量的改善和提高。

前来新加坡的游客中，有200多万人是从事政治、经济和文化交流的，或与此相关的公、私办事人员。旅游外汇收入已成为新加坡的第三大收入。新加坡十分重视服务质量，一批优秀的服务员要经常性地进行严格业务训练和进修，一套严格的管理办法，使得新加坡的绝大多数饭店赢得了“世界最佳饭店”的称誉。矗立在新加坡河北岸的莱佛士酒店，高达70多层。据说是目前世界上最高、最豪华、最文明而价格又最低的旅游酒店。1983年，在世界十大最佳旅馆评比中，新加坡的旅店名列前茅。

交通是旅游业的重要组成部分。新加坡十分重视交通设施的建设，新加坡的樟宜机场为世界六大机场之一。1985年共接收了980万乘客和30万吨货物。基本上做到了处理行李迅捷，旅客过境设施完善，关口检查手续快速，免税货物齐全以及来往中心的交通方便。1986年新加坡港口的货物吞吐量已达到1.2亿吨，仅次于荷兰的鹿特丹而跃居世界第二，成了名副其实的海运中心。

现代国际社会是个高度发达的商品经济社会，信息和时间对于旅游者是十分重要的。特别是对于“贸易旅游”（又称商务旅游）尤其重要，新加坡已基本具备了现代化的通信网络和设施。

从人文地理上讲，新加坡利用金融中心和自由港，大力发展购物旅游、奖励旅游和会议旅游。新加坡举行国际会议尤为频繁。会议旅游的住宿、食物、游览和购物的消费都比较高。旅游增值效益十分显著。这对于新加坡这样的城市国家来说——自然和文化旅游资源不很丰富，但基础设施齐全和先进，经济比较发达——则尤为适宜。目前，新加坡可供召开国际会议的场所已逾100个。旅馆中有10家可接待1000人以上的会议。其中，1985年落成的莱佛士中心拥有一座可供4000人开会、用12种语言同声翻译的会议大厅。另外，由于通信设施、地面交通、旅馆设施的日益发展和完善，新加坡已成为国际金融中心。

——资料来源：http://www.51766.com/www/detailhtml/1100029039.html.

案例提示

1. 新加坡的地理位置与其作为世界主要旅行中转中心的地位之间存在什么关系？世界上其他与其地理位置相似的城市（例如，印度尼西亚的雅加达）为什么没有成为这样的中心？
2. 新加坡为什么会成为这样重要的旅游目的地？（可以参考第九章“补充阅读资料”《看新加坡如何多方吸引游客驻足“花园城市”》）
3. 从旅游管理的角度，讨论新加坡为什么能够同时具有重要的旅游客源地、旅游过境通行地区和旅游目的地的功能。
4. 新加坡为什么大力发展会展旅游和购物旅游？

【复习与思考】

一、重要专业词汇

基本整体旅游系统（Basic whole tourism system）

旅游者（Tourist，Traveler，Visitor）

旅游客源地（Tourist generating region）

旅游过境通行地区（Tourist transit route region）

旅游目的地（Tourist destination region）

旅游业（Tourism industry）

常住环境（Usual environment）

推动因素（Push factor）

拉动因素（Pull factor）

发达国家（More developed countries，MDC）

不发达国家（Less developed countries，LDC）

快乐边缘（Pleasure Periphery）

优选距离（Preferred distance）

二、思考和讨论

1. 简要描述“基本整体旅游系统”中的五个要素及每个要素的功能。

2. 如何从空间因素、时间因素和旅行目的三个方面界定旅游者?
3. 举例说明如何在实践中依据利珀提出的模式（三个层面）理解或者解释旅游者。
4. 结合中国旅游业发展的历史和现状，用伯顿的理论分析社会经济发展与旅游参与规模的关系。
5. “为了工作而休闲”和“为了休闲而工作”这两种截然相反的休闲哲学对旅游发展能够产生什么影响?
6. 举例说明从旅游客源地的角度看，有哪些推动因素可以激励旅游需求。
7. 在旅游过境通行地区，大多数旅游者关注的因素主要有哪些?
8. 在全球范围内，根据经济发展和社会发展水平，可以将旅游目的国家大致划分为哪两大类别?
9. 举例说明从旅游目的地的角度看，有哪些拉动因素可以对旅游者产生吸引力。

第三章

旅 游 业

旅游业是“基本整体旅游系统”中的重要组成部分之一。旅游业的定义可以简要概括为“全部或者主要为旅游消费生产产品和服务的工业和商业活动的总和”。① 旅游业内的主要行业部门通常包括：住宿业、交通运输业、餐饮业、旅行代理商和旅游经营商、旅游吸引物及旅游相关商品的生产和供应商。但是，利珀认为，在一些具体实例中，旅游业可能并不完全涵盖上述的所有部门。尽管如此，旅游业至少应该包含如下三个方面的内容：②

- 旅游吸引物；
- 住宿行业；
- 令旅游者感到舒适的环境，例如，餐馆和其他餐饮设施、出售各种商品和服务的零售商店。

如果旅游者自己驾车进入旅游目的地，自行安排旅游行程和活动，那么他们不论在旅游目的地还是在旅游中转地，都可以不使用旅行代理商和旅游经营商，也可以不使用公共交通运输系统，但是他们还是要使用上述三个方面的基本旅游业部门的。

第一节　住宿业

住宿业为旅游者提供住宿设施和相关服务，例如，餐饮服务。此外，住宿业还提供各种娱乐、会议、餐饮、礼品销售、博彩及健身等设施。住宿设施通常坐落在旅游目的地和旅游过境通行地区。住宿业是整体旅游基础设施的重要组成部

① Weaver, D. and Oppermann, M.. *Tourism Management* [M]. Milton, Australia: John Wiley & Sons Australia, Ltd., 2000. 47.

② Leiper, N.. *Tourism Management* (3rd Ed.) [M]. Frenchs Forest, Australia: Pearson Education Australia, 2004. 151.

分，如果没有住宿业，旅游者则无法访问旅游目的地，也无法在度假地体验度假经历。住宿接待业是劳动密集型产业，旅游者在住宿过程中的各种消费为很多从事餐饮生产和销售的企业提供了很多商业机会，由此也为当地创造了间接的收益。住宿企业需要支付昂贵的固定资产购置费用，因此这个行业可以称得上是旅游业内资本密集程度最高的行业之一。在旅游者的总体旅游消费中，住宿支出也占很大比例，通常占全部旅游支出的33%左右。①

图3－1概括描述了住宿业的主要结构。从图中可以看到，住宿业可以分为商业型和非商业型两大类型。近年来，商业饭店一直在进行市场细分，连锁经营和独立经营的饭店是住宿业的主要部分，可以细分成多种多样的层次和等级。商业型饭店还包括汽车旅馆、住宿加早餐型旅馆及分时度假饭店等。非商业型住宿设施包括私人家庭类型的住宿设施、非营利性的住宿单位及社会事业性质的住宿单位，例如，大专院校的住宿机构和公共保健疗养机构。住宿设施还可以按照其位置（例如城市中心、度假区、郊区、公路及机场）、所有权（例如，独立经

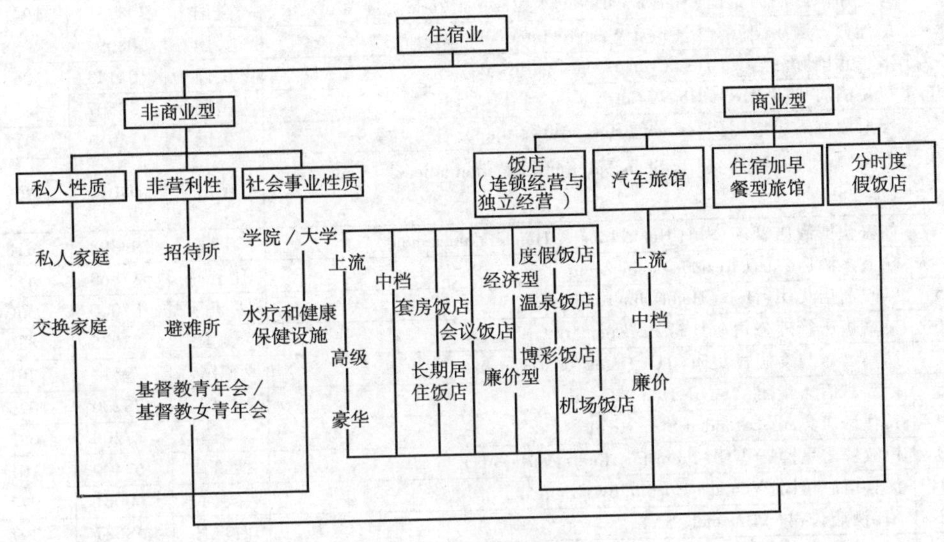

图3－1　住宿业结构

资料来源：Goeldner, C., Ritchie, J. and McIntosh, R.. *Tourism: Principles, Practices, Philosophies* (8th Ed.) [M]. New York: John Wiley & Sons, 2000. 167.

① 克里斯·库珀等著，张俐俐等译. 旅游学——原理与实践［M］. 北京：高等教育出版社，2004. 353.

营、连锁经营、特许经营等)、价格(有限服务饭店——经济型和廉价型;中等价格饭店——完全服务和有限服务;高级/豪华型饭店)等因素进行分类。[①] 表3-1列举了1999年世界饭店连锁集团排名榜的前25名,其中总部位于美国的公司的数量占绝对优势。这显示出美国在世界住宿业中所占据的举足轻重的位置,当然,这也可以从另一个侧面显示,美国国内也存在着一个巨大的住宿业市场。

表3-1 2010年全球酒店集团25强

排名	集团名称	总部	房间总数(间)	酒店总数(家)
1	洲际酒店集团(InterContinental Hotels Group PLC)	英国	647161	4437
2	万豪国际集团(Marriott International Inc.)	美国	618104	3545
3	万哈姆酒店集团(Wyndham Worldwide)	美国	612735	7207
4	希尔顿全球集团(Hilton Worldwide)	美国	604781	3671
5	雅高国际酒店集团(Accor SA)	法国	507306	4229
6	精选国际酒店集团(Choice Hotels International Inc.)	美国	495145	6142
7	喜达屋国际酒店集团(Starwood Hotels & Resorts Worldwide Inc.)	美国	308736	1041
8	最佳西方酒店国际集团(Best Western International)	美国	308692	4038
9	卡尔森国际酒店集团(Carlson Hotels Worldwide)	美国	162143	1064
10	凯悦酒店集团(Hyatt Hotels Corp.)	美国	127507	453
11	维斯盟特酒店集团(Westmont Hospitality Group)	美国	116913	813
12	上海锦江国际酒店集团(Shanghai Jin Jiang International Hotel Group Co. Ltd.)	中国	107019	707
13	如家快捷酒店管理公司(Home Inns & Hotels Management)	中国	93898	818
14	瑞兹多酒店集团(Rezidor Hotel Group)	比利时	87868	411
15	欧慧酒店集团(Melia Hotels International)	西班牙	87000	350
16	昆塔饭店管理公司(LQ Management LLC)	美国	83635	820
17	途易酒店与度假村集团(TUI Hotels & Resorts)	德国	79511	261
18	卢浮宫酒店集团(Louvre Hotels Group)	法国	78230	1023
19	长住酒店集团(Extended Stay Hotels)	美国	77200	683
20	伊波罗之星酒店集团(Iberostar Hotels & Resorts)	西班牙	67400	101
21	优势饭店集团(Vantage Hospitality Group Inc.)	美国	60081	973
22	NH酒店公司(NH Hotels SA)	西班牙	58687	397
23	7天连锁酒店集团(7 days Group Holdings Ltd.)	中国	56410	568
24	州际酒店与度假村集团(Interstate Hotels & Resorts)	美国	50666	242
25	汉庭连锁酒店集团(China Lodging Group Inc.)	中国	50438	438

资料来源:*Hotels*, September 2011, http://www.hotelsmag.com/.

① Angelo, R. M. and Vladimir, A. N. *Hospitality Today*: *An Introduction* (4th Ed.) [M]. Lansing, MI, USA: The Educational Institute of AH & LA, 2001. 151.

第二节　交通运输业

交通运输业是旅游业不可分割的一部分，也是旅游业的生命线，交通运输业为旅游者提供了必要的出行保证。如果没有交通工具，人们进入旅游目的地将会受到很大的限制，其旅游活动必然会有很大的局限性。同时旅游交通服务的本身事实上也是旅游者旅游体验的重要组成部分。交通技术的进步必然会缩短旅游者的旅行时间，因此会改变人们的出行模式和度假方式，进而会对整体旅游业的发展产生巨大的影响。图 3－2 显示，随着交通运输技术的不断进步，世界变得越来越小了。100 多年前，人们乘车或乘人力船出行的速度只有每小时 16 千米左右，但是到了 20 世纪 60 年代，喷气式飞机的速度已经达到了每小时 1120 千米。交通运输业内的行业部门通常包括航空运输、公路交通、铁路交通、水路交通等（见图 3－3）。

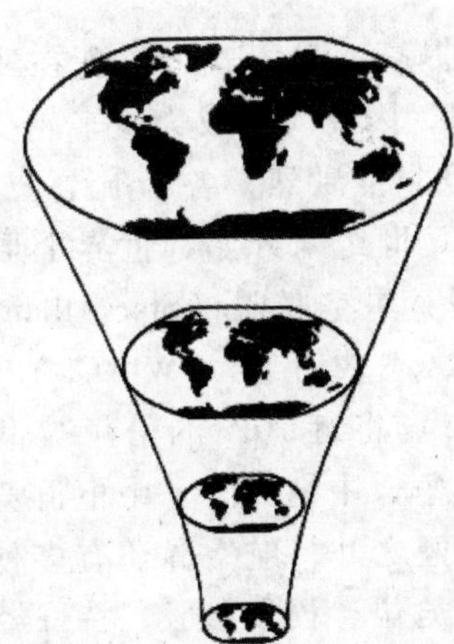

图 3－2　交通技术的进步对旅行时间的影响

资料来源：史蒂芬·佩吉等著．刘劼莉等译．现代旅游管理导论．电子工业出版社，2004 年，第 79 页。

1. 航空运输

航空业是交通运输业的重要组成部分，现在航空业每年运送旅客的数量超过 10 亿人次。根据世界旅游组织的统计数据，在绝大多数发展中国家中，到访旅

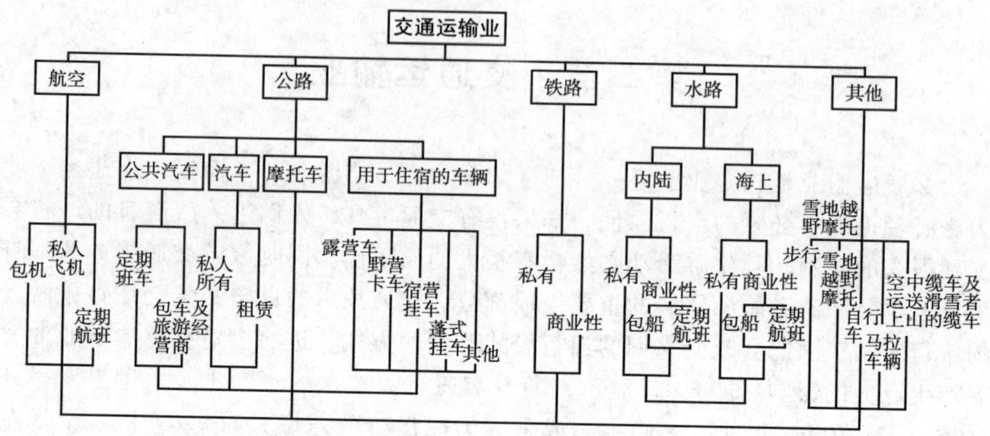

图 3-3　交通运输业结构

资料来源：Goeldner，C.，Ritchie，J. and McIntosh，R.. *Tourism*：*Principles*，*Practices*，*Philosophies* (8th Ed.)[M]. New York：John Wiley & Sons，2000. 137.

游者的 90% 是乘飞机而来的。①由于速度的提高，喷气式客机现在环球飞行一周所用的时间甚至少于驾汽车横穿美国的时间，因此飞机成为越来越受旅游者青睐的交通工具。全球范围内的航空市场的竞争非常激烈，各个航空公司为了生存，相互之间的结盟成为不可逆转的潮流。从 20 世纪末开始，世界上形成了多个航空联盟。目前，世界上主要有五大航空联盟：星空联盟（Star Alliance）、寰宇一家（One World）、天合联盟（Sky Team）、飞翼联盟（WINGS）和优飞联盟（Qualiflyer）。据统计，当今世界航空运输市场将近 70% 的份额被世界的主要航空联盟所瓜分，世界航空运输业已从航线竞争、中枢竞争、中枢群竞争发展到联盟竞争（见表 3-2）。除了大的航空战略联盟之外，航空界还有多种其他类型的联合或者合作方式，例如，代码共享、包租舱位、投资参股、特许经营等。

航空运输领域中的另一个重要因素是航权。航权是跨国航空运输的权利，它对跨国航空运输产生重要的影响。航权谈判是在两国政府之间进行的，而不能在两家航空公司之间进行。航权是国家重要的航空权益，在国际航空运输中交换这些权益时，一般采取对等的原则。目前，航权主要有 8 种。

第一航权：领空飞越权　一国或地区的航空公司不降落而飞越他国或地区领土的权利。例如，北京—纽约，中途飞越日本领空，那就要和日本签订领空飞越

① 魏小安，张凌云. 共同的声音：世界旅游宣言 [M]. 北京：旅游教育出版社，2003. 245.

权。否则只能绕道飞行，增加很多燃料和飞行时间。

表 3－2 世界五大航空联盟资料一览表

	营业额	航线	飞机数量	每年运输旅客	占全球份额(%)	主要加盟航空公司
星空联盟(Star Alliance)	730 亿美元	700	2123	3.02 亿人次	19.3	加拿大航空公司(Air Canada) 全日空航空公司(All Nippon Airways) 新西兰航空公司(Air New Zealand) 奥地利航空公司(Austrian Airlines) 英国英伦航空公司(Bmi) 奥地利劳达航空公司(Lauda Air) 德国汉莎航空公司(Lufthansa) 墨西哥空运公司(Mexicana) 北欧航空公司(SAS) 新加坡航空公司(Singapore Airlines) 泰国国际航空公司(Thai) 奥地利蒂罗尔航空公司(Tyrolean) 美国联合航空公司(United Airlines) 巴西瓦力格航空公司(Varig) 韩亚航空公司(Asiana Airlines)
寰宇一家(OneWorld)	500 亿美元	563	1974	2.28 亿人次	14.9	爱尔兰航空公司(Aer Lingus) 美洲航空公司(American Airlines) 英国航空公司(British Airways) 香港国泰航空公司(Cathay Pacific) 芬兰航空公司(Finnair) 西班牙伊比利亚航空公司(Iberia) 智利航空公司(LamChile) 澳大利亚航空公司(Qantas)
天合联盟(Sky Team)	400 亿美元	512	1224	2.2 亿人次	11.7	墨西哥航空公司(AeroMexico) 法国航空公司(Air France) 意大利航空公司(Alitalia) 美国德尔塔航空公司(Delta Airlines)
飞翼联盟(WINGS)	350 亿欧元	—	1260	1.8 亿人次	12	美国西北航空公司(Northwest Airlines) 美国大陆航空公司(Continental Airlines) 荷兰皇家航空公司(KLM Royal Dutch Airlines) 马来西亚航空公司(Malaysian Airlines)

续表

	营业额	航线	飞机数量	每年运输旅客	占全球份额(%)	主要加盟航空公司
优飞联盟(Qualiflyer)	130亿欧元	—	464	0.5亿人次	3.3	瑞士航空公司(Swissair)及其他一些世界航空界知名度不高、规模小的航空公司

资料来源：http：//ch.mofcom.gov.cn/article/200309/20030900132365_1.xml（中国驻瑞士大使馆商务参赞处网页），2005-1-1；http：//www.sinoswiss.net/chinese/diaoyan-036.htm（中瑞经贸网），2005-1-2.

第二航权：技术经停权 一国或地区的航空公司在飞航至另一国或地区途中，为非营运的理由而降落其他国家或地区的权利，诸如维修、加油。例如，上海—芝加哥，由于飞机机型的原因，不能直接飞抵，中间需要在安克雷奇加油，但不允许在安克雷奇上下旅客和货物。

第三航权：目的地下客权 例如，北京—东京，日本允许中国民航承运的旅客在东京进港。

第四航权：目的地上客权 例如，北京—东京，日本允许旅客搭乘中国民航的航班出境，否则中国民航的航班只能空载返回。

第五航权：至第三国运输权/授权国至运点的运输权 某国或地区的航空公司在其登记国或地区以外的两国或地区间载运客货，但其班机的起点与终点必须为其登记国或地区。例如，北京—维也纳—苏黎世，中国政府和瑞士政府谈判航权问题时，谈的就是"至第三国运输权以及第三、第四航权"问题；在和奥地利政府谈判时，谈的则是授权国至运点运输的航权。如果希望在维也纳允许上下旅客和货物，还要谈第三、第四航权。也就是说，第五航权是要和两个或两个以上的国家进行谈判的。

第六航权：桥梁权 某国或地区的航空公司在境外两国或地区之间载运客货且中途经停其登记国或地区的权利。例如，伦敦—北京—汉城，中国的航空公司将源自英国的旅客运经北京后再运到韩国。

第七航权：完全第三国运输权 某国或地区的航空公司完全在其本国或地区领域以外营运独立航线，在境外两国或地区间载运客货的权利。例如，伦敦—巴黎，由汉莎航空公司承运。

第八航权：国内运输权 某国或地区的航空公司在他国或地区领域内两地间载运客货的权利。例如北京—成都，由日本航空公司承运。

中国目前已经逐步扩大了开放第五航权的范围，开始允许外国的航空公司开辟中国的一些机场（例如厦门、海口、三亚等）通达别国的航线，这意味着中国的国际航空运输市场开始对外开放。

2. 公路交通

公路交通行业主要涉及长途客运汽车和汽车租赁企业。与航空运输和铁路相比，长途汽车行业的发展为国内旅游度假的蓬勃发展奠定了基础。欧洲的长途汽车行业十分发达，并不亚于铁路。长途客运汽车的速度虽然比火车慢，可是价钱大概只有一半，而且，乘巴士不用换车就可达目的地，还会常常穿行于城镇中心，窗外的风景极富变化，令人目不暇接，因此非常受观光游客的青睐。不论在欧洲、美洲，还是世界其他地区，由于乘长途客运汽车进行廉价旅行的代价是花费更多的时间，因此长途客运汽车行业面对更多的是青年学生或其他较低层次的旅游客源市场。英国的主要长途客运汽车公司有“全国特快”（National Express）、“绿色路线”（Green Line）和“苏格兰城市节点”（Scottish Citylink）等，欧洲的其他长途客运汽车公司还有“欧洲长途游览车”（Eurolines）及“欧洲巴士”（CoachEurope）等。

美国公共汽车协会的报告指出，在北美有2.6万至2.8万辆商用巴士从事汽车包租、观光游览、固定线路客运和其他专门运营业务。[①] 同时，城际间的汽车客运交通体系也是最有效利用能源的一种方式。灰狗汽车公司（Greyhound Lines Inc.）是美国唯一的一家在全国范围内提供固定长途客运服务的长途汽车客运公司。加拿大的城际之间的长途汽车客运业务也主要由加拿大灰狗汽车公司（Greyhound Lines of Canada）提供。

汽车租赁行业是公路交通的另一个重要领域。美国克里夫兰市场咨询公司的统计表明，目前世界汽车租赁市场发展势头正劲，到2001年年底，其规模达到了1100亿美元。[②] 2011年，美国汽车租赁业取得了创纪录的224亿美元的租金收入。在2001~2011年期间，美国汽车租赁的平均规模为176万辆车，单车月收入为1060美元。汽车租赁行业的发展在很大程度上得益于航空运输业的快速发展。很多乘飞机出行的旅游者到达旅游目的地后都希望能够暂时拥有自己的交通工具，这样其旅游度假生活就会变得更加灵活、更加方便，因此租赁汽车通常是他们在旅游目的地的首选路上交通工具。美国的主要汽车租赁企业包括：赫兹

① Goeldner, C., Ritchie, J. and McIntosh, R.. *Tourism: Principles, Practices, Philosophies* (8th Ed.) [M]. New York: John Wiley & Sons, 2000. 146.

② http://auto.tyfo.com/auto/manual/block/html/2002071700168.html, 2002-7-17.

(Hertz)、企业(Enterprise)、安飞士(Avis)、巴基特(Budget)、国家(National)、阿拉摩(Alamo)、达乐(Dollar)、节俭(Thrifty)和优势(Advantage)。表3-3展示了2001~2011年美国汽车租赁的车辆规模和年营业额情况。总部设在巴黎的欧洲汽车(EUROPEANCAR)是欧洲本土第一大国际汽车租赁公司，在欧洲、中东、非洲、墨西哥、中美洲、哥伦比亚、印度洋及亚太地区、澳大利亚的110多个国家的2600个站构成了完整的国际汽车租赁网络。欧洲汽车2002年的营业额为10.63亿欧元，占有欧洲汽车租赁市场16%的份额。[①]

表3-3 2001~2011年美国汽车租赁的车辆规模和年营业额

年度	2001	2002	2003	2004	2005	2006	2007	2008	2009	2010	2011
车辆规模(万辆)	173.8	164.3	161.7	166.5	171.4	176.8	186.1	181.3	163.7	162.9	176.1
年营业额(亿美元)	182	164.3	164.5	176.4	189.1	204.1	214.9	214.9	200.5	205.9	224

资料来源：汽车租赁研究，http://blog.sina.com.cn/carental.

据统计，在美国有80%的个人旅行是乘汽车进行的[②]，这里所谓的汽车既包括私人汽车，也包括租赁汽车、卡车和休旅车(Recreation Vehicle，RV)。休旅车也称为露营车或者旅行房车，是一种适用于娱乐、休闲、旅行的汽车。旅行者到达旅游目的地后，可以把休旅车当做起居室、餐厅、卧室和厨房，因此休旅车非常受外出旅游的夫妻和家庭的欢迎。休旅车不论在销售方面还是在租赁方面都具有很大的市场潜力，例如，在美国公路上行驶的休旅车大约有930万辆，而加拿大休旅车的私人拥有量也在50万至85万辆。[③]

3. 铁路交通

铁路运输曾经是美国和加拿大的主要旅行方式，从旅游史上看，火车的出现明显地促进了商务旅行的发展。在欧洲，大多数国家都对铁路交通提供支持和政府财政补贴，使其成为航空旅行的替代工具。目前，欧洲的大多数国家和日本等都修建了现代化的高速列车系统。俄罗斯、中国和印度的庞大铁路运输系统也很

① http://www.cfla.cn/zulin/xinzeng06.htm，2005-1-3.

② Goeldner，C.，Ritchie，J. and McIntosh，R.. *Tourism*：*Principles*，*Practices*，Philosophies (8th Ed.)[M]. New York：John Wiley & Sons，2000. 149.

③ Goeldner，C.，Ritchie，J. and McIntosh，R.. *Tourism*：*Principles*，*Practices*，*Philosophies* (8th Ed.)[M]. New York：John Wiley & Sons，2000. 150.

发达。中国铁路的营业里程已经达到7.3万千米，年运送旅客超过10亿人次。[①]铁路与飞机或其他交通运输模式竞争的焦点主要体现在时间、价格及距离等方面。旅行距离在600千米之内，旅行者通常愿意乘火车。在这个距离之内，火车与飞机相比较，无论在时间，还是在价格方面都具有优势，但是超过这个距离，飞机的优势就突显出来了（见图3-4）。

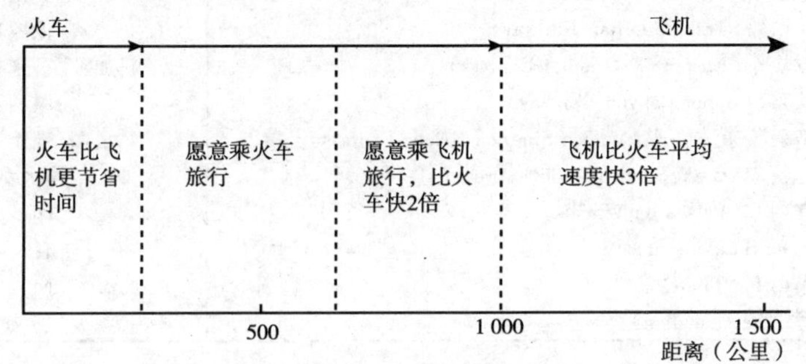

图3-4　距离和时间因素影响旅行者选择火车或者飞机

资料来源：克里斯·库珀等著，张俐俐等译. 旅游学——原理与实践［M］. 北京：高等教育出版社，2004. 307.

铁路旅行通常可以分为两种模式：普通客运（包括以旅游为目的的旅行、以商务为目的的旅行和其他多种目的的旅行）和观光旅行。例如，欧洲之星（Eurostar）高速火车穿越英法海底隧道，行驶于伦敦、巴黎和布鲁塞尔之间，时速达300千米，全程运行时间不到3小时。从1997年12月开始运营以来，既为普通旅客服务，也很受外国观光游客的欢迎。美国国铁（Amtrak）和加拿大国铁（VIA）都是既提供普通客运服务也提供观光旅行服务的铁路运营商。加拿大国铁每星期开行460个旅客列车班次，其"加拿大号"（The Canadian）横贯加拿大大陆，行驶于温哥华和多伦多之间，沿着加拿大西部秀丽迷人的落基山脉、一望无际的中西部大草原，一直到加拿大东部的安大略省静谧的湖泊及森林。[②]旅游观光列车通常吸引高端市场的游客，例如，乘坐旅游观光列车"亚洲东方快车"（Eastern & Oriental Express）从新加坡经由马来西亚到泰国的曼谷，全程约1931千米，沿途可以欣赏到热带植物景观与稻田村落的人文景色，但是其票价

① http：//www. china. org. cn/chinese/ch-shuzi2004/jj/biao/15-2. htm.

② http：//www. lifetour. com. tw/package/package-ac-via. htm，2005-1-7.

很昂贵，高达3300多美元。[①] 表3-4是世界著名的豪华旅游列车的资料。

表3-4 世界主要著名豪华列车一览

	列车名称	运行地区
1	瑞士冰河列车(Glacier Express)	瑞 士
2	苏格兰皇家列车(The Royal Scotsman)	苏格兰
3	西伯利亚铁路(Trans-Siberian Railway)	俄罗斯
4	亚洲东方快车(Eastern & Oriental Express)	新加坡、马来西亚、泰国
5	黄铜谷铁路(Copper Canyon Railway)	墨西哥
6	威尼斯辛普伦东方快车(Venice Simplon-Orient-Express)	法国、瑞士、奥地利
7	南太平洋快车(Great South Pacific Express)	澳大利亚
8	豪华皇宫列车(Palace on Wheels)	印 度
9	新干线(The Shinkansen)	日 本
10	蓝色列车(Blue Train)	南 非
11	加拿大号(The Canadian)	加拿大

资料来源：http://publish.lihpao.com/Education/2004/10/27/04c10264/，2004-10-27；http://www.lifetour.com.tw/package/package-ac-via.htm，2005-1-7.

4. 水路交通

从旅游的角度审视水路交通，通常可以将其分为渡轮和邮轮两个领域。渡轮主要被当做从水上连接两地的交通工具。例如，连接加拿大温哥华和维多利亚之间的渡轮是十分著名的轮渡线路，每天的往返轮渡交通十分繁忙。连接英国和法国的英吉利海峡也是世界上最繁忙的轮渡水路之一。其他轮渡大显身手的著名海峡包括新西兰南岛和北岛之间的库克海峡、爱尔兰海及波罗的海等。现代航游业诞生于20世纪60年代和70年代，现代航游业的诞生，标志着邮轮不再被简单地当做从一个目的地到另一个目的地的交通运输工具，而被当做一种旅游休闲度假产品，邮轮本身变成了旅游者航游度假经历的中心。人们乘邮轮度假时，并不是真的想要乘坐某一艘船或者到达某一个港口，他们的真正目的是要过得开心，他们把乘坐邮轮旅行当做一种快乐的度假方式。航游既包括内河游览观光航游，也包括海上航游。

国际邮轮公司协会（Cruise Lines International Association）将邮轮公司划分为四个细分市场：现代/价值市场、高级市场、豪华市场和特别市场。据调查，邮轮

① http://publish.lihpao.com/Education/2004/10/27/04c10264/，2004-10-27.

乘客的平均年龄为51岁，家庭收入为6.4万美元，这些游客在邮轮上通常每天花费200美元用于全包式度假（包括一间客舱、每天四至五顿饭及娱乐活动）。①

国际邮轮公司协会是一个负责营销宣传的行业组织，目前由23家邮轮公司组成（见表3－5），拥有的邮轮总数超过173艘。其中，美国皇家加勒比国际邮轮公司的“海洋绿洲号”（Oasis of the Seas）豪华邮轮是目前世界上最大的邮轮，排水量达到225280吨，拥有16层甲板和2700个客舱，可乘载6300名乘客。船上还拥有一座大型购物商场、众多酒吧饭店、一座足球场大小的户外圆形剧场以及攀岩墙等体育设施。

表3－5　国际邮轮公司协会的成员

美洲邮轮公司(American Cruise Lines)	挪威邮轮公司(Norwegian Cruise Line)
嘉年华邮轮公司(Carnival Cruise Lines)	大洋邮轮公司(Oceania Cruises)
名人邮轮公司(Celebrity Cruises)	东方邮轮公司(Orient Lines)
歌诗达邮轮公司(Costa Cruises)	明珠海邮轮公司(Pearl Seas Cruises)
水晶邮轮公司(Crystal Cruises)	公主邮轮公司(Princess Cruises)
冠达邮轮公司(Cunard Line)	瑞迪生七海邮轮公司(Radisson Seven Seas Cruises)
迪士尼邮轮公司(Disney Cruise Line)	皇家加勒比国际邮轮公司(Royal Caribbean International)
荷美邮轮公司(Holland America Line)	世朋邮轮公司(Seabourn Cruise Line)
海达路德邮轮公司(Hurtigruten,原名:Norwegian Coastal Voyage Inc.)	海梦游艇俱乐部(SeaDream Yacht Club)
	银海邮轮公司(Silversea Cruises)
宏伟美洲邮轮公司(Majestic American Line)	环球河轮公司(Uniworld River Cruises)
地中海邮轮公司(MSC Cruises)	风星邮轮公司(Windstar Cruises)

资料来源：Goeldner, C. and Ritchie, J.. *Tourism: Principles, Practices, Philosophies* (11th Ed.) [M]. New Jersey, USA: John Wiley & Sons, Inc., 2009. 147.

第三节　餐饮业

餐饮业主要包括两大部分：餐馆和其他供应餐饮食品的企业。虽然光顾餐馆和其他供应餐饮食品的企业的顾客实际上主要来自当地，但是这些企业通常都被认

① Angelo, R. M. and Vladimir, A. N.. *Hospitality Today: An Introduction* (4th Ed.) [M]. Lansing, MI, USA: The Educational Institute of AH & LA, 2001. 287－289.

为是旅游业中的服务部分。其主要原因是，很多旅游者都把品尝异邦或异域的风味饮食当做旅游体验的一个重要的有机组成部分，并不是仅仅将其当做果腹的一种手段。旅游者每年通过在咖啡店用早餐、在飞机上用正餐、在公共汽车站的自动售货机上购买三明治或者在邮轮的餐厅中品尝十道菜的大餐，为餐饮销售贡献了1120亿美元。旅游者购买食品的花费是除旅游交通费外的最大一笔开支，餐饮服务业的三分之一销售额来自国内外旅游者。① 据美国全国餐馆协会估计，2001年美国食品服务业的销售额会达到3990亿美元。在美国，餐馆业的销售额相当于其国内生产总值的4%以上；美国人外出吃饭的花费占其食品支出的45.8%。②

餐饮业由多种部门组成，主要包括：各种餐馆；各种住宿设施中的餐饮经营部门；飞机场、火车站、长途汽车站和飞机、轮船及火车上提供的餐饮设施；设在体育场馆、赛马场、电影院、保龄球馆、游乐园、旅游景点等场所中的餐饮设施；大公司内设的员工食堂；大学和中小学的学生食堂；医院及疗养院内的餐饮设施。其中公司、学校、医疗机构内设的餐饮设施通常不包括在旅游业内。

餐馆业是餐饮服务业的最大组成部分，通常可以将其分成三大部分：快餐餐馆、自助餐馆和传统餐馆（见图3－5）。此外，还可以根据服务方式将餐馆分为

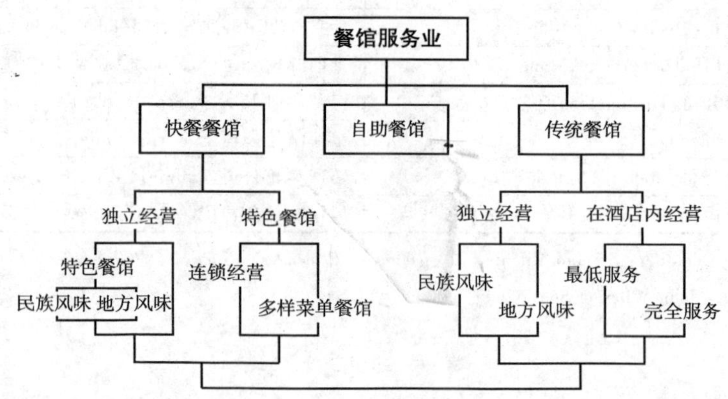

图3－5 餐馆服务业结构

资料来源：Goeldner，C.，Ritchie. J. and McIntosh，R.. *Tourism*：*Principles*，*Practices*，*Philosophies*（8th Ed.）[M]. New York：John Wiley & Sons，2000. 179.

---

① Goeldner，C.，Ritchie，J. and McIntosh，R.. *Tourism*：*Principles*，*Practices*，*Philosophies*（8th Ed.）[M]. New York：John Wiley & Sons，2000. 178－179.

② Angelo，R. M. and Vladimir，A. N.. *Hospitality Today*：*An Introduction*（4th Ed.）[M]. Lansing，MI，USA：The Educational Institute of AH & LA，2001. 81.

完全服务餐馆和快速服务餐馆。完全服务餐馆的主要特征是菜单上的主菜较多(通常有12种以上)，并且按菜单做菜。快速服务餐馆的重要特征是供应的餐饮食品的选择范围很窄，只提供有限的服务，重视制作食品的速度和送餐的速度。迄今世界上最大的快速服务餐馆集团是专门经营各式汉堡包的麦当劳。目前，麦当劳在世界上的119个国家和地区开设了3万多家分店，每天接待的顾客人数超过4700万。[①] 表3－6列出了美国连锁餐馆的25强，从表中可以发现，这些连锁餐馆中的绝大多数是快速服务餐馆。这些快速服务连锁餐馆经营的品种不但包括汉堡包，还包括炸鸡、三明治和墨西哥餐饮食品。

表3－6　美国连锁餐馆25强

排名	连锁店名称	概念	母公司	销售额(百万美元)
1	麦当劳(McDonald's)	三明治	麦当劳公司(McDonald's Corp.)	25642.9
2	汉堡王(Burger King)	三明治	汉堡王控股公司(Burger King Holdings Inc.)	8030.0
3	温迪(Wendy's)	三明治	温迪国际公司(Wendy's International Inc.)	7780.0
4	赛百味(Subway)	三明治	博士联合公司(Doctor's Associate Inc.)	7170.0
5	塔科钟(Taco Bell)	三明治	百胜餐饮集团(Yum! Brands Inc.)	6200.0
6	阿拉玛克国际食品服务公司(Aramark Global Food & Support Services)	对外包餐	阿拉玛克集团公司(Aramark Corp.)	5530.0
7	必胜客(Pizza Hut)	比萨饼	百胜餐饮集团(Yum! Brands Inc.)	5300.0
8	肯德基(KFC)	鸡	百胜餐饮集团(Yum! Brands Inc.)	5200.0
9	星巴克(Starbucks)	咖啡	星巴克公司(Starbucks Corp.)	4935.0
10	苹果蜂扒房和酒吧(Applebee's Neighborhood Grill & Bar)	正餐	苹果蜂国际公司(Applebee's International Inc.)	4192.2
11	唐金面包店(Dunkin' Donuts)	小吃	唐金品牌公司(Dunkin' Brands Inc.)	3850.0
12	多美乐比萨店(Domino's Pizza)	比萨饼	多美乐比萨公司(Domino's Pizza Inc.)	3317.0
13	红辣椒扒房和酒吧(Chili's Grill & Bar)	正餐	布尔克国际公司(Brinker International Inc.)	3270.0
14	索尼克免下车餐馆(Sonic Drive-In)	三明治	索尼克公司(Sonic Corp.)	2995.3
15	阿贝(Arby's)	三明治	特里阿克公司(Triarc Cos. Inc.)	2929.9
16	杰克盒子(Jack in the Box)	三明治	杰克盒子公司(Jack in the Box Inc.)	2705.0

① http://www.mcdonalds.com/corp/about.html，2004－12－10.

续表

排名	连锁店名称	概念	母公司	销售额（百万美元）
17	澳拜客牛排店(Outback Steakhouse)	正　餐	澳拜客牛排餐馆伙伴公司(OSI Restaurant Partners Inc.)	2599.0
18	橄榄园餐馆(Olive Garden)	正　餐	达顿餐馆公司(Darden Restaurants Inc.)	2510.0
19	红龙虾餐馆(Red Lobster)	正　餐	达顿餐馆公司(Darden Restaurants Inc.)	2505.0
20	乳品皇后(Dairy Queen)	三明治	伯克希尔哈撒韦公司(Berkshire Hathaway Inc.)	2400.0
21	丹尼(Denny's)	家　庭	丹尼公司(Denny's Corp.)	2245.0
22	T. G. I. 星期五餐馆(T. G. I Friday's)	正　餐	卡尔森公司(Carlson Cos. Inc.)	2010.0
23	食堂服务公司(Canteen Services)	对外包餐	金巴斯集团公司(Compass Group PLC)	1986.4
24	雀克夫蕾(Chick-fil-A)	鸡	雀克夫蕾公司(Chick-fil-A Inc.)	1975.2
25	国际煎饼馆(International House of Pancakes/IHOP)	家　庭	国际煎饼馆公司(IHOP Corp.)	1968.0

资料来源：Angelo, R. M. & Vladimir, A. N.. Hospitality Today: An Introduction (6th Ed.) [M]. Lansing, MI, USA: The Educational Institute of AH & LA, 2007. 89.

第四节　旅行代理商和旅游经营商

旅行代理商（Travel Agency）和旅游经营商（Tour Operator）都是旅游中介机构。旅游中介机构将旅游系统中的各种旅游要素（例如交通、住宿、餐饮、旅游吸引物及其他附加服务等）有机地组合成一定的旅游产品，并且进行销售。图3－6是旅游分销渠道的基本结构，从中可以看出，旅游中介机构在旅游分销渠道中发挥着十分重要的作用。

旅行代理商通常接受旅游供应商或旅游经营商的委托，向旅游消费者提供现成的旅游产品及旅行和旅游服务，例如，旅游路线、票务服务、旅游保险或外汇兑换等，并从委托人处获得佣金。这些服务可以是旅游业中的某个部分，也可以是旅游业中多个部分的组合。委托人可以是交通运输公司，可以是酒店，也可以是旅游批发商。旅行代理商不具备批发商的职能，因此在进行中介服务时基本不需要承担什么风险。对旅游者而言，旅行代理商的中介服务为其节省了大量的时

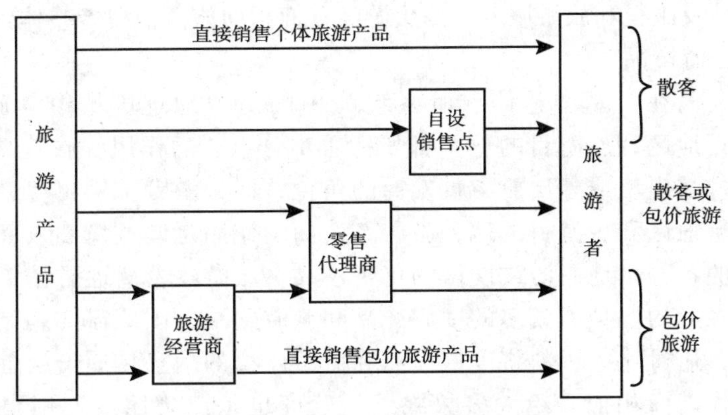

图 3-6　旅游分销渠道的基本结构

资料来源：克里斯·库珀等著．张俐俐等译．旅游学——原理与实践［M］．北京：高等教育出版社，2004．278．

间和金钱，因此，广大旅游者都乐于接受旅行代理商的服务。作为中介商，旅行代理商非常了解旅游市场动态和旅游者对旅游目的地和旅游服务的态度，因此旅行代理商可以为旅游目的地的经营者和管理者提供非常宝贵的反馈信息，供其开发旅游产品和改进服务时参考。旅行代理商在旅游系统中扮演着重要的角色，因此，在某种意义上，旅行和旅游业的发展离不开旅行代理商。这是一个具有旺盛生命力的行业，到目前为止，人们看到，新技术的发展（例如互联网）非但没有动摇旅行代理商在旅游系统中的地位，而且促进了其发展。大型旅行代理商通常都以连锁集团的模式运作，例如，通济隆（Thomas Cook Travel）、美国运通公司（American Express）、日本交通公社（JTB）和普鲁赛格（Preussage）等公司。

旅游经营商又称旅游批发商，将旅行和旅游的全部要素组合在一起，形成包价旅游计划（包括住宿、交通、餐饮、旅游景点等要素的组合），然后通过自己的公司、其他零售渠道或者旅行零售代理商向旅游者出售这些包价旅游计划包。旅游经营商向旅游者提供的包价旅游计划包的价格通常都低于旅游者自己安排的旅游计划，因为旅游经营商的产品是通过批量购买而达到一定的经济规模后提供给旅游消费者的。旅游经营商可以以很低的价格批量购买到各种旅游服务项目，例如，交通、酒店客房、旅游景点的门票、各种观光服务、转机服务、餐饮服务等。

我们可以用简单的定义描述旅游经营商：旅游经营商能够将至少两个以上旅行或旅游要素进行组合，并整体销售给过夜停留 24 小时以上的旅游消费个体或群体。因此，旅行代理商和旅游经营商的最大不同点是：旅行代理商向旅游消费者提供现成的旅游产品及旅行和旅游服务，而旅游经营商则向旅游消费者整体销售经过精心组合的包价旅游产品。

旅游经营商在“基本整体旅游系统”中的三个地理区域中（旅游客源地、旅游过境通行地区和旅游目的地）都发挥着十分重要的作用。旅游经营商在旅游客源地通常扮演出境或外出旅游批发商的角色，向旅游者推销出境旅游产品。在旅游过境通行地区和旅游目的地，旅游经营商的作用是向过境和入境的旅游者销售经过组合的各种本地旅游或度假的包价产品。旅游经营商通常销售经过精心组合的、丰富多彩的、种类繁多的度假产品和旅游路线，因此需要编制大量的宣传手册和指南，通过这些资料将度假产品和旅游路线的信息传递给旅游消费者。

与旅行代理商相似，绝大多数旅游经营商也是以集团或连锁集团的模式运作，很多大型旅游集团都既是旅行代理商（零售商），也是旅游经营商（批发商），例如，前文所述的通济隆和美国运通公司等。

第五节　旅游吸引物

从旅游业的范畴研究旅游吸引物（attractions 或 tourist attractions），可以发现，一些旅游吸引物属于旅游业的组成部分，例如，一些商业性旅游吸引物（包括主题公园、博物馆、博彩娱乐场等），而另外一些非商业性风景区和气候区通常不被认为是旅游业的组成部分。旅游吸引物是旅游业中至关重要的一个因素，因为它们是旅游活动的核心。旅游吸引物也是吸引旅游消费者到旅游目的地进行休闲度假活动的一个非常重要的因素，因为对大多数旅游者而言，旅游目的地所具有的吸引物的魅力是他们到访的主要原因所在。在某种意义上，旅游目的地中的重要旅游吸引物已经成为旅游目的地的象征，代表着旅游目的地的形象。如第二章所述，从旅游目的地的角度，旅游吸引物是一个重要的拉动因素（Pull factor），因此各个旅游目的地都希望能够具有尽可能多的系列多样、相互补充的旅游资源（旅游吸引物），以提高旅游目的地本身的旅游价值。

为了最大限度地开发和挖掘旅游目的地的旅游资源潜力和对其进行卓有成效的管理，有必要对旅游吸引物进行分类。旅游吸引物的种类繁多，很多人都试图对其进行分类，以便对其进行有效的开发、利用和管理。按照不同的标准可以将旅游吸引物分成多种不同的类别，例如，人文型、自然资源型、人造景观型、节庆事件型、休闲型、娱乐型、历史型、宗教型等。我国制定了《旅游资源分类、调查与评价》的国家标准，将旅游资源划分为 8 个主类和 31 个亚类（见表 3 -

7)。戈尔德纳等人将旅游吸引物划分为五大类别，即文化吸引物、自然吸引物、节事活动、休闲运动和娱乐吸引物（见图3－7）。

表3－7 中国国家标准旅游资源分类表

主 类	亚 类	基 本 类 型
A 地文景观	AA 综合自然旅游地	AAA 山丘型旅游地 AAB 谷地型旅游地 AAC 沙砾石地型旅游地 AAD 滩地型旅游地 AAE 奇异自然现象 AAF 自然标志地 AAG 垂直自然地带
	AB 沉积与构造	ABA 断层景观 ABB 褶曲景观 ABC 节理景观 ABD 地层剖面 ABE 钙华与泉华 ABF 矿点矿脉与矿石积聚地 ABG 生物化石点
	AC 地质地貌过程形迹	ACA 凸峰 ACB 独峰 ACC 峰丛 ACD 石（土）林 ACE 奇特与象形山石 ACF 岩壁与岩缝 ACG 峡谷段落 ACH 沟壑地 ACI 丹霞 ACJ 雅丹 ACK 堆石洞 ACL 岩石洞与岩穴 ACM 沙丘地 ACN 岸滩
	AD 自然变动遗迹	ADA 重力堆积体 ADB 泥石流堆积 ADC 地震遗迹 ADD 陷落地 ADE 火山与熔岩 ADF 冰川堆积体 ADG 冰川侵蚀遗迹
	AE 岛礁	AEA 岛区 AEB 岩礁
B 水域风光	BA 河段	BAA 观光游憩河段 BAB 暗河河段 BAC 古河道段落
	BB 天然湖泊与池沼	BBA 观光游憩湖区 BBB 沼泽与湿地 BBC 潭池
	BC 瀑布	BCA 悬瀑 BCB 跌水
	BD 泉	BDA 冷泉 BDB 地热与温泉
	BE 河口与海面	BEA 观光游憩海域 BEB 涌潮现象 BEC 击浪现象
	BF 冰雪地	BFA 冰川观光地 BFB 常年积雪地
C 生物景观	CA 树木	CAA 林地 CAB 丛树 CAC 独树
	CB 草原与草地	CBA 草地 CBB 疏林草地
	CC 花卉地	CCA 草场花卉地 CCB 林间花卉地
	CD 野生动物栖息地	CDA 水生动物栖息地 CDB 陆地动物栖息地 CDC 鸟类栖息地 CDD 蝶类栖息地
D 天象与气候景观	DA 光现象	DAA 日月星辰观察地 DAB 光环现象观察地 DAC 海市蜃楼现象多发地
	DB 天气与气候现象	DBA 云雾多发区 DBB 避暑气候地 DBC 避寒气候地 DBD 极端与特殊气候显示地 DBE 物候景观
E 遗址遗迹	EA 史前人类活动场所	EAA 人类活动遗址 EAB 文化层 EAC 文物散落地 EAD 原始聚落
	EB 社会经济文化活动遗址遗迹	EBA 历史事件发生地 EBB 军事遗址与古战场 EBC 废弃寺庙 EBD 废弃生产地 EBE 交通遗迹 EBF 废城与聚落遗迹 EBG 长城遗迹 EBH 烽燧

续表

主 类	亚 类	基 本 类 型
F 建筑与设施	FA 综合人文旅游地	FAA 教学科研实验场所 FAB 康体游乐休闲度假地 FAC 宗教与祭祀活动场所 FAD 园林游憩区域 FAE 文化活动场所 FAF 建设工程与生产地 FAG 社会与商贸活动场所 FAH 动物与植物展示地 FAI 军事观光地 FAJ 边境口岸 FAK 景物观赏点
	FB 单体活动场馆	FBA 聚会接待厅堂(室) FBB 祭拜场馆 FBC 展示演示场馆 FBD 体育健身场馆 FBE 歌舞游乐场馆
	FC 景观建筑与附属型建筑	FCA 佛塔 FCB 塔形建筑物 FCC 楼阁 FCD 石窟 FCE 长城段落 FCF 城(堡) FCG 摩崖字画 FCH 碑碣(林) FCI 广场 FCJ 人工洞穴 FCK 建筑小品
	FD 居住地与社区	FDA 传统与乡土建筑 FDB 特色街巷 FDC 特色社区 FDD 名人故居与历史纪念建筑 FDE 书院 FDF 会馆 FDG 特色店铺 FDH 特色市场
	FE 归葬地	FEA 陵区陵园 FEB 墓(群) FEC 悬棺
	FF 交通建筑	FFA 桥 FFB 车站 FFC 港口渡口与码头 FFD 航空港 FFE 栈道
	FG 水工建筑	FGA 水库观光游憩区段 FGB 水井 FGC 运河与渠道段落 FGD 堤坝段落 FGE 灌区 FGF 提水设施
G 旅游商品	GA 地方旅游商品	GAA 菜品饮食 GAB 农林畜产品与制品 GAC 水产品与制品 GAD 中草药材及制品 GAE 传统手工产品与工艺品 GAF 日用工业品 GAG 其他物品
H 人文活动	HA 人事记录	HAA 人物 HAB 事件
	HB 艺术	HBA 文艺团体 HBB 文学艺术作品
	HC 民间习俗	HCA 地方风俗与民间礼仪 HCB 民间节庆 HCC 民间演艺 HCD 民间健身活动与赛事 HCE 宗教活动 HCF 庙会与民间集会 HCG 饮食习俗 HGH 特色服饰
	HD 现代节庆	HDA 旅游节 HDB 文化节 HDC 商贸农事节 HDD 体育节
数量统计		
8 主类	31 亚类	155 基本类型

说明：如果发现本分类没有包括的基本类型时，使用者可自行增加。增加的基本类型可归入相应亚类，置于最后，最多可增加 2 个。编号方式为：增加第 1 个基本类型时，该亚类 2 位汉语拼音字母 + Z、增加第 2 个基本类型时，该亚类 2 位汉语拼音字母 + Y。

资料来源：转引自《中国国家标准 GB/T 18972—2003》。

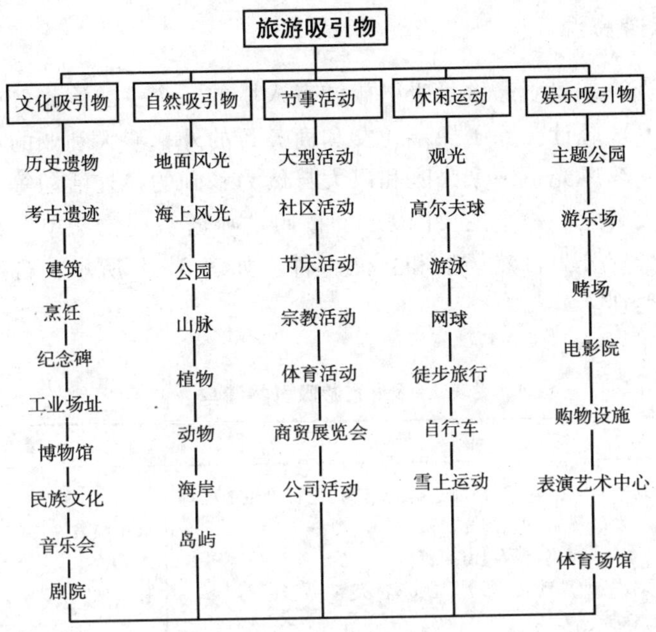

图 3－7 旅游吸引物分类

资料来源：Goeldner，C.，Ritchie，J. and McIntosh，R.. *Tourism*：*Principles*，*Practices*，*Philosophies*（8th Ed.）[M]. New York：John Wiley & Sons，2000. 217.

“旅游吸引物清单”（Attraction inventory）是另一种旅游吸引物的分类方法。① 采用这种方法，旅游目的地的决策者、管理者、规划者或者旅游者本身都可以清晰直观地一览旅游目的地的所有吸引物。在排除了探亲访友和商务旅行目的之后，“旅游吸引物清单”方法首先将旅游吸引物划分为“自然资源”和“文化资源”两大基本类别，然后再将其进一步细分成“场址型”和“事件型”。也就是将旅游吸引物放到一个平面坐标系中，横向将其分为“自然资源”和“文化资源”两大类别，纵向将其分为“场址型”和“事件型”两种类型（见表 3－8）。值得注意的是，虽然用“旅游吸引物清单”方法对旅游吸引物进行分类比较科学合理，但事实上，这些类别之间的界限并不一定很严格，也并不一定很清晰，因为旅游吸引物本身具有很大的多样性，而旅游目的地通常也都得益于这些多样性。

① Weaver，D. and Oppermann，M.. *Tourism Management*. Milton [M]，Australia：John Wiley & Sons Australia，Ltd.，2000. 133－134.

1. 自然旅游资源

自然旅游资源或景观通常是吸引旅游者入境的一个主要因素，据澳大利亚旅游研究局（BTR）统计，除了探亲访友和商务目的外，澳大利亚的自然资源（包括野生动物、海滨风光、国家公园和以大自然为基础的户外活动等）是吸引国际旅游者进入澳大利亚的一个主要因素。[①] 按照“旅游吸引物清单”的理论，自然资源可以进一步划分为自然场址和自然事件。如表 3－8 所示，自然场址通常可以划分成六种类别。

表 3－8　旅游吸引物清单

类　别	场　　址	事　　件
自然资源	地形地貌:山脉、峡谷、海滩、火山、岩洞、化石出土地区等 火山喷发气候:气温、阳光、降水量等 水文:湖泊、河流、瀑布、温泉等 野生动物:哺乳动物、鸟类、昆虫、鱼类等 植被:森林、草原等 地区:中心地区、端点地区等	火山喷发 潮　汐 移　栖
文化资源	史前:土著居民遗址 历史:战场、古建筑、博物馆、古遗址、墓地、雕塑等 当代文化:建筑、民族聚居地等 经济:农场、矿山、工厂等 娱乐消遣:综合度假地、高尔夫球场、滑雪场、主题公园、博彩娱乐场、体育场馆等 零售:巨型购物中心、商业购物街区等	再现战斗场面、纪念活动 节庆活动、世界博览会 体育赛事、奥运会 集　市

资料来源：Weaver, D. and Oppermann, M.. *Tourism Management*[M]. Milton, Australia: John Wiley & Sons Australia, Ltd, 2000. 134.

（1）自然场址

①“地形地貌”包括山脉、山峰、峡谷、平原、岛屿、三角洲、沙丘、悬崖峭壁、海滩、火山、盆地、洞穴、化石出土地区等。例如，北美的落基山脉、欧洲的阿尔卑斯山脉、亚洲的喜马拉雅山脉、美国的科罗拉多大峡谷、中国的长江三峡、内蒙古高原、黄山、庐山、吐鲁番盆地等都是著名的重要旅游吸引物。一

① BTR.. *International Visitor Survey 1996*[R]. Canberra: Bureau of Tourism Research. 1997.

些高山由于其高度、美丽的造型或神圣的宗教含义，更具有独特的象征价值，因此被称为“地标旅游吸引物”（Iconic attraction）。旅游者往往会把这样的高山与某一个特定的旅游目的地联系在一起，例如，中国西藏的珠穆朗玛峰、日本的富士山、坦桑尼亚的乞力马扎罗山等。随着3S型旅游度假地的发展，海滨沙滩也日益受到旅游者的青睐。加拿大艾伯塔省的德兰赫勒河谷（Drumheller Valley）因富产恐龙化石而成为加拿大的恐龙之都，备受旅游者关注；我国辽宁西部也以其丰富的古生物化石而成为旅游者瞩目的目的地。

②“气候”因素很久以来一直是吸引旅游者的一个重要因素。旅游者通常都热衷于追求到气候“适宜”的度假地休闲度假。3S型度假模式促进了旅游客流按照“冷→热”模式流动。每年冬季北半球都有大批被称为“雪鸟”（Snowbird）的旅游者到美国的佛罗里达、夏威夷，加勒比海地区，地中海地区，中国的海南岛等地“猫冬”度假，享受温暖适宜的气候和阳光。而那些热爱冰雪运动的旅游者则按照相反的模式流动，即“热→冷”模式。他们从气候炎热的地区到冰雪旅游胜地享受冬季体育运动的乐趣，例如，速降滑雪和机动雪橇运动等。

③“水文”旅游资源也是重要的旅游吸引物。例如，喜欢游泳的旅游者向往水质清澈、温度适宜的水域，而澳大利亚的东海岸、夏威夷和加利福尼亚海域则是冲浪爱好者向往的热点水域。加拿大的很多淡水湖泊也都成为著名的休闲度假胜地，例如，安大略省的马斯科卡湖群（Muskoka Lakes）就是该省重要的度假区之一。河流和瀑布也是重要的旅游吸引物，例如，桂林的仙境一样的漓江风光就曾经迷倒了无数中外游客；欧洲的多瑙河和莱茵河都是发达的旅游观光胜地；美国和加拿大交界处的尼亚加拉瀑布和中国的黄果树瀑布都是世界著名的大瀑布，每年都吸引了无数游客前来参观。地热资源也是重要的旅游资源。早在古希腊和古罗马时代，人们就开始注意温泉的医疗效用，并建立了温泉度假胜地。在现代社会中，温泉SPA已经成为人们旅游度假中的一个重要项目之一，例如，美国纽约的萨拉托温泉、德国的巴登—巴登、英国的巴斯、中国北京的九华山庄等都是著名的温泉旅游胜地。

④ 从旅游资源的角度，“野生动物”可以划分为两大类别：圈养和野生。动物园中的所谓“野生动物”显然属于“圈养”范畴。因此，动物园中的动物在某种意义上可以被认为是自然吸引物和文化吸引物相结合的产物，并不是纯粹的自然旅游资源。那些行动完全不受限制，完全生活在野生自然环境中的动物才真正属于“野生”范畴。从旅游体验的角度，如果旅游者去动物园，就一定能够看到其想要看到的动物，但是旅游者却无法保证在某一次旅游经历中一定能够看

到那些完全在自然环境中野生的动物。同时，旅游者在那些行动不受限制的野生动物栖息生活的区域旅行，也具有一定的危险性。因此，对那些受野生动物的吸引，乘兴而来的旅游者，这不能不是一种遗憾。为了弥补旅游者的这种遗憾感，人们现在都试图把现有的动物园改造和重建成“野生动物园”，把野生动物放养在封闭的“半自然”或“准自然”的“野生”环境中。采用这种手段就可以保证旅游者一定能够在其旅游经历中看到预期的“野生动物”。类似的人造自然环境还包括水族馆和飞禽园等。另外，从保护稀有和濒危野生动物的角度，一些野生动物保护区也不能向旅游者完全开放，例如，我国建立在四川、甘肃和陕西的多处大熊猫保护区就不对旅游者开放，因此，到中国旅游的外国旅游者如果希望看到憨态可掬的大熊猫，就只能去动物园。

⑤“植被”可以成为重要的基本旅游吸引物，例如，森林、草原、某些独特的植物等。观赏花卉也日益成为一种重要的旅游活动，例如，洛阳的牡丹花会、大连的赏槐会等都是以花卉为载体的大型旅游节事活动。很多旅游者到某地旅行的主要目的就是饱览某些特定的植物，例如，美国加利福尼亚北部的红杉和澳大利亚西部的野花都是吸引旅游者到访的重要旅游资源。和“野生动物”资源一样，“植被”资源也可以划分为人工栽培和纯粹野生两个类别。作为旅游吸引物的人工栽培的植物通常都种植或栽培在位于城市中的植物园中，例如，加拿大不列颠哥伦比亚省的温哥华岛上的维多利亚市的布查特花园（Butchart Gardens，又译为“宝翠花园”）中种植了700多种、100多万株花卉，每年从3月到10月前来参观的加拿大和世界各地的游客超过100万人次。①

⑥ 地理上的中心地区和端点地区通常也都具有很大的潜在旅游吸引力，可以开发成为价值很高的旅游景观。例如，美国的北达科他州的洛格比城（Rugby）于1931年被确定为北美大陆的地理中心，为此洛格比城在城郊的北美大陆地理中心点修建了一座15英尺高的方形尖石塔作为标志。② 每年都有大批旅游者慕名而来，在这个标志前摄影留念。加拿大温哥华岛上的维多利亚市是横贯加拿大东西海岸全长约8000千米的一号公路的西端起点，一号公路在这里的起点处，即零千米标志（Mile“0”），也是一个著名的旅游吸引物，是到访维多利亚市的游客一定会拍照留念的一个重要景点。③ 位于俄罗斯叶卡捷琳堡市以西45千米处境内的“欧亚分界线纪念碑”是世界上少有的洲界纪念标记。这座纪念

① http：//www. butchartgardens. com/，2005－1－10.

② http：//www. roadsideamerica. com/map/nd. html，2005－2－2.

③ http：//www. city. victoria. bc. ca/cityhall/departments_compar_prkbcn. shtml，2005－2－6.

碑的基座用暗红色花岗岩砌成，正中用青灰色石砖分割成两半，一面写着“欧洲”，一面写着“亚洲”。很多旅游者都慕名前来参观这个独特的洲界纪念标志。[①] 我国海南岛的天涯海角也因其在中国版图端点的地理位置而成为中外游客向往的旅游景观。澳大利亚新南威尔士的拜伦岬灯塔（Cape Byron Lighthouse）因其位于澳洲大陆的最东端而成为著名的旅游景点。[②] 英格兰康沃尔郡最西端的兰兹角（Land's End）也因其位于英格兰的最西端而成为英国的主要旅游胜地之一。[③]

除上述六个类别的自然场址旅游吸引物外，自然保护区也是一种综合性的自然场址旅游吸引物。自然保护区通常以国家公园的形式存在，将地形地貌、水文、动物、植物等旅游资源有机地组合在一起构成综合性的旅游吸引物。国家公园常常是一个国家旅游业的重要组成部分，是国际和国内旅游的重要吸引物。例如，美国全国的国家公园1997年全年接待游客达2.752亿人次。[④] 世界著名的国家公园包括美国的黄石国家公园（Yellowstone）、大峡谷国家公园（Grand Canyon）、约塞米蒂国家公园（Yosemite），加拿大的班夫国家公园（Banff），坦桑尼亚的乞力马扎罗国家公园（Kilimanjaro），澳大利亚的卡卡杜国家公园（Kakadu）等。

(2) 自然事件

自然事件通常包括火山喷发、潮汐景观、候鸟的移栖、日食、彗星的出现等。自然事件通常并不一定要依附于某一个地点或者地区，自然事件发生或者出现的时间及频次并不一定具有可预测性，但正是由于这些独特性和不确定因素，自然事件才成为旅游者热衷于追求的重要旅游吸引物之一。

① 潮汐景观要成为重要的旅游吸引物，必须具有独特性，并非常壮观而且具有极佳的观赏性。例如，我国的钱塘江涌潮自古以来就被称为天下奇观，其磅礴的气势和壮观景象，从古至今吸引着不计其数的观潮者。在每年大潮汛的那天，钱塘江两岸的几十个观潮点，人山人海，人们都翘首一睹那雄伟壮观的钱塘涌潮。加拿大芬地湾（Bay of Fundy）也是世界上最大潮汐落差的海湾区，海潮最高可达14米，约4层楼高。当圣约翰河（St. John River）注入芬地海湾时，也正是世界最高潮汐的时候，这时游客可以欣赏世上罕见的逆流瀑布

---

① 环球时报. 2007-1-26. 第09版.

② http://www.byron-bay.com/byronbay/lighthouse.html, 2005-1-10.

③ 简明不列颠百科全书[M]. 北京：中国大百科全书出版社，1986.113.

④ Goeldner, C., Ritchie, J. and McIntosh, R.. *Tourism: Principles, Practices, Philosophies* (8th Ed.) [M]. New York: John Wiley & Sons, 2000.226.

(Reversing Falls)。涨潮时，海湾提升至河平面以上，水流逆流而河水急速上流。①

② 火山喷发也是旅游者追逐的景观，例如，哥斯达黎加的阿雷娜火山(Arenal)是该国最活跃的一个火山，也是最重要的旅游吸引物之一。哥斯达黎加在这里建立了阿雷娜火山国家公园，旅游者可以在这里观看火山喷发的奇观，也可以看到火山喷发形成的各种地貌和相关自然景色。②

③ 春秋两季候鸟的迁徙也是吸引旅游者的一个景观。例如，青海湖中的鸟岛是中国内陆湖候鸟的栖息地，是中国鸟类自然保护区之一，具有极高的旅游观赏价值。我国的鄱阳湖由于水草丰美，是候鸟越冬栖息之处，也是我国重要的候鸟观赏区之一。

2. 文化旅游资源

文化旅游资源也可以进一步划分为文化场址和文化事件。文化资源涉及的范围也很宽泛，包括历史、经济、娱乐消遣、商业等多方面的内容。同样，这些方面的内容之间的界限也并不是很清晰，它们经常是相互交叉、彼此渗透、相互包含的。

(1) 文化场址

从历史的角度划分文化旅游资源，可以将其归纳为史前文化、历史文化和当代文化。史前文化场址主要包括那些展示史前文明的遗迹，例如，史前居民居住的洞穴、他们在岩石上留下的绘画或雕刻等。北京周口店的龙骨山是北京猿人和山顶洞人化石的发现地，在这里发现了北京猿人头盖骨化石及其他动物化石和古人类用火的遗迹。周口店北京猿人遗址被列入联合国教科文组织的“世界文化和自然遗产”保护项目，并成为重要的旅游吸引物。

史前文化和历史遗迹的区别主要是看是否有文字记载，如果有文字记载，则属于历史范畴。历史文化的范围很广，涉及的内容也种类繁多。古战场是最有吸引力的旅游资源之一。例如，大连市旅顺的日俄战争遗迹和中日甲午海战遗迹既是爱国主义教育的基地，也是大连市重要的旅游景观。

伦侬（Lennon）和弗利（Foley）于 2000 年提出了“黑色旅游”（Dark tourism）的概念（也有人将其翻译为“黑暗旅游”或者“悲暗旅游”），把旅游者参观与人类历史的悲剧（例如，战争、大屠杀、人权迫害、政治谋杀、奴役剥

① http://www.ymclub.com/tour/120102.htm，2005-1-5.

② http://www.arenal.net/arenal_volcano_national_park.htm，2005-2-15.

削、恐怖事件等）相关的地点或者地标的活动称为“黑色旅游”①，例如，台儿庄大战旧址、第二次世界大战的纳粹集中营、重庆渣滓洞集中营、南京大屠杀遗迹、“9·11”恐怖袭击事件的纽约世贸中心遗址，等等。旅游者通过参观这些文化场址，可以正确地认识并深入省思历史上种种“人迫害人”的悲剧，也会从中得到启发、思考和教育。“黑色旅游”在一定程度上，与中国的“红色旅游”概念中的艰辛革命历程殊途同归。

中国于2004年提出了“红色旅游”的概念，并由中共中央办公厅和国务院办公厅于2004年年底印发了《2004～2010年全国红色旅游发展规划纲要》，这个规划纲要就发展红色旅游的总体思路、总体布局和主要措施做出了明确规定，表明国家将大力发展红色旅游产业。中国提出的“红色旅游”概念，主要指以中国共产党领导人民在革命和战争时期建树丰功伟绩所形成的纪念地、标志物为载体，以其所承载的革命历史、革命事迹和革命精神为内涵，组织接待旅游者开展缅怀学习、参观游览的主题性旅游活动。

具有重大历史意义的伟大纪念性建筑物往往都是人们崇拜和敬仰的对象，也是某些国家或城市的象征，因此都具有十分重要的旅游吸引力和旅游价值。在某种意义上，这些伟大的纪念性历史建筑甚至不需要进行任何广告促销就可以吸引无数的旅游者慕名而来。这些伟大的历史性纪念建筑物的实例包括中国的长城、埃及的金字塔、希腊雅典的帕特农神庙、巴黎的埃菲尔铁塔、纽约的自由女神像、比萨斜塔等。世界上很多城市中的古城区都得到了妥善的保护，并开发为旅游胜地，供各国游客参观游览。例如，山西平遥古城、辽宁兴城古城、德国罗滕堡古城（Rothenburg）、英格兰约克古城（York）等。博物馆也是一种历史文化类的旅游吸引物。博物馆的范围比较广，有些博物馆是国际知名的旅游目的地，每年吸引着成千上万的旅游者，例如北京故宫博物院、伦敦大英博物馆；有些则是地区性或某一领域的专业性博物馆，只吸引那些有某些专业兴趣的游客。

当代文化场址还包括城市中的民族聚居社区和农村地区的民族村寨。随着移民的发展，世界各国大城市的文化变得越来越多元性，因此城市中通常都出现了一些某一民族聚居的社区。这些民族聚居社区由于其独特的民族性，而成为这些城市的很有吸引力的旅游景观，例如，旧金山、纽约、温哥华、多伦多、新加坡等城市的中国城（唐人街）都是特征非常明显的旅游吸引物。云南和贵州是我国少数民族聚居较多的地区，这里蕴藏着丰富的民族文化旅游资源。各种少数民

① Lennon, J. and Foley, M.. *Dark Tourism: The Attractions of Death and Disaster* [M]. London, UK: Continuum. 2000.

族村寨中的淳朴的民风、奇特的民俗、精美的服饰、独特的歌舞、与众不同的饮食文化、典型的建筑等都是独具特色的旅游吸引物，为中外游客所钟情。

经济活动的场所也可以成为旅游吸引物，例如农场、矿山、工厂等。现在，很多农场或农庄都开始对游客开放，让旅游者到此来体验各种农事活动和丰收的喜悦。那些精明的农场主或农庄主把整个农村或农业环境作为一个整体旅游产品向旅游者出售。据统计，英国已经有 84% 的农庄向旅游者开放。[①] 以工厂为基地的“工业旅游”也开始发展起来，并很快发展成为一种粗具规模的旅游形式。

葡萄和葡萄酒的生产过程很早就引起了旅游市场的兴趣，因此很多葡萄酒生产厂商都对旅游者开放其葡萄园和葡萄酒厂，以增加其潜在的葡萄酒消费群体，为葡萄酒工业创造额外的收入。国外葡萄酒旅游业做得比较成功的国家是澳大利亚，在澳大利亚，葡萄酒旅游已经成了旅游活动的重要部分，为葡萄酒业和整个社区带来了巨大收益。据澳大利亚制酒业联合会预测，每年通过旅游活动和酒窖直销给酿酒业带来的直接效益为4亿至5亿澳元。据统计，1994 年访问澳大利亚葡萄酒厂的国际旅游者人数大约占到整个访澳旅游者人数的 10%，此后这个比例一直在逐年上升。[②] 据 1995 年的统计，澳大利亚全国的 891 家葡萄酒厂中，有 738 家部分或全部对旅游者开放。[③] 意大利、南非、匈牙利、法国等国也都有品位很高的葡萄酒工业旅游项目，每年吸引了大量的国际旅游者。旅游者对于葡萄美酒的情有独钟，并不仅仅在于葡萄酒本身的风味，更在于葡萄酒的文化魅力。正是由于旅游者对葡萄酒文化内涵的高度追求才使旅游与葡萄酒紧密地结合在一起。因此可以说，葡萄酒文化才是旅游与葡萄酒结合在一起的根本原因。西方社会把这种与旅游相结合的葡萄酒文化称为“葡萄酒景观”（Winescapes）。这种文化景观的核心是葡萄酒文化旅游，即向旅游者展示并让其亲身体验葡萄园、葡萄酒厂的葡萄栽培技术及葡萄酒产品的生产过程。

英国的陶瓷在世界上的知名度很高，著名的瓷都特伦特河畔斯托克市（Stoke-on-Trent）的陶瓷工业旅游项目每年接待大量的来自世界各地的旅游者，其陶瓷工业旅游的宣传口号是“参观陶瓷厂体验瓷文化”。[④] 我国目前已经有 100

---

① 史蒂芬·佩吉等著，刘劼莉等译. 现代旅游管理导论［M］. 北京：电子工业出版社，2004. 102.

② http：//www. daynews. com. cn/mag6/20060601/ca649947. htm，2006－6－1.

③ Weaver，D. and Oppermann，M.. *Tourism Management*［M］. Milton，Australia：John Wiley & Sons Australia，Ltd.，2000. 144.

④ Swarbrooke，J.. *The Development and management of Visitor Attractions*（2nd Ed.）［M］. Singapore：Elsevier Science. 东北财经大学出版社影印出版，2005. 349.

多个企业成为“全国工业旅游示范点”，其工业旅游项目接待中外旅游者。青岛啤酒工业旅游项目是其中的佼佼者，2004 年接待游客达到 20 余万人次。表 3－9 是世界部分工业旅游项目一览，从中可以看到，很多项目每年都接待成千上万的旅游者，例如，“好时”巧克力年接待旅游者的数量已经达到 200 万人次；“可口可乐”和“家乐氏”的年接待游客人数也都达到 100 万人次。由此可见，工业旅游是非常有潜力的旅游项目。

表 3－9　世界部分工业旅游项目一览

公 司 名 称	所属国家	产业类型	年接待游客数量
好时食品公司（Hershey）	美　国	巧克力	2000000
可口可乐（Coca-Cola）	美　国	饮　料	1000000
家乐氏食品公司（Kellogg's）	美　国	食　品	1000000
施华洛世奇（Swarovski）	奥地利	人造水晶	650000
吉百利食品公司（Cadbury）	英　国	巧克力	500000
华特福德水晶制品厂（Waterford Crystal）	爱尔兰	水晶玻璃	400000
健力士啤酒公司（Guinness）	爱尔兰	啤　酒	400000
花宫娜香水厂（Parfumerie Fragonard）	法　国	香　水	300000
青岛啤酒公司（Tsingtao Beer）	中　国	啤　酒	200000
格兰菲迪（Glenfiddich）	英国苏格兰	威士忌	180000
喜力（Heineken）	荷　兰	啤　酒	90000

资料来源：史蒂芬·佩吉等著，刘劼莉等译．现代旅游管理导论［M］．北京：电子工业出版社，2004．103；青岛热线，http：//www．daqd．com/html/200501/2005011512135482．htm，2005－1－15；Swarbrooke，J．（2002）．*The Development and management of Visitor Attractions*（2nd Ed．）．Singapore：Elsevier Science．东北财经大学出版社影印出版，2005．95．

娱乐消遣场所不但种类繁多，而且也是旅游业的一个重要的收入来源。娱乐消遣场所既包括各种综合度假地，也包括各种体育活动场所、娱乐活动场所和主题公园等。主题公园是大型的文化旅游吸引物，是根据一个特定的主题，采用现代科学技术和多层次空间活动设置方式，集诸多种娱乐活动、休闲要素和服务接待设施于一体的现代旅游目的地。具有无比的魅力，为旅游者（尤其是有小孩的家庭旅游者和青年旅游者）提供丰富多彩的娱乐体验。例如，全球第一家主题公园迪士尼乐园，于 1955 年在美国加利福尼亚的阿纳海姆开业后，在美国佛罗里达的奥兰多、日本东京和法国巴黎又相继开了 9 家；2005 年 9 月开幕的香港迪士尼乐园是全球第 11 家迪士尼乐园。美国的统计资料显示，2003 年美国的各类主题公园和游乐园全年共接待游客3.2亿人次。①表3－10列举了世界部分主题公园（游乐园）。

表3－10 2010年世界主题公园25强

序 号	名 称	所在国家	年游客量（万人）
1	迪士尼世界的魔幻王国(Magic Kingdom at Walt Disney World)	美 国	1697.2
2	迪士尼乐园(Disneyland)	美 国	1598.0
3	东京迪士尼乐园(Tokyo Disneyland)	日 本	1445.2
4	东京迪士尼海洋(Tokyo Disney Sea)	日 本	1266.3
5	迪士尼世界的未来世界(EPCOT at Walt Disney World)	美 国	1082.5
6	巴黎迪士尼乐园(Disneyland Paris)	法 国	1050.0
7	迪士尼世界的迪士尼动物王国(Disney's Animal Kingdom at Walt Disney World)	美 国	968.6
8	迪士尼世界的迪士尼好莱坞影城(Disney's Hollywood Studios at Walt Disney World)	美 国	960.3
9	日本环球影城(Universal Studios Japan)	日 本	816.0
10	爱宝乐园(Everland)	韩 国	688.4
11	加利福尼亚迪士尼冒险乐园(Disney's California Adventure)	美 国	627.8
12	奥兰多冒险群岛(Islands of Adventure at Universal Orlando)	美 国	594.9
13	奥兰多环球影城(Universal Studios at Universal Orlando)	美 国	592.5
14	乐天世界(Lotte World)	韩 国	555.1
15	香港迪士尼乐园(Hong Kong Disneyland)	中国香港	520.0
16	佛罗里达海洋世界(SeaWorld Florida)	美 国	510.0
17	海洋公园(Ocean Park)	中国香港	510.0
18	好莱坞环球影城(Universal Studios Hollywood)	美 国	504.0
19	巴黎迪士尼影城(Walt Disney Studios at Disneyland Paris)	法 国	450.0
20	永岛温泉乐园(Nagashima Spa Land)	日 本	446.5
21	欧洲主题公园(Europa-Park)	德 国	425.0
22	坦帕湾普士乐园(Busch Gardens Tampa Bay)	美 国	420.0
23	横滨八景岛海洋乐园(Yokohama Hakkeijima Sea Paradise)	日 本	402.3
24	艾芙特林童话世界(De Efteling)	荷 兰	400.0
25	加利福尼亚海洋世界(SeaWorld California)	美 国	380.0

资料来源：The Global Attractions Attendance Report，http：//www.themeit.com/etea/2010Report.pdf.

① Cook，R. A.，Yale，L. J.，& Marqua，J. J.. Tourism：The Business of Travel (4th Ed.) [M]. Upper Saddle River，NJ，USA：Pearson Prentice Hall，2010. 205.

博彩娱乐场也是重要的旅游吸引物，美国的拉斯维加斯和大西洋城、摩纳哥的蒙特卡洛、中国的澳门等地都因其众多的博彩娱乐场而成为著名的旅游目的地。博彩业在带来巨额收入的同时也显现出对社会的巨大负面影响，这一点已经越来越引起各国政府的关注。

在任何国内外旅游活动中，购物都是一个重要的组成部分。零售业本身就可以成为重要的旅游吸引物。例如，新加坡和中国香港就因其自由港的地位而成为世界著名的“购物天堂”，购物已经成为这两个城市的旅游产品的核心组成部分。一些大型或者超级购物中心（mall 或 mega-mall，也可以音译为“摩尔”）不但是商业“巨无霸”，而且也是巨大的旅游吸引物。例如，美国明尼苏达州布卢明顿的美利坚购物中心（Mall of America）是目前美国规模最大的购物中心，总投资高达 6 亿多美元，建筑面积约 39 万平方米，共分上下 4 层，据说能装下两座胡夫金字塔。商城内共有约 520 家商店，其中包括 4 家大型百货公司，还有大大小小 40 多家餐馆。商城中央有占地面积达 2.8 万平方米的“史努比营”主题游乐园，还有一座由 14 个放映厅组成的电影院和 8 家夜总会。旅游者即使在每家店只待 10 分钟，转遍所有的店也要 86 个小时。[①] 加拿大的西埃德蒙顿购物中心（West Edmonton Mall）号称世界最大的购物中心，占据相当于 48 条街道的面积，有 800 多家商店、100 多家饮食店、19 个电影分厅和一家豪华酒店，还有水上乐园、星河游乐场、冰宫溜冰场、深海探奇潜艇和海豚湖、海洋生物洞穴以及哥伦布的圣马利亚船复制品，甚至有蹦极。其内部的商店、餐厅、旅馆、游乐场和人工湖都用玻璃制的圆屋顶覆盖着，即使在大雪纷飞的严寒冬季，也能在这里得到愉快的享受。[②] 大型购物中心由于集购物、餐饮、娱乐、休闲、旅游、社交、商务等功能于一体，所以可以最大限度地延长旅游者在这里停留的时间，使所在城市成为深受欢迎的旅游目的地。

旅游目的地中的各类商业购物街区和市场也通常都被当做具有特色的旅游吸引物，旅游者在这里可以真正体验到当地的民俗风情。例如，新加坡的乌节路和牛车水、北京的王府井、上海的南京路、南京的夫子庙等商业购物街区都是国内外旅游者必去的地方。泰国的水上市场也是一个极具特色的旅游吸引物，每天清晨各地的商贩驾着狭长的平底小船，载着琳琅满目的农产品和日用品，在这里兜售。游客在这里不但可以买到地道的泰国土产，还可以看到沿途两岸的水上人家临水而居的景致，可以真正贴近泰国人实际的生活，享受另类的乘船逛街的乐趣。

---

① http://www.yipu.com.cn/info/mall/managp/2004-9-17/20040917c150723.html，2004-9-17.

② http://www.hclvyoucehua.com/webs/yjxw/hyfy/05.htm，2005-2-15.

（2）文化事件

文化事件也是旅游业的一个重要组成部分，旅游目的地举办这类活动既可以作为旅游淡季吸引旅游者的手段，也可以在很大程度上提高其知名度，树立旅游目的地的良好形象。例如，大连市就着力在这方面下工夫，力图大型节事活动全年不间断，从农历正月的烟花爆竹节到5月的槐花节、6月的国际马拉松比赛、8月的国际啤酒节、9月的国际服装节，一直到冬季的购物节，弥补了其旅游淡季游客不足的弱势。

文化事件类旅游吸引物的规模、举办时间或地点也各不相同。事件可以按照其规模（包括参加人数、媒体形象、基础设施规模、成本、收益等）进行分类，通常可以分为四个类别：大型事件（mega-event）；标志性事件（hallmark event）；主要事件（major event）；地方或社区事件（local or community event）。

① 大型事件（mega-event）。大型事件会对经济产生巨大影响，引起全世界新闻媒体的关注。其来访者通常超过100万人，其资本成本至少为5亿美元以上。由于其声望卓著，人们通常将其当做必看（must see）的事件。大型事件由于其巨大的规模和重要性，因此可以极大地促进当地旅游业的发展，产生大规模的媒体覆盖率，具有很高的声望，对东道地产生巨大的经济影响。大型事件通常包括奥运会、世界博览会、世界杯足球赛等。

② 标志性事件（hallmark event）。标志性事件通常通过特定的精神和风貌将其与一个目的地城市或地区的名字连在一起。标志性事件在其传统、旅游吸引力、活动质量、知名度和媒体的曝光率方面都具有极大的重要性，因此通过举办这类事件，其举办地场所、目的地社区甚至整个目的地都获得了很大的竞争优势。这种节事活动可以是一次性的，也可以是每年重复举办的，其主要目的是提高旅游目的地的知名度、旅游吸引力和通过增加来访游客人数而获得经济利益。例如，巴西里约热内卢的狂欢节、德国慕尼黑啤酒节、苏格兰爱丁堡文化节、美国新奥尔良狂欢节等，都可以称为标志性事件。

③ 主要事件（major event）。虽然主要事件的规模和媒体关注度不如大型事件，但是也可以吸引很多外来游客，其媒体覆盖率也很大，也能够获得足够大的经济利益，例如一级方程式大奖赛（F1）、英联邦运动会等。

④ 地方或社区事件（local or community event）。地方性或者社区事件主要指那些以本地居民为目标的社交性、娱乐性节庆活动，地方政府通常以社区发展和文化发展为目的支持这些活动。虽然这类事件常常也预设一些经济目标，但事实上这类事件通常都被认为是不以营利为目的的活动。

有些活动定期举办，例如，夏季奥运会每四年举办一次；而有些活动可能只是一次性的；有些活动固定在某个地区或城市举办，例如，温布尔顿网球公开赛的比赛地点是固定的，而世界博览会的地点则是不固定的。表3－11列举了一些国际性节事活动的规模；表3－12展示了2006年全球六大啤酒节的主要信息。

表3－11 部分国际性节事活动的规模

节 事 活 动	参与的游客人数
2000年德国汉诺威世界博览会	18000000
1996年美国亚特兰大奥运会	9000000
1994年美国世界杯足球赛	3600000
1997年英国诺丁山狂欢节	2000000
1998年加拿大卡尔加里牛仔节	1100000
1997年芝加哥布鲁斯音乐会	600000
1995年荷兰鹿特丹电影节	167000
1997年英国一级方程式国际公路汽车赛	150000

资料来源：http：//www.news365.com.cn/sbh/sbhabc/t20031201_138838.htm；史蒂芬·佩吉等著，刘劼莉等译．现代旅游管理导论［M］．北京：电子工业出版社，2004.104.

表3－12 2006年全球六大啤酒节一览

	名 称	特 色	时 间	地 点
1	哈尔滨啤酒节	中国啤酒的故乡	7月16日～30日	中国 哈尔滨
2	大连国际啤酒节	激情无国界	7月27日～8月7日	中国 大连
3	大不列颠啤酒节	阅览历史的精彩	8月1日～5日	英国 伦敦
4	青岛啤酒节	亚洲最大的啤酒盛会	8月12日～27日	中国 青岛
5	慕尼黑啤酒节	激情相约	9月16日～10月1日	德国 慕尼黑
6	斯德哥尔摩啤酒节	在微笑的国度	9月28日～30日 10月5日～7日	瑞典 斯德哥尔摩

资料来源：http：//www.ceoglobal.net/CEObase/ShowArticle.asp？ArticleID＝303488.

历史类文化事件主要包括一些对历史事件、历史人物的纪念、重温或追忆等类型的各种纪念活动。例如，中国抗日战争胜利纪念活动、世界反法西斯战争胜利纪念活动、郑和下西洋600周年纪念活动、哥伦布发现新大陆500周年纪念活动等。

与当代文化相关的节事活动种类繁多，包括奥运会、各种单项体育赛事（世界杯、世界锦标赛）、世界博览会、狂欢节、电影节、音乐周、各种文化节（例如中国周、风筝节、啤酒节、服装节、饮食节）、各种民俗节庆（例如春节、中秋节、圣诞节、圣帕特里克节、泼水节）等。民族区域或民俗区域具有周期性的传统集市，也可以被当做文化事件型旅游吸引物，因为在这类集市不仅仅是出售商品的市场，而且在很大程度上是民俗民风的展示舞台。

不论何种节事活动都能够为旅游目的地带来巨大的经济收入和提高其旅游形象。例如，美国佛罗里达州每年一度的“阳光庆典”（SunFest）是该州规模最大，集音乐、艺术和娱乐于一体的综合性节日。1996 年这个节庆活动为当地创造了约 2150 万美元的经济影响。[①] 1992 年西班牙塞维利亚世界博览会的游客总数超过了 4180 万人次，平均每天的参观人数约为 24 万人次。[②] 因此，很多国家和大城市都纷纷争取有影响的世界性大型活动的主办权，并且同时还想方设法创造和举办自己的、独具特色的节日庆典和其他节事活动，用节事活动的手段为自己的国家或城市增加旅游目的地的魅力和吸引力。

如上所述，“旅游吸引物清单”可以比较有效地对目的地的各种旅游吸引物进行分类，但是从旅游管理的角度，仅仅对旅游吸引物进行分类是远远不够的。旅游目的地的决策者和管理者还应该了解本地旅游资源的状况和属性，这样才能够对旅游吸引物的地位做出有效的评估，然后以此为依据制订计划、管理和开发决策。在对旅游吸引物的地位进行评估之前，需要了解旅游吸引物的各种相关属性。

图 3－8 列举了对旅游吸引物进行评价时经常使用的 11 项相关的属性标准。其中，“相容性”表示旅游吸引物在空间和时间上与其他外部系统的相容性。例如，在环境敏感或环境脆弱地区的历史遗迹外围建造防风固沙的防护林与该历史遗迹的关系就是相容的。如果相邻的两个城市几乎在同一时间举办两个不同的体育比赛项目，就公众的兴趣而言，这两个活动在时间上可能是相容的，也可能是不相容的。图 3－8 中的每个属性都划定出一个特定性质的范围，任何一个旅游吸引物都可以在这个范围内找到自己的位置。在对旅游吸引物进行评价的实际的操作中，也可以将每个属性进行量化处理。例如，可以以数字 1～10 的形式赋予“承载力”属性 10 个不同的值，其中 1 代表“最低”，10 代表“最高”，这样就可以用定量方法对旅游吸引物的属性进行分析了。

---

① Goeldner, C., Ritchie, J. and McIntosh, R.. *Tourism: Principles, Practices, Philosophies* (8th Ed.) [M]. New York: John Wiley & Sons, 2000. 236.

② http: //www. expo2010china. com/expo/chinese/sbdt/sbyw/userobject1ai4830. html, 2005－2－15.

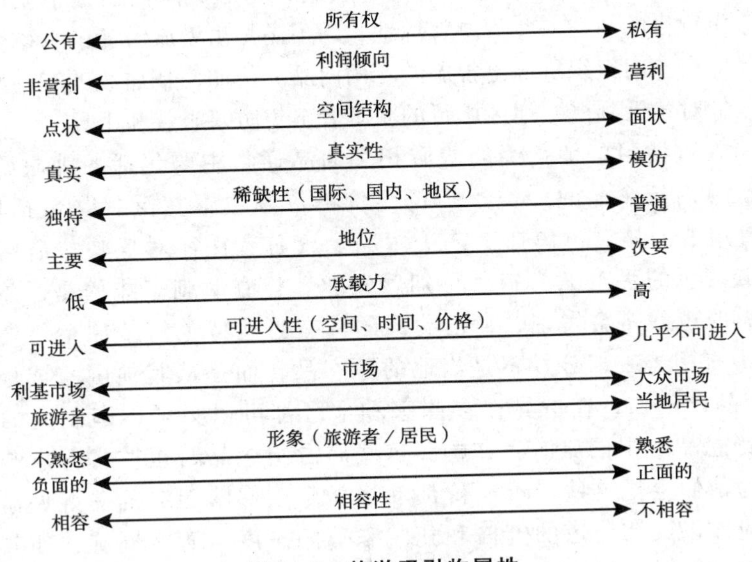

图 3－8 旅游吸引物属性

资料来源：Weaver，D. and Lawton，L.. *Tourism Management*（3rd Ed.）[M]. Milton，Australia：John Wiley & Sons Australia，Ltd.，2006. 147.

第六节 旅游相关商品的生产和供应商

旅游相关商品指那些作为预期的旅游经历或者实际的旅游经历的一部分而在旅游客源地或在旅游目的地购买的商品。旅游者购买这些旅游相关商品的活动是旅游供给的一个重要因素，因此，旅游购物活动、旅游相关商品的生产及旅游相关商品的供应成为旅游业中的重要组成部分。如上所述，按照旅游者获取旅游相关商品的地点，可以将旅游相关商品划分成两大类别：在旅游客源地购买的商品和在旅游目的地购买的商品。

旅游者在旅游客源地购买的旅游相关商品通常包括野营设备、旅游必需的其他设施和用具、旅游过程或旅游目的地的气候所要求的服装和鞋帽、照相机、摄像机、胶卷、录像带、旅行箱（包）、旅行（游）指南类图书等。很明显，在上述商品中只有旅行箱（包）和旅行（游）指南类图书似乎真正与旅游相关，其他商品如果最终在旅游经历中被使用了，则为旅游相关商品，否则即为普通商品。值得指出的是，即使是旅行（游）指南类的图书或旅行箱之类的商品也不能保证最终一定能够用于旅行目的。在一些旅游客源地，为了满足出境旅游者的特殊需要，一些旅游商品供应商专门组织货源出售旅游专用商品。例如，新加坡就有一些旅游商品供应商专门针对冬天到严寒地区旅行的旅游者出售防寒服装和用具。

旅游者在旅游目的地购买的旅游相关商品通常主要包括各种旅游纪念品和免税商品。旅游纪念品的种类很广泛，价格范围也很宽泛。既包括珠宝首饰、T恤衫、日用装饰品，也包括工艺美术品。旅游者往往对反映旅游目的地地方特色和民族特色的手工工艺制品特别感兴趣。具有讽刺意味的是，旅游者到世界各地旅游时也常常会发现，自己购买的具有当地特色的“原生旅游纪念品或工艺品”中有相当一部分并不是当地的原产品，而是从其他国家或地区进口的“原生”产品。例如，在世界很多国家和地区都可以买到中国制造的当地“原产”旅游纪念品。中国旅游者在购买这些旅游纪念品时也非常愿意与卖主讨价还价，因为他们会把这些讨价还价活动当做令人回味无穷的美好旅游经历。因此，商家应该以灵活公道的价格和礼貌和蔼的态度与游客周旋，使其既能体验到热情周到的服务、讨价还价的愉悦感，又能买到称心如意、物有所值的物品。旅游者购买免税商品的出发点不是购买纪念品，而是要以免税的价格购买高档奢侈品。因此他们主要关注的是价格是否“便宜”，品牌是否上“档次”。出售免税商品的供应商主要是知名的大型连锁公司，而与旅游纪念品相关联的主要是家庭手工业。

【补充阅读资料】

4月杭州湾赏鸟

它们往返数千千米，付出减轻1/3体重甚至生命的代价，只为遵守几百万年来一直延续的一个约定。归来，无论往南或向北，不会有罗盘和坐标，能为它们导航的，只有基因里它们自己才懂的密码。

就像眼前，这只尚年幼的卷羽鹈鹕，灰白色的羽毛和橘黄色的扁平大嘴使它看上去有些滑稽和笨拙，但它在水里的仪态无懈可击，优雅得简直像一艘帆船。在潮水尚未退去前，堤坝另一侧的湿地湖泊显然有更适宜的水温和较容易获得的食物。为了温饱，它们不得不远离北方的蒙古，它的出生地，在那里，冷空气似乎要将所有的液体凝固，只有温暖的南方能让这个小家伙舒适地度过它的第一个春天。

作为国内八大河口滨海湿地之一，广袤的杭州湾湿地为包括卷羽鹈鹕在内的数十种长途跋涉而来的候鸟提供越冬地、中转站和食堂。潮汐会带来丰富的食物：沙蚕、甲壳纲动物、鱼类甚至水母，迁徙的候鸟在旅程中将消耗大量的能量，就像F1赛车必须中途进站加油一样，再强壮的候鸟也不可能一口气飞完全程，它们必须找一个提供中途补给的地方，休息、进食补充脂肪、等待落单的同伴。

一架空客320咆哮着在温州永强机场的跑道上升空，引擎巨大的轰鸣让正在1千米开外的湿地湖泊里觅食的卷羽鹈鹕觉得不安。这些翼展近2米的大家伙开始笨拙而喧闹地助跑，在经过20多米的扑腾后，它顺利起飞，并很快获得了理想的高度，海面的上升气流使它的飞行变得轻松而惬意。但它们似乎对海里的鱼群更感兴趣，在飞越堤坝后，鹈鹕编队就马上降低了飞行高度，最后它们几乎整齐划一地放下了起落架——硕大的足蹼不但是它们漂浮于水面上时最好的划桨，同时也是最有效率的减速器。它们一降落就迫不及待地开始觅食，橘黄色的喉囊像一把巨大的汤匙，把海水和里面的生物统统舀进来，然后，鹈鹕们把海水滤出，剩下的就囫囵吞下。《庄子·外物》中写道："鱼不畏网，而畏鹈鹕。"对于鱼类和磷虾来说，没有其他鸟类比鹈鹕更有侵略性了，它们没有丝毫艺术感和技术含量的猎食方式却非常奏效，它们很快就吃饱了，浮在海面上，打起了盹。

白尾鹞知道一年中最好的季节到了，它们在金黄色的草荡上空逆风而翔，伺机出击，模样就像阿拉斯加棕熊在湍急的溪流里守候回游产卵的鲑鱼一样。这个季节会带来丰富的猎物，猎食者将清理那些体弱、疾病、受伤的候鸟。从另一个角度看，这样的结果也是积极的，候鸟将始终得以维持一个健康而强壮的种群，并将这些优秀的基因遗传给下一代。

无论在飞行速度和力量上，纤小的黑腹滨鹬都不是白尾鹞这样顶级的空中猎食者的对手。它们唯一的防卫就是数量和集体智慧。它们没有领袖，没有哪一只会刻意想要带路，但2000多只黑腹滨鹬组成的集群依然秩序井然，甚至连进食的动作都几乎同步。当白尾鹞出现在附近时，有猎食者靠近的消息会在最短的时间里传播开去。几乎在同时，白尾鹞发起了攻击，但要在几千只几乎一模一样的猎物中锁定一个目标委实不易。黑腹滨鹬以大集群的方式在空中掀起"鸟浪"，它们一起俯冲，一起转身，保持着完全没有规律却浑然一体的规避动作。白尾鹞一定被这样的场面弄得晕头转向，它一头扎了进去，就像大白鲨闯进了一个巨大的沙丁鱼群里，张大了嘴巴却一无所获。滨鹬们在获得足够的安全距离后，就又整齐地飞落到滩涂上继续埋头大吃，留下困惑不已的猎食者在树枝上大口地喘气。

跋涉，只为一个亘古不变的约定。

对于滩涂里的沙蚕来说，迁徙的候鸟是个不折不扣的梦魇。尤其是像白腰勺鹬这样的家伙，它们略带弯曲，几乎占一半体长的喙，灵巧得像我们使用的筷子，可以毫不费力地把沙蚕从藏身的泥洞里拽出来。当然，也可以用来打开贻贝，甚至除去招潮蟹的大螯。退潮后的滩涂像一个多层的蛋糕，弹涂鱼和招潮蟹是最上面那层的水果，沙蚕和贻贝躲藏在中间，海蚯蚓则要多花一些时间来对付，但白腰勺鹬总有办法把这些滑腻腻的软体动物从底层的淤泥里弄出来，大快朵颐。白腰勺鹬的运气不错，气温适宜，食物充沛的杭州湾湿地是能让它们打高分的越冬场所。

就像季风一定会到来一样，迁徙的鸟会准时开始它们的返程，湿润的空气、逐渐升高的温度都会提醒它们该是离开的时候了。潮汐是地球强劲的脉动，带来季风、洋流、浮游生物、鱼汛……视线所及，十多只卷羽鹈鹕在蒸腾作用产生的上升气流中越飞越高，它们几乎不用扇动翅膀就飞过了沿海大堤。不同的是，这次它们将不再降落，向着同一个方向飞去的还有红喉潜鸟、黑嘴鸥、白额雁、白琵鹭、凤头潜鸭……而杭州湾湿地却依然不会寂寞，这里将继续成为白鹭或某些鸥类等留鸟的伊甸园。可以确定的是，今年秋季，飞来这里的客人会更多，当年新生的雏鸟将随着父母第一次踏上这趟漫长的旅程，履行它们归来的承诺，并迎接自然法则的挑选。世界上只有极少数迁徙的鸟能飞越珠穆朗玛峰，大天鹅和高山兀鹫能在超过9000米的高度飞行。

当你在杭州机场乘坐飞机、穿越万米高空时，蜷缩在恒温恒压的飞机商务舱里，幸运地目睹远处一只翼展接近3米的高山兀鹫御风而翔的时候，你一定不会怀疑，谁才是真正的空中之王。

资料来源：《中国旅游报》，2008年5月5日14版.

相辅相成的国外葡萄酒旅游业

目前，在国外葡萄酒业发达的国家，葡萄酒旅游业也搞得相当出色，比如澳大利亚、意大利、美国、南非、摩尔多瓦等国。这些葡萄酒生产国为了扩大本国葡萄酒在世界上的影响，并且提高本国葡萄酒产品市场占有比例以及销售量，就把旅游业与葡萄酒业两者结合起来，用旅游业来带动和促进葡萄酒业的稳步发展。目前，国外葡萄酒旅游业做得比较成功的国家是澳大利亚，在澳大利亚，葡萄酒旅游已经成了旅游活动的重要部分，为葡萄酒业和整个社区带来了巨大收益。

据澳大利亚制酒业联合会预测，每年通过旅游活动和酒窖直销给酒业带来的直接效益在4亿至5亿澳元。以维多利亚一个州为例，该州葡萄酒旅游的总收入就达1.85亿澳元，其中大约0.7亿澳元来自酒窖直销，其余则来自食品、住宿、汽油以及其他商品和服务项目。据统计，1994年访问澳大利亚葡萄酿酒厂的国际旅游者人数大约占到整个访澳旅游者人数的10%，此后这个比例一直在逐年上升。为了推动葡萄酒旅游业的大发展，1998年在西澳洲举办了首届澳大利亚葡萄酒旅游大会。澳大利亚著名的酒业协会、酿酒商、政府机构、葡萄种植园主以及旅行社代理商等出席了大会。大会对葡萄酒旅游进行了界定，对20世纪90年代以来澳大利亚葡萄酒旅游的发展过程进行了全面回顾，并详细地探讨了澳大利亚葡萄酒旅游业的发展战略。会议决定每年召开一次全国性葡萄酒旅游大会，从理论与实践上继续研究探讨葡萄酒与旅游之间的关系。这次大会结束后，在南澳大利亚州的首府阿德雷市建立起国家级葡萄酒研究中心，还出版了本次大会论文集《葡萄酒旅游——天生的一对》。

葡萄酒旅游业在中国刚刚起步，随着中国葡萄酒业的稳步发展以及人们生活水平的提高、消费观念的改变，葡萄酒旅游业将会有一个较大的发展空间，并且成为一个新的旅游收入增长点。由于葡萄酒旅游业在国内还是新事物，所以我们要向国外葡萄酒旅游业发达的国家学习经验，探索出一个适合中国国情的葡萄酒旅游运作模式，使其成为一个具有竞争力的旅游产品。

众所皆知，当前旅游正从一种主要是休息、娱乐或观光活动转向一种生活方式的提高或者追求，正在日益成为一种个人发展以及生活方式形成的途径。

也正是这些因素促使葡萄酒与旅游之间产生了诸多的必然联系。旅游者似乎离不开葡萄酒，没有美酒就没有一种良好的旅游氛围；而葡萄酒也似乎离不开旅游者，没有旅游者的青睐，再好的葡萄酒也难以成为美酒。其实，旅游者对于美酒情有独钟，并不仅仅在于葡萄酒本身的风味，更在于葡萄酒的文化魅力。正是由于旅游者对葡萄酒文化内涵的高度追求才使旅游与葡萄酒紧密地结合在一起。因此说，葡萄酒文化才是旅游与葡萄酒结合在一起的根本原因。

——资料来源：http：//www.daynews.com.cn/mag6/htm，
20060601/ca649947．2006-6-1.

高铁改变中国经济版图

武广高铁通车，大幅拉近武汉、广州两地的距离，同时改变了中国经济版图。

武广高铁是中国通车营运的第一条高速铁路，也是迄今世界上一次建成里程最长、运行速度最快的高铁。

成全球领跑者

日本在20世纪60年代就建成了高铁，直到21世纪之初，中国还没有高铁；中国整整落后日本40年。然而，短短不到十年，中国的高铁如雨后春笋般纷纷出现，不但位居世界的前列，而且走出了自主创新之路。

事实上，京津高铁建成时，就吸引美国、英国、日本等30多国，累计有200多批次、上万人乘坐京津高铁考察，都对中国的高铁赞叹不已。其中，国际铁路联盟高速铁路部总监更是感慨地说："铁路建设正进入一个大时代，而中国正成为全球领跑者，世界铁路的未来在中国。"

回顾中国的高铁发展进程，20世纪80年代中国多次派人出国学习高铁技术；20世纪90年代后期提出建设京沪高铁的准备；2004年6月武广高铁开工，揭开中国高铁序幕；2008年，京津高铁开通；2009年年底，武广高铁通车；2012年，京广高铁、京沪高铁全线通车，届时将投用1.3万千米的客运专线，中国高铁网路逐渐成形。

8小时交通圈

2011年年底通车的武广高铁，把武汉到广州之间的行车时间由原来的10小时缩短至3小时，珠三角、长株潭、武汉城市圈等多个经济带形成了"3小时经济圈"，随着经济圈内的经济、社会等联系交流日益紧密，高铁效应将逐步显现。

到2012年，京广、京沪高铁相继通车，中国将形成以北京为中心，到全中国绝大部分省会城市的1小时至8小时交通圈。届时中国铁路快速客运网将基本形成，连接所有省会及50万人口以上的大城市，覆盖中国九成以上人口。到2020年，中国200千米及以上时速的高速铁路里程将逾1.8万千米，占世界高铁总里程一半以上。

改写经济版图

高铁全面改变中国的时代来临，珠三角北移、长三角膨胀、京津冀扩大，中国经济版图加速融合，高铁沿线将形成走廊产业经济带。

以长沙为例，武广和沪昆高铁在长沙交会，整个长沙城市规划的修编已经开始，涉及2010年到2030年的规划。而武汉高铁客运新火车站所在地杨春湖，一夕间成为城市三大中心之一。

长三角现正在被高铁所改变。以前从上海到安徽合肥需7个多小时，现在仅需3个小时左右。高铁、城际铁路已将沪宁杭与苏北、浙南、安徽甚至福建、江西快速连接起来，安徽、江西积极借助高铁加快融入长三角的步伐。

随着上海到武汉、福州、温州、合肥、蚌埠等地的快速动车开通，长三角已扩大南到福建北部，西到湖北武汉，北到江苏连云港，超越行政意义上的长三角。

展望2012年，京广高铁建成时，中国“四纵四横”高速客运专线铁路网隐然成形。届时，坐火车像坐公交车一样随到随走，基本上每个人想上哪儿就上哪儿。高铁时代，势将改变中国的面貌。

——资料来源：凤凰网，http：//finance. ifeng. com/news/20100215/18335 47. shtml，2010-2-15.

【案例分析】

香港的旅游业

旅游业是香港主要经济支柱之一。2006年，与入境旅游相关的总开支超过1100亿港元。

2006年访港旅客人数持续增长，达2525万人次，较2005年同期上升8.1%，情况令人鼓舞。所有地区市场均获得增长，与2005年比较，欧洲、南亚及东南亚均获得双位数字增长。而内地继续成为香港的最大客源市场，年内的内地旅客人数亦打破纪录，超过1359万人次，较一年前上升8.4%。多个大型的旅游景点已相继落成，这些项目包括香港迪士尼乐园、“幻彩咏香江”第二期、香港湿地公园及昂坪360。加上香港旅游发展局（旅发局）的全球推广计划及大型盛事，展望未来，香港旅游业的前景仍然乐观。

旅客住宿与留港时间

于2006年年底，本港共有126间酒店，提供47128个房间。2006年，酒店平均入住率为87%，较2005年增加一个百分点，出租房间总晚数亦有所增加，而酒店房间总供应量在年内增加了约3200个，即7.4%。2005年过夜旅客的平均留港时间为3.7晚。

旅游事务署

旅游事务署于1999年5月成立，负责统筹政府内部各项发展旅游业的工作，并提供更佳的政策支持，带头推动本港的旅游业。

该署的任务，是确立和促进香港成为亚洲首要的国际城市，以及世界级的度假和商务旅游目的地。

为了按部就班地实践这项使命，旅游事务署须与旅游业界、旅发局、政府和广大市民同心协力，确保作为本港经济重要一环的旅游业得到充分肯定。

业界与政府保持紧密合作是至为重要的。由政府、旅发局和业内各界代表组成的旅游业策略小组，专责就旅游业发展事宜，从策略性角度向政府提出建议。

旅游景点及设施

政府计划发展多元化的旅游景点，借以增强香港作为首选旅游胜地的吸引力。

政府于现有的热门旅游点进行多项改善计划，务求令这些地点焕然一新。已完成的计划包括西贡海滨美化工程、鲤鱼门的小规模改善项目、中西区改善计划以及政府与私营机构合作的星光大道。尖沙咀海滨长廊的美化工程及在全港18区设置旅客指示标志的计划已大致上完成。尖沙咀东部的新交通接驳系统以及赤柱海滨和山顶的美化工程亦预计在2007年相继竣工。至于筹划中的项目，则包括配合海洋公园重新发展计划的“香港仔旅游发展项目”，进一步改善鲤鱼门的海旁设施，以及在尖沙咀兴建露天广场。

旅游事务署于2004年1月推出的“幻彩咏香江”，深受旅客及本地市民欢迎。会演更于2005年11月被列入健力士世界纪录，成为全球“最大型灯光音乐会演”。这项纪录是根据当时港岛20幢参与建筑物于每晚同一时段的互动灯光音乐会演而评定的。会演已于2005年12月扩展至九龙区，涵盖维港两岸共33幢建筑物，并再次刷新世界纪录。

香港迪士尼乐园是本地旅游基建重要的一环，结合其他旅游景点，有助推广香港成为区内家庭旅客的首选目的地。乐园在运作首年接待访客超过500万人次。另外两个大型的旅游发展项目——香港湿地公园和昂坪360已在2006年相继启用。香港湿地公园是一个集自然护理、教育及旅游用途于一身的世界级景点。昂坪360是一个景色怡人的奇妙缆车旅程，在20分钟的缆车车程中，旅客可饱览大屿山的自然景色。当缆车抵达昂坪站时，旅客可前往参观以佛教为主题和别具中国文化特色的昂坪市集，游毕继续前往游览大屿山其他具有本土特色的景点。尖沙咀前水警总部的文物旅游计划预算可在2008年完成。政府现正收集公众意见，以制定中区警署、域多利监狱和前中央裁判司署建筑群未来的保育、复修和发展方向。

政府在2006年10月公布在启德发展新邮轮码头设施的计划。政府会在旧跑道南端预留一块7.6公顷的土地，并以公开土地招标方式发展邮轮码头设施。政府预期在2008年第二季批出标书。中标者须自资平整土地，并设计、兴建和营运停泊和配套设施。启德的首个泊位预计在2012年落成。政府亦正与海洋公园合作落实重新发展计划。计划的目的是要把海洋公园重新发展为全球首屈一指的海洋主题公园。重新发展计划的工程会分期进行，第一项新设施可望于2007年年初启用，其他机动游戏/景点会在2012至2013年前陆续推出。政府亦正从法律、财务、运作模式及制度各方面，考虑海洋公园有关发展酒店的建议。该项发展将有助于进一步提升海洋公园的吸引力和吸引旅客延长逗留时间。

推动旅游业之道，并非只在于兴建新设施。政府并没有忽略本地传统古迹文物（当中一些已有6000年历史）在促进旅客了解本港历史风貌方面的价值。为了进一步拓展文物旅游，旅发局加强了其“文化万花筒”文化体验项目的内容，该项目现已增设香港艺术馆导赏游、香港海事博物馆导赏游、中式饼食制作及中药简介等活动。该局已印制特别小册子《香港铁路游踪》，介绍九广铁路东西线沿线的景点及古迹项目。此外，该局继续与业界合作，向旅客推广各具特色的传统风俗和节庆，如元朗天后诞会景巡游、筲箕湾谭公诞、长洲太平清醮及大屿山宝莲禅寺浴佛庆典等。

香港的自然生态繁茂多姿，令人意想不到，不过至今仍未为人充分认识。旅游事务署现正按自然保育及可持续发展的原则在新界东北部推广绿色旅游，在船湾及赤门海峡一带和东平洲的项目包括改善基本设施，推广环岛海上观光游，并以自然保育和教育配合发展。旅发局制作了新的宣传小册子介绍七个不同路线的远足观光团，以推广绿色旅游；另外亦与香港观鸟会合作印制了一本小册子，向旅客介绍本港热门的观鸟地点。该局亦已整理其网站中的绿色旅游部分，令信息更齐备和更便于使用。为配合香港湿地公园落成启用及新界北部的绿色旅游发展，旅发局在2006年9月推出了为期六个月的“自然生态万花筒”先导计划，供海外旅客参与。其中项目包括嘉道理农场暨植物园及香港湿地公园导赏游；香港公园及九龙公园的清晨观鸟活动；大屿山大澳生态游；新界东北环游外岛团及黄泥涌峡径健行（导游活动）。

服务水准和表现

除了辟设各式各样的旅游景点，让旅客在留港期间有多彩多姿的体验之外，提高服务素质亦同样重要。《旅行代理商条例》设立了发牌制度，以规管经营到港及外游旅行服务的旅行代理商。同时，为了确保导游服务的素质，在政府的资助下，为在职导游举办的培训课程已于2002年7月展开，迄今共培训了约9100名导游。已完成培训及考试合格的导游可获签发“导游证”，并须遵守由香港旅游业议会所颁布的《导游作业守则》。由2004年7月1日起，所有由旅行代理商指派接待到港旅客的导游，必须持有有效的“导游证”。另外，为进一步协助业界提升整体专业水平及服务素质，政府资助了一系列只供旅游从业员报读的专题培训课程，有关课程已于2006年年中开始。截至2006年11月底，已经有约390位旅游从业员报读有关课程。

旅发局继续推行“优质旅游服务”计划，协助零售及饮食业界提升整体的服务水平，在2006年更进一步强化这个计划，把旅客住宿纳入计划之内，为旅客提供更周全的品质保证，及引用更全面而有效的处理投诉机制。截至2006年年底，已有超过6300间商铺获得“优质旅游服务”认证。获得认证的商铺数目在12个月内增加了近6%，显示这个计划越来越受到业界及旅客认同；而中国国家旅游局亦鼎力支持“优质旅游服务”计划。

培养香港人的好客文化，对本港旅游业的持续发展至为重要。旅游事务署将继续在全港推行名为“好客文化遍香江”的公众教育活动。这项活动设有多个项目，包括“香港青年大使计划”、社区普及宣传、优质服务研讨会及活动等。旅游事务署亦进行优质服务研究，目的是与旅游及相关业界和有关政府部门共同研究行业的服务水平，宣传业内最佳做法及优质服务，从而改善及提升整体服务素质。该项研究已于2005年完成。

香港入境手续

政府会继续确保访港旅客出入境方便快捷。现时约170个国家的国民可无须签证来港旅游7天至180天不等。

在内地访港旅客方面，自2002年1月起，“香港游”的配额已取消。指定可办“香港游”的内地旅行代理商数目因而大幅增加。“个人游”计划于2003年7月28日实施并逐步扩展。现时该计划于全广东省、上海、北京、重庆、天津、成都、大连、沈阳、济南、南昌、长沙、南宁、海口、贵阳、昆明，以及福建省、江苏省及浙江省九个城市实行。截至2006年12月，访港的内地“个人游”旅客已接近1720万人次。

推广香港

旅发局是专责在全球推广香港为商务及消闲旅游胜地的法定机构。旅发局推行多项措施，以提升访港旅客在港的旅游体验。在2006年，该局继续重点吸引更多商务兼消闲，以及家庭旅客等高收益的客群来港。为把握多项崭新旅游项目由2005年起陆续启用的时机，旅发局把2006年定为“精彩香港旅游年”。这项全球市场推广计划包括一连串策略性的宣传活动及大型活动，目的是向全球展示香港的崭新形象，并把香港推广为2006年“必到”的旅游目的地。旅发局已在

2005年5月开始向旅游业界进行推广，并在2005年年底在多个长途市场及2006年年初在短途市场推出宣传活动。

除推广香港为亚洲受欢迎的旅游目的地外，旅发局亦加强与策略伙伴合作，共同发展一程多站式旅游和开拓新市场。配合泛珠三角区域合作协议，旅发局正与澳门及九个相关的省级旅游局，在全球各地进行一连串的联合推广活动。政府亦全力支持旅发局和旅游业界继续推展各项推广工作。

展望未来，政府将继续与旅发局和业界紧密合作，维持香港作为“亚洲国际都会”的地位。

——资料来源：香港旅游发展局. http://www.discoverhongkong.com，2007-1.

案例提示

1. 香港旅游业中的各个部门是如何相互配合，共同打造香港旅游品牌的？
2. 香港政府在推动香港旅游发展的过程中，扮演着什么角色？
3. 讨论旅游吸引物、城市基础设施、旅游服务水平在促进旅游业发展中所起的作用及它们之间的关系。
4. 中央政府对香港旅游业的支持表现在哪些方面？
5. 香港在发展旅游的过程中如何将现代、传统、自然、生态等诸多因素有机地结合在一起，创造既有吸引力又具活力的旅游目的地？

【复习与思考】

一、重要专业词汇

住宿业（Accommodation）
交通运输业（Transportation）
航空联盟（Airline alliances）
航权（Freedoms of the air）
餐饮业（Food and beverage service）
旅行代理商（Travel agency）
旅游经营商（Tour operator）
旅游吸引物（Attractions，Tourist attractions）
旅游资源（Tourism resources）
旅游吸引物清单（Attraction inventory）
黑色旅游（Dark tourism）
红色旅游（Red tourism）
工业旅游（Industrial tourism）
主题公园（Theme park）
旅游吸引物的属性（Attraction attributes）

二、思考和讨论

1. 住宿业通常可以分为哪两大类型？
2. 分析和讨论交通技术的进步对旅游业产生的各种影响。
3. 在航空运输领域中，什么是“航权”？目前世界上主要有哪些“航权”？
4. 从时间、价格和距离的角度分析旅游者对交通工具的选择倾向。
5. 结合中国的现状，讨论铁路观光旅行的可行性。
6. 餐饮业由哪些部门组成？
7. 旅行代理商和旅游经营商的主要职能是什么？
8. 根据“旅游吸引物清单”（见表3－8）的标准，对某个城市的两个主要旅游吸引物进行分析归类，并解释归类的依据。
9. 分别以“中国国家标准旅游资源分类表”（见表3－7）和“旅游吸引物清单”（见表3－8）为依据，对某个城市的现有旅游吸引物和潜在旅游吸引物进行分析和分类。
10. 从不同的视角审视“黑色旅游”和“红色旅游”的意义。
11. 选择两个旅游吸引物，然后根据图3－8中的11项属性标准对其进行评价和比较。

第四章

旅游市场

从经济学的角度，旅游市场的概念可以分为狭义和广义两个范畴。“狭义的旅游市场是指旅游产品交换的场所。广义的旅游市场是指在旅游产品交换过程中所反映的各种经济行为和经济关系的总和，即旅游市场反映了旅游产品实现过程中的各种经济活动现象和经济活动的关系。”① 从旅游学和旅游管理学研究的角度，旅游市场的含义可以理解为“参与某种形式的与旅游相关的旅行活动的旅游消费者的总和”。② 在这个意义上，旅游市场的核心是旅游消费者。

第一节　旅游市场的发展趋势

自第二次世界大战结束以来，随着大众旅游时代的到来和发展，随着世界经济和政治结构的发展和变化，随着人们对旅游活动内涵的进一步理解和认识，随着旅游可持续发展观念的进一步深入人心，世界旅游市场也发生了巨大变化。其主要发展变化趋势是从大众市场（Mass market）向利基市场（Niche markets）的转变（见图 4 - 1）。旅游市场从宏观上经历了从小到大的过程，但是在微观上却沿着从大到小的轨迹前进。

从第二次世界大战结束的 20 世纪 50 年代开始，旅游市场发展的第一个阶段是“大众旅游市场”。得益于各国经济和社会的迅速发展和崛起，中产阶层和普通劳动阶层开始拥有足够的可自由支配的金钱和可自由支配的时间，因此产生了日益强烈的旅游需要，开始在国内或国际进行旅游活动，这就促进了世界旅游业的发展，促成了大众旅游时代的到来。西方发达国家的大众旅游时代的高潮出现

---

① 王洪滨. 旅游学概论[M]. 北京：中国旅游出版社，2003. 225.

② Weaver, D. and Lawton L.. *Tourism Management* (3rd Ed.)[M]. Milton, Australia: John Wiley & Sons Australia, Ltd., 2006. 195.

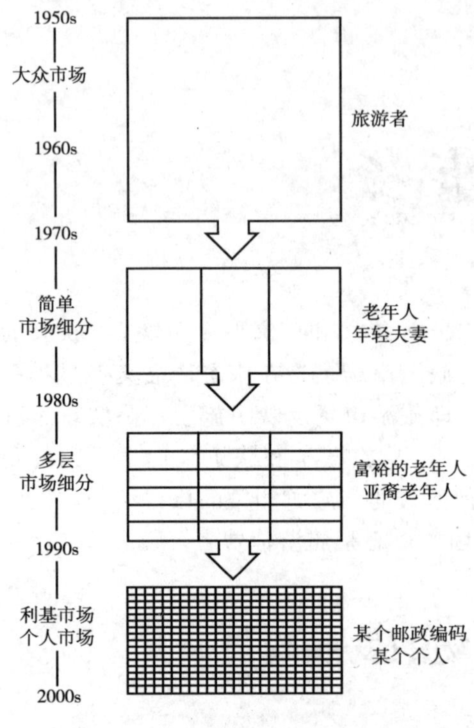

图 4－1　旅游市场发展趋势

资料来源：Weaver，D. and Oppermann，M.. *Tourism Management*[M]. Milton，Australia：John Wiley & Sons Australia，Ltd.，2000. 176.

于20世纪60～70年代，亚洲的一些发展中国家和经济新兴国家的大众旅游时代出现于20世纪80～90年代。大众时代的旅游市场特点是“大众市场”，即绝大多数旅游者是没有差别的，他们需要并消费大量的相似的、无差别的旅游产品和服务。简而言之，在这个阶段只有单一的一个旅游市场。“旅游者”是旅游市场中唯一的一个类别。20世纪90年代中国的国内旅游市场和当前中国的出境旅游市场都大致可以归类于这个阶段。

旅游市场发展的第二个阶段是“简单市场细分”阶段。在这个阶段，出于简化营销手段和易于产品开发的目的，将单一的旅游市场按照旅游者的某些共同的特点或行为进行简单的细分。这种细分很粗略，只是大略地将市场纵向划分为若干大部分，例如，国内市场与国际市场、青年市场与老年市场、男性市场与女性市场等。

随着旅游业的深入发展，“简单市场细分”已经无法满足旅游者的多重需要，因此有必要对“简单市场细分”进行进一步的细分。在这种背景下应运而生了“多层市场细分”，即对纵向分割的简单细分市场进一步进行多层次的横向细分。例如，可以将老年人市场按照多种特征和行为进一步划分成“富裕老年人”、“亚裔老年人”、“白领老年人”、“蓝领老年人”、“老年教育工作者”、“老年干部”等。

在世界范围内，从20世纪90年代开始，发达国家的旅游消费者——伯顿描述的社会经济发展的第四阶段的国家中的旅游消费者——由于积累了将近40年的旅游经验，对旅游活动有了更深刻的认识，变得非常精明和非常有见识。他们十分在意旅游体验，并且知道自己需要什么样的旅游体验和经历。因此，这些旅游消费者需要那些能够满足各个不同个体消费者的不同需要和口味的高质量、专门化的旅游产品。值得庆幸的是，科学技术的发展为旅游业进一步细分市场提供了保障手段。采用互联网技术和其他灵活的生产技术能够创造出符合旅游者的各种特殊需要的旅游产品。这样，旅游市场就发展到了“利基市场”阶段。“利基”一词是英文“Niche”的音译，意译为“壁龛”。利基市场就是抓住特殊的、有专门需要的、更窄的某些小群体消费者群，为其提供能满足其充分需求的个性化产品，形成一个不可替代的“利基”或“缝隙”市场。世界进入21世纪以后，旅游市场将根据每个个体消费者的需要进行更深入、更细化的细分，形成所谓的“个人市场”，充分满足个体消费者的个性化消费需求。旅游业中“利基市场”和“个人市场”的形成并不意味着“大众市场”的消失，因为世界旅游业的发展并不平衡，伯顿描述的社会经济发展的第二、第三、第四阶段的社会将会长期同时存在。由于技术和经济的发展，旅游业有能力创造出能够使有特殊需要的旅游消费者满意的旅游产品，并把每个消费者都当做一个独特的旅游市场细分部分，进一步繁荣旅游市场。

第二节 旅游消费者的决策过程

为了进一步深入了解和研究旅游市场细分的发展，从市场营销和管理的角度找出确定目标市场的方法，我们有必要对旅游者如何决定到某个或某几个目的地度假进行研究，即要研究旅游者购买旅游产品的决策过程。在研究旅游者购买旅游产品的决策过程之前，首先需要了解人们为什么会以旅游者的身份外出旅游，也就是要了解人们外出旅游的动力因（Efficient cause）是什么。旅游的动力因可以分为两大类别：与“动机”（Motivation）相关的条件和与“手段”（Means）相关的条件（见表4－1）。

表4－1 旅游动力因

项　目	特　点
动　机　条　件	
1. 需要：未满足的状态	产生于旅游客源地
2. 信息：通过信息可以了解拟访问的旅游目的地的情况，包括他人的体验、要做的活动、要看的东西、要使用的设施和服务	人们在旅游客源地获得信息，信息来源包括广告和其他促销媒介、旅游业、亲朋好友
3. 预期：对未来或潜在旅游体验的预期	人们对旅游体验的预期在旅游客源地形成，并与需要的潜在满足程度相关

续表

项 目	特 点
4. 动机:将旅游活动付诸实践的欲望	人们的旅游动机在旅游客源地形成,并带着这种动机进入旅游过境通行地区和旅游目的地
手 段 条 件	
5. 时间:可以用于旅游的可自由支配的时间	可以离开旅游客源地一日或者多日,到一个或多个旅游目的地旅行
6. 资金:可以用于旅游的可自由支配的金钱和其他财力资源	有足够的能力支付旅游费用
7. 不受限制进行旅游活动的状态	可以不受限制、自由地离开自己的常住地

资料来源：Leiper，N.. *Tourism Management* (3rd Ed.)[M]. Frenchs Forest，Australia：Pearson Education Australia，2004. 91；有改动。

与“动机”相关的动力因条件包括需要、信息、预期和动机。“需要”是人的一种未满足的状态，通过外出旅游可以满足这种需要。需要可能是单一的，也可能是复合的，例如，休息的需要、放松的需要、娱乐的需要、求新求异的需要、接受教育的需要，等等。“信息”是人们了解满足这些需要后的状态和感觉的手段。如果人们对外部世界一无所知，他们是不会产生旅游动机的。作为动力因条件的信息一定要能够引导人们对旅游产生积极预期，即外出旅游将会满足人们的需要。与旅行相关的需要和预期一定要有足够的强度，否则就无法使人们产生旅游动机。没有足够强度的行为动机可能只会成为潜伏在头脑中的未实现的动机。

与“手段”相关的动力因条件包括时间、财力资源和自由状态。时间条件指人们要外出旅游必须具备的可自由支配的时间，包括年假、周末和其他形式的可以用于旅游休闲活动的时间。人们外出旅游的另一个重要条件是必须拥有足够的财力资源（资金），以支付旅游消费所涉及的费用。最后一个手段条件是要保证潜在旅游者能够不受限制地外出旅行。这个条件既包括来自政治和制度方面的限制，也包括来自家庭方面和自身身体方面的限制，例如，家中有婴儿或老年人需要照顾，本人身体虚弱，心理上的外出恐惧症，等等。

旅游消费者购买旅游产品的决策过程与其他消费者购买其他产品和服务的过程很相似（见图4-2)。消费者的购买决策过程通常包括六个阶段：识别需要、搜寻信息、形成态度、评估备选方案、购买和购买后行为。这个行为过程，在某种程度上，适用于那些价值比较高、重要程度比较高、未知性比较大的产品或经历。如果消费者购买的是普通的、廉价的日常生活用品或服务，就不一定要全部经历这六个阶段，其中的一个或几个阶段是完全可以省略的。例如，人们在街头摊点买一瓶汽水或者中午到公司附近的快餐店吃顿快餐时，其决策过程就是非常简单的，不必经历这么完整、复杂的全部行为过程。

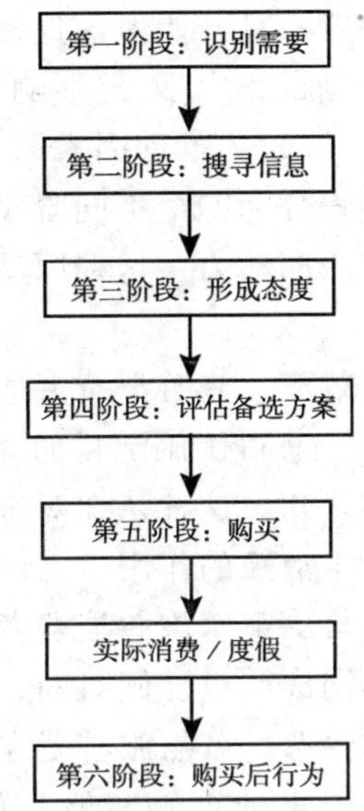

图 4－2　消费者购买行为过程

资料来源：Lumsdon，L. *Tourism Marketing*［M］. London：International Thomson Business Press，1997. 47；有改动。

在旅游消费者的决策过程中，“推动因素”和“拉动因素”也起很大的影响作用。客源地和客源群体本身的需求原动力会推动旅游者外出度假、购买旅游产品。根据马斯洛的需要层次理论，人的需要从低到高可以分为呈金字塔形排列的五种类型，即生理需要、安全需要、社交需要、尊重需要和自我实现需要。如第二章所述，旅游客源地的经济、社会、人口结构等因素在很大程度上决定着人们的旅游需求。不同社会阶段，由于其经济、社会、政治等方面发展的程度不同，其人民的旅游需求的层次也必然不相同。社会经济发展程度较低的社会的需要主要以低层次的需要为主，而社会经济发展程度比较高的社会的需要则主要集中在较高层次的需要中（见图 4－3）。

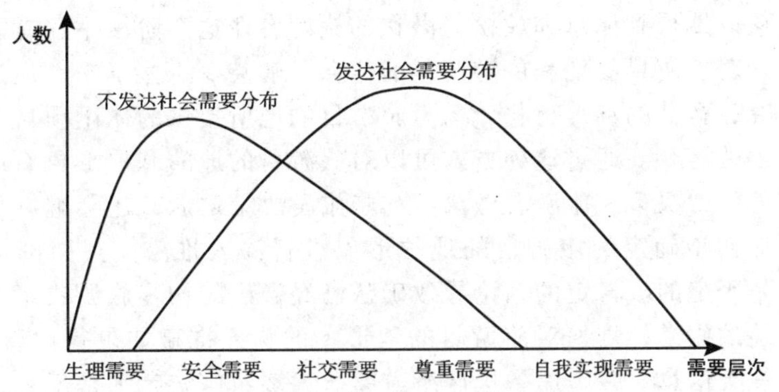

图 4－3　不同社会发展阶段的需要分布比较

资料来源：李仲广，卢昌崇. 基础休闲学［M］. 北京：社会科学文献出版社，2004. 143.

旅游者一旦开始考虑选择具体的度假目的地或旅游产品，来自旅游目的地的各种“拉动因素”又会影响旅游者从众多的备选方案中挑选目标。吉尔伯特（Gilbert）认为“推动因素”和“拉动因素”影响着旅游消费者的决策过程，并将这个过程分为四个不同阶段。①

需求的原动力　这种原动力推动潜在旅游者做外出度假或购买某类旅游产品的决策。

需求效应　旅游消费者通过各种渠道（广告宣传、报纸、互联网、亲朋好友的介绍等）获得了旅游目的地的相关信息，从而对旅游目的地的形象产生了特定的印象和认知。这种认知对未来能否实现旅游度假活动既可能产生积极的作用，也可能产生消极的作用。

角色与决策　旅游消费者的角色将影响其最终外出度假的决策。例如，一个家庭的不同成员对度假时间、地点和方式等会产生不同的影响。

需求筛选　虽然旅游者在对旅游度假产品进行选择的过程中会受到源自客源地的推动因素的影响，但是旅游需求仍然需要经过大量的限制因素的筛选和过滤。

旅游消费者选择旅游目的地的决策过程的基础是图 4－2 的模式，但是由于旅游决策是比较大的决策，而且其未知性也比较大，因此其决策过程的每个步骤也都会受到来自多方面的多种因素的影响，需要旅游者进行理性思考，这就使旅游消费者选择旅游目的地的决策过程变得比较复杂。图 4－4 展示了旅游消费者选择旅游目的地的决策过程的复杂性。

如上所述，旅游者首先受到来自多个旅游目的地的“拉动因素”和来自本身所处的客源地的“推动因素”的影响和激励，产生了旅游需要，寻求某种形式的旅游度假以期得到休息和放松。潜在的旅游者在这个阶段中，有旅游的愿望和需要，但是对旅游目的地和旅游服务的信息了解甚少。接下来，通过与亲朋好友交谈和研究旅行社的宣传材料，衡量旅游目的地所提供的休闲项目和服务是否能够满足自己的需要。通过这种方式可以对旅游目的地的基本形象有所认识，进而形成初步的旅游决策。旅游者做出了初步旅游决策之后，还会继续从各个方面搜集信息，对初步确定的旅游目的地的形象进行深入推敲。其结论可能是肯定的，也可能是否定的。肯定的结论导致确认已经做出的初步旅游决策，进而实施到旅游目的地的旅游计划。对旅游目的地形象的深入推敲如果得出否定的结论，则需要重新搜集信息，并考虑备选旅游方案。大多数旅游者都是反复斟酌比较了

① 史蒂芬·佩吉等著，刘劼莉等译. 现代旅游管理导论［M］. 北京：电子工业出版社，2004. 46－47.

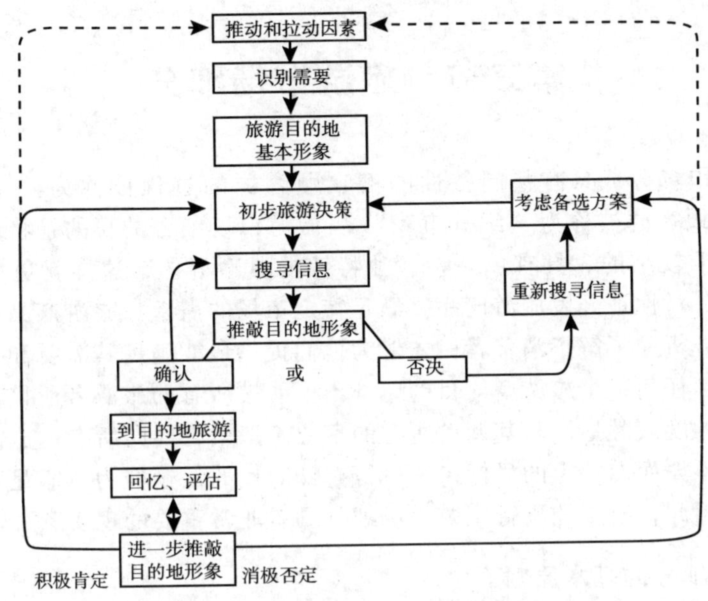

图 4-4 旅游者选择目的地决策过程

资料来源：Weaver，D. and Oppermann，M.. *Tourism Management* [M]. Milton，Australia：John Wiley & Sons Australia，Ltd.，2000. 179.

3~5 个旅游目的地之后，才从中挑选出一个比较理想的选择作为最终的旅游度假目的地。因此，旅游目的地应该想方设法进入尽可能多的旅游者的备选方案中，因为这样才能提高其被访频次。旅游者购买后的行为包括回忆旅游体验和对本次旅游体验的评价。通过回忆和评价，旅游者会修正其对旅游目的地形象的认识。如果对本次旅游体验的评价是满意或肯定的，旅游者很可能还会再次购买类似的产品。如果旅游者对这次旅游经历非常满意，他也很有可能再次光顾这个旅游目的地。如果旅游者对这次旅游体验的评价是不满意或否定的，或者认为其他的备选方案会更有魅力，他就可能会产生忧虑和不安的情绪，并导致下次不会购买类似的旅游产品。旅游者购买后的行为会在很大程度上影响旅游者以后的旅游决策和行为，因此旅游者过去的旅游体验可以当做其未来旅游决策的依据或者预报因子。

第三节　旅游市场细分

把整个市场分成具有共同特性的潜在顾客群的过程被称为“市场细分”，每个这样的顾客群被称为“细分市场”。① 旅游市场细分的目的是将整体旅游市场划分为若干较小的、具有单一性、独特性的典型群体，这样就更便于营销管理，可以有针对性地开发旅游产品，满足特定市场的需求。旅游产品的生产者和供应者只有分析并了解了消费者，才能为他们提供最能满足其需要和欲望的恰当的旅游产品。任何一个旅游度假目的地都不可能被所有的旅游者所接受，成为所有人都向往的度假胜地。与其调动所有的资源不遗余力地向所有的旅游者进行促销努力，倒不如面向特定的目标市场进行有针对性的促销努力，满足其具体的需要和要求。因此，有效地进行旅游市场细分具有非常重要的现实意义。

1. 市场细分的基本原则

进行市场细分所依据的标准或变量多种多样，不同的旅游目的地、不同的旅游产品生产者或供应者大都根据自己的实际情况和需要，采取不同的市场细分方法。不论采用何种方法进行市场细分，都应该遵循一些基本原则。市场细分基本原则的主要特点如下：

（1）独特性

细分出的目标市场一定要具有单一性或独特性，一定要区别于其他群体。例如，大学一年级学生群体与大学二年级学生群体没有实质性的不同，因此就不要把他们细分为不同的市场细分部分。

（2）可测量性

选择一个无法用适当的精度性度量的目标市场是不明智的。目标市场群体的特征应该尽量做到可以量化，因为只有这样才可以准确地找到预期的市场群体。例如，和人口统计因素（年龄、职业、性别等）相比，制定心理因素的量化标准就比较困难。

（3）与产品供应者利益的一致性

细分出的目标市场在价值观、需要和愿望等方面，应该与产品的提供者的利

---

①　詹姆斯·伯克等著，叶敏等译．旅游产品的营销与推销（第2版）［M］．北京：电子工业出版社，2004.33.

益保持一致。否则，细分出来的目标市场是没有实际价值的。例如，穆斯林圣城麦加是禁止非穆斯林在城内住宿的，因此作为细分市场，非穆斯林人与麦加的利益是不一致的。当然这是一个极端的例子。

(4) 规模性

细分出的目标市场应该具有一定的规模，因为这样才可以保证产品的提供者或旅游目的地可以赢利。旅游运营商通常难以将所有类型的度假活动参加者都进行细分，因此，他们通常将徒步走、自行车和观光活动组织在同一个宣传册子中，而把海底探险和水上运动放在另一个宣传册中。

(5) 可接近性

通过营销手段应该能够接近细分出的目标市场。如果通过营销手段无法接近细分市场，那么这个市场细分则是不可行的。例如，如果某个旅游目的地的营销宣传无法到达某个边远的地区，那么这个地区就不应该成为这个目的地的一个细分市场。

(6) 可运作性

旅游目的地或旅游产品一定要能够满足细分的目标市场的需要和要求。例如，中国法律禁止公民在境内或境外从事赌博活动，因此，中国境外的以博彩业为主的旅游目的地对中国大陆市场就不具备可运作性。同样，可以采用以身高为标准的方法进行市场细分，但是这种市场细分显然是没有商业意义的，因此也没有可运作性。

2. 市场细分标准

现代旅游业通常采用的市场细分标准很多，包括地理因素、人口统计因素、社会经济因素、心理分析因素、行为模式因素、消费模式因素、消费者倾向因素等（见图4－5）。某个市场细分标准是否适合某个旅游目的地或某种旅游产品将取决于综合上述市场细分原则而得出的结论。下面将分别讨论经常使用的四种主要旅游市场细分标准：地理因素、社会人口统计因素、心理分析因素和生活方式行为因素。

(1) 地理因素

人们居住在哪里对其旅游消费模式有一定的影响，因此按照地理边界划分市场是旅游市场细分的一种最常用的方法。按地理因素进行旅游市场细分，最简单的方法是将旅游度假市场划分为三个部分：目的地游客（Destination visitors）、地

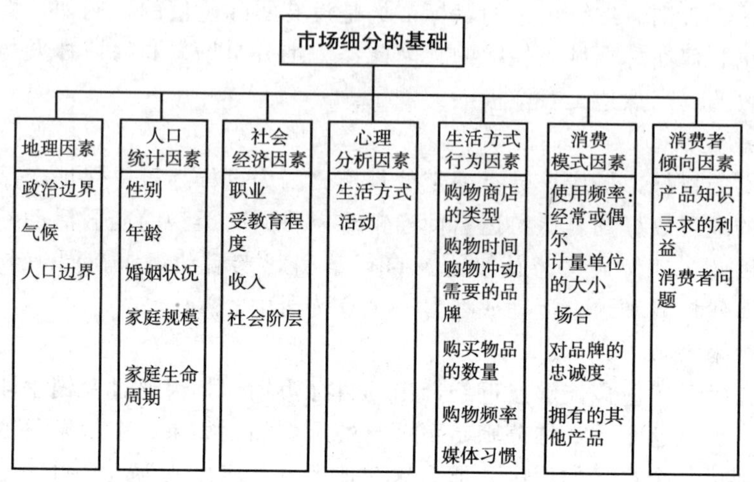

图4－5　典型市场细分的基础

资料来源：Goeldner, C., Ritchie, J. and McIntosh, R.. *Tourism: Principles, Practices, Philosophies* (8th Ed.) [M]. New York: John Wiley & Sons, 2000. 570.

区性游客（Regional visitors）和当地居民（Local residents）。[①]“目的地游客”指那些经过长途旅行到旅游目的地度假的旅游者；“地区性游客”指那些居住在度假目的地周围地区，距度假地的车程不超过4个小时的旅游者；“当地居民”指旅游目的地当地的常住居民。

世界旅游组织根据世界各地旅游发展的情况和国际旅游客源的集中程度，将全世界的国际旅游市场划分为六大部分。[②] 结合这一划分标准可以继续将世界旅游市场按照地理因素分四个层次进行逐级细分（见图4－6）。四级市场细分方法是对世界旅游市场的宏观细分，各个国家或某个具体的旅游目的地还需要对其自己的市场做进一步深入的细分，这样才能保证其旅游营销策略的有效性和可行性。

旅游目的地通常还可以依据客源国、较大客源国国内的不同地区、城市地区、农村地区等因素进一步进行市场细分。很多旅游目的地和旅游经营企业都发现，按照大旅游区划分旅游市场（例如欧洲、北美洲、亚洲等）的方法虽然简

① Goeldner, C., Ritchie, J. and McIntosh, R.. *Tourism: Principles, Practices, Philosophies* (8th Ed.) [M]. New York: John Wiley & Sons, 2000. 570.

② 李天元. 旅游学概论［M］. 天津：南开大学出版社，2002. 203.

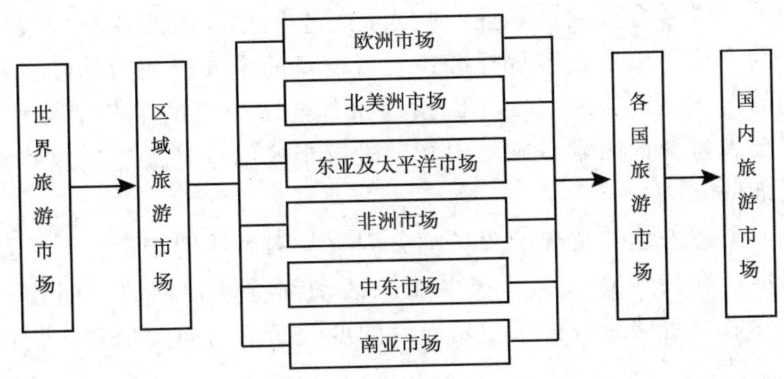

图 4－6 世界旅游市场的四级细分

资料来源：马勇，周霄．旅游学概论．旅游教育出版社，2004 年，第 43 页。

单，但是有时也会发生误导现象。例如，来自亚洲的中国大陆、中国香港、日本、新加坡、韩国等国家和地区的旅游者虽然都同属亚洲，但在其旅游行为、对各种旅游营销策略的反应、对旅游目的地的影响等方面都是非常不一样的。因此，很多旅游目的地都更倾向于采用以客源国为依据的方法来细分入境旅游市场，把一些国家和地区（例如日本、韩国、新加坡、俄罗斯、中国香港、中国大陆等）的旅游者作为单独的旅游度假细分市场，并为其制定不同的旅游营销策略和手段。

对比较大的旅游客源国还可以对其国内的不同地区做进一步的深入市场细分，因为比较大的国家国内的不同地区的人的行为和习惯往往是不一样的。因此，如果来自这些国家或地区的旅游者的数量达到了一定规模，就有必要对其按照不同的国内地区或省份做进一步的市场细分。例如，据香港旅游发展局统计，2004 年 1～10 月中国内地访问香港的旅游者数量已经达到约 1006 万人次，[①] 为了更好地满足这些旅游者的要求，更好地为其服务，就非常有必要按照不同的省份对来自中国内地的旅游消费者做进一步的市场细分。当然，如果来自一个国家的旅游者的人数只有寥寥数百人或数千人，则没有必要对其按照省份或国内的地区做市场细分。

（2）社会人口统计因素

社会人口因素涉及与社会经济发展相关的人口统计因素，包括性别、年龄、

① 香港旅游发展局．*Market Summary October 2004—Mainland China* [R]．http://partnernet.hktourismboard.com，2004－12－10.

家庭生命周期、受教育程度、职业、收入、社会阶层、民族背景、宗教等方面的变量标准。其方法是以上述客观标准或者可度量的个人特征为基础，将旅游消费者分成不同的群体。社会人口统计因素通常都与旅游者的某些消费行为相关联，因此依据社会人口统计因素对旅游消费者进行市场细分是很受欢迎并经常被采用的一种市场细分方法。

性别是一个越来越被重视的市场细分因素，因为性别变量是一个最容易识别和测量的标准。在传统意义上，很多旅游活动都与性别相关。例如，打高尔夫球、钓鱼、打猎等活动通常被认为是男性的度假活动，而购物和逛街则被认为是女性喜欢的活动。

年龄和家庭生命周期也是一个重要的市场细分变量。一个人的年龄对其从事旅游活动的行为和特点具有重要的影响，青年人、中年人和老年人所预期的旅游经历和旅游行为是截然不同的（见表 4 - 2）。研究还表明，不同年龄的家庭成员对旅游决策的发言权也是不一样的。例如，在中国的典型城市家庭中，祖父母的实际发言权只各占 5% 左右，父母占 40% 左右，而第三代的发言权占 50% 左右。[①] 依据年龄和家庭生命周期进行市场细分综合考虑到了年龄、婚姻状况及子女的数量和年龄，因为消费者的行为在一定程度上受其家庭生命周期所处的阶段的影响。通常，人们用于旅游休闲活动中的可自由支配的金钱和时间是随着家庭生命周期的不同阶段的变化而变化的。例如，人们随着年龄的成熟（结婚的中青年人），事业也会步入高峰，这时可自由支配的用于旅游休闲活动的金钱会很多，但是人们在这个阶段由于需要为事业而努力和奋斗，反而可能会没有太多的可自由支配的时间。这种变化被称为“休闲矛盾结构”（Leisure Paradox）（见图 4 - 7）。

表 4 - 2 年龄与度假行为

儿童(4 ~ 11 岁)	子女的愿望影响父母的度假选择
青年(11 ~ 18 岁)	冒险度假，要得到父母的同意和引导
青年夫妻/青年群体/青年个体(18 ~ 30 岁)	快乐、灵活、快节奏度假，包括冒险
家庭度假(夫妻年龄 25 ~ 50 岁、有子女)	子女是度假的关键和核心；各种放松活动
空巢夫妻度假者(45 ~ 60 岁)	发现新旅游目的地和娱乐活动
老年人(55 岁以上)	单身老人和老年夫妻寻求含有文化活动的度假行为，不希望节奏快的旅游行程

资料来源：Lumsdon，L.. *Tourism Marketing* [M]. London：International Thomson Business Press，1997. 69；有改动。

① 王大悟. 旅游度假区开发观论析 [J]. 旅游科学，2006 (2) . 15.

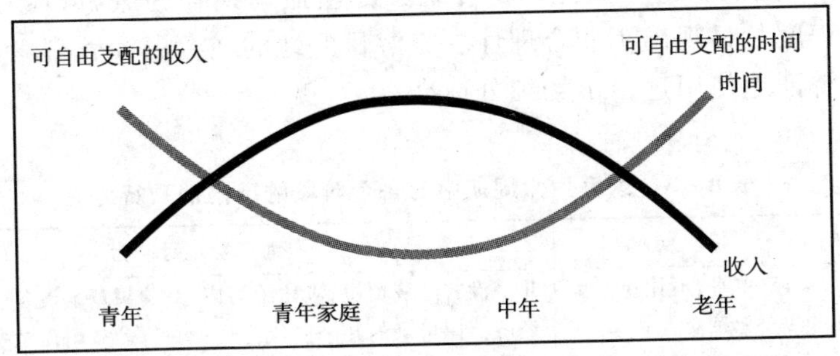

图4－7　休闲矛盾结构

资料来源：Swarbrooke，J．*The Development and Management of Visitor Attractions*（2nd Ed.）[M]．Singapore：Elsevier Science．东北财经大学出版社影印出版，2005.83.

家庭生命周期的划分方法很多，最简单的方法是依据夫妻双方的年龄划分为三个阶段：青年阶段（35岁以下）、中年阶段（35～60岁）和老年阶段（退休以后）。① 从传统家庭或标准家庭的角度（不考虑单亲家庭、丁克家庭等因素），可以将家庭生命周期进一步划分为八个阶段（见图4－8）：单身青年、青年夫妻（无子女）、满巢Ⅰ期（学龄前子女）、满巢Ⅱ期（学龄子女）、满巢Ⅲ期（大龄子女）、空巢Ⅰ期（工作、无子女）、空巢Ⅱ期（退休）、丧偶独居。在家庭生命周期的不同阶段，人们的消费行为是不一样的（见表4－3）。

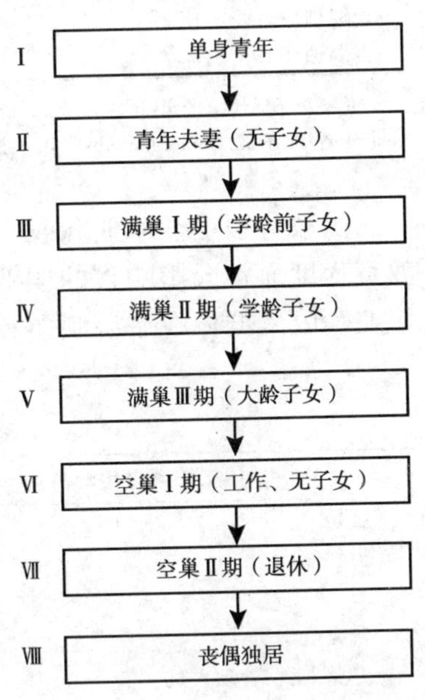

图4－8　传统家庭生命周期

资料来源：Weaver，D. and Oppermann，M.．*Tourism Management* [M]．Milton，Australia：John Wiley & Sons Australia，Ltd.，2000.189；略有改动。

在传统社会，把家庭生命周期作为旅游市场细分的一个变量是合理的，也是可行的。但是随着社会的变化，尤其是社会进入21世纪以来，家庭的结构发生了变化，离婚率上升、单亲家庭数量增加和放弃生育的丁克家庭增多。例如，1990～2000年间，美国的单身和单亲家庭的增长

① 李昕．实用旅游心理学教程［M］．北京：中国财政经济出版社，2001.97－99.

率超过了已婚双亲家庭。① 因此，把传统家庭生命周期作为旅游市场细分的一个标准在某种程度上显现出了非合理性。旅游目的地的经营者和管理者应该认识到这一点，并辩证地使用这个市场细分标准。

表 4-3　家庭生命周期中的各个阶段的不同消费行为

阶　段	特　点	消　费　行　为
单身青年	年轻、单身,不住在家里	几乎没有经济负担;以休闲为中心;购买基本设备、汽车;度假
青年夫妻	年轻、无子女	经济上比未来的几个阶段富裕;购买汽车、耐用消费品;度假
满巢Ⅰ期	最小的子女不到6岁	低流动资产;购买力受幼小子女的制约
满巢Ⅱ期	最小的子女超过6岁	经济状况有所好转;购买自行车和教育物品
满巢Ⅲ期	需要抚养的大龄子女	经济状况继续改善;购买耐用消费品和休闲物品
空巢Ⅰ期	工作、家中无子女	最佳经济状况;奢侈性度假
空巢Ⅱ期	退休、家中无子女	收入下降;健康/医疗产品对其具有重要性
丧偶独居	工作	收入不错;与空巢Ⅰ期的经济状况相似,但是没有家庭负担
丧偶独居	退休	与其他退休人员相似,但是对爱和安全感有特殊的需要

资料来源：Richardson, J. and Fluker, M.. *Understanding and Managing Tourism*[M]. Frenchs Forest, Australia: Pearson Education Australia, 2004. 48；略有改动。

受教育程度、职业和收入这三个因素在旅游行为方面是相互关联的，因为受教育程度通常会影响人的职业，而职业通常又决定着一个人的收入。不同学历、职业和收入群体在旅游倾向和旅游行为方面的表现是不相同的（见表 4-4）。

表 4-4　美国人的旅游倾向

旅游倾向比较高	旅游倾向比较低
已婚	寡居
男性	女性
35~44 岁	65 岁以上
研究生学历	中学未毕业
专业人员/管理人员	蓝领
拥有自己的住房	租住房子
家庭收入为5万~7.5万美元	年收入低于1万美元
双薪家庭	无薪水人员

资料来源：Angelo, R. M. and Vladimir. A. N.. *Hospitality Today: An Introduction* (4th Ed.)[M]. Lansing, MI, USA: The Educational Institute of AH & LA, 2001. 39.

① 阿拉斯塔·莫里森著，朱虹等译. 旅游服务营销（第3版）[M]. 北京：电子工业出版社，2004. 149.

社会阶层也可以作为旅游市场细分的一个因素，社会阶层主要由职业、收入来源、财富状况、受教育水平、家庭背景等因素构成。不同社会阶层对旅游度假、休闲活动、大众媒体的选择等方面都表现出不同的偏好、行为等，进而影响着对旅游目的地和度假产品类型的选择。较高社会阶层群体通常享受着更积极、更多样的休闲度假活动。各个国家对社会阶层的划分标准也不尽相同。例如，中国改革开放后涌现出的“新中间阶层”大致具有如下六大特征：

- 具有较高学历，受过专业化训练；
- 主要从事脑力劳动工作；
- 以工资薪金谋生；
- 对社会公共事务有一定的发言权及影响力；
- 强调自我成就、自我实现，对社会意识形态有相当的影响力；
- 拥有生活必需的体面财富、闲暇时间。[①]

美国的社会阶层体系包括六个部分：上上阶层，上下阶层，中上阶层，中下阶层，下上阶层，下下阶层。[②] 而根据中国社会科学院的研究，当代中国社会可以划分为十个社会阶层，它们分属五种社会地位等级：[③] 上层，中上层，中中层，中下层，底层。这十个社会阶层分别为（见图4－9）：

- 国家与社会管理者阶层；
- 经理人员阶层；
- 私营企业主阶层；
- 专业技术人员阶层；
- 办事人员阶层；
- 体工商户阶层；
- 商业服务业员工阶层；
- 产业工人阶层；
- 农业劳动者阶层；
- 城乡无业、失业、半失业者阶层。

（3）心理分析因素

依据心理分析因素进行市场细分就是根据旅游消费者的心理特征进行市场细分。普洛格（Plog）认为旅游者的心理特征类型模式可以用一个正态曲线表示，

① http：//news. sina. com. cn/c/2006－09－25/041910099141s. shtml，2006－9－25.

② 李昕. 实用旅游心理学教程［M］. 北京：中国财政经济出版社，2001. 104.

③ http：//www. china. com. cn/chinese/MATERIAL/105530. htm，2002－2－4.

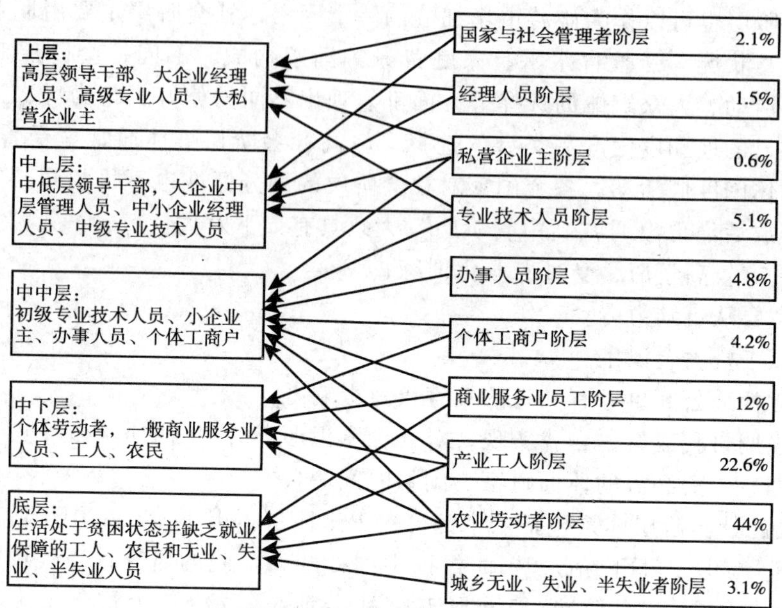

图 4－9　中国社会五大社会地位等级与十大社会阶层

资料来源：徐汎．中国旅游市场概论[M]．北京：中国旅游出版社，2004. 211.

处于曲线两端的旅游者是完全相反的两个类型的旅游者（见图 4－10）。

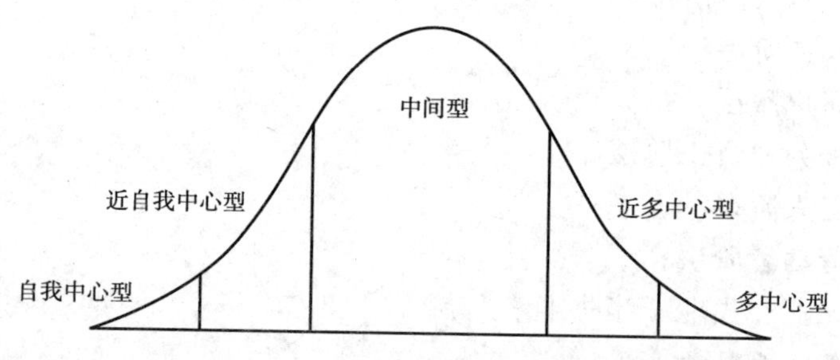

图 4－10　普洛格的旅游者心理类型

资料来源：Weaver，D. and Oppermann，M.. *Tourism Management*[M]. Milton，Australia：John Wiley & Sons Australia，Ltd.，2000. 193.

自我中心型（Psychocentric，也译为“心理中心型”、“保守型”或“依赖型”）的旅游者不太具有冒险精神，不喜欢不熟悉的旅游环境，性格内向。这些人愿意前往大多数人常去的知名旅游目的地。多中心型（Allocentric，也译为“他人中心型”、“开放型”或“冒险型”）旅游者性格外向，喜欢冒险，在旅游度假时愿意从事那些具有冒险性、猎奇性和刺激性的活动。这些人愿意选择那些新奇的旅游目的地，并喜欢进行个人旅游。介于自我中心型或多中心型之间的是中间型旅游者。这类旅游者有一定程度的冒险精神，但是同时又追求家一般的舒适和温馨。中间型旅游者占旅游者的大多数，还可以将其进一步划分为不同的群体，例如近自我中心型或近多中心型。中间型旅游者的行为特征表现在某种程度上是两个极端类型的综合（见表4－5）。普洛格估计，具有纯粹的自我中心型或多中心型心理特征的人仅仅各占美国人口的4%左右，近自我中心型或近多中心型的人各占美国人口的17%左右，绝大多数美国人（大约60%）属于介于自我中心型和多中心型之间的中间型。①

表4－5　普洛格的旅游者心理特征

类　型	特　点
自我中心型	对旅行怀有不确定感和不安全感；喜欢选择与其居住环境相似的旅游目的地；喜欢旧地重游；愿意参加包价旅游团
中　间　型	占人口的大多数；喜欢去知名旅游目的地；并非参加探险和冒险；可能选择多中心型旅游者发现的或偏爱的旅游目的地
多中心型	喜欢单独旅行；进行文化探索；希望在旅游度假中寻求冒险的经历；喜欢陌生新奇的目的地；度假时希望有更多的自主活动

根据下列文献整理：Weaver，D. and Oppermann，M.. *Tourism Management*［M］. Milton，Australia：John Wiley & Sons Australia，Ltd.，2000. 194；Goeldner，C.，Ritchie，J. and McIntosh，R.. *Tourism*：*Principles*，*Practices*，*Philosophies*（8th Ed.）［M］. New York：John Wiley & Sons，2000. 639；史蒂芬·佩吉等著．刘劼莉等译．现代旅游管理导论［M］．北京：电子工业出版社，2004. 48.

基于普洛格的旅游者心理类型划分理论，人们发现，旅游目的地的目标市场随着时间的推移，也会发生变化。旅游度假目的地被发现后，首先光顾的是多中心型旅游者，随着度假地知名度的提高，会吸引越来越多的旅游者。但是这个旅游度假目的地的市场发展一定会沿着“多中心型旅游者”→“中间型旅游者”→“自我中心型旅游者”这样的轨迹发展。

① Plog，S.. *Why Destination Preservation Makes Economic Sense.* In W. Theobold（Ed.）Global Tourism（2nd Ed.）［M］. Oxford，UK：Butterworth-Heinemann，1998. 251－266.

（4）生活方式行为因素

分析生活方式的行为特点，有助于理解和解释持有不同生活方式的旅游者的不同旅游方式和旅游行为，并以此为依据对旅游市场进行细分。人们的生活方式就是其态度、兴趣和观点相互作用的结果。换句话说，也就是人们的态度、兴趣和观点决定了其生活方式。①基于生活方式行为，通常可以采用多种方式进行市场细分。美国运通公司对其客源市场的细分具有很典型的效果，根据旅游者的生活方式和对其旅游产品的反应，将旅游度假市场细分为五种基本类型：②

享乐型旅行者　这类旅行者富裕并且自信，愿意花钱买舒适。他们愿意放纵。这些人喜欢乘邮轮航游和设有健康水疗设施的度假饭店。

梦想型旅行者　这类旅行者经常阅读和谈论旅游，但他们对自己的旅游技巧缺少信心。他们愿意到旅游指南推荐的地方旅游，愿意购买经过实践检验的包价旅游项目。

经济型旅行者　这类旅行者把旅游当做释放压力的渠道和放松的机会。即使能够支付得起，他们在服务和环境设施上的花销也会精打细算。经济型旅行者注意价格和价值。

探险型旅行者　这类旅行者年轻、自信、有独立性。他们愿意体验新事物，接触文化和人。他们愿意到南太平洋和东方旅行。44%的探险型旅行者为18～34岁的年轻人。

担心型旅行者　这类旅行者害怕坐飞机，旅途中做决策缺少信心。50%的这类旅行者超过50岁。他们需要那些经常旅行、有丰富经验的旅行代理帮助他们选择旅游目的地，并告诉他们如何到达那里。

百慕大政府通过对潜在的旅游度假者进行抽样调查，根据这些潜在旅游度假者的生活方式和价值取向发现了三个典型的细分市场群体：③

价格和数量群体　这个群体中的人感兴趣的是，花最少的钱看尽可能多的东西。他们希望以很便宜的价格用9天的时间去10个国家。他们认为，最好的邮轮线路应该价格最便宜，并且访问的港口最多；好的旅馆应该提供廉价的住宿，游客从旅馆可以步行到希望看的每一个地方。

阳光和冲浪群体　这个群体中的人到海滨度假，他们可以躺在那里晒太阳。

① 阿拉斯塔·莫里森著，朱虹等译．旅游服务营销（第3版）［M］．北京：电子工业出版社，2004.65.

② Profiles in Travel[J], *Travel Agent Magazine*, October 16, 1989.40.

③ Angelo, R. M. and Vladimir, A. N.. *Hospitality Today*: *An Introduction* (4th Ed.) [M]. Lansing, MI, USA: The Educational Institute of AH & LA, 2001.38－39.

价钱很重要，但更重要的是要找到一个旅游目的地，那里有宜人的气候、有充足的阳光和美丽的沙滩，在这里他们可以在阳光中沐浴，在碧水中畅游。

质量至上群体 度假经历的质量对这个群体至关重要。这个群体的成员认为，他们辛辛苦苦地工作才换取了这个假期，现在是他们放松和被别人照顾的时候了。这个群体要求旅游目的地和住宿条件应该是一流的或者是豪华的。他们认为服务的质量非常重要，他们希望得到大量过分奢侈的照顾，并情愿为此支付公平的价钱。他们还希望品尝到美食家的饭菜，观看到精彩绝伦的演出。

根据旅游者的行为方式，还可以将旅游市场划分为“漫游旅游者”和“追逐阳光的旅游者”：

漫游旅游者（Wanderlust） 主要对与文化相关的旅游项目和活动感兴趣，他们希望通过旅行看到多个不同的地点，享受在各个不同的旅游目的地参观各种独特的景观和参加各种活动的体验。漫游旅游者的旅游行程通常包含多个旅游目的地。这类旅游者的主要旅游目的是观察、体验和学习，休闲娱乐目的退居次要位置。

追逐阳光的旅游者（Sunlust） 只是一个比喻，他们并不是仅仅追求阳光和沙滩。他们的主要旅游需要是休闲娱乐，因为每个人的动机不同，所以需要的休闲娱乐资源也不尽相同。这类旅游者希望利用的旅游资源通常包括：阳光、雪、平和宁静的环境或喧闹的社交场合、温暖或凉爽的气候、美丽的景观、高尔夫球场、网球场、美食餐厅、特色酒吧、蹦极、博彩设施、摇滚乐队，等等。因此，海滨、山地、大都市等目的地都有可能成为他们的旅游目的地。简而言之，他们希望得到休息、娱乐或放松。追逐阳光的旅游者不指向某个具体的旅游目的地，只要目的地能够满足其休闲娱乐的需要，并能够提供必要的保障设施（例如，住宿或安全等），去哪里都无所谓。因此，追逐阳光的旅游具有单一目的地性，旅游者每次旅行只去一个目的地。如果他们去过的目的地能够满足他们的需要，符合他们的口味，他们很可能会重复到访。

美国斯坦福研究院（Standford Research Institute，SRI International）在进行了大量的调查和研究的基础上，于1978年开发出了VALS市场细分系统。VALS是（Values and lifestyles）“价值”和“生活方式”的缩写。VALS系统也是进行旅游市场细分的有效工具。后来，斯坦福研究院又对VALS系统的一些指标进行了修正和改进，开发出了第二代VALS系统（VALS2）（见图4－11），[①] VALS2可以用一个网状结构来表示，纵向为资源差异，横向为个人导向。纵向维度衡量的

① Goeldner, C., Ritchie, J. and McIntosh, R.. *Tourism: Principles, Practices, Philosophies* (8th Ed.) [M]. New York: John Wiley & Sons, 2000. 646－647.

指标包括收入、教育、自信力、健康、购买欲望、能力水平。在横向维度上，将消费者分为三类：原则导向者遵循自己固有的生活准则；地位导向者易受身份地位的影响；行动导向者喜欢体育活动，追求变化和冒险。用 VALS2 可以将美国的消费者细分成 8 个群体（见表 4－6）。

表 4－6 VALS2 系统细分出的 8 种美国大众生活方式

自我实现者（Actualizer）

收入最高、自尊高、拥有丰富的资源；消费选择指向“生活中最好的东西”

原则导向

履行者（Fulfilled）

成熟、负责任、受过良好教育的专业人员；乐于接受新观念；收入高，讲究实际、价值导向的消费者

信仰者（Believer）

生活围绕着家庭、教堂、社区和国家；是保守和可预测的消费者，喜欢美国产品和名牌产品

地位导向

成就者（Achiever）

成功、工作导向、从工作和家庭中获得满足；喜欢名牌产品

奋斗者（Striver）

价值观和成就者相同，但是缺少资源；竭力模仿其心目中的偶像，因此时髦和式样是非常重要的

行动导向

体验者（Experiencer）

最年轻的细分市场，平均年龄 25 岁；追求多样性和刺激；欲望强烈；把钱花在服装、快餐、音乐和其他年轻人喜爱的东西上

生产者（Maker）

讲究实际、重视自给自足；集中于熟悉的东西

挣扎者（Struggler）

收入最低；生活受到限制；在经济条件允许的情况下，忠诚于品牌

资料来源：根据下列文献整理：Goeldner, C., Ritchie, J. and McIntosh, R.. *Tourism: Principles, Practices, Philosophies* (8th Ed.) [M]. New York: John Wiley & Sons, 2000. 646－647; Lumsdon, L.. *Tourism Marketing* [M]. London: International Thomson Business Press, 1997. 43－44; http://www.brightchina.net/KM/shichang/3869.htm, 2004－12－10.

我们已经讨论了市场细分中的地理因素、社会人口统计因素、心理分析因素和生活方式行为因素。如上所述，除了这四个因素外，还有很多基础市场细分因素。进行市场细分时，可以根据实际情况只采用其中的一个因素进行细分，这种方法称为一阶市场细分方法。例如，采用地理因素进行市场细分。有些市场细分标准，例如心理分析标准，如果单独使用效果不明显，因此要与其他细分标准共同使用。两阶市场细分方法可以解决这个问题。使用两阶市场细

分方法，可以在选择一种主要细分因素进行市场细分的基础上，再使用另一种次要因素对目标市场做进一步深入的细分。例如，可以首先采用地理标准对目标旅游市场进行细分，然后在此基础上再使用心理分析标准对细分市场进行更深入、更精确的细分定位。以此类推，还可以采用多阶市场细分方法，即使用三个或三个以上细分标准对目标市场进行更精确的多层次细分。虽然市场细分的层次越多，所细分出的目标市场就会越精确，但其细分过程也变得更复杂，操作起来也更困难。实践证明，两阶市场细分方法由于其层次简单，可操作性强，所以运用起来更为有效。

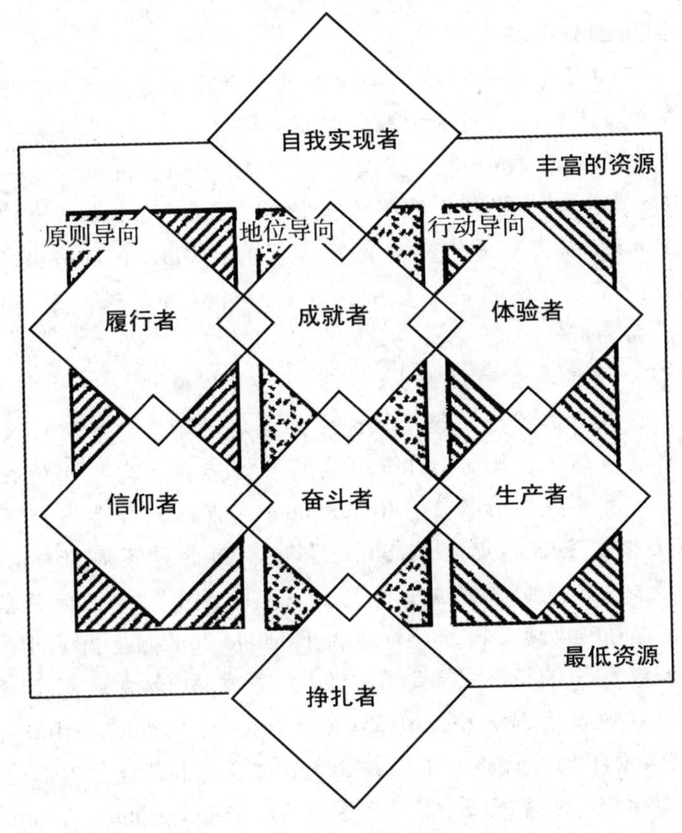

图 4-11 VALS2 系统

资料来源：Goeldner, C., Ritchie, J. and McIntosh, R.. *Tourism: Principles, Practices, Philosophies* (8th Ed.)[M]. New York: John Wiley & Sons, 2000. 646.

【补充阅读资料】

市场细分永不停息：万豪酒店的启示

万豪酒店（Marriott）是国际著名的酒店巨子之一，总部设在美国。万豪酒店倾向于使用多品牌策略来满足不同细分市场的需求，人们（尤其是美国人）熟知的万豪旗下的品牌有“万怡旅馆”（Courtyard Inn）、“丽嘉（里兹·卡尔顿）”（Ritz-Carlton）等。

万豪酒店如何细分市场

在美国，许多市场营销专业的学生最熟悉的市场细分案例之一就是“万豪酒店”。这家著名的酒店针对不同的细分市场成功推出了一系列品牌：Fairfield（公平），Courtyard（万怡），Marriott（万豪）以及 Marriott Marquis（万豪伯爵）等。在早期，Fairfield（公平）是服务于销售人员的，Courtyard（万怡）是服务于销售经理的，Marriott（万豪）是为业务经理准备的，Marriott Marquis（万豪伯爵）则是为公司高级经理人员提供的。后来，万豪酒店对市场进行了进一步的细分，推出了更多的旅馆品牌。

在“市场细分”这一营销行为上，“万豪”可以被称为超细细分专家。在原有的四个品牌都在各自的细分市场上成为主导品牌之后，“万豪”又开发了一些新的品牌。在高端市场上，Ritz-Carlton（丽嘉）酒店在为高档次的顾客提供服务方面赢得了很高的赞誉并备受赞赏；Renaissance（万丽）作为间接商务和休闲品牌与 Marriott（万豪）在价格上基本相同，但它面对的是不同消费心态的顾客群体——Marriott 吸引的是已经成家立业的人士，而“万丽”的目标顾客则是那些职业年轻人；在低端酒店市场上，万豪酒店由 Fairfield Inn 衍生出 Fairfield suite（公平套房），从而丰富了自己的产品线；位于高端和低端之间的酒店品牌是 TownePlace Suites（城镇套房）、Courtyard（万怡）和 Residence Inn（居家客栈）等，它们分别代表着不同的价格水准，并在各自的娱乐和风格上有效进行了区分。

伴随着市场细分的持续进行，万豪又推出了 Springfield suites（弹性套房）——比 Fairfield Inn（公平客栈）的档次稍高一点，主要面对每晚 75 至 95 美元的顾客市场。为了获取较高的价格和收益，酒店使 Fairfield Suite（公平套房）品牌逐步向 Springfield（弹性套房）品牌转化。

经过多年的发展和演化，万豪酒店现在一共管理着 8 个品牌。

万豪酒店的品牌战略

通过市场细分来发现市场空白是“万豪”的一贯做法，正是这些市场空白成了万豪酒店成长的动力和源泉。万豪一旦发现有某个价格点的市场还没有被占领，或者现有价位的某些顾客还没有被很好地服务，它就会马上填补这个“空白”。位于亚特兰大市的 Ritz-Carlton（丽嘉酒店，现在已经被引入上海等国内城市）经营得非常好而且发展得很快，现在，该酒店甚至根本不用提自己是 Marriott（万豪）麾下的品牌。

万豪酒店在旅馆、公寓、饭店以及度假村等业务的次级品牌中使用主牌的名字时遇到了类似的困惑。与“万豪”相反，希尔顿饭店采用的是单一品牌战略，并且在其所有次级品牌中都能见到它的名字，如“希尔顿花园旅馆”等。“万豪”也曾经使用过这种策略，这两种不同的方式反映了他们各自不同的营销文化：一种是关注内部质量标准，一种是关注顾客需求。像“希尔顿”这样单一品牌企业的信心是建立在其“质量承诺”之上的，公司可以创造不同用途的次级品牌，但主品牌会受到影响。

一个多品牌的公司则有完全不同的理念——公司的信心建立在对目标顾客需求的了解之上，并有能力创造一种产品或服务来满足这种需求。顾客的信心并不是建立在“万豪”这个名字或者其服务质量上，其信心基础是“旅馆是为满足顾客的需求而设计的”。比如说，顾客想找一个可以承受得起的旅馆住上三四个星期，“城镇套房”可能就是其最好的选择，他并不需要为“万豪”额外的品质付费，他可能并不需要这样的品质，而且这种品质对他而言可能也没有任何价值。

万豪酒店创新之道

“万豪”会在什么样的情况下推出新品牌或新产品线呢？答案是：当其通过调查发现在旅馆市场上有足够的、尚未填补的“需求空白”或没有被充分满足的顾客需求时，公司就会推出针对这些需求的新产品或服务——这意味着公司需要连续地进行顾客需求调研。通过分析可以发现，“万豪”的核心能力在于它的顾客调查和顾客知识，“万豪”将这一切都应用到了从“公平旅馆”到“丽嘉”所有的旅馆品牌上。从某种意义上说，“万豪”的专长并不是旅馆管理，而是对顾客知识的获取、处理和管理。

“万豪”一直致力于寻找其不同品牌间的空白地带。如果调查显示某种细分市场上有足够的目标顾客需要一些新的产品或服务特色，那么“万豪”就会将产品或服务进行提升以满足顾客的需求；如果调查表明在某一细分目标顾客群中，许多人对一系列不同的特性有需求，“万豪”将会把这些人作为一个新的

“顾客群”并开发出一个新的品牌。

万豪国际公司为品牌开发提供了有益的思路。对于一种现有的产品或服务来说，新的特性增加到什么程度时才需要进行提升？又到什么程度才可以创造一个新的品牌？答案是：当新增加的特性能创造一种新的东西并能吸引不同目标时，就会有产品或服务的提升或新品牌的诞生。

万豪公司宣布开发“弹性套房”这一品牌的做法是一个很好的案例。当时，万豪将“弹性套房”的价格定在75～95美元，并计划到1999年3月1日时建成14家，在随后的两年内再增加55家。“弹性套房（Springfield Suites）”源自“公平套房（Fairfield Suites）”，而“公平套房”原来是“公平旅馆（Fairfield Inns）”的一部分。“公平（Fairfield）”始创于1997年，当时，《华尔街日报》是这样描绘“公平套房”的：宽敞但缺乏装饰，厕所没有门，客厅里铺的是油毡，它的定价是75美元。实际上，对于价格敏感的人来讲，这些套房是“公平旅馆”中比较宽敞的样本房。现在的问题是，“公平套房”的顾客可能不喜欢油毡，并愿意为“装饰得好一点”的房间多花一点钱。于是，万豪通过增加熨衣板和其他令人愉快的东西等来改变“公平套房”的形象，并通过铺设地毯、加装壁炉和早点房来改善客厅条件。通过这些方面的提升，万豪酒店吸引到了一批新的目标顾客——注重价值的购买者。但后来，万豪发现对“公平套房”所做的提升并不总是有效——价格敏感型顾客不想要，而注重价值的顾客对其又不屑一顾。于是，万豪考虑将“公平套房”转换成“弹性套房”，并重新细分了其顾客市场。通过测算，万豪得到了这样的数据：相对于价格敏感型顾客为“公平套房”所带来的收入，那些注重价值的顾客可以为“弹性套房”至少增加5美元的收入。

在一个有竞争的细分市场中进行产品提升要特别注意获取并维系顾客。对于价格敏感型顾客，你必须进行产品或服务的提升以避免他们转向竞争对手。如果没有竞争或者没有可预见的竞争存在，那么就没有必要进行提升。其实，竞争通常总是存在的，关键是要通过必要的提升来确保竞争优势。面对价格敏感型顾客，过多的房间并不能为“公平旅馆”创造竞争优势。

——资料来源：亚洲度假酒店．2005（2）．33－36；有删改。

中国出境游改变世界旅游格局　欧洲成热点目的地

截至目前，中国公民出境旅游目的地国家和地区达132个，其中已实施的国家和地区有86个。近五年，中国出境游人数每年平均增长率高达22.7%。

日前，在北京召开的“第三届中国出境旅游国际论坛”期间，记者见到两位来自柬埔寨的旅游公司经理人，正拿着精美的中英文册子忙着与来宾交流。

见记者走过，他们马上递上名片和册子。“很荣幸参加这样的论坛，专门过来听听有什么新信息，更重要的是结识同行。柬埔寨是中国的近邻，我们是经国家批准的专业公司，提供的产品都是柬埔寨精华深度游内容，也可以按客户所需协商线路，最适合喜欢精华游的中国公民啊。”柬埔寨珠金旅游公司总经理倪文德是土生土长的柬埔寨人，微笑着用不太熟练的中文向我们推介。来自泰国的黄经理也在旁边解释道：“现在去泰国强迫游客购物的现象不多了，可以放心去泰国度假旅游哦……”

休闲度假成中国出境游新方式

从近期权威机构发布的信息看出2006年中国出境旅游人数再创新高，全年出境旅游人数达3452万人次。今年1~3月的出境人数为970.62万人次，比去年同期增长14.5%。正如中国旅游协会副会长吴文学在“第三届中国出境旅游国际论坛”上所说，中国已经成为亚洲增长最快的新兴客源输出国，出境旅游的快速增长已经受到世界各目的地国家和地区的广泛关注，中国出境旅游的发展正在改变亚太和世界旅游的格局。

回顾来看，中国公民出境旅游市场形成的时间不长。十几年前，基本只是赴港澳探亲的旅游，人数也不多。1992年中国出境总人数仅292.87万人次，大部分为公务出访组团的人。“真正组织公民出境旅游的是最近的十多年，而且发展速度极快。每到黄金周前，我们都要配备人手全力以赴地接待报名出境的客人。”中国国际旅行社的一位经理人深有体会地说。

目前，出境旅游市场已经成为中国旅游产业的重要组成部分。国家旅游局一位司长分析中国出境旅游市场具有以下几个特点：

首先，亚洲国家是首选目的地。东南亚各国是中国最早开放的出境旅游目的地。近年来，赴韩国、哈萨克斯坦旅游人数增幅最大。其次，欧洲成为热点目的地。欧洲以其悠久灿烂的文明和经典的文化景观，吸引着大批中国公民。仅去年就有190万人次的中国公民赴欧洲旅游，其中赴英国旅游的人数增幅最多，同比增长了20%。

此外，休闲度假成为中国公民出境游的一种新方式，出境旅游质量正在不断提升。据最新调查表明，现在越来越多的出境旅游者愿意选择一个国家或地区或者选择一个海岛为旅游目的地，选择休闲安逸地度过高质量的假期，比如去法国深度乡村游、德国莱茵河深度体验游或泰国的普吉岛度假游等。

积极应对发展中的不成熟

中国出境旅游的增速，引起了国内外学者和国际社会的关注。快速发展中的出境旅游，在进程中显现一些问题是必然的。世界旅游组织亚太部主任徐京先生指出，中国的出境旅游市场和其他的新兴市场一样，也有比较明显的不够成熟的问题，主要包括：地缘覆盖面比较狭窄，比较集中在区域内的出游。出境的时间高峰仍集中在三个黄金周，真正意义的带薪休假式的出境游尚未在中国实现。

当然，中国出境旅游线路产品售价太低、旅行社之间相互压价也是市场不成熟的表现。为此，国家旅游局一直没有放松对出境旅游市场的整顿，严令旅行社禁止低于其成本价销售旅游产品。不定期地对违规经营的旅行社予以处罚，严重的就取消或暂停其出境旅游经营资格。同时，在加强对旅游者消费价值观正确引导之时，监督旅行社的诚信经营行为，提升品牌旅行社的美誉度和社会责任。

出境旅游市场不成熟的表现包括游客不文明的举止。从某种侧面上看，一些中国游客不文明的举止直接影响中国人在海外的国民形象。对此，从去年起中国政府在全国范围内开展了“提升中国公民旅游文明素质行动计划”，颁布了一系列针对出国人员的文明行为准则，引起了全社会的积极响应。如东方航空公司、中国国旅总社、中青旅集团等投入资金，在出发地的机场等场地对游客进行示范引导，以增强出境游客的民族自豪感和责任感。在日前一项权威机构的统计中，中国公民在境外表现的位置有所提升。

出境游市场的不成熟也包括旅游线路单一，缺乏高端客户的服务通道。中国已有数百万的富裕人群，追求高附加值的旅游体验，渴望享受贴身的个性化的服务。同时，在申请出境游中不愿花费太多时间办理复杂的签证手续。目前我国专门提供这些细微服务的供应商还很少。

出境旅游得以实现的前提条件，是游客能否及时拿到目的地国家的签证。亚太旅游协会战略研究中心主任 Mr. John 指出，抓住中国旅游者的口味，才能做出符合他们需求的安排。目前，澳大利亚使馆开始对北京、上海等少数大城市 Visa 信用卡的金卡持有人在申办签证上给予便利。“这是我们吸引中国高端游客做出的尝试。”澳大利亚使馆解释说，“我们希望欧洲国家也能进行此类的尝试，这对开拓高端市场非常有利，是使双方都受益的事情。”

拓宽服务提升出境游品质

可喜的是，记者在采访中发现，面对出境旅游的快速发展，一些品牌旅行社正通过不断探索开发深度产品，提高服务品质。如以出境游为主打的北京众信国旅新开发的“世界遗产之旅”，为出游者提供了多条“到世界遗产地旅游，享受诗意人生”为内容的丰富产品，还独创了主题网站，会员享有“世界遗产之旅”特制护照，游客观览的途经遗产地必有新看点，每站行程皆有专家学者同行，途中实地讲解相关知识。

“旅游救援”服务及理念引入中国，是提升出境旅游品质的重要保障之一。数年前国际SOS救援中心、优普环球救援、安盛国际救援就已进入中国市场。只不过他们是站在中国几大保险公司的背后，通过与国内保险公司的合作，为中国购买旅游保险的游客提供服务。也就是说，中国的投保人在购买特定的旅游保险产品时，可以享受到国际救援机构为中国投保人在国内外提供的救援服务。

上海的孙先生去年到瑞典探亲，因意外造成脚踝骨折，优普环球救援机构立刻安排专人和医生通过电话，全程监护当地给予孙先生的治疗，承担所有的医疗费用。目前，优普环球救援机构已为超过30万的中国公民提供了境外旅行援助服务。

——资料来源：http：//www. lotour. com/snapshot/2007－6－13/snapshot_67331. shtml，2007－6－13；略有改动。

【案例分析】

武汉草根休闲　远胜精英品位

当有钱的中产者大玩高尔夫、拉丁舞、俱乐部和酒吧时，武汉社会底层的草根们并没有被这些号称精英的白领们所吓倒。与精英们大讲品位的高消费相对抗的，是武汉市普通市民以得天独厚的长江江滩为场地，展开他们形形色色的休闲文化活动。这些活动简单、有趣、过瘾，而且基本上不用花钱。

谁的风筝飞更高

武汉市长堤街是一条有着400年历史的老街，在这里住着成千上万的老城居民。家住长堤街82号的工人喻传华每到周末就会领着他的妻子和女儿去江滩玩。他很满足于在江滩娱乐的快乐。这不，星期六一大早，妻子带上昨晚做好的包子、卤牛肉、臭干子等小吃，他和女儿带上风筝，全家人出发了。在江滩宽敞的广场，风筝放飞到云端，一家人玩得很尽兴。中午，全家人坐在江滩的长椅上，吃着自家的食品，说着笑话，晒着太阳。

亲近了江水，也亲近了绿色

当记者采访喻师傅时，他指着江滩天空上放飞的无数风筝告诉记者：因为在江滩玩风筝，认识了这么多会做风筝、更会放风筝的人，也许这些人中有的一个月才挣500元钱，多的也就1000元，但我们都是靠自己的双手劳动养活自己的，都很满足现在的生活，更愿意在适合我们的江滩来休闲娱乐。做一个漂亮的蝴蝶风筝花不了几个钱，但我们这帮风筝爱好者在一起，互相交流经验，互通有无，比赛看谁的风筝做得更好，飞得更高，这就是我们的文化。

我们经常在江滩玩，既亲近了江水，也亲近了绿色，还亲近了运动和文化，不比花大钱去泡酒吧的有钱人更幸福吗？

依喻师傅的想法，他们比有钱人也许还快乐些。因为在江滩玩，自由自在，空气也好，朋友更多，说话更随意。要是有人花钱让他去玩高尔夫，他还不想去呢，受不了那个约束。

江滩露天卡拉OK乐

江滩的另一处，是家住武汉花楼街的小商贩王腊梅和她的喜欢唱歌的朋友们。“老武汉”都知道，花楼街早在清朝末年就形成了，又窄又长，街两边全是小商铺。住在这里的人家都是草根民众。

王女士每天傍晚都会与固定的朋友们一起到江滩唱露天的卡拉OK。江滩有不少唱歌的区域，唱民歌的、唱戏曲的、唱流行歌曲的应有尽有。租个唱卡拉OK的设备一小时10元钱，十来个人、二十来个人一起AA制，对这些草根民众来说，还是花得起的。

K歌休闲热闹随意

记者跟王女士聊起来，才知道她是卖菜的，吆喝起菜来也如同唱歌一般。因为喜欢唱歌，又花不起钱去有模有样的KTV歌厅，被街坊邻居拉到江滩来玩，很快就融入这样贫民K歌的业余休闲文化生活中去了。

王女士告诉记者，和他们一起唱歌的人，也有在公司做小白领的人呢，因为在这里唱歌，热闹、随意、被人追捧的机会大，这种快乐，是装修得正儿八经的高级歌厅不能比拟的。

人与自然和谐

武汉江滩还真有点一望无边的感觉。总面积111万平方米，江滩依长江而建，有雕塑、园林亭台等景观，有各种体育健身场地和设备，放眼望去一片绿色，树木成片，加上奔流不息的长江水，是一幅以地域文化为底蕴，人与自然和谐、城市与江河相互融合的风景长卷。

漫步江滩，见到玩得兴趣盎然的人们，唱歌的放声高歌，放风筝的神采奕奕，滑旱冰的自得其乐，下中国象棋的人们斗得正火热，爱好绘画的在为别人画肖像，每画一张只收五元钱，一堆人围坐在一起野炊，欢声笑语，好不痛快。

巨大舞之乐园

特别引人注目的是在露天场地跳舞的人们，他们自己带上放音乐的设备，放上歌曲，然后舞起来。有跳交谊舞的，有跳中国扇子舞和长绳舞的，更有跳迪斯科的。简直就是一个巨大的舞之乐园。

来江滩的人每天都有近万，虽说不是在一个时间段同时来，但也很热闹了。这里不讲身份，不讲排场，每个人都是主角，每个人又都乐意赞扬别人。

精英文化注定是少数

说到精英们的玩法，他们说，精英们虽说玩得有品位，可是费用高，是少数人的享受。精英文化注定是少数。而这种草根休闲文化很适合大众。只要看看来江滩玩的人这样多，哪里更火暴不是显而易见的嘛。现在武汉市民见了面都会问：今天去江滩玩吗？这足以说明，草根休闲文化在武汉已经越来越成为主流文化和一种时尚。

草根核心生命力

记者随后采访了武汉市分管群众文化的相关官员，他认为，谁说大众文化就难以登大雅之堂？告别了少数精英分子独占鳌头和多数草根默默无名的时代，武汉和北京、上海、长沙、杭州等大城市一样，迎来的将是更多民众享有更丰富的休闲生活的局面。谁说天空中发光的只有太阳？抬眼望去，你看到的是漫天的繁星！该官员解释他这段话时说："草根休闲文化的核心生命力就在于市民意识，表现出普通民众对现实生活最真切的关心和热爱。"

有关草根与精英文化

"草根"（grassroots）一说，始于19世纪的美国，那时美国正浸于淘金狂潮，当时盛传，山脉土壤表层是草根生长茂盛的地方，下面就蕴藏着黄金。后来"草根"一说引入社会学领域，"草根"就被赋予了"基层民众"的内涵。

精英文化不适应嘈杂的物质社会，它是人们内心渴求，却常常是在被世俗生存需求驱逐时才能感悟到的，它是在人们静心思索或遭遇物质失利而需要情感慰藉时才冉冉上升。

中国学者邹广文认为，精英文化是知识分子阶层中的人文科技知识分子创造、传播和分享的文化。

西方社会评论家列维斯认为，精英文化以受教育程度或文化素质较高的少数知识分子或文化人为受众，旨在表达他们的审美趣味、价值判断和社会责任的文化。

——资料来源：http：//travel. zaobao. com/pages3/china070206. html，2007－2－6；略有改动。

案例提示

1. 在大众旅游时代中，从旅游经营和旅游管理的角度，应该如何处理精英市场和大众市场的关系？
2. 从和谐的角度（例如，人与自然的和谐、人与社会的和谐、人与人的和谐，等等），讨论“草根休闲文化”的核心生命力和对旅游业的促进作用。
3. 从心理特征的角度（多中心型、中间型和自我中心型），讨论草根休闲文化和旅游休闲市场的细分。
4. 依据VALS2系统的理论，讨论大众旅游消费者，尤其是“草根休闲者”的生活方式。

【复习与思考】

一、重要专业词汇

大众市场（Mass market）

利基市场（Niche market）

市场细分（Market segmentation）

细分市场（Market segment）

旅游动力因（Tourism efficient cause）

购买过程（Buying process）

目的地选择过程（Destination selection process）

地理市场细分（Geographicsegmentation）

社会人口统计市场细分（Sociodemographic segmentation）

心理分析市场细分（Psychographic segmentation）

生活方式行为市场细分（Behavioral segmentation）

休闲矛盾结构（Leisure paradox）

家庭生命周期（Family life cycle，FLC）

二、思考和讨论

1. 简述从20世纪50年代开始的旅游市场发展趋势。
2. 举例说明为什么"旅游市场从宏观上经历了从小到大的过程，但是从微观上却沿着从大到小的轨迹前进"。
3. 简述旅游动力因对旅游消费决策的影响作用。
4. "推动因素"和"拉动因素"如何影响旅游消费者的决策过程？
5. 举例说明旅游市场细分的基本原则。
6. 简要分析人们经常使用的四种主要旅游市场细分标准。
7. 简要分析"多中心型旅游者"、"中间型旅游者"和"自我中心型旅游者"的心理特征。
8. 从旅游管理的角度，讨论如何用VALS2系统分析旅游者的生活方式。

第五章

旅游营销

随着旅游业的快速发展和旅游市场向深入细分化的方向发展，旅游营销活动在旅游业中所起的作用比以往任何时候都重要。目前，旅游市场的竞争日益加剧，市场细分化和复杂程度不断加大，旅游消费者变得越来越成熟、越来越富有旅游经验，这些因素使旅游市场营销不但变得日益重要，也面临着新的挑战。

第一节　旅游营销的性质

1. 营销的定义和观念

很多人可能都认为，“营销”（Marketing）只不过是那些人们在电视上或其他媒体上经常看到的促销广告。但是事实并非如此，促销广告只是一种促销形式，而促销也仅仅是营销的一个方面。同时，很多人也常常把“销售”（Sell）与“营销”这两个概念混淆。事实上，营销是一个含义很广的概念，涉及很多方面的因素和内容。可以这样简单地描述销售和营销这两个概念之间的区别：“销售是甩掉你拥有的东西，而营销则是拥有人们想要得到的东西[①]。”图 5-1 简要描述了销售和营销在概念上的不同。销售采取的方式是“从内到外”，其着眼点是公司现有的产品，通过增加销售量和采取推销的措施取得销售利润；而营销采取的方式是“从外到内”，即从市场出发，重视公司目标顾客的需求，通过整合营销手段，最终在使顾客满意的同时，使公司获得利润。

---

① Angelo，R. M. and Vladimir，A. N.. *Hospitality Today*：*An Introduction*（4th Ed.）［M］. Lansing，MI，USA：The Educational Institute of AH & LA，2001. 411.

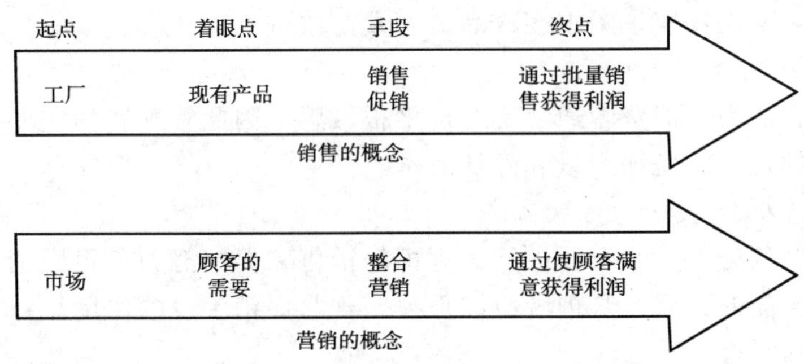

图 5－1　销售和营销的概念区别

资料来源：Kotler，P.，Bowen，J. and Makens，J.. *Marketing for Hospitality and Tourism* (3rd Ed.)[M]. Upper Saddle River，NJ，USA：Pearson Education，Inc.，2003. 27.

从不同的角度，可以给营销下不同的定义。下面是综合了各种观点给营销下的两种定义：

营销涉及消费者和产品与服务的生产者之间的相互作用和相互关系，通过这种相互作用和关系，可以创造出新的观念、产品、服务和价值，并且进行相互交换，所有这些活动使消费者和生产者双方都能够获得利益。①

营销是一个社会过程和管理过程，在这个过程中，个人和团体通过为他人创造产品和价值，与他人交换产品和价值，获得自己需要的和想要的东西。②

综上所述，旅游营销强调生产者和旅游市场之间的相互作用和关系，其重点是“双向”作用，而不是“单向”作用。同时，从利益的角度，旅游营销还强调获取利益的双方性（生产者和旅游市场双方均获益）。

从管理的角度，目前存在五种影响力比较大的营销管理观念：产品观念、生产观念、销售观念、营销观念及社会营销观念。③

（1）产品观念

产品观念认为，消费者的主要兴趣在于产品的质量、形式、性能或特色，因

① Weaver，D. and Oppermann，M.. *Tourism Management*[M]. Milton，Australia：John Wiley & Sons Australia，Ltd.，2000. 212.

② Kotler，P.，Bowen，J. and Makens，J.. *Marketing for Hospitality and Tourism* (3rd Ed.) [M]. Upper Saddle River，NJ，USA：Pearson Education，Inc.，2003. 13.

③ 根据下列资料整理：史蒂芬·佩吉等著，刘劼莉等译. 现代旅游管理导论［M］. 北京：电子工业出版社，2004. 188－189；Kotler，P.，Bowen J. and Makens，J.. *Marketing for Hospitality and Tourism* (3rd Ed.)[M]. Upper Saddle River，NJ，USA：Pearson Education，Inc.，2003. 24－28。

此管理者的主要工作应该集中在产品的开发与改进上。

(2) 生产观念

生产观念认为，消费者通常都对价格很敏感，因此管理者的主要目标是提高生产和分销的效率，增加产量和降低成本。

(3) 销售观念

销售观念认为，除非企业进行大规模的销售和促销努力，否则消费者是不会购买足够的产品的，因此管理者应该重视广告与促销手段的作用。

(4) 营销观念

营销观念的基本原则是重视和有效地识别消费者的需要，力求能够比竞争对手更有效地满足顾客的需要。

(5) 社会营销观念

社会营销观念体现了企业对社会整体福祉的关心。依据这种观念，企业在有效地满足消费者需求的同时，还要维持或改善消费者和整体社会的利益。

2. 产品的三个层次

通常，可以从三个层次来分析产品（见图 5－2）。

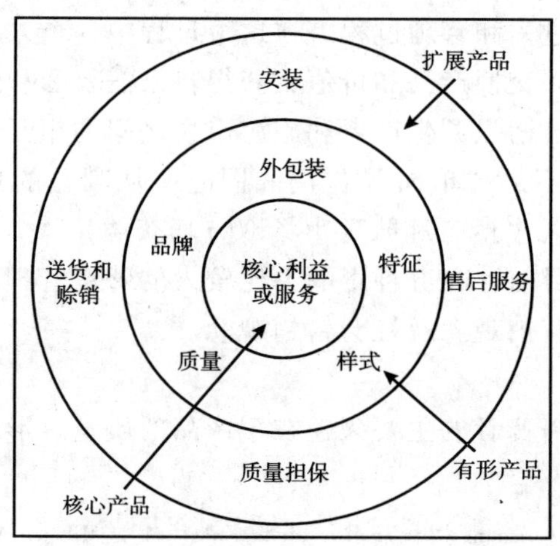

图 5－2　产品的三个层次

资料来源：Swarbrooke，J.. *The Development and Management of Visitor Attractions*（2nd Ed.）[M]. Singapore：Elsevier Science. 东北财经大学出版社影印出版，2005. 45.

(1) 核心产品

核心产品是顾客真正要买的东西，包括产品的核心利益或服务。核心产品通常是无形的，具有很强的主观性，例如气氛、体验、娱乐消遣或便利等。人们购买产品是期望从产品中获得使用价值，并不一定是产品本身。其原因是顾客购买产品是为了解决实际问题，例如，如果顾客要购买一个8毫米的电钻，其实他的目的是得到一个直径8毫米的孔。

(2) 有形产品

产品的第二个层次是有形产品，主要包括五个部分：特征、品牌、质量、样式和外包装。

(3) 扩展产品

扩展产品包括顾客得到的所有额外附加的服务和利益，既具有无形性，也具有有形性。

3. 服务产品的特征

旅游业通常被认为是一种“服务”产业，而服务产品的营销明显地不同于其他产品的营销。服务产品在营销特征方面与其他产品的关键区别在于：无形性、不可分割性、变化性和不可储存性（见图5-3）。

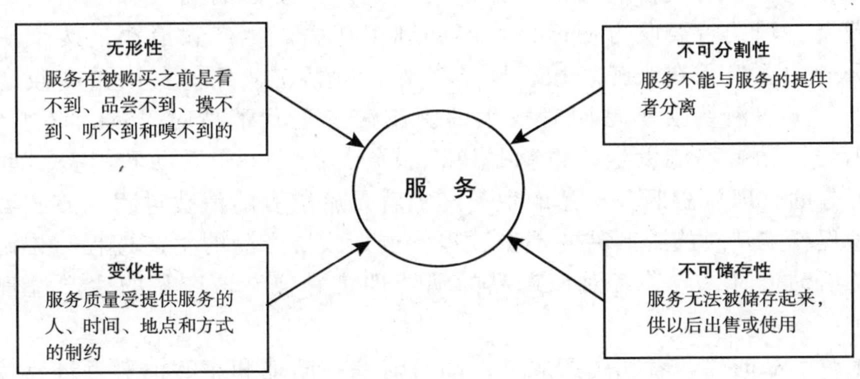

图5-3　服务产品的四个关键特征

资料来源：Kotler，P.，Bowen，J. and Makens，J.. *Marketing for Hospitality and Tourism*（3rd Ed.）[M]. Upper Saddle River，NJ，USA：Pearson Education，Inc.，2003. 42；略有改动。

(1) 无形性

和有形的产品或商品不同，服务产品在被购买之前或在被消费之前是看不到、品尝不到、摸不到、听不到也闻不到的。旅游作为一种服务，实际上是无形的，因此旅游者在购买无形的服务之前是无法对其进行质量检验的。旅游者多次重复购买某个旅游产品的原因，主要取决于前一次的旅游度假经历。旅游者在进入某一个旅游景点之前，可能手中只有一张该景点的门票和经营商对该景点内容的描述性宣传介绍。旅游消费者的实际旅游体验或经历完成之后，他们手中所拥有的证据，可能只是一张酒店的结账收据、一个登机牌、一件旅游纪念品或者其他有纪念意义的物品（例如照片等）。消费者购买并且消费了服务产品之后，从表面看，他们可能空手而离去，但是他们获得的是一种无形的经历和体验，这种经历和体验可能是幸福愉悦的，也可能是令人不愉快的。消费者在购买旅游产品和服务产品时，通常只了解其价格，看到某个旅游目的地及其提供的设施的几张图片或录像片，听信某个知名人士、亲朋好友或销售代理商对某个旅游产品或服务的介绍。消费者购买了有形的产品之后，如果不满意可以退货或换货，但是购买并消费了无形的服务产品之后，是无法退货或者换货的。

（2）不可分割性

旅游服务具有不可分割性，即其生产和消费发生在同一时间里。在制造业中，消费者不参与产品的生产过程。方便面是在工厂生产和包装的，消费者只是在超级市场或便利店购买方便面。生产方便面的工人看不到吃方便面的消费者，消费者要吃方便面，也不必到工厂去。生产和消费这两个活动是完全分开的。但是在服务领域，则是另外一种情况。例如，旅游度假产品和旅游者的度假消费活动是同时发生的。旅游者进行消费时，本人必须到场，否则消费活动就不能发生。也就是说，服务产品的生产活动和消费活动两者是不可分的，即旅游服务产品的生产过程就是旅游者的消费过程。旅游者活动的全过程就是其对旅游产品的消费过程，也是旅游产品的生产过程。旅游者结束旅游活动之时，旅游者对该产品的消费即告完成，该产品的生产过程也告结束。

旅游产品的生产者在生产服务产品时需要不断地和旅游消费者进行接触和交流，因此生产者和消费者之间的这种相互作用和关系对顾客的满意度非常重要。某个旅游景区的风景可能十分漂亮，其环境也可能非常舒适，但是如果服务人员的态度很粗野或经常发生服务失误事件，旅游者对此次旅游经历是不会满意的。

生产和消费的不可分割性还意味着消费者本身也是产品的一部分。顾客在消费过程中，不但与服务人员接触，而且与其他顾客接触。这样，其他顾客也变成了产品的一部分，他们的行为也会影响服务质量。例如，一对情侣到餐馆就餐是希望享受一个幽静浪漫的夜晚，如果邻座的几位客人大声喧闹，就会使这对情侣十分扫兴。

（3）变化性

旅游服务的质量具有很大的变化性，因为提供旅游产品要涉及生产者和消费者的直接接触，因此不可避免地会受到“人的因素”的影响，包括旅游服务人员的情绪和旅游者的期望值。旅游消费者的每一个消费过程都是一次独特的经历和体验，即使是同一个餐馆的同一道菜、同一个酒店提供的住宿设施、同一个旅游目的地提供的服务，也都可能会由于不同服务人员的不同作为或同一个服务人员的不同作为而产生不同的服务质量，从而使旅游者感知到完全不同的旅游经历和体验。当旅游者再次光顾同一个饭店时，很有可能会产生和上一次完全不同的体验，其原因可能是各种“人的因素”的总和，包括情绪、期望值、服务员工作技能的熟练程度等，这些因素既与生产者有关，也与消费者有关。所有这些都必然会影响消费者对服务质量的知觉和满意度。例如，一个旅游者在旅游度假地的一个餐馆中就餐，他需要的是完全的放松，期望自己所有的要求都能得到满足，而当班的服务员由于超时加班，感到十分疲劳，因此希望顾客能提出一些比较“合理”的要求。显然，消费者和服务者的预期是矛盾的，这种矛盾可能会导致不愉快的对抗，降低顾客的满意度，也会使目的地居民对旅游者产生不良印象。

（4）不可储存性

旅游服务产品不能储存或保留，只有当旅游者购买它，并在现场对其进行消费时，其各种资源、设施及服务的结合才能表现为产品，才能有收益。如果没有人消费，就没有收益。旅游服务产品不像其他物质生产部门所生产的商品那样可以储存起来，以后慢慢出售。旅游产品在时间上是不可储存的。如果当天不能出售，其当天的价值就浪费了。例如，如果在某年某月某日，某风景区一日游没有游客参加，该一日游产品就不能产生任何价值；某大型游乐设施如果没人使用，该游乐设施就不能产生任何价值；某酒店客房如果没有人入住，该客房就不能产生任何价值；某民航航班如果没有人乘坐，该航班也不产生任何价值。简而言之，旅游服务产品如果在有效期间没有被利用，这些产品就会永远消失，无法弥补。

表5－1简要概括了大多数有形的物质产品与无形的服务产品之间的典型区别。

表 5-1　服务与物质产品的典型区别

服　　务	物　质　产　品
表现出来	制造出来
生产现场有顾客参与(不可分性)	生产现场不向顾客开放(可分性)
顾客前往服务的生产地	产品被运到顾客的居住地
购买者购买的是在指定时间和地点享受服务的暂时使用权	购买意味着获得了所有权,购买者可以随意使用和处置产品
服务在销售地不具备可触摸的形状,通常不能接受检查	产品在销售地具有可触摸的形状,可以接受检查
不可实地储存	可以实地储存

资料来源：维克多·密德尔敦著. 向萍等译. 旅游营销学 [M]. 北京：中国旅游出版社，2001. 39；略有改动。

第二节　战略营销计划

战略营销计划（Strategic marketing）可以被认为是旅游目的地的政府部门或旅游企业为实现其营销目标所制定的宏观蓝图。战略营销计划应该能够回答如下四个问题：

第一，旅游目的地或旅游企业目前的状况如何？战略营销计划应该分析旅游目的地或旅游企业的现状和未来发展的方向。

第二，旅游目的地或旅游企业的未来目标是什么？战略营销计划应该制定旅游企业的宗旨，并进一步确定企业的目标。

第三，旅游目的地或旅游企业如何达到预定的目标？战略营销计划要制定企业为达到预定目标应该采取的“战略”和“战术”，即长期的营销战略和短期的营销战术。

第四，如何管理和控制战略营销计划的进展和营销绩效？为了保证战略营销计划的顺利实施，还要对战略营销计划的进展和绩效情况进行监控，即控制和评估。

战略营销计划的基本步骤包括：明确旅游目的地或旅游企业的宗旨、分析外部环境和内部环境、SWOT 分析、长期目标/营销战略、短期目标/营销战术、具体实施战略营销计划、对战略营销计划的实施情况进行控制和评估（见图 5-4）。

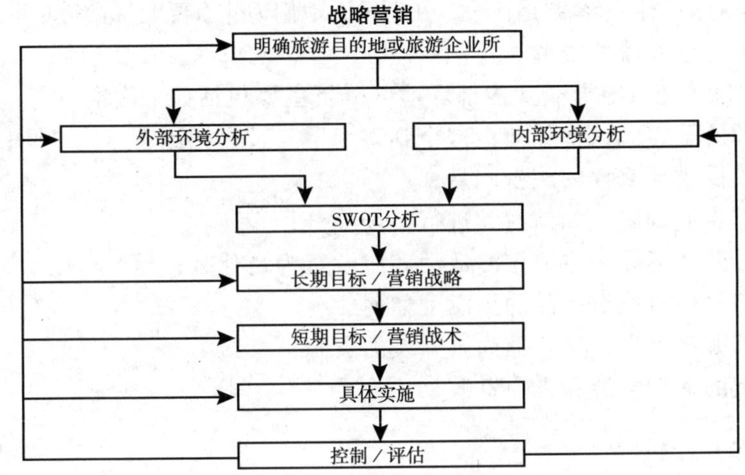

图 5－4 战略营销计划

资料来源：Weaver，D. and Oppermann，M.. *Tourism Management*［M］. Milton，Australia：John Wiley & Sons Australia，Ltd.，2000. 227；略有改动。

1. 明确旅游目的地或旅游企业的宗旨

制订战略营销计划乍一听起来，好像是很不容易制定的复杂程序，事实上它并不复杂，它是按照一系列的固定逻辑步骤实施的。要制订战略营销计划，首先要明确旅游目的地或旅游企业的宗旨，因为宗旨对接下来要实施的具体目标具有指导作用。例如，一个旅游目的地的宗旨可能是支持旅游业的发展，以改善目的地社区居民的生活质量；一个旅游企业的宗旨可能是在某一个领域中生产和提供最高质量的旅游产品。

2. 分析外部环境和内部环境

对外部环境的分析不但包括分析总体外部环境（例如，外部的技术因素、政治因素、社会因素、文化因素及旅游体系中的物理环境等），还包括对竞争对手的分析（例如，分析具有竞争性的旅游目的地或旅游企业的情况）。

对竞争对手的分析通常包括如下几个方面的内容：

- 谁是竞争对手；
- 竞争对手采取了哪些竞争策略；
- 竞争对手的优势和弱势各是什么；

- 竞争对手的目标客源是什么，在哪里，他们为什么要购买竞争对手的产品；
- 竞争对手有哪些资源。

对旅游目的地或旅游企业内部环境的分析主要包括如下因素：

- 目前的游客到访率如何，这个到访水平与过去相比有什么不同；
- 可以提供什么样的旅游产品；
- 谁是主要顾客，如何对其进行市场细分；
- 目标顾客群体的主要旅游活动和旅游行为是什么；
- 顾客对现有旅游产品的满意度如何；
- 还有哪些可以开发，但尚未开发的资源；
- 现有的资金资源和人力资源是什么。

3. SWOT 分析

SWOT 分析是战略营销和管理中常用的分析方法。SWOT 分析也可以被称为"形势分析"。SWOT 是四个英文单词的缩略语，分别代表"优势"（Strengths）、"弱势"（Weaknesses）、"机会"（Opportunities）和"挑战"（Threats）。"优势"和"弱势"指内部环境，而"机会"和"挑战"则与外部环境因素相关联。

评价旅游目的地或旅游企业内部环境的"优势"和"弱势"时，通常要考虑的因素包括：①

- 旅游目的地或旅游企业自身的状况，包括资金资源、人力资源、文化、现有的策略、质量管理方法等；
- 营销系统，即目前采用的对旅游吸引物的营销方式，包括预算规模、绩效尺度、参与营销活动的人员等；
- 提供的旅游产品，包括核心产品、增值产品及服务质量。还涉及旅游目的地的物理环境特点及辅助服务设施，例如，商店、餐饮点及停车场等；旅游目的地的形象和名声及为旅游者提供的便利也是需要考虑的因素；
- 旅游目的地现有市场的情况，例如，游客的常住地、出访原因、设施的使用率、年龄、性别、家庭生命周期的阶段等因素；
- 供应商的情况及其提供的产品和服务的质量；
- 营销媒介的情况及向潜在旅游者传递的关于旅游目的地形象的信息情况。

旅游目的地或旅游企业的外部环境主要与"机会"和"挑战"相关，通常要

① Swarbrooke, J.. *The Development and Management of Visitor Attractions* (2nd Ed.) [M]. Singapore: Elsevier Science. 东北财经大学出版社影印出版，2005. 206.

分析竞争对手的情况及目前面对的形势和未来要应对的形势，要考虑的因素包括：①

- 政治因素，包括立法和政府政策；
- 经济因素，包括经济运行的状态及财富的分配情况；
- 社会因素，包括人口统计资料的变化、消费者行为的变化趋势，这些因素都将影响未来市场的规模和性质；
- 技术因素，即有助于改善旅游目的地状况的技术，例如，互联网技术导致的虚拟旅游和家庭娱乐系统都会对旅游目的地或旅游企业产生威胁和挑战；
- 自然环境因素，例如，污染和其他类型的环境破坏；
- 竞争因素，包括确定竞争对手和分析竞争对手的优势和弱势及他们未来可能会采取的策略。

机会或挑战的确定要依据目前旅游目的地或旅游企业所具有的优势和弱势。通过自身内部的变革，也可能会把现在的挑战转变成为机会。例如，如果一个动物园决定投资加大对野生动物的保护力度，就可能会改变公众对动物园原有的消极看法，消除动物园的生存所面临的潜在威胁。这种新型的动物园很可能会成为一个新的市场先导者，会被认为是“后动物园”时代的一个旅游吸引物。如果动物园进一步运用最新的计算机技术建立“虚拟”的动物世界，就完全有可能用“虚拟”的动物世界代替传统的动物园，赋予动物园以新的生命和新的价值。

4. 长期目标/营销战略

旅游目的地或旅游企业需要制定长期目标。长期目标的期限通常至少在5年以上，而就旅游目的地而言，其长期目标涵盖的时间可能更长，通常为20～30年。旅游目的地的长期目标与旅游企业是不一样的。

旅游企业的长期目标可能是要成为资本最大化的公司或占有最大的市场份额，而目标旅游目的地的长期目标则与其不相同，可能会包括如下内容：

- 增加来访旅游者的平均停留天数；
- 加大使用本地区资源（例如食品和劳动力）的比例；
- 使旅游吸引物的地理分布布局更合理；
- 寻求客源市场的多样性，以降低对主要目标市场的依赖性；
- 以可持续的方式增加来访旅游者的数量。

---

① Swarbrooke, J.. *The Development and Management of Visitor Attractions* (2nd Ed.) [M]. Singapore: Elsevier Science. 东北财经大学出版社影印出版，2005. 207.

5. 短期目标/营销战术

营销战略是宏观的，而营销战术则是具体的微观操作方法。短期营销目标的期限通常为6个月，最长不超过3年。没有营销战术，营销计划就只是一个无用的文件，根本不能称其为计划。真正的营销计划应该包括每个营销战略的具体营销战术，使每个着手实施计划的人都知道具体要做什么及如何去做。当然，由于性质和规模不同，旅游企业和旅游目的地各自制定的营销战术是不相同的。

与上述旅游目的地的营销战略相匹配的具体营销战术可能会包括如下内容：

- 用两年的时间将来访旅游者的平均停留天数从2.6天增加到3.2天；
- 明年要启动立法程序，要求酒店至少要从当地购买半数以上的食品；
- 在下一个财政年度，将本区域旅游吸引物的宣传促销经费预算增加10%；
- 在未来3年内，在大型的、非传统旅游客源地区开设3个旅游办事处；
- 将每年来访旅游者数量的增长率限制在年增长5%之内。

6. 控制/评估

有了具体的营销战术，就可以按照战术规定的具体指标和日期实施营销计划。在实施的过程中，要对营销计划定期进行检查，如果出现问题要进行必要的修改，这就是战略营销过程中的控制职能。运用控制职能，管理部门或企业的经理就能够监督营销计划的运行情况，必要时进行调整。

第三节　旅游营销组合

营销组合的定义是这样的：企业为达到在目标市场上追求的销售水平而采用的可控性营销变量组合。[①] 营销管理者可以运用这些变量达到设定的目标。营销组合是现代市场营销理论的关键概念之一，是一整套能够共同对市场施加影响的工具。根据导向性，可以将营销组合划分为两大类别：产品导向型营销组合（Product-focused）和顾客导向型营销组合（Customer-focused）。

1. 产品导向型营销组合

顾名思义，产品导向型营销组合以产品为重点。在营销活动中，变量组合的

① 维克多·密德尔敦著，向萍等译. 旅游营销学 [M]. 北京：中国旅游出版社，2001. 83.

选择着眼于产品，其核心元素主要包括 4 个因素：产品（Product）、价格（Price）、促销（Promotion）和分销（Place）。因为这 4 个变量因素的英文单词都以字母 P 开头，所以通常将这种营销组合称为 4P 模式。

（1）产品

产品涵盖的范围很广，通常包括产品或服务在消费者心目中所占的位置、质量及质量担保、售后服务、品牌等。旅游目的地和旅游企业都面临着产品的定位问题。设计旅游产品的宗旨必须是满足旅游消费者的需求，并确定产品在消费者心目中所占的位置。准确的产品定位意味着产品应该具有独特性，这样消费者就可以在众多的产品中轻易地发现你的产品。旅游营销管理者还需要对市场和竞争情况进行研究，采取相应的对策填补市场空白。例如，旅游目的地是提供多样性的旅游吸引物还是提供单一性的旅游吸引物，应该由市场需求来决定。离开了市场，无法对其进行评价。质量和质量担保意味着旅游目的地或旅游企业要采取严格措施保证旅游消费者能够获得满意的产品和服务。如果消费者对产品和服务不满意，可以得到适当的、合理的赔偿或补偿。旅游产品的售后服务与其他物理产品非常不一样，通常仅限于在旅游活动结束后向旅游者了解其旅游体验和对旅游产品的态度。品牌综合了产品的所有因素，赋予产品以独特的名称和形象。品牌战略是促销活动的核心，其目的是让消费者识别供应商在市场上出售的特定产品和服务，并区别于竞争对手的产品与服务。品牌可以给以无形性为主要特点的服务产品加入有形的因素。另外，名牌地位使旅游目的地和旅游企业有能力向目标消费群体提供恰当的信息，同时，由于名牌象征着高品质的信誉，所以知名品牌还可以成为旅游企业或旅游目的地进入国际市场、开发新产品和新服务的基础。

（2）价格

价格常常被当做最方便、最显眼的营销组合工具，因为能否买得起旅游产品是吸引潜在旅游者到某个旅游目的地的最重要的拉动因素。旅游产品的生产者试图以某一个价格达到预先确定的销售目标和收入目标；而潜在的旅游消费者则依据产品的价格，力图通过对产品的取舍最大限度地购买到物有所值的产品。但是，降低价格和增加购买率之间的关系并不一定成比例，因为很多消费者都把质量作为一个主要的参数。如果价格太低，很可能使消费者认为产品的质量低下，这样就可能会对那些能够花得起高价的比较富有的旅游者产生阻止作用。因此，对产品进行永久性的或暂时性的打折扣的策略，通常只适用于特定的群体，例如，老年人或儿童。因此，对任何旅游目的地或旅游企业而言，价格的制定都是核心问题。通常可以把定价策略划分成 4 个主要类别：利润导向定价、销售导向定价、竞争导向定价和成本导向定价。[①]

① 利润导向定价。利润导向定价策略的重点是从产品销售中取得利润的最大化或取得生产者满意的利润指标，其目标常常是尽早收回投资。这种定价策略通常不优先考虑竞争对手的价格策略。

② 销售导向定价。销售导向定价策略的重点是消费者的购买量，通常包括如下内容：

- 市场导向定价，即根据目标市场或目标细分市场对某个旅游产品愿意支付的价格制定该产品的销售价格。
- 利用价格策略获得最大的销售量。
- 利用价格策略（例如，大减价）获得最大的市场份额。
- 市场渗透定价，即以一个较低的产品价格打入市场，其目的是在短期内加速市场的成长，获得较高的销售量及市场占有率。
- 声望定价（Prestige pricing），利用高价让消费者觉得产品具有较高的声望或品质，这种定价措施利用价格象征身份或地位。

③ 竞争导向定价。即根据竞争对手的行为制定价格。根据具体情况，可以制定与竞争对手相同的价格，或者在一段时期内保持高于或低于竞争对手的价格。

④ 成本导向定价。这种方法通常指以产品成本加上一个标准的或固定的利润来制定产品的价格的方法，具体包括成本加成定价法、投资回报率定价法及损益平衡销售量与目标定价法。

（3）促销

促销是4P中可见性最高的一个因素，主要包括广告、直邮广告、销售促进、人员推销、公共关系等。广告是最普遍、最常用的促销手段。可以形象地将广告分为“霰弹枪方法”和“步枪方法”。采用“霰弹枪方法”就是在广大旅游者都可以接触到的主流媒体上发布广告信息。像用霰弹枪发射霰弹一样，很多信息可能并没有被潜在目标客源接收到，但是由于广告信息的覆盖率非常高，所以总会有相当一部分潜在客源群体能够接收到广告信息。而采用“步枪方法”则是针对某一个具体的目标市场进行广告宣传，就像用步枪射击那样，要准确地瞄准某一个具体的目标，一次只发射一颗子弹，例如，专门在女性杂志上做针对女性旅游细分市场的促销广告，或者在背包族旅游者经常看的杂志上做背包族酒店或青年旅馆的广告。

直邮广告也被称为“广告信函”，即直接邮寄的广告媒体。直邮广告是通过

① Weaver, D. and. Oppermann, M.. *Tourism Management*[M]. Milton, Australia: John Wiley & Sons Australia, Ltd., 2000. 231－232.

邮寄网络把印刷品广告，有选择性地直接送到用户手中的广告形式所依赖的媒介物。常见的直邮广告形式有：商品目录、说明书、价目表、明信片、宣传小册子、招贴画、企业刊物、样品、征订单等。直邮广告的优点是：

- 针对性强，易于控制。直邮广告的对象由企业自主决定，发给谁，什么时间发，发什么，广告主可以自由选择；
- 发布灵活，反馈直接。直邮广告的大小及设计、发布时间的长短、发布的范围、发布对象、发布数量，都可以根据市场因素的变化而变化。由于发布对象的确定性，反馈对象较直接，准确而快速，易于考察广告效果；
- 制作费低廉；
- 能够向消费者提供较详细的说明资料。

销售促进是一种短期的激励手段，通过暂时性的大幅度降价（例如，某一天买一送一或打 2 折）鼓励消费者购买其产品和服务。销售促进与广告的主要不同点是：广告让消费者“买我们的产品”，而销售促进则蛊惑消费者“现在就买”。[①] 营销管理者设计了很多种刺激市场做出快速和强烈反应的促销工具，鼓励立即采取行动。不但鼓励消费者采取行动，还鼓励业界其他人也采取行动。面向消费者的促销工具包括免费试用、优惠券、折扣、削价、奖励、竞赛、抽奖、忠诚顾客营销计划等；面向中间商或推销员的手段包括佣金、回扣、免费品、推销竞赛、红利等。例如，嘉年华邮轮公司为了鼓励旅游代理商销售其产品，一直实施“暗访计划”。根据这个计划，暗访人到旅游代理商处询问到加勒比度假的信息时，如果旅行代理推荐嘉年华邮轮公司，旅行代理会当场得到 1000 美元的现金奖励。[②]

人员推销指企业为了实现销售目的，与一个或多个潜在消费者之间进行的口头推销方式。由服务的性质所决定，人员推销对旅游业非常重要，因为服务活动必然会涉及很多与顾客面对面接触的销售活动。人员推销的形式主要包括：

- 实地推销。实地推销也称为外部推销，即推销活动发生在旅游服务场所之外。向潜在的旅游消费者面对面讲解和介绍产品，争取销售额和销售合同。
- 电话推销。利用电话进行推销活动，以直接或间接增加销售额。电话推销有时可以代替实地推销，以节省推销成本。
- 内部推销。内部推销与外部推销相反，其推销活动发生在旅游服务场所

---

① Kotler, P., Bowen, J. and Makens, J.. *Marketing for Hospitality and Tourism* (3rd Ed.)[M]. Upper Saddle River, NJ, USA: Pearson Education, Inc., 2003. 560.

② Angelo, R. M. and Vladimir, A. N.. *Hospitality Today: An Introduction* (4th Ed.)[M]. Lansing, MI, USA: The Educational Institute of AH & LA, 2001. 444.

之内，即公司的营业场所之内，以增加销售额或提高顾客的平均消费额。

旅游目的地和旅游企业不是在真空中运营，他们是社会的一部分，因此应该充分考虑与公众之间的关系。为了有效地与公众打交道，必须与其建立一种信赖的关系。建立与改善这种关系的技巧被称为公共关系。简而言之，公共关系指企业为确立自己的积极形象，向各种内部和外部公众传递对自己有利的信息的系统性努力。公共关系也可以被认为是企业通过第三方的认可树立自身积极形象和顾客偏爱的过程。通过成功的公共关系活动，人们会更了解旅游目的地和旅游企业提供的服务和产品，可以提高旅游目的地和旅游企业在公众心目中的声誉。公共关系活动主要包括如下几种：

- 与新闻媒体的关系。其目的是让新闻媒体报道有价值的信息，以引起公众对某个人、某种产品或服务的注意。
- 产品宣传，即公开宣传某种产品。
- 公司沟通活动。这类活动包括内部和外部沟通，其目的是促进人们对组织的了解。
- 与政府官员沟通，即与立法机构成员和政府官员进行沟通，以促进或阻止某些法规的制定。
- 咨询活动，即就公众关注的问题、公司定位和公司形象等向管理部门提出建议意见。

（4）分销

分销指企业将具体产品或服务进行运输或辅助中转，使产品或服务从生产方转移到最终消费者的过程。如前所述，旅游产品具有其特殊性，旅游者必须到旅游目的地才能够消费旅游产品，因此旅游产品不但其生产和消费发生在同一时间，而且也发生在同一地点。所以，旅游者在消费之前，一定会考虑旅游产品的易得性和可及性。因此，分销系统在旅游产品的销售中的作用很重要，借助分销系统，旅游产品的提供者可能会很容易地接触到潜在的旅游消费者。例如，美国迪士尼世界的销售渠道不仅仅指其所在地佛罗里达州的奥兰多，还指位于美国和世界各地的旅行代理商，因为这些旅行代理商销售的旅游产品中包括迪士尼世界的门票。分销涉及的主要因素包括分销渠道、分销领域、市场区域、销售区域等。

4P 模式的营销组合是产品导向型营销组合的核心框架，但是人们在营销实践中发现，除了上述的 4 个 P 以外，还可以进一步挖掘整理出另外一些 P，因此可以将这种模式的营销组合扩展为 6P 或 8P。这些 P 主要包括：合作（Partnership）、人（People）、项目包装（Packaging）、活动策划（Programming）。

① 合作。合作也可以被称为合作关系营销，也就是旅游企业提供的联合促销及各种类型的合作营销力量和手段。各种合作关系包括：顾客、同一行业的企

业、相关行业的企业。

② 人。在营销组合中，人的因素主要包括三个方面的内容：旅游服务人员、旅游消费者和旅游目的地居民。因为旅游产品具有不可分割性和变化性，因此训练有素的员工在旅游企业中的作用显得尤其重要。员工是否具有过硬的对客服务技能、是否能够友好得体地对待消费者都会直接影响到提供的旅游产品的质量。培养和教育旅游者养成正确的旅游意识和旅游观念也很重要，因为旅游者的不当行为也会降低旅游产品的质量。旅游目的地的文化和居民对旅游者的友好态度也是旅游产品的一部分，培养和教育旅游目的地居民养成良好的公共行为也可以提高旅游产品的质量和声誉。

③ 项目包装。项目包装就是将一些相关和互补的两个或多个元素组合在一起，打包构成一个旅游产品，进行销售。进行项目包装之前，首先要对消费者的需求和愿望进行调查，然后根据调查的结果将不同的服务和设施组合在一起，以满足消费者的需求和愿望。

④ 活动策划。活动策划的概念与项目包装密切相关，需要策划出一些特别的活动或计划，让顾客提高消费额，以增加旅游产品的吸引力。项目包装和活动策划是相互关联的营销手段，可以联合使用这两种手段，也可以单独使用一种手段。图 5－5 显示项目包装和活动策划两者之间的关系。

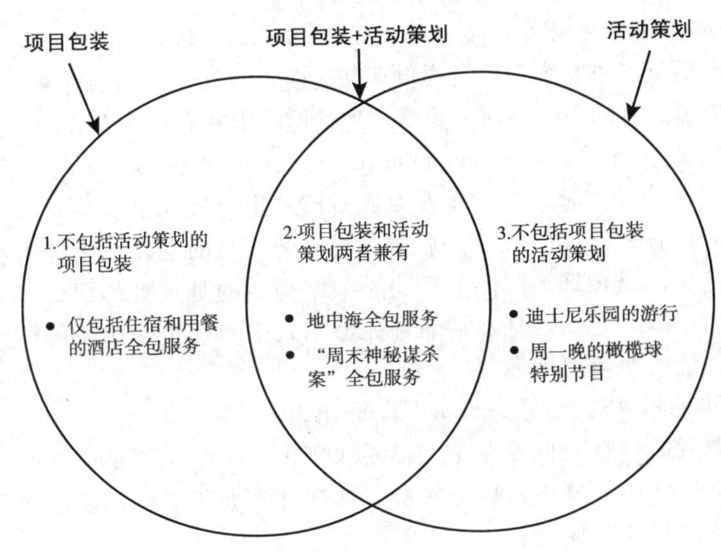

图 5－5 项目包装和活动策划的关系

资料来源：阿拉斯塔·莫里森著．朱虹等译．旅游服务营销（第 3 版）[M]．北京：电子工业出版社，2004. 239.

2. 顾客导向型营销组合

如上文所述，4P 或其他几个 P 模式的产品导向型营销组合对旅游营销的成功起着非常重要的作用。如第四章所述，从 20 世纪末开始，旅游市场开始出现多层市场细分的发展趋势，因此，旅游营销的重点也开始从销售和产品导向型向更重视顾客需要的方向转变。人们认识到，只有充分满足顾客的需求和愿望，企业才有可能得到长期稳定的发展。旅游产品的生产者和提供者意识到，他们应该不断地征求旅游消费者对开发新产品的意见和建议，并了解旅游消费者消费行为不断变化的趋势，不要仅仅是想方设法去游说旅游消费者，劝说他们购买现有的旅游产品。在这个意义上，营销的重点应该是让产品适应顾客，而不是让顾客适应产品。顾名思义，顾客导向型营销组合的重点是顾客。在营销活动中，变量组合的选择着眼于顾客，其核心元素可以达到 12 个因素。这 12 个变量因素恰巧都以英文字母 C 开头，所以通常将这种营销组合称为 12C 模式。12C 模式的主要内容要素如下：①

（1）消费者导向（consumer orientation）

要把旅游消费者作为基本的市场参照点和营销活动的参照点，关注旅游消费者动向（需求动向、行为动向、偏爱动向等）。

（2）为旅游消费者创造产品（creation of products for consumers）

营销活动的重点不是为消费者提供产品，而是为其设计和创造新产品。应该让旅游产品适应消费者的需要，而不是简单地让旅游消费者适应现有的旅游产品。

（3）消费是一种体验（consumption is experience）

旅游消费是一种体验。旅游者在对旅游产品进行实际消费的过程中获得了旅游体验，正是这种实际体验决定了旅游者对旅游产品的态度。旅游者在旅游消费的过程中，花费的是金钱、时间和精力，最终得到的是宝贵的回忆、美妙的感受和丰富的阅历。因此，如何让旅游者在旅游消费中获得美妙愉悦的体验是旅游管理者应该关注的一个重要问题。

（4）变化是不可避免的（change is inevitable）

旅游消费者的口味和偏爱总是在不断地变化，因此变化是正常的，停止不动是不正常的。因此必须要不断地对旅游产品进行改进和革新，使之能适应旅游消费者不断变化的口味和偏爱。

---

① Weaver, D. and Oppermann, M.. *Tourism Management*［M］. Milton, Australia: John Wiley & Sons Australia, Ltd., 2000. 238。

(5) 计划 (constant planning)

这个因素再次强调了战略营销计划的重要性。

(6) 不断地进行营销调研 (continuous research)

不断地进行营销调研的最重要原因是帮助旅游企业详细了解顾客（包括当前顾客和潜在顾客）。

(7) 系统元素具有相关性 (connectivity of system components)

旅游营销管理者应该认识到，旅游系统内部和外部的很多作用元素之间是相互依存的。因此，了解并梳理各种元素之间的相互依存关系有助于旅游营销的展开。

(8) 在系统内进行合作 (collaboration within a system)

旅游企业或旅游系统内部的各种不同元素或部门应该进行合作，这样才能形成合力，有效地应对旅游消费需求的日新月异的变化。

(9) 要不停顿地提高旅游产品的质量 (ceaseless quality improvement)

随着旅游业的迅速发展、旅游市场的扩大及旅游消费者的日益成熟，旅游消费者对旅游产品质量的预期也变得越来越高。因此，不断改进旅游产品的质量，提高质量标准是影响旅游企业和旅游目的地生存的重要因素。

(10) 消费者的购买行为是复杂的 (complex nature of buying behavior)

如上所述，旅游企业和旅游系统内部和外部的各种不同因素之间的关系是相互依存的，也是非常复杂的，这就使旅游消费者的购买行为也变得很复杂，而且在很多情境中，消费者的购买行为既有理性化的因素，也有非理性化的因素或感性化的因素。因此，用单一的模式去应对千变万化的购买行为是不现实的，也肯定是无效的。

(11) 对顾客进行市场细分 (classification of customer into segments)

如第四章所述，旅游市场已经从简单市场细分发展到多层市场细分再到利基市场和个人市场。旅游市场的多样化已经成为旅游市场的主流趋势，因此营销管理者要力图找出具体的利基或个人市场细分，并针对具体的市场细分制定相应的营销策略，不要把旅游市场作为一个简单单一的市场来看待。

(12) 创造顾客 (customer creation)

旅游企业和旅游目的地需要用不断更新的产品吸引旅游消费者，要引导旅游消费，不断开拓和创造新的旅游消费领域，创造新的旅游需求。

与4P模式一样，除了上述的12个C之外，还可以进一步找出另外一些C，例如，消费者的需求（Customer needs）、消费者可以接受的成本（Cost）、方便性（Convenience）、沟通（Communication）等。

【补充阅读资料】

旅游广告媒体投放策略

在旅游产品不断丰富、市场竞争日趋激烈的同时，信息传播技术也在突飞猛进，作为广告信息接收方的消费者也出现了分众化的趋势，广告主在制定广告目标、安排媒体投放策略时，在预算范围内选择好适合自身特点的媒体已成为越来越重要的问题，只有通过精细化操作才能把握市场机遇、赢得竞争。

旅游广告竞争渐趋激烈

随着国民经济的持续稳定增长以及人民生活水平的不断提高，越来越多的人选择旅游活动来满足自身的需求。与此同时，旅游产品的供给也在持续地增长，新景区、新线路层出不穷，高端与中低端齐头并进，长线、短线空前丰富。

在消费者有了更多选择的同时，旅游营销也从产品营销向品牌营销过渡，在这个过程中，广告成为旅游品牌营销竞争的得力手段。近年来，我国多数旅游企业已经开始重视这一点，纷纷在旅游广告上大量投入，初始阶段往往也能获得满意的回报，但随着旅游市场竞争的日益激烈，这一阶段的旅游广告由于雷同化操作，广告手段相互模仿而作用明显下降。因此，如何制定适当的营销战略和广告战略、如何选择适当的媒体组合进行投放，成为旅游企业亟待重视的问题。

在经典的市场营销理论中，营销组合4P策略是由产品（product）、价格（price）、促销（promotion）、渠道（place）构成，广告正是作为一种促销工具成为市场竞争中的常用武器，旅游广告同样也在旅游市场营销中担此重任。

不同媒体的广告特性及比较分析

在充分肯定利用广告作为旅游营销工具的同时，还应对不同媒体的广告特性有所了解，以做到精准靶向、量入为出。首先，报纸作为主导性媒体其广告主要有以下特点：(1) 时效性强，信息传播迅速；(2) 发行量大，覆盖面宽；(3) 灵活性高。此外还有累积效应明显等特点。由于这些不可替代的优点，使得报纸是性价比最好的广告投放选择。对于旅游产品来说，选择不同地域、不同阶段进行促销宣传，版面大小可视策略要求选择整版、半版、四分之一版或通栏版面。相比之下，杂志的发行量和信息传播宽度则比较狭窄，从编辑发稿到出版发行，周期长，信息传播缓慢，且表现手段单一。但杂志的独到之处是受众定位明显、针对性较强。

电视旅游广告可谓图文并茂，是集图像、声音、文字为一体的传播媒体，近年来我国如大连等多个旅游城市的电视形象广告一时成为多彩的电视广告文化景观，但电视广告的价格相对较高，并非所有旅游产品广告主都能承担得起。广播广告虽然覆盖范围广，而且有一定的针对性，但其稍纵即逝的特点决定它只能作为一种补充手段，广播广告的内在特点使得它适于短期密集投放，尤其适合旅游产品的短期促销，最常见的是节假日期间短线旅游线路广告投放密度较之平常明显高出。

值得注意的是互联网广告近年异军突起，由于信息传播迅速、受众数量庞大、广告方式多样等原因，成为新的旅游广告投放热门手段，但其缺陷也是很明显的，由于互联网信息监督管理难度较大、各种信息良莠不齐导致信息的可信度有待提高。另外，旅游广告投放的媒体还有户外媒体、各种移动媒体等，它们使旅游营销手段更加丰富。

总体而言，报纸、互联网、电视排在前三名。而报纸因在接受者大脑中停留的时间较长、累积效应明显、权威性高、覆盖面宽、灵活性强等优点，目前仍是旅游产品提供商的最佳选择。从消费者的角度来说，由于旅游属于较高层次的消费，所以较为注重从报刊上获取信息。事实上，我国多家大型著名旅游企业在国家级权威报媒常年投放广告，作为一种重要的经常性营销举措，不但彰显了企业的雄厚实力，在展示企业形象的同时也成为旅游爱好者的导游伙伴，总之，以权威报媒作为信息载体因契合市场需求而一再被证明是正确的决策。

旅游广告投放的媒体选择策略

在旅游广告的媒体选择中，首先要服从于整体广告战略，这里尤其重要的是明确自身旅游营销定位和选择媒体组合策略。旅游营销定位包括目标市场定位、品牌形象定位和产品线路定位，重点是在做好目标市场定位的基础上，准确定位旅游品牌形象。

应该根据不同的市场目标和广告诉求目标选择不同的媒体组合策略。例如，西部某地要推出一个大型自然景观景区，在前期市场开发阶段，该景区选择全国性报纸连续整版投放品牌广告，旨在最大范围地传播信息；同时通过广播广告在节假日配合刺激性促销，广告内容为节假日优惠措施；还常年通过精选的杂志投放，以影响中高端消费者；另外还在互联网上投放大量链接广告。再如，针对一个刚开发的景区，成功的投放组合是：全国性的专业报媒和综合性报媒专业版面应占30%、当地主流报媒占30%、户外广告占10%、电视占10%、网络占5%、杂志占5%、其他占10%。而成熟景区的投放组合就有较大的变化：

全国性的主流专业报媒应占20%，区域主流报媒占20%、电视占25%、网络占10%、户外占15%、杂志占5%、其他占5%。从二者的投放比例变化可以看出，不管哪一种媒介形式都有自己的优势，只不过在不同阶段对景区的表现效果不同罢了。

资料来源：中国旅游报，2008年5-21. 第11版；略有删改。

【案例分析】

马来西亚旅游红火的简单秘密

马来西亚以“亚洲魅力所在”给自己的国家一个清晰的定位有着充分的理由。亚洲三大古老文明——马来文明、中华文明和印度文明，在马来西亚会聚、融合，并与当地原住民文化相互激荡，造就了马来西亚独特的多元文化。马来西亚的旅游营销在很大的层面上属于文化营销的范畴，无论民族文化、宗教文化、语言文化还是饮食文化，乃至殖民地文化，在政府主导下，马来西亚旅游相关部门都做出了很精彩的文章。

广州某装饰设计公司的肖小姐没想到自己会有如此好运。7月9日，她应邀参加在广州香格里拉酒店举办的马来西亚旅游局会展及奖励旅游（简称MICE）推介会。在招待晚宴的抽奖环节，全场唯一一个大奖降临到她头上——两张广州到吉隆坡的商务舱往返机票、四晚豪华酒店住宿、多个景点套票以及机场接送等。当马来西亚航空公司华南区总经理钟南把这份特殊的奖品送到肖小姐手里时，全场响起了热烈的掌声。

这只不过是马来西亚旅游局今年来华促销浪潮中的一朵美丽浪花。为庆祝马来西亚独立50周年，马来西亚政府把2007年确定为“马来西亚旅游观光年”，提出了“马来西亚欢迎全世界”（MALAYSIA WELCOMES THE WORLD）的口号。中国作为东南亚最重要的旅游客源地之一，历来受到马来西亚政府的重视。今年2月初，马来西亚旅游部副部长拿督林祥才刚来华进行完为期6天的旅游推广活动。6月23日，刚刚履新的马来西亚旅游部部长拿督斯里东姑安南又来到北京、新疆等地进行旅游推介。斯里东姑安南表示，马来西亚将2007年接待海外游客的目标定为2010万人次，其中中国游客为100万人次。

5月20日，本刊记者应马来西亚旅游部邀请，作为国内唯一的媒体代表飞赴马来西亚参加为期一周的“全球会聚马来西亚”（GLOBAL MEET MALAYSIA 2007）体验活动，并由此领略了马来西亚成熟而独到的旅游营销艺术。

政府，强大的资源整合部

一年一度的“全球会聚马来西亚”是马来西亚旅游部主办的一个全球性旅游推广活动，今年已经是第五届了。马来西亚旅游部把来自几十个国家的媒体、企业、旅行社等代表请到马来西亚，除了常规性的买家（BUYER）与旅行社之间的商务洽谈外，大部分时间都安排了与会代表游玩马来西亚。因为马来西亚的旅游官员相信，亲身体验胜过任何华丽的广告，口碑传播更是具有无可比拟的宣传效应。

今年的“全球会聚马来西亚”在迷人的海岛城市兰卡威举办，来自全球数十个国家的代表聚集在静谧的度假村酒店里开会，宛如一个小联合国。马来西亚旅游部部长拿督斯里东姑安南、副部长拿督林祥才等旅游部高官不但出席会议，会见媒体记者，还参加了具有浓郁马来风情的欢迎晚宴，身着马来民族服装与来宾一起跳舞，尽情展现了东道主的热情与亲和力。

事实上，马来西亚政府在旅游业中扮演着一个非常重要的角色。旅游业的发展不仅仅是旅游部的事情，几乎所有政府部门都要承担相关的责任。拿督林祥才在接受《新营销》记者专访时介绍说：“我们政府部门之间的沟通和合作很紧密，比如旅游部和交通部、民航部、安全部等部门之间是需要经常合作的，有点像旅游资源整合的联盟。部门之间有问题联合办公，很少有互相推诿的情况，因为我们直接向总理汇报。”

正是由于政府部门强大的资源整合能力，马来西亚举办了很多国际性的比赛和活动。这些国际赛事同时给马来西亚带来了更多的游客和美誉度。据林祥才介绍，今年马来西亚将举办50项大型活动以庆祝独立50周年，其中包括马来西亚一级方程式赛车锦标赛、马来西亚国际航空展、槟城世界音乐节等，虽然很多活动可能都会交给专业机构去操办，但政府在其中的战略规划与指导作用无疑是显而易见的。

为了让政府旅游部门与市场实现无缝连接，1992年，马来西亚旅游部还特别成立了马来西亚旅游促进局（简称大马旅游局）作为辖下的半官方机构，其基本职责就是促进马来西亚旅游成为国际性旅游、会议、展览及奖励旅游的“首选目的地”和“最佳旅游地”。

简单来说，大马旅游局相当于马来西亚旅游部的一个市场部门，更多的是承担与市场需求接轨的组织与服务工作。马来西亚航空公司华南区总经理钟南打了一个比喻：“旅游局相当于一个中介的角色，可以把旅游产业链中不同的资源整合和对接起来。这比我们企业之间私下合作要有效得多。”以7月份这次来华促销为例，大马旅游局就组织了旅行社、马来西亚航空、专业会展公司、酒店度假村、景区等十几家机构，分别在北京、天津和广州三地进行推介，每个城市都吸引了众多媒体和企业前来观摩。

政府对马来西亚旅游业的影响和促进还体现在对全国旅游资源的控制和旅游产品的研发上。与久负盛名的吉隆坡和马六甲等重点城市不同，位于马来半岛西北海岸、风光旖旎的海岛兰卡威（LANGKAWI）跟它的名字一样充满超然物外的海洋气息，绵延数千米的白色沙滩、碧玉般湛蓝深邃的海水、静谧的乡村美景和大片稻田，会令来自世界各地疲惫不堪的都市人找到“天堂在此”的感觉。但政府并没有急于让其充当赚钱机器，而是很有节奏地进行资源开发和游客导入。林祥才进一步向记者解释：“马来西亚旅游部目前有八项推广主题，分别是生态、农业与民宿、购物、海洋、宗教、保健、教育和体育。我们既要通过这八大主题把马来西亚推销给全世界，更要充分保护马来西亚珍贵和天然的旅游资源。兰卡威目前正处于开发初期，所以我们不希望一下子涌进来很多游客。”

这一点，记者在从吉隆坡转机至兰卡威时得到了证实。因为100多个座位的支线航班空空的，最多坐了1/3。在兰卡威整个海岛，绝对没有人山人海的喧闹，这使当地的自然生态包括红树林等都得到了很好的保护。政府的沉稳心态和良苦用心能得到旅游界的理解吗？新加坡阿曼集团旗下一个位于兰卡威海边的森林度假村用漂亮的业绩证明了政府决策的正确，这个五星级的森林度假村最低的客房收费是每晚400美元，却吸引了大批来自欧洲和东南亚的中产阶级游客。这家度假村的一位经理告诉记者：“我们主要的卖点是森林加海滩，很多客人非常喜欢这种置身大自然远离城市的感觉。我们这里非常清静，早上可以听着鸟叫声起床。这些都得益于政府对旅游资源富有计划性的开发和对游客数量的控制。”

与兰卡威类似的以兜售阳光、海水、沙滩为主的海滨城市还有槟城、沙巴等，林祥才显然对这些明星海岛寄予厚望。他认为，随着深度旅游观念的推广，非海边城市的游客越来越喜欢海岛旅游，而马来西亚在这方面有着得天独厚的自然优势。而怎样持续保护这些优质旅游资源，将是旅游部和国内旅游界要共同研究的课题。

体验营销与文化营销的双节棍

“只需探访一个国家，便可尽享亚洲魅力”，马来西亚以“亚洲魅力所在”给自己的国家一个清晰的定位有着足够的理由。亚洲的三大古老文明——马来文明、中华文明和印度文明，在马来西亚会聚、融合，并与当地原住民文化相互激荡，造就了马来西亚独特的多元文化。最典型的莫过于当地的语言文化，马来语、英语、华语、粤语、闽南语、客家话等，几乎都可以在马来西亚使用。

在这样的文化背景下，马来西亚的旅游营销在很大的层面上属于文化营销的范畴。无论民族文化、宗教文化、语言文化还是饮食文化，乃至殖民地文化，每个文化面都可以做出很多旅游文章。

马来西亚最具历史沧桑感的城市应该算马六甲（MELAKA），从最初的马六甲统治者马来君主到后来的葡萄牙、荷兰和英国统治者，几乎每个时期都在今天的马六甲留下了历史的印痕与情怀，吸引了大批来自世界各地的游客前来感受久远的历史风烟。

马六甲旅游局一位负责旅游规划的陈小姐告诉记者："马六甲的核心旅游资源就是丰厚的历史文化与多元的民族文化。虽然现在的马六甲已经具备了所有现代城市的元素，但最为宝贵的建筑与历史才是这座沧桑城市的灵魂。如果你来到马六甲的荷兰街，就等于站在了这座城市的心脏上。"从政府部门到旅游企业对此观点都没有分歧，因此他们在历史和文化体验活动的策划上下足了工夫。

据介绍，在马六甲至今仍然有很多印度和荷兰人的后裔，他们早年同当地的马来人联姻，逐渐形成了现在独特的种族文化和独立的居住群落。为了让更多游客体验到这种移植文化的魅力，当地旅游部门与企业联合策划包装出"印度村"、"荷兰村"等文化体验景点，每年还组织村民举办热闹的"印度屠妖节"、"荷兰海神节"等传统节日，并邀请游客参与其中。这种融合了历史、宗教与民俗的旅游产品受到了游客的普遍欢迎。

在马六甲一条古老的街道上，一座有着300多年历史的中国式老房子被马六甲旅游局作为重点保护文物和必游景点推荐给游客。有意思的是，担任讲解员的不是导游，而是这座房子的后人，一位有着典型中国面孔的女士。但她已经不会说汉语，只能用流利的英语为游客作介绍。马六甲旅游局的陈小姐向记者解释："她的祖辈据说是当年郑成功的部下，后来与当地马来女子联姻，便定居在此。前面几代人还会说汉语，但传承至今，汉语已经断层。游客从她的身上，可以直观地感受到多种文化融合和演变的过程。"

如果说马六甲是以历史的高远与厚实吸引游客的话，那么作为首都的吉隆坡（KUALA LUMPUR）则是以富有动感的国际大都市形象展示在全世界游客面前。88层的双子塔作为吉隆坡的标志性建筑，当之无愧地成为吉隆坡乃至马来西亚的第一名片。大马旅游局一位官员向记者介绍："我们把吉隆坡定位为梦想之都，这里是购物天堂，也是美食之都；这里有历史遗迹，也有现代建筑。不同的游客不同的个性可以获得不同的体验，而且这种体验会让他们印象深刻。"此外，吉隆坡的另一著名景点云顶娱乐城更是以拥有世界第二大赌城的卖点每年吸引着

1000 多万名游客前来一试手气。

马来西亚旅游部副部长拿督林祥才对记者强调："很多中国游客过去都比较喜欢跟着新马泰的七天团，但来过马来西亚后，才发现短短的一两天行程远远不够。现在，专程来马来西亚深度旅游的中国游客越来越多，因为这样他们才能很好地体验马来西亚的魅力。而我们非常重视游客的体验和口碑相传，因此，现在我们无论是在基础设施还是在专业服务上，都更注意细节了。"

会展与奖励旅游的诱人蛋糕

最近，云顶娱乐城驻广州代表处的业务拓展副经理肖骊特别忙，因为她也是马来西亚旅游局来华促销团的团员之一。与以往不同的是，这次主要是针对会展与奖励旅游的推介。MICE，正成为马来西亚旅游界非常看重的一块旅游细分市场。

据马来西亚旅游部统计，2006 年前来马来西亚参加会议的旅客人数为 820243，占所有入境旅客数的 4.7%，比 2005 年的 773562 人增长了 6%。2007 年头两个月，前来马来西亚参加会议的旅客人数为 119464，旅客人数最多的前 5 个国家为新加坡、日本、印度尼西亚、中国和泰国。会议与奖励旅游，正在成为令人瞩目的一块大蛋糕。

在 5 月 22 日召开的"全球会聚马来西亚"会议上，马来西亚旅游部宣布成立会展奖励旅游的直接部门（MICE Directory）。这一部门将与马来西亚航空合作，向全世界推广前来马来西亚举办会展与奖励旅游。此举背后的深意是，原来马来西亚旅游业主要集中在休闲度假旅游和观光旅游上，现在马来西亚将把促销重点放在会展旅游上，并将会展奖励视为马来西亚旅游业长期发展的重要利润增长点。

MICE 市场的重点开拓战略可以看做基于马来西亚的会议资源优势和商务活动操办经验而建立的。马来西亚旅游部部长拿督斯里东姑安南更是信誓旦旦地表示："马来西亚提供完善和先进的展场，能够满足所有 MICE 筹办单位的需求。而且马来西亚现有 2336 家旅馆，总共提供 157251 个不同等级的房间。因此马来西亚已经准备好应付任何大量住宿需求。"

但据记者了解，马来西亚进军 MICE 市场其实也是迫于现实的压力，首先，不少旅游线路和产品已经陷入模式老化、创新不足的困境，除了新开发的一些海滨城市还能以天然优势吸引游客外，大部分城市景点和线路不可避免地沦为"到此一游"的摆设型产品；其次，低价竞争同样存在于马来西亚旅游业。因此，如何提高旅游品质、开拓旅游蓝海便成了马来西亚旅游部门迫切需要解决的问题。

但是，MICE 作为新兴的旅游产品，需要一定时间的培育。比如对于中国很多企业来说，就未必能很快接受这种高成本的旅游活动。肖骊目前的主要工作就是与国内众多企业负责人保持深入沟通，说服他们接受MICE概念，把一些重要活动或年会放到云顶娱乐城去开。为了让客户亲自体验云顶娱乐城的会议设备和服务，她甚至向总部申请了好些免费赴云顶娱乐城游玩的名额给目标客户。“主要是以跨国公司和国内的大中型企业为主，它们是MICE的重点客户。”她说。

马来西亚航空的钟南也十分看好MICE市场。他认为这是一个非常有开发潜力的市场，尤其是在东南亚，马来西亚在MICE市场中有很强的竞争力。“此外，大家一起做这个市场，可以把旅游产业价值链上的各个环节打通，比如航空、酒店度假村、景区、专业会展机构等，完全可以在旅游部的组织协调下，实现资源共享和价值分享。”

为了吸引更多商务游客，马来西亚旅游部联合多个政府部门出台了很多政策，比如，如果一个奖励旅游团超过1000人，可以派警车开道，并由当地旅游局主要官员出面接待，为这些团体举办招待晚宴等。沙巴旅游局则承诺，奖励旅游团体超过100人，旅游局即可在机场举行沙巴传统欢迎仪式，并协助快速通关。政府对MICE的重视可见一斑。

反观国内旅游业界，无论政府相关部门对旅游资源的规划和保护，还是旅游主管部门与旅游企业的互动支持，与马来西亚相比，都有明显的差距。比如丽江、周庄等古城名镇的人满为患，比如各个省市对当地旅游资源的疯狂开发，比如政府在旅游产业链中的集体缺位，等等，无不警示着我国旅游业的病态侧面。

从这个意义上，有着集体作为和骄人业绩的马来西亚旅游业可以作为国内旅游界的正面教材。

——资料来源：新营销．http：//finance. jrj. com. cn/news/2007－07－31/000002488551. html，2007－7－31.

案例提示

1. 为什么说“马来西亚的旅游营销在很大的层面上属于文化营销的范畴”？
2. 讨论马来西亚政府在整合旅游资源、进行旅游推广活动中所采取的措施和所起的作用。
3. 讨论体验营销与文化营销在“马来西亚旅游观光年”活动中所起的作用。
4. 马来西亚政府为什么要积极促进发展会展与奖励旅游？
5. 马来西亚政府在其旅游营销活动中的表现对中国的旅游实践有什么启示？

【复习与思考】

一、重要专业词汇

营销（Marketing）
销售（Selling）
服务产品（Service product）
战略营销计划（Strategic marketing）
外部环境（External environments）
内部环境（Internal environments）
营销战略（Marketing strategy）
营销战术（Marketing tactics）
营销组合（Marketing mix）
产品导向型（Product-focused）
顾客导向型（Customer-focused）

二、思考和讨论

1. 营销和销售的主要区别是什么？
2. 旅游产品通常可以分为多少个层次？各个层次之间的关系如何？
3. 举例说明服务产品在营销特征方面与其他产品的关键区别。
4. 战略营销计划应该能够回答哪些问题？
5. 战略营销计划主要包括哪些内容？在战略营销计划中，如何进行SWOT分析？
6. 什么是营销组合？产品导向型营销组合与顾客导向型营销组合的主要区别是什么？

第六章

旅游对经济的影响

旅游消费行为本身就是一种经济活动，旅游业通常被认为是国民经济的重要收入来源之一。人们通常都非常关注旅游给旅游目的地地区带来的经济效益和对国民经济的促进作用，但是作为一种经济活动，旅游也必然会对目的地地区的经济产生一些负面影响。因此在研究和关注旅游业的积极经济影响的同时，也应该正视旅游活动为旅游目的地地区的经济带来的负面影响或经济代价。恰当正确地平衡旅游的经济利益和旅游活动导致的经济代价之间的关系，是进行旅游规划和旅游管理时必须面对的问题。既要使旅游的经济利益最大化，又要采取必要恰当的措施，最大限度地减小旅游发展所带来的消极负面影响。也就是说，要权衡旅游带来的经济利益与经济代价之间的关系，找出最佳的“利益—代价”解决方案。这对政府部门的决策者和旅游行业的管理者是一种巨大的挑战。旅游发展是社会总体经济发展的一个重要组成部分，因此，为了总体经济的健康发展，旅游经济必须向平衡和可持续发展的方向发展。

第一节　旅游活动的正面经济影响

从拥护提倡型理论平台的角度，旅游的发展是一个积极的、正面的过程，其经济影响也必然是正面的，旅游活动一定会给目的地地区带来可观的经济利益。对旅游目的地而言，通过旅游取得的经济收入是开发旅游项目和保持旅游业持续发展的动力。旅游收入可以分为直接收入和间接收入。

1. 直接收入

国际旅游收入是直接旅游收入的一个重要组成部分。按照世界旅游组织的定义，国际旅游收入包括国际旅游者（过夜旅游者和不过夜旅游者）本身或者为他人付出的所有消费性支出或购买实物和服务所花的费用。[①] 1999 年世界旅游收入为 4550 亿美元，对许多国家而言，旅游业已经成为增加国民经济收入的一个重要手段，表 6－1 列举了世界前 40 位旅游目的地国家和地区的国际旅游收入情况，表 6－2 是 1980～2001 年世界旅游收入前 10 强的变化情况。

表 6－1 世界前 40 位旅游目的地国家（地区）的国际旅游收入情况

国家/地区	1999 年（10 亿美元）	2000 年（10 亿美元）	1999～2000 年增长率(%)	2000 年占世界市场份额(%)
美 国	74.9	82.0	13.7	17.2
西班牙	32.4	31.5	－4.3	6.6
法 国	31.5	30.8	－5.1	6.5
意大利	28.4	27.5	－3.2	5.8
英 国	20.2	19.5	－3.4	4.1
德 国	16.7	17.8	6.5	3.7
中 国	14.1	16.2	15.1	3.4
奥地利	12.5	11.5	－8.7	2.4
加拿大	10.2	10.7	5.9	2.2
希 腊	8.8	9.2	5.0	1.9
澳大利亚	8.0	8.5	5.3	1.8
墨西哥	7.2	8.3	14.8	1.7
中国香港	7.2	7.9	9.7	1.7
土耳其	5.2	7.6	46.8	1.6
瑞 士	7.8	7.5	－5.6	1.6
俄罗斯	7.5	—	—	—
泰 国	6.7	7.1	6.3	1.5
比利时	7.0	—	—	—
荷 兰	7.1	7.0	－2.0	1.5
韩 国	6.8	6.8	－2.8	1.4
新加坡	6.0	6.4	6.6	1.3
波 兰	6.1	6.1	0.0	1.3

① World Tourism Organization. *Compendium of Tourism Statistics* (17th Ed.) [M]. Madrid, Spain: WTO. 1996.

续表

国家/地区	1999 年 (10 亿美元)	2000 年 (10 亿美元)	1999～2000 年 增长率(%)	2000 年占世界市场 份额(%)
印度尼西亚	4.7	5.7	22.1	1.2
葡萄牙	5.1	5.2	1.5	1.1
马来西亚	3.5	4.9	28.9	1.0
埃　及	3.9	4.3	11.3	0.9
巴　西	4.0	4.2	5.9	0.9
瑞　典	4.1	4.1	-0.2	0.9
丹　麦	3.5	4.0	16.3	0.8
中国台湾	3.5	3.7	4.7	0.8
爱尔兰	3.4	3.6	5.3	0.8
匈牙利	3.4	3.4	0.9	0.7
日　本	3.4	3.4	-1.6	0.7
印　度	3.0	3.2	9.5	0.7
以色列	3.0	3.1	4.2	0.6
中国澳门	2.5	3.1	25.0	0.6
阿根廷	2.8	2.9	-2.6	0.6
多米尼加	2.5	2.9	15.6	0.6
捷　克	3.0	2.9	-5.5	0.6
克罗地亚	2.5	2.8	-8.8	0.6

资料来源：魏小安，张凌云．共同的声音：世界旅游宣言［M］．北京：旅游教育出版社，2003. 19.

根据表 6－1 可以推算出，世界前 40 位旅游目的地国家和地区的旅游收入占世界市场总额的 83% 以上，而其中的前 10 位就占世界市场总额的 53.8% 左右。前 10 位旅游目的地国家的国际旅游收入基本上都超过 100 亿美元。这些国家是世界旅游经济领域的第一集团，占据了整体世界旅游经济的半壁江山。表 6－1 所列的其他 30 个国家和地区属于世界旅游经济领域中的第二集团，约占世界旅游经济总量的 1/3。其余的世界其他国家和地区则属于世界旅游经济的第三集团，在世界旅游经济领域处于边缘地位。

表 6－2 中的数据显示了世界旅游收入的前 10 强国家和地区在 1980～2001 年期间的地位变化情况，总体比较稳定，变化不大，但中国的地位变化比较显著，1990 年尚处于第 25 位，1995 年迅速上升到第 10 位，2001 年则跃居第 5 位，成为名副其实的旅游强国。

表 6－2　1980～2001 年世界旅游收入前 10 强的变化情况

国家/地区	1980 年	1986 年	1990 年	1995 年	2001 年
美　国	1	1	1	1	1
西班牙	4	2	4	4	2
法　国	2	4	2	3	3
意大利	3	3	3	2	4
中　国			25	10	5
德　国	6	7	5	6	6
英　国	5	5	6	5	7
奥地利	7	6	7	7	8
加拿大	10	9	9		9
希　腊					10
墨西哥	8	10	10		
瑞　士	9	8	8	9	
中国香港				8	

资料来源：魏小安，张凌云．共同的声音：世界旅游宣言［M］．北京：旅游教育出版社，2003. 20.

国际旅游出口收入的模式与商品出口收入的模式不一样（见图 6－1）。向国外出口商品时，商品的流动方向与国外支付商品款项的流动方向是相反的。出口商品向国外流动，而支付款项则向国内流动。例如，如果美国向日本出口计算

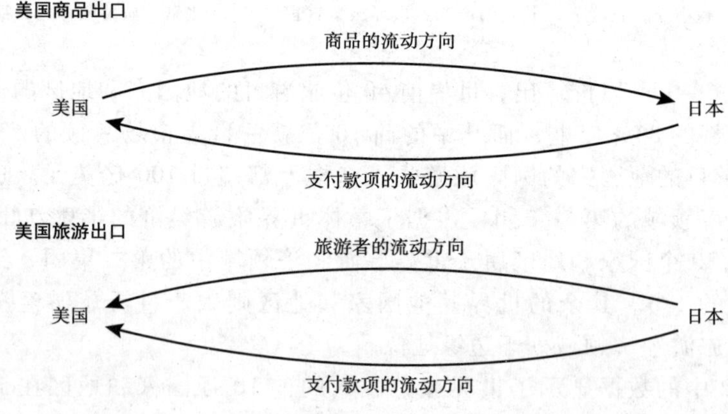

图 6－1　商品出口与旅游出口的流动方向比较

资料来源：Goeldner，C.，Ritchie，J. and McIntosh，R.. *Tourism*：*Principles*，*Practices*，*Philosophies*（8th Ed.）［M］. New York：John Wiley & Sons，2000. 422.

机，计算机从美国被运到日本，日本则向美国的公司支付计算机货款。但是出口旅游时，旅游者的流动方向与支付旅游消费的款项的流动方向是同向的，是一致的。例如，日本旅游者进入美国旅游，表示美国向日本出口旅游，支付旅游消费的资金也由日本游客从日本带到美国。日本游客到美国购买旅游感受和体验，并把这些感受和体验带回日本。因此，当这些旅游消费资金流入美国时，美国就发生了旅游出口，获得了国际旅游收入。

各种与旅游相关的税收也是旅游收入的组成部分。很多旅游目的地国家和地区的政府都把旅游业当做一种重要的税收来源。政府从旅游业中获得的税收收入主要包括：向旅游产品的生产者或销售者征税；向旅游消费者征收消费税；向旅游企业的从业人员征收所得税。旅游目的地政府在对旅游产品的生产者或销售者征税时，应该考虑这部分税是否有可能被转移到旅游者身上；对旅游消费者征税也要考虑是否会产生降低旅游需求的负面效果，因为过高的税赋会使旅游者生畏，从而压抑和降低旅游需求。

通常，一些旅游者认可的并对旅游者而言可能是微不足道的税收却会使旅游目的地国家或地区获得实质性的增加收入的效果，同时并不会对旅游市场造成太大的负面影响。例如，很多国家都征收交易税，通常称为增值税（Value-added tax，VAT）或商品和服务税（Goods and services tax，GST）。这种交易税的税率通常为5%～15%，因此这也是政府的一项很重要的收入来源。如果入境旅游者某一年在某一个旅游目的地国家花费了50亿美元，而该国的交易税率为10%，那么其政府从入境旅游者身上就可以获得5000万美元的税收收入。又例如，截止到1994年，在世界上180个左右的主权国家中，大约有110个国家面向旅游者征收出境税（也称为离港税）。[①] 澳大利亚1994年征收的出境税高达6730万澳元，[②] 显然，这是一笔很大的旅游收入。

各个国家设立的与旅游直接相关的税种不尽相同，涉及的范围也很广，但是主要的税收种类大致包括如下内容：

- 机场税；
- 出境税；
- 出入境旅游者携带物品的关税；
- 旅游用产品进口关税；
- 入境签证或过境签证费；

① 亚德里恩·布尔著，龙江智译. 旅游经济学［M］. 大连：东北财经大学出版社，2004.161.

② BTR. *International Visitor Survey 1996*［R］. Canberra，Australia：Bureau of Tourism Research. 1997.

- 博彩娱乐场的经营许可税；
- 酒店房间的销售税。

旅游者对旅游目的地的经济贡献可以通过三个因素来衡量：旅游者的数量；平均停留时间；日平均消费金额（见图6－2）。这三个因素在旅游目的地的旅游经济收入领域中呈动态发展，相互关联，相互影响，共同起作用。对旅游目的地而言，如果入境旅游者的数量稳定不变，那么旅游者的平均停留时间和日平均消费金额则是决定旅游收入多寡的主要因素。同时，旅游者的平均停留时间和日平均消费金额也受各种不同的细分市场因素的影响，因为来自不同客源国家或者客源地区的旅游者在某一个旅游目的地地区的停留天数和日平均消费模式可能会表现出不同的特性。例如，根据澳大利亚旅游研究署（BTR）的统计，1996 年入境澳大利亚的日本旅游者的平均停留时间为 11 天，而英国旅游者的平均停留时间高达 45 天，但是日本旅游者的日平均消费额为 131 澳元，而英国旅游者的日平均消费仅为 48 澳元。[①] 为此，旅游目的地通常都采取一些措施鼓励入境旅游者延长停留天数，或者吸引高端市场的旅游度假者，以增加旅游目的地的整体旅游收入。

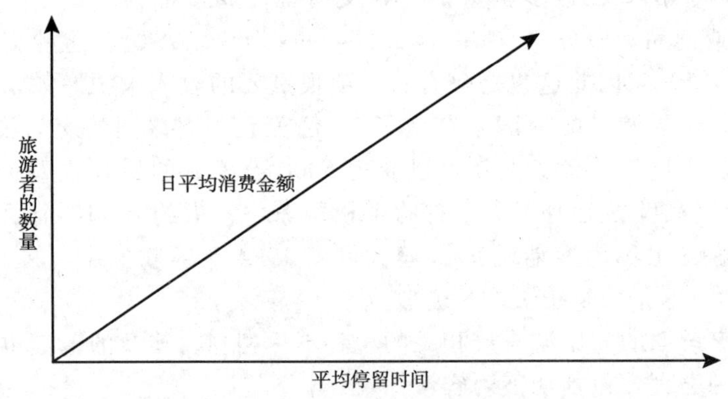

图 6－2　影响旅游目的地收入的三个因素

资料来源：Weaver，D. and Oppermann，M.. *Tourism Management*［M］. Milton，Australia：John Wiley & Sons Australia，Ltd.，2000. 252.

衡量旅游业对一个国家或地区的经济贡献的方法之一是观察旅游收入在 GDP 中所占的比例。人们通常认为，旅游收入在 GDP 中所占的比例达到 5% 即表示旅

① BTR. *International Visitor Survey 1996*［R］. Canberra，Australia：Bureau of Tourism Research. *1997*.

游在国民经济中的地位很重要。从表6-3的数据中可以发现，一些发达国家的旅游收入的绝对值很高，但是在GDP中所占的比例却很低，显示出旅游业在其国民经济中的地位相对并不很重要。例如，美国、德国和日本的旅游收入分别只占其GDP的0.6%、1.0%和0.08%；而巴哈马、库克群岛、马尔代夫、中国澳门和安圭拉的旅游收入在其GDP中所占的比例则相当高，分别达到36.1%、45.9%、46.4%、38.4%和74.4%，显示出旅游业在这些国家和地区的国民经济中所占的地位非常重要。

表6-3　2002年世界部分国家和地区的旅游收入在GDP中的比例

国家/地区	旅游收入（百万美元）	在GDP中的比重（%）	国家/地区	旅游收入（百万美元）	在GDP中的比重（%）
美　国	66547	0.6	马来西亚	6785	8.4
西班牙	33609	5.8	葡萄牙	5919	5.5
法　国	32329	2.4	丹　麦	5785	3.6
意大利	26915	2.4	韩　国	5277	1.0
中　国	20385	1.7	新加坡	4932	5.2
德　国	19158	1.0	波　兰	4500	2.5
英　国	17591	1.2	瑞　典	4496	1.9
奥地利	11237	5.8	中国澳门	4415	38.4
中国香港	10117	5.7	中国台湾	4197	0.9
希　腊	9741	7.8	俄罗斯	4188	1.4
加拿大	9700	1.3	克罗地亚	3811	18.8
土耳其	9010	5.3	埃　及	3764	3.6
墨西哥	8858	1.4	日　本	3499	0.08
澳大利亚	8087	2.1	巴哈马	1636	36.1
泰　国	7902	6.3	马尔代夫	318	46.4
荷　兰	7706	2.1	库克群岛	—	45.9
瑞　士	7628	2.9	安圭拉	—	74.4
比利时	6892	2.9			

资料来源：WTO网站，*International Tourist Arrivals & Tourism Receipts by Country*［R］，http：//www.world-tourism.org/facts/tmt.html.

上述数据表明，这些发达国家的经济总量是巨大的，但是其经济结构呈多元化，因此其旅游业虽然非常庞大，也只在其国民经济中占很小的比例。而在那些比较小的不发达国家和地区的国民经济中，由于其经济结构的单一性，几乎没有其他产业，因此旅游业在国民经济中的贡献率很高，成为重要的支柱产业，在国民经济中起举足轻重的作用。

事实证明，国民经济过度依赖旅游业并不是好现象，因为如果这样，国民经济会非常容易受到这种单一性的产业的兴衰或者经济周期及政治因素的影响。万一旅游业受到来自政治、经济、社会、自然灾害等方面因素的不利变化的冲击，势必会导致旅游需求的剧烈波动，从而使国民经济陷入困境，导致旅游目的地地区人民的生活水准发生负面变化。因此，任何一个国家或地区，尤其是经济不发达的国家或地区，如果把旅游业作为过分依赖的单一产业，从长远来看都是一种具有风险的战略。例如，2003 年受“非典”疫情的影响，中国的旅游业受到重创，损失高达 2000 多亿元人民币，但是由于中国国民经济具有多元性和综合性，因此当年中国国民经济整体上仍然保持增长势头。如果国民经济过分依赖旅游业，那么“非典”这样的突发灾害对国民经济的打击将会是巨大的、惨重的。

2. 间接收入

旅游的间接收入涉及旅游消费资金在旅游目的地地区的流通。这主要基于凯恩斯（Keynes）提出的再循环理论，即旅游者的消费产生了旅游收入，而旅游收入又导致了一连串的消费。这就导致了“消费→收入→消费”循环的连续发生。也就是说，人们将部分旅游收入再次用于消费，使其再一次注入旅游目的地的经济系统中。这就使旅游者的初始消费支出经过分配和再分配的多次循环周转，给旅游目的地国家和地区的经济发展带来增值效益和促进作用。通常，随着旅游者的进入会有新的货币注入当地经济，这些钱经过几次转手循环造成累计的经济收益大于最初旅游者花费的金额。旅游收入的这种再次循环被称为旅游“收入乘数效应”（Income multipiier effect，IME）。

图 6－3 概括了旅游收入乘数效应产生的基本过程。在现实中，旅游乘数效应的产生过程要复杂得多，因为要涉及很多变量。如图 6－3 所示，旅游消费首先进入直接为旅游者提供服务和产品的旅游企业（例如，度假饭店或度假地的乡村俱乐部等）。旅游企业获得的这些收入又被再次花掉，一部分用于购买当地的产品和服务，支付工资报酬和企业管理费用，从而产生新的收入和就业。而后这个过程又会再次连续发生多次，依次循环，直到这个循环发生漏损为止。如图 6－3 所示，在第一阶段旅游者的初始花费被称为直接效应（Direct impacts）或初级效应（Primary impacts）。由旅游者的初始消费引发的一系列收入的循环统称为次级效应（Secondary impacts）。在次级效应中的所有阶段中，通常将第二阶段的资金流动称为间接效应（Indirect impacts），将随后的各个阶段称为诱发效应（Induced impacts）。

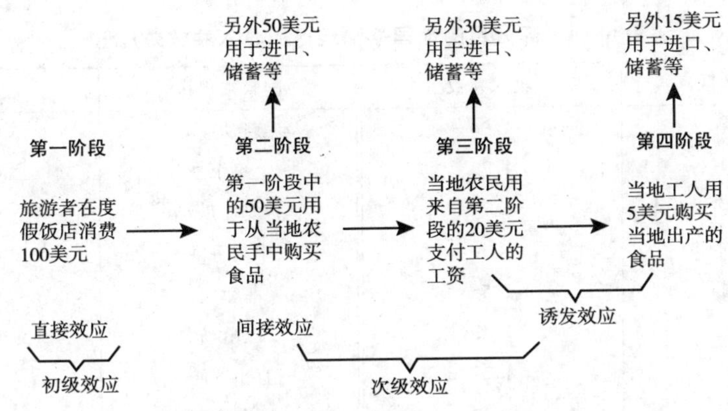

图 6－3 旅游收入乘数效应产生的基本过程

资料来源：Weaver，D. and Oppermann，M.. *Tourism Management*［M］. Milton，Australia：John Wiley & Sons Australia，Ltd.，2000. 255.

通常，在旅游消费的各个循环中，并非每一轮消费产生的收入都会被再次消费，其中一部分收入会被作为储蓄积攒起来，一部分收入会花费在旅游目的地的经济圈之外（例如，进口国外的产品和服务）。旅游收入在旅游目的地消费的比例越高，其收入乘数效应也就越大。旅游目的地国家或地区维持旅游收入的能力的大小，主要取决于当地经济自给自足的程度。如果旅游目的地的生产企业能够生产出外来旅游者希望购买的产品，其收入乘数效应就会增大。反之，旅游收入在旅游目的地消费的比例就会越低，收入乘数也会越小。例如，旅游目的地需要从外国或外地区进口大量的产品，其收入乘数效应就小。

表 6－4 列举了部分国家和地区的旅游收入乘数值。例如，在土耳其和英国，每 1 美元的直接旅游收入可以分别产生 1.96 美元和 1.73 美元的次级效应。而在菲律宾和汤加，每 1 美元的旅游收入产生的次级效应分别只有 0.82 美元和 0.42 美元。从总体上，旅游收入乘数效应的大小与经济规模的大小相关。通常，经济规模越大，旅游收入乘数效应也越大。虽然世界各地的不同城市和不同国家的旅游乘数效应差别很大，但是许多业界分析家通常都把 1.6 作为一个比较合理的乘数。①

① Angelo，R. M. and Vladimir，A. N.. *Hospitality Today：An Introduction*（4th Ed.）［M］. Lansing，MI，USA：The Educational Institute of AH & LA，2001. 33.

表 6-4 部分目的地国家和地区的收入乘数效应值

国家或地区	收入乘数	国家或地区	收入乘数
土耳其	1.96	新加坡	0.98
英 国	1.73	毛里求斯	0.97
爱尔兰	1.72	安提瓜	0.88
斯里兰卡	1.59	中国香港	0.87
法 国	1.56	菲律宾	0.82
西班牙	1.43	巴哈马	0.79
牙买加	1.27	直布罗陀	0.66
埃 及	1.23	西萨摩亚	0.66
多米尼加	1.20	英属开曼群岛	0.65
塞浦路斯	1.14	冰 岛	0.64
摩洛哥	1.12	巴巴多斯	0.60
北爱尔兰	1.10	英属维尔京群岛	0.58
百慕大	1.09	所罗门群岛	0.52
斐 济	1.07	帕劳群岛	0.51
塞舌尔	1.03	汤 加	0.42
马耳他	1.00	基里巴斯	0.37

资料来源：史蒂芬·佩吉等著. 刘劼莉等译. 现代旅游管理导论［M］. 北京：电子工业出版社，2004.223；Weaver，D. and Oppermann，M.. *Tourism Management*［M］. Milton，Australia：John Wiley & Sons Australia，Ltd.，2000.256；罗明义. 旅游经济学原理［M］. 上海：复旦大学出版社，2004.235.

3. 就业

旅游业可以直接或间接提供大量的就业机会。根据世界旅游及旅行理事会的统计，1998 年全世界 1/10 的就业岗位是旅游业提供的，在世界范围内有 2 亿多个工作岗位直接或者间接与旅游业相关。① 与旅游收入乘数效应相似，旅游对就业的影响也有三种形式：直接就业、间接就业和诱发就业。

直接就业指旅游者在旅游消费过程中直接产生的工作机会，这些行业部门是直接支撑旅游活动的企业部门，例如度假饭店、旅游经营商等。间接就业指那些与旅游活动不直接相关，但为旅游企业提供产品或服务的行业部门

① *WTTC Key Statistics 1998.*

所产生的工作机会。例如，2001 年广西壮族自治区旅游业的直接就业人数为 55.06 万，而间接就业人数则达到 91.67 万人。[①] 旅游目的地居民将旅游业收入用于自身消费，也可以诱发产生出一些工作机会，这些就业机会被称为诱发就业。利珀进一步用矩阵模式分析旅游业提供的就业机会，在矩阵中将就业机会从横向和纵向各分别划分为两个类别：旅游活动提供的真正工作和其他工作；与旅游业直接相关的工作和与旅游业间接相关的工作。表 6－5 显示在这个矩阵中，横向和纵向的四种类别的就业机会之间的关系和整体就业效应的情况。

表 6－5　旅游业支持的四类就业机会

	与旅游业直接相关	与旅游业间接相关	整体就业效应
旅游活动提供的真正工作（全日制和非全日制）	a	b	a + b
其他工作（相当于全日制）	c	d	c + d
整体就业效应	a + c	b + d	a + b + c + d

资料来源：Leiper, N. (2004). *Tourism Management* (3rd Ed.). Frenchs Forest, Australia: Pearson Education Australia, p. 231.

旅游消费的增加必然会导致就业机会的增加，例如，2001 年，秦皇岛市每百万元人民币的旅游消费在该市的经济系统内可以带来 32.87 个就业岗位。[②] 这就产生了就业乘数，可以用就业乘数来衡量旅游收入所创造的就业总数。旅游就业乘数表示：因为旅游消费所创造的总就业人数与直接就业人数之间的比率。如表 6－6 所示，就牙买加而言，旅游消费的增加所产生的每个直接就业岗位还可以进一步在其整体经济体系中创造出 4.61 个新就业机会。旅游就业乘数的大小取决于旅游目的地国家和地区的经济基础，因此，旅游就业乘数的大小因旅游目的地国家和地区的不同而异。旅游目的地的旅游经济越发达，其旅游就业乘数就越大；反之亦然。

---

① 广西壮族自治区旅游局等旅游业对国民经济贡献率研究［M］. 北京：中国旅游出版社，2004. 41.

② 张帆等. 旅游对区域经济发展贡献度研究［M］. 北京：经济科学出版社，2003. 207.

表 6-6 一些旅游目的地国家和地区的标准旅游就业乘数

国家或地区	就业乘数	国家或地区	就业乘数
牙买加	4.61	所罗门群岛	2.58
毛里求斯	3.76	马耳他	1.99
百慕大群岛	3.02	西萨摩亚	1.96
直布罗陀	2.62	帕劳群岛	1.67

资料来源：克里斯·库珀等著，张俐俐等译. 旅游学——原理与实践［M］. 北京：高等教育出版社，2004. 161.

4. 促进关联产业和区域经济的发展

旅游业具有高度的产业关联性。旅游业是以旅游活动为中心而形成的配置行业，旅游业同时又是一个跨部门、跨行业的交叉产业。根据产业联系效应理论，旅游产业是一个“后向联系”（Backward linkage）较强的产业，因此旅游业的发展会对相关产业产生较强的刺激作用。“后向联系”是指一个产业部门同向它提供投入产品和服务的上游部门之间的联系，例如，钢铁工业的后向联系效益指向的是采矿业。在旅游目的地，旅游者需要多种多样的产品和服务，包括住宿、餐饮、娱乐、交通运输、纪念品等，因此，和其他行业相比，旅游业在当地经济中可以提供更多的“后向联系”机会。这些“后向联系”机会既涉及直接的“联系”，例如，当地的农场扩大生产为酒店和餐馆提供更多的食品，也涉及间接的“联系”，例如，建筑业。因此，旅游业的“后向联系”行业部门涵盖的范围很广泛，也很复杂多样，其中主要的行业部门包括农牧渔业、交通运输业、娱乐业、建筑业和制造业。旅游业的发展必然会导致其“后向联系”产业部门的同步发展。以与旅游相关的生产制造业为例，其生产的产品可以广泛应用在旅游业的许多部门，例如，度假地设施、酒店设施和器具、康体娱乐设施、餐饮设施和器具、旅游纪念品等。因此，旅游业的发展在促进目的地地区经济的整合、经济的多样化及经济整体发展方面起着非常重要的作用。从这个意义上说，旅游业的发展可以成为国民经济中的一个新增长点，在一个较长的时期内，旅游业对国民经济的发展能起到明显的拉动作用。

发展旅游业也可以促进区域经济的发展。某些区域的经济发展比较落后，居民的生活水平比较低，但是可能拥有某些具有特色的自然旅游资源（例如，3S型旅游资源、热带雨林、火山、瀑布等）而没有得到开发和利用。有效地开发这些资源和发展旅游业可以使目的地地区的经济摆脱困境。例如，世界上很多地区开发和发展 3S 型旅游资源就是在以旅游为载体促进旅游目的地地区经济的发展。那些大自然赋予的美丽海滨地区在未开发为旅游度假地之前，从传统经济活动的视角，可能显示不出任何经济价值，但是一旦被开发为旅游度假胜地，就会立刻变成宝贵的旅游产品，显示出巨大的经济效益，在目的地地区的经济体系中发挥出巨大的作用。例如，墨西哥的坎昆（Cancún）在 1970 年以前只是一个玛雅人的小村落，3S 型旅游的开发使之在十年之后变成了一个世界著名的旅游度假胜地，旅游业极大地促进了该地区经济的发展。中国海南岛三亚市的经济也得益于其得天独厚的 3S 旅游资源和其旅游度假产业的开发和发展。

依据增长极（Growth pole）理论，旅游业也可以作为一种“驱动性产业”（Propulsive industry）带动区域经济的发展。根据法国经济学家佩鲁（Perroux）的观点，区域经济发展的基本模式是，经济增长首先出现于一些点或极核上，而不是各区域同时增长，在增长的过程中，通过不同的渠道向外扩散，并对整个经济产生影响。[①] 增长极应该是由外向内、由下而上形成的，是市场规律发挥作用的结果。驱动性产业就像一个“磁场极”，能够产生吸引和辐射作用，也正是这种作用使“增长极”能促进自身发展并带动周边地区发展。驱动性产业部门的增长速度超过平均水平，形成推动力并通过与其他部门紧密联系扩展其影响。驱动性产业具有如下四个基本特征：规模巨大；相对于其他部门具有强大优势；与其他部门有紧密联系；有强劲的经济增长潜力。显然，旅游业完全具备驱动性产业的这四个基本特征，因此，旅游业可以作为增长极战略中的一种驱动性产业，推动周边区域经济的整体发展。旅游业中的增长极战略通常包括四个阶段：[②]

其一，由政府选择确定一个条件适于发展旅游的地区，即“增长极”。

其二，通过政府的发动和激励，公共和私人投资开始向这个地区注入。这些投资者通常在该地区修建公共基础设施，同时享受政府对这些投资项目的补贴。

其三，由于外部投资的注入和政府陆续推出的各项优惠政策，很多外部人员会前来就业、开设和经营辅助服务设施和其他旅游相关设施。

其四，该地区经济的发展最终会吸引大量的居民在这里定居，从而导致该地区的经济发展成为一个可持续发展的体系。这时，新的投资和新移民进入的原因，是受当地市场的吸引，而并非是受旅游业的吸引。旅游发展所带来的经济效益开始向周边地区扩散，从整体上带动了区域经济的发展。

---

① Perroux, F.. *A New Concept of Development*[R]. Paris: UNESCO. 1983.

② Weaver, D. and Oppermann, M.. *Tourism Management*[M]. Milton, Australia: John Wiley & Sons Australia, Ltd., 2000. 258.

如前文所述，从旅游收入、就业和地区服务设施发展的角度，墨西哥的坎昆是一个非常成功的“增长极”。到1991年，坎昆发展成为墨西哥最大的国际旅游度假地，酒店客房的拥有量达到17990间，年接待游客数量达到160万人。到20世纪90年代末，坎昆的常住居民已经超过50万人，其经济完全发展成为一个可以自我维持的独立体系。

5. 有助于重新分配财富

不论在世界范围内还是在国内范围内，旅游都可以被当做一种重新分配财富的有效手段，即可以将财富和投资从比较富裕、经济发达的国家或地区（MDC）转移到比较贫穷、经济欠发达的国家或地区（LDC）。从理论上，这种财富的重新分配可以以两种形式出现：其一，旅游目的地国家或地区的旅游收入（通常，绝大部分旅游者都来自经济比较发达的富裕国家或地区）；其二，富裕的或经济发达的旅游客源国家或地区在比较贫穷或经济欠发达的旅游目的地国家或地区投资开发旅游项目或兴建旅游相关设施。如果发达国家或地区在经济欠发达的国家或地区投资兴办旅游业，这就意味着发达国家或地区在一定程度上支持着经济欠发达的国家或地区的经济建设和发展。

第二节　旅游的经济代价

拥护提倡型旅游理论观（Advocacy perspective）的倡导者，更关注旅游活动给旅游目的地地区带来的可观经济利益，而从小心谨慎型旅游理论观（Cautionary perspective）的角度，发展旅游业的同时必然会带来一些负面和消极的影响，在经济方面也能够对旅游目的地地区产生一定的副作用。

1. 引发物价上涨，导致通货膨胀

旅游开发通常会引发目的地地区的物价上涨，对当地经济产生通货膨胀的效应。通常，外来旅游者表现出的消费能力和支付能力都会明显高于目的地地区的当地居民。其原因来自两个方面：其一，这些旅游者来自收入水平和物价水平都非常高的国家或地区；其二，这些旅游者为了这次度假旅游活动，可能节衣缩食积攒了很长时间的钱。外来旅游者在度假期间会显示出大肆挥霍的倾向，表现出明显的高端消费倾向。大量旅游者进入旅游目的地地区后，打破了当地消费品和服务产品的供需平衡，这就会导致一些消费品和服务产品价格的上涨。最终会引起目的地地区的基本生活用品和服务价格的全面上涨，引起通货膨胀。这必然会影响目的地居民的日常生活，损害他们的经济利益。

旅游开发必然会导致人们对土地需求的增加，进而引起目的地地区土地价格的上涨。例如，在一个旅游没被开发的地区，如果兴建一个饭店，其对土地的投资只占整个饭店项目投资的1%。但是在旅游业过度开发的地区，兴建饭店的土地投资比例增加到全部项目投资的20%。[①] 土地价格上涨不仅会影响目的地地区的经济，而且会影响当地居民的生活质量和住房质量。土地价格上涨虽然会给目的地地区的土地出售者和土地拥有者带来经济利益，但是在整体上，对当地居民和非旅游产业部门的人员却是无益的，因为他们不得不为购房或租房付出更高的代价。土地价格的上涨势必会导致目的地居民与旅游开发部门之间为争取土地和住房利益而产生冲突。因为很多自然环境优美、气候适宜的旅游目的地地区在吸引大量外来旅游者的同时，也是当地居民赖以生存的居住社区。如果旅游开发部门和外来人员占用大量土地兴建旅游设施和别墅，就会推动平均房价的不断上涨，使当地居民难以或无法实现购买自己住房的愿望。

2. 漏损

旅游收入漏损是一种间接的经济代价，能够侵蚀旅游目的地地区的旅游收入乘数效应。如图6－3所示，在旅游消费的各个循环中，并非每一轮消费生产的收入都会被再次消费，其中一部分收入会被作为储蓄积攒起来，一部分收入会花费在旅游目的地的经济圈之外（例如，进口国外的产品和服务）。因此，漏损可以定义为“储蓄及进口外国商品和服务的总和”（见图6－4）。

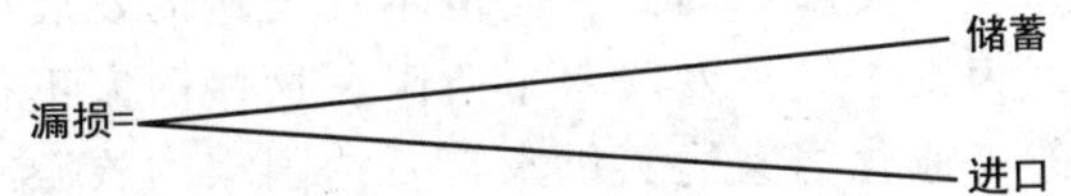

储蓄=未借贷给其他消费者
进口=从国外购买旅游所需的商品和服务

图6－4　旅游漏损

资料来源：Goeldner，C.，Ritchie，J. and McIntosh，R.. *Tourism：Principles，Practices，Philosophies*（8th Ed.）[M]. New York：John Wiley & Sons，2000. 429；有改动。

---

① Lundberg，D.. Caribbean Tourism[M]. *The Cornell Hotel and Restaurant Administration Quarterly*，*14*（*4*），Feb.，1974. 30－45.

虽然旅游收入漏损包括两大部分，但是主要部分与进口相关。与进口相关的主要漏损因素包括：

- 进口旅游者或者旅游业所需的经常性商品和服务，例如燃油、食品等；
- 进口旅游业所需的资本性产品和服务，例如家具、出租汽车、建筑设计费等；
- 向国外企业或跨国公司支付的代理费用或佣金，包括支付给外国企业的利润、外国雇员的工资、外国酒店管理公司的管理费用等；
- 旅游目的地国家的政府进口的基础设施和设备，例如，机场设施、公路设施及港口设备等；
- 为旅游业服务的国内生产厂商所需的进口物资，例如，进口化肥供种植旅游者所需的农作物使用；
- 引进外国资本进行旅游项目的开发时，需要定期还本付息或向外国投资者支付红利等。

显然，如果把旅游收入花在旅游目的地国家之外，购买进口商品和服务，是不能刺激目的地经济的发展的。同样，如果旅游收入变成了某种形式的储蓄，并且在一年之内没有借贷出去，这笔钱也不会对旅游目的地的经济产生刺激作用。为了从旅游收入中获取最大的经济利益，应该尽量减少对旅游收入的储蓄，并尽可能多地将旅游收入资金注入旅游目的地地区的经济体系中，尽可能多地购买在当地产生的产品和服务，尽量减少或杜绝购买进口商品和服务。

通常，旅游收入漏损发生在经济规模较小的旅游目的地国家，因为这些国家的工业基础比较薄弱，支撑型的基础产业发展比较落后，没有能力提供旅游业所需的商品和服务设施。因此，经济不甚发达的发展中国家的旅游收入的漏损比较严重，因为由于经济发展水平所限，这些国家不得不花费大量的旅游外汇收入向发达的工业化国家购买供来自发达国家的旅游者所需要的商品和服务设施。由于大部分旅游收入的流失，这些旅游目的地国家或地区的旅游综合效应不能够得到充分发挥。据此，人们完全可以理解，为什么大多数没有工业化支持的发展中国家在试图通过发展入境旅游挣取外汇和发展经济过程中通常会出现大规模的外汇漏损，进而可能会沦落为发达国家的所谓“飞地”（Enclave resort）的境况，使目的地国家的旅游业变成与当地经济缺乏联系的“飞地旅游”（Enclave tourism）。表 6 – 7 列举了部分发展中国家的旅游收入漏损比率。相反，经济比较发达的大型旅游目的地国家或地区的旅游收入漏损率则比较低，因为这些目的地国家或地区的支撑型基础产业比较发达，拥有可以与外国产品进行竞争的完整旅游商品和服务的供给体系，完全可以依靠自己的资源维持旅游业的发展，因此可以在当地经济中吸纳更多的旅游收入资金，使旅游业实现可持续性的健康发展。

表 6-7 部分发展中国家旅游收入漏损情况

国 家	漏损百分率	国 家	漏损百分率
阿鲁巴岛	40%	尼泊尔	47%
肯尼亚（沙滩旅游）	70%	斯里兰卡	30%
肯尼亚（远足旅游）	40%	泰 国	60%

资料来源：史蒂芬·佩吉等著，刘劼莉等译. 现代旅游管理导论［M］. 北京：电子工业出版社，2004. 322.

3. 可能引起产业结构失衡

发展旅游业可能会导致削弱发展中国家的农业基础，使其产业结构失衡。在发展中国家，农业是生产力非常低下的产业，而旅游业能够提供较高的工资收入，因此会吸引大批农业劳动力离开其耕种的土地，到旅游产业中寻求就业机会。这势必会对农村和城市的经济结构产生影响，即农村的劳动力流失，而城市则增加了医疗、教育、福利及其他公众服务基础设施方面的压力。同时，农业劳动力的流失又会造成农业产出的下降，而旅游的发展又必然导致对农业产品（例如食品、水果等）需求的巨增。这种产业结构的失衡的后果之一是大量进口旅游者所必需的农产品，这必然会导致旅游收入漏损的发生。

旅游的过度发展会使经济向单一化方向发展，从而导致目的地地区经济的不稳定。经济的多样化是一个国家或地区经济稳定的基础，因为如果某一个经济部门出现萧条或衰退，而其他经济部门可能很兴旺发达，这就会减小整体经济发生萧条的可能性，或抵消某一经济部门的衰退对整个经济体系的冲击。因此，旅游业的过度发展（在一些发展中国家表现得尤为突出），会与其他行业（例如农业和渔业等）争夺资源，导致经济的单一化，危害国民经济的健康发展。

4. 示范效应

示范效应（Demonstration effect）指目的地居民通过观察旅游者而引起当地社区的态度、价值观或行为发生变化。这些变化对目的地社区而言，可能是有利的，也可能是有害的。示范效应对旅游目的地（尤其是不发达国家和地区）的经济也会产生一定的负面影响。如前面所述，外来旅游者表现出的消费能力和支付能力都会明显高于目的地地区的当地居民。他们在度假期间会显示出大肆挥霍的倾向，表现出明显的高端消费倾向。旅游目的地地区的居民通常都会非常关注入境旅游者的生活方式和消费模式，会以外来游客为榜样，模仿他们的生活方式和消费模式，其结果会引起目的地地区的消费模式发生变化。例如，当地居民如果大量使用入境旅游者所使用的和拥有的高档进口日用消费品，就会导致旅游目的地地区的消费品进口量激增，这在一定程度上会抵消旅游出口所获得的经济价值。

5. 旅游经济的波动性

在旅游目的地国家或地区，大多数行业的稳定和相对可以预测的投入量和产出量是经济稳定的基础。旅游业是非常易于受各种变化因素影响的一个行业，它既受来自旅游目的地的供应因素的影响，也受来自客源市场的需求因素的影响。其中，季节性是旅游业引起目的地经济波动的一个不利因素，会对旅游目的地地区的经济产生负面效应。旅游业的季节性通常被认为是旅游发展中的最大弊端之一，是世界各地发展旅游业时所面临的主要问题之一。

季节性使旅游业的部分投资资本在一年内的部分时间段处于闲置状态，不能创造旅游收入。在旅游旺季，旅游者人数剧增，因此交通运输业、住宿业和各种娱乐设施无法满足旅游者的需要，或者无法使旅游者满意；而在旅游淡季，旅游者的数量骤减，导致大量的资源闲置或未充分利用。在季节性比较明显的旅游目的地地区，与其他行业相比，旅游业获利的时间比较短，而且要将这些利润分摊到全年的各个月份，以应付运营成本和人员成本。在这些地区，旅游企业的绝大多数员工的工作时间也仅限于一年内的部分月份，因此，他们也要用在旅游旺季的旅游客流高峰时期获得的工资收入负担个人或家庭的全年生活开销。总之，在季节性比较明显的旅游目的地地区，旅游淡季不可避免地会发生，旅游业中生产资料大量闲置、劳动力严重失业的现象，损害旅游目的地地区经济的稳定性，使旅游目的地地区居民的生活质量发生波动。

旅游需求因素（例如，客源地居民可自由支配的收入和时间）的变化，也会对旅游业产生影响，进而影响旅游目的地国家和地区的总体经济发展。如果旅游目标客源地的经济发生萧条或不景气，其居民外出旅游的趋势必然会下降，这势必会导致旅游目标目的地旅游业的衰落。

旅游产品内在的“地点性”也是旅游经济的一个波动因素。与消费其他产品不同，旅游消费者必须通过旅行的方式进入旅游目的地（旅游产品的生产地或生产旅游产品的“工厂”）后才能够消费旅游产品。而其他产品则需要从产品的生产地直接运输到消费者的居住地后，由消费者在其家乡或居住地进行消费。简而言之，消费旅游产品时，要求旅游消费者进行空间运动，否则就无法消费旅游产品；而消费者消费其他大多数产品时，则要求产品进行运动，即把产品从原产地运送到消费地（例如，消费者的居住地）。在这个意义上，旅游目的地国家或地区的任何动荡或不稳定（包括政治、社会和经济方面的因素）都会对入境旅游者的数量产生消极影响，从而对旅游目的地国家或地区的经济产生负面效应。例如，如果某个旅游目的地国家发生政治动乱或者社会动荡，人们仍然可以继续购买和消费从该国进口的各种商品，但是旅游者却不太可能去该目的地旅游。

旅游的季节性波动特性也给旅游者造成了很多麻烦。许多旅游者在旅游旺季出行都不同程度地受到了损害，他们需要支付最高的价格，而且著名景区（点）都人满为患。在旅游淡季，旅游者出行虽然可以少花钱，但是他们也会感到不满意，因为这时旅游目的地可能会冷冷清清，难觅游客，如同鬼城一般，无法为旅游者提供必要的交际环境。

6. 旅游业中的就业问题

如前面所述，旅游业不但可以创造很多直接就业机会，还可以诱发大量的间接就业机会。但是持有小心谨慎型理论观的学者认为，旅游业中的一些行业部门中的就业岗位的一些特点却不一定能促进旅游目的地地区经济的健康发展。旅游业中的很多工作岗位都被认为是低微、廉价、季节性或临时性的，而且在很多目的地国家或地区，妇女都是旅游业中的主要劳动力。整个旅游业中的大多数工作岗位的工资，与其他行业相比较都比较低。据统计，在北美、西欧和澳大利亚，旅行业、饭店接待业及其他零售业中的各种工作岗位的平均工资都比这些国家的全国平均工资低5% ~35%。[①] 其原因大致可以归纳为以下几点：

- 旅游业中大多数行业部门的工作岗位都缺乏技能性，因此晋升的机会比较少；
- 旅游业中的大多数雇主常常认为旅游业中的工作不需要高级技能，但事实上，很多工作恰恰需要高级技能，例如，对客服务等领域；
- 旅游业中的大多数企业的职工离职率很高；
- 在旅游企业中，职工的工会组织比较弱小，缺少集体谈判的能力；
- 旅游业中的大多数雇主在某种程度上都有不遵守国家规定的最低工资标准的倾向；

---

① Bull，A.. *The Economics of Travel and Tourism*（2nd Ed.）[M]. Melbourne，Australia：Longman Cheshire. 1995.

- 如果旅游业是目的地国家或地区的唯一或主要行业，由于缺少竞争，旅游业会成为降低当地工资水准的一个主要因素。

7. 机会成本

在旅游项目开发中，也会出现机会成本的问题。在经济学中“机会成本”指由于选择了一种方案而放弃另一种方案的收益，又称为“替代成本”。旅游开发如果以占用资源的形式代替其他行业的发展，则可以被称为旅游的替代效应。对旅游的经济影响进行评估时，应该考虑到这种替代效应。替代效应可能是正面的（获利的），也可能是负面的（付出代价）。在旅游经济领域中，这种机会成本的表现形式通常是：将稀缺的资源（例如，资金或土地）用于旅游开发，而不用于其他行业；如果把这种资源（例如，资金或土地）用于其他行业，也可能会取得更大的经济效益。例如，如果将资金和土地划拨给旅游开发项目使用，就意味着放弃这些资金和土地在农业生产和开发中发挥的作用，也意味着放弃了这些资金和土地在农业发展中获利的机会。

简而言之，机会成本与在某一个地区发展旅游所消耗的时间、资金及其他重要资源相关，其代价是放弃对其他行业或其他地区的投资和建设。因为如果一个国家或地区决定大力投资发展旅游业，那么这部分资金就只能用于旅游业，不能再向其他行业和领域投资，这样也就失去了在其他行业或领域中获利的机会。如果旅游业的发展没有达到预期的经济目标和效果，这对旅游目的地国家或地区居民的福祉是无益的。

【补充阅读资料】

澳门步入黄金时代　年均GDP增长率超两位数

截至2006年上半年，澳门居住人口达到50.3万，根据全国划分城市规模的标准，澳门将正式跻身“大城市”行列——只是这个大城市的面积仍然有些寒碜，仅仅27平方千米。

不过，正是由于澳门的“小”，才反衬出澳门经济发展成就之“大”。由于回归祖国以来经济持续高速增长，澳门人在告别“小城”称号的时刻，似乎并不多愁善感，因为在他们心中涌动的，更多的是对大城市未来的无限憧憬。

无论如何，澳门在过去7年中的迅猛发展，都堪称世界小型经济体发展过程中的一个奇迹。正是特区政府的开放政策叩开了机会之门，使澳门这颗亚洲经济新星迅速腾空而起。

澳门人眼中的新家园

“澳门像个大工地”，这是中外媒体近年来形容澳门城市变化最常用的一句话。当下，似乎全澳门都信奉一个信念：“楼盖起来，人就会来！”新赌场、娱乐观光设施、饭店酒店、公路桥梁，就像变戏法似的每天增长着。位于离岛氹仔和路环之间的那片滩涂，也摇身一变成为“路氹金光大道”，是国际度假村扎堆儿的地方。

土生土长的澳门人这样形容他们的城市：“当你抬头远望，会见到星罗棋布的脚手架与大吊车……当你行走在闹市区，你身边的人十有八九是游客。”

澳门某饭店的服务人员黄小姐坦言：“以前，我常常东一家店铺、西一家茶楼到处打工。现在我和我先生都找到了固定工作，收入也比原来高了不少。我们还在学习做赌场发牌的‘荷官’。我的一些亲戚朋友早先去了新加坡或者香港工作，现在都打算回澳门了。”

来自中国内地、从事地产策划的李先生告诉记者：“我从广东到澳门4年来，澳门发生了巨大的变化。澳门楼价已经从赌权开放前的4000元/平方米升至目前的1.1万元/平方米。澳门是一个充满商机的地方。”

一份大型调查结果表明，大多数澳门人对目前的发展感到满意，并对澳门未来的前景表示乐观。

打造“东方拉斯维加斯”

众所周知，旅游博彩业是澳门经济发展的生命线。这一“龙头”行业占澳门经济总量的比重约为60%；每100个澳门人中就有约57人从事旅游博彩业。

然而，澳门博彩业的发展也经过了一条颇为曲折的道路。早在1841年香港开埠后，缺乏深水港便利条件的澳门就走上了以博彩业为经济支柱的道路。博彩业的变化与波动，成为澳门经济发展的晴雨表。

从1961年到2002年年初，澳门博彩娱乐有限公司专营博彩业长达41年之久。博彩娱乐场所在垄断的情况下，创造的财税收益相当有限，服务上也有不少让人诟病之处。

转折发生于5年前。2001年，澳门特区政府决定适度开放博彩业。2002年，通过竞标，除了本地的澳门博彩有限公司外，3家外资公司以独家或联合的形式获得了在澳门经营博彩业的资格。以此为标志，在澳门持续半个多世纪的博彩专营制度成为历史。

自2002年4月1日澳门正式开放外资经营博彩业后，澳博、永利及威尼斯人旗下的新赌场相继落成。此举不仅推动了行业的升级换代，同时也意味着澳门博彩业进入了巨头博弈的“战国时代”。

由于引入竞争，澳门博彩业进入了良性发展阶段，博彩税收也大幅增长。据澳门特区政府博彩监察协调局统计，2006年第一季度，澳门龙头产业博彩业的毛收入超过123亿澳门元，高于2005年的任何一季。

今年9月，美国永利以天价9亿美元把自己的副牌卖给百宝来娱乐（澳门）股份有限公司。澳门博彩业的3主、3副共6张赌牌全部诞生。这预示澳门博彩业将掀开新的一页。

美国一份分析报告称，澳门今年的赌场收入将达到68亿美元，超过拉斯维加斯，成为全球最大的博彩市场。

对澳门而言，博彩业乃至整个澳门经济的奇迹般发展，无疑与中央政府实行的“个人游”政策密不可分。

一位职业导游这样描述“个人游”：“港澳码头每天清早都是宾客盈门。内地游客一到澳门，都会到‘盛世莲花’雕像旁拍照，感受一下‘祖国统一’。然后，他们会去看大三巴牌坊、妈阁庙、葡京酒店，吃澳门小吃，买‘手信’。而后，很多人会参与一个重要节目——去赌场，一部分人只是去体验一下，而另一部分人则会彻夜在赌桌上拼杀。”

据统计，2005年澳门入境游客达到1871万人次，其中1040万人次来自中国内地，而内地游客为澳门带来了约475亿元人民币的收益。

有人形容，澳门现在就像“成人版的迪士尼乐园”。人流带着金流，像倒在漏斗般，一一流进这个燃烧旺盛火焰的高炉里，聚沙成塔。

萌芽状态的盛世隐忧

世界任何一个地区经济的发展都是波浪式的，有高潮，必有低潮。高中低所伏，低中高所倚。从目前来看，澳门经济正沿着稳定及持续发展的轨道进发，但一些尚处于萌芽状态的问题与苗头同样存在，其中就包括经济多元化和人才隐忧。

在博彩业迅猛发展的同时，一批有前瞻意识的澳门人看得更远。他们认为，博彩业在澳门经济中的“独大”埋藏着风险，因为对这个行业的发展而言，世界经济和周边国家和地区的繁荣稳定至关重要。而这一切，并非澳门人所能掌控。同时，博彩业给社会带来的一些负面效应也是显而易见的。因此，他们希望澳门尽快实现经济多元化，摆脱对博彩业的过度依赖。

如今，澳门人已经开始未雨绸缪。在接受《环球》杂志记者采访时，澳门特区政府贸易投资促进局主席李炳康表示，搭建中国内地与葡语国家的经贸合作服务平台，发展澳门会展业，都是实现澳门经济多元化的有效途径。

而在网络的澳门讨论区上，有2/3的年轻人认为澳门处于巨大的变化之中。生活节奏的加快令很多人来不及转变。而澳门居民，特别是年轻人，在急于赶上经济发展步伐的同时也遭遇了不少困惑。

据了解，澳门有不少年轻人中学毕业就进入赌场工作，担任“荷官”，据说最低工资是1.8万澳门元。赌场和大学争夺年轻人，使澳门人才培养的压力增大。

一名澳门青年在其博客中写道：“先不论这种变化是好是坏，变化总是存在了。热闹的娱乐城不断开辟，高薪厚禄夺去了求学的热情，年纪轻轻有车有楼，使人们感到巨大的不确定性。”

所以说，与在其他充满压力的城市生活相比，澳门人的生活可以用“潇洒”来形容，但人才的短缺是澳门面临的一大问题。虽然，澳门以其特有的包容性和高待遇网罗了数以万计的外地人才，但本地人才素质的提高依然刻不容缓。

——资料来源：环球. http：//www.kankan.cn/superlibtary/ FreeArticle.asp?AID = 12829.2006（20）；略有改动。

【案例分析】

奥运给青岛旅游插上腾飞翅膀

青岛是奥帆赛承办城市，北京奥运会开幕以来，青岛奥林匹克帆船中心（以下简称奥帆中心）就成为世人关注的焦点，与之相邻的奥林匹克主题公园更是当地最热门的景点。这里有除北京以外唯一一处奥运圣火燃放点，每天有无数市民和游客前来近距离接触奥帆赛，感受奥运激情。

奥帆赛让青岛成为一个名副其实的“帆船之都”，给这个美丽的海滨城市留下了宝贵财富。奥运会后，具有世界一流水平的青岛奥帆中心将成为一个集居住、购物、会议和休闲度假等功能于一体的景区，向社会公众开放。“奥帆赛带动了青岛旅游业的发展，给青岛旅游插上了腾飞的翅膀。”青岛市旅游局局长王建功说，“青岛将充分利用奥运资源建设休闲度假旅游区。通过打造休闲度假旅游区，推动设施的赛后利用，使青岛作为‘帆船之都’的内涵更加充实。”

奥帆赛是青岛旅游发展的一个历史性机遇，青岛借助奥帆赛完善了城市旅游设施，优化了旅游环境，提高了旅游服务质量，为奥运后旅游发展奠定了良好基础。近年来，青岛借助奥运影响力，加大招商引资力度，加快推进旅游大项目建设。在投资280亿元建成70个旅游大项目的基础上，今年又重点推进49个总投资额481亿元的旅游大项目建设。这些项目规模大、休闲度假特色突出，其中投资50亿元以上的有2个、30亿元至50亿元的有2个，20亿元至30亿元的有5个，10亿元至20亿元的有5个。截至目前，奥帆基地、天幕城、香格里拉大饭店二期、海尔洲际酒店等项目已经完工。

作为一个知名的旅游城市，青岛去年接待3200万人次的国内游客和108万人次的海外游客。为了更好地服务海内外游客，奥帆赛开幕前夕，青岛完善了旅游公共信息服务体系，可以为国内外游客提供全方位的旅游综合信息服务。

奥帆赛旅游服务标准高、要求严。青岛结合迎接2008年奥帆赛，进一步加快了旅游服务国际化、细微化的步伐，使服务质量进一步提升。为了提供优质的旅游服务，青岛市制定实施了《青岛国际帆船赛旅游服务城市运行计划》，开展“迎奥运、上水平、全面提高服务质量”主题创建活动。这项活动评选出“百名迎奥明星”，包括100名讲解员、导游员、客运驾驶员、服务员；推出“首批旅游服务名牌”14个、“迎奥推荐饭店”27个、“最佳旅游服务明星”12个、“迎奥文明示范窗口”4个。目前，青岛全市AAA级以上旅游景区、三星级以上饭店无障碍设施达标率为95%以上。

同时，青岛市旅游局还与青岛酒店管理学院联合举办了“迎奥运”西餐烹饪和摆台大赛，邀请国际和国内西餐烹饪专家担任评委，21家四、五星级饭店共派出103名优秀选手参加了比赛，专家们对300多名星级饭店西餐管理人员进行了现场培训。通过邀请南京金陵旅游学院专家对全市星级饭店西餐服务员工进行培训，宣传贯彻西餐服务规范，提高了从业人员的技能，提升了西餐服务与制作水平。

日前，国际奥委会主席罗格到青岛奥运分村进行考察，他对这里良好的设施和优质的服务表示赞赏。罗格说，这里所有的人脸上都带着微笑，是他见到的最棒的帆船奥运分村。

后奥运时代，是青岛市旅游大发展的黄金时期，下一步我们将围绕奥运主题，打造奥运品牌城市、国际海滨度假城市、帆船之都、休闲度假旅游区，争创中国最佳旅游目的地。

以奥帆基地为龙头建设休闲度假旅游区，需要科学统一的规划。对此王建功表示，在奥帆赛过后，青岛将进一步完善奥帆中心的服务功能，形成奥运文化的传承、海洋休闲度假、浪漫婚庆、文化娱乐、购物消费五大旅游组团，打造一个以奥运为主题，以奥帆中心为轴心，国际知名、国内顶尖、具有鲜明特色的休闲度假旅游区，使之真正成为国际知名的水上运动中心、国际体育文化交流的重要载体、市民游客休闲健身娱乐的重要场所。

对于整个青岛旅游规划，王建功表示，将引入国际先进旅游理念，聘请国际知名旅游规划专家，编修具有世界领先水平的新一轮城市旅游规划。“我们要把握世界最先进的旅游文化和发展趋势，重点发展以高尔夫、游艇、国际邮轮、婚庆、商务、节庆、会展等为主要内容的时尚休闲旅游产品，着力构建以度假旅游为核心的度假旅游、观光旅游、海上旅游、文化旅游、商务节会旅游、体育健身旅游六大产品体系，保持旅游业发展的活力和后劲。”

今年以来，青岛旅游部门在全行业推行实施高尔夫和游艇俱乐部管理与服务地方标准，推动高尔夫、游艇等体育项目完善旅游功能，打造高端特色旅游项目，以吸引高端入境游客，增加外汇收入。

青岛是著名的“啤酒之城”，每年一度的青岛国际啤酒节是国家旅游局推荐的中国十大节庆活动之一。后奥运时代青岛如何进一步发挥节庆和赛事的拉动作用呢？青岛在进一步做好做大国际啤酒节、中国·青岛亚太旅游博览会等特色节会的基础上，每年8月9日的奥帆赛纪念日将举办“青岛海洋文化节”，同步启动每年一度的“青岛杯”帆船赛，组织游泳、跳水、舢板、钓鱼、海鲜烹饪大赛等富有特色的活动，增加群众参与性，力争使“青岛海洋文化节”迈入世界知名节庆之列。同时，借助成功举办帆船赛的经验，通过承办沃尔沃环球帆船赛、克力伯帆船赛等大型赛事，打造青岛“帆船之都”品牌，提升城市国际知名度和影响力。

资料来源：中国旅游报，2008－8－22. 第1－2版；略有删改。

案例提示

1. 讨论奥运会对青岛旅游业的潜在影响。
2. 对青岛而言，前奥运会和后奥运会的旅游经济效应分别可以表现在哪些方面？
3. 从经济的角度，讨论奥运会对青岛城市基础设施建设产生的影响。
4. 奥运会后，青岛市的旅游经济发展能否出现波动？

【复习与思考】

一、重要专业词汇

经济影响（Economic impact）
直接收入（Direct revenue）
间接收入（Indirect revenue）
收入乘数效应（Income multiplier effect，IME）
就业乘数（Employment multiplier）
后向联系（Backward linkage）
增长极（Growth pole）
收入漏损（Revenue leakage）
飞地旅游（Enclave tourism）
示范效应（Demonstration effect）
机会成本（Opportunity cost）

二、思考和讨论

1. 旅游活动能够产生哪些正面经济影响？能够造成哪些经济代价？
2. 为什么一些国家的旅游绝对收入很高，但是其旅游业在国民经济中的地位相对并不很重要？
3. 国际旅游出口收入的模式与商品出口收入的模式有哪些不同？
4. 简要描述旅游收入乘数效应产生的基本过程。
5. 旅游目的地在什么条件下会获得比较大的旅游收入乘数效应？在什么条件下会获得比较小的旅游收入乘数效应？
6. 什么是旅游收入漏损？

第七章

旅游的社会文化影响

对旅游者和旅游目的地社区居民而言，旅游是一项社会文化活动。旅游者只有到达旅游目的地后才能消费旅游产品，这就意味着旅游目的地的居民必然会在旅游产品的生产过程中和旅游者对旅游产品的消费过程中，与外来的旅游者进行交流。旅游者与旅游目的地居民交往的过程也是其获得旅游体验的过程。外来旅游者和旅游目的地居民的这种交流必然会对旅游目的地的社会文化产生影响，同时旅游目的地的社会文化也会对旅游者本身产生影响，并通过旅游者将这些影响带到旅游客源地的社会文化生活中的各个领域。和旅游的经济影响一样，旅游的社会文化影响也是非常深远的，其后果也同样具有两面性，既可能是有益的，是积极正面的；也可能是有害的，是消极负面的。

第一节　旅游的社会文化影响的特征

为了分析旅游的社会文化影响的特征，需要了解以下三个主要概念：文化的三个组成部分；旅游者对目的地造成的社会文化影响与当地居民对外来文化的知觉之间的关系；旅游者和目的地居民进行接触后相互产生影响的要素。

1. 文化的三个组成部分

文化包含多个相关的元素，所有这些元素都可以使旅游目的地产生旅游吸引力。文化的三个主要组成部分是高雅文化（high culture）、大众文化（popular culture）和多元文化（multiculturalism）（见图 7－1）。尽管文化的这三个组成部分都可以被改变成或改造成旅游产品，但是高雅文化通常更容易被包装成旅游产品，因为“文化旅游”中的“文化”因素通常很容易与高雅文化中的一些内容联系到一起，例如，博物馆和艺术馆中的“文化”因素就非常容易与“文化旅游”相关联。

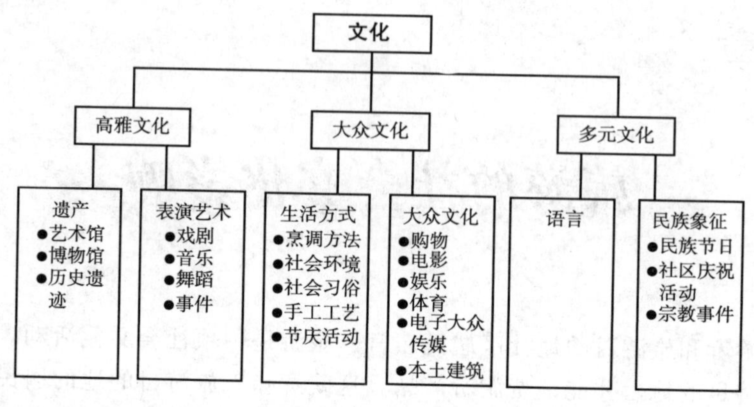

图 7－1　文化的三个组成部分

资料来源：Hall C.. *Introduction to Tourism*: *Dimensions and Issues* [M]. Frenchs Forest, Australia: Pearson Education Australia, 2003. 284；有改动。

2. 旅游者对目的地造成的社会文化影响与当地居民对外来文化的知觉之间的关系

对旅游目的地而言，外来文化的影响会随着来访旅游者数量的不断增加而逐渐加大，外来文化的影响达到一定程度后，甚至会在某种程度上潜移默化地改变着当地固有的传统社会文化。也就是说，旅游越成为大众旅游，其对目的地文化的影响就越深刻。但是当地居民对这些外来的异邦文化的感知程度却和外来文化对当地文化的影响程度成反比，即随着旅游目的地的发展，外来社会文化对目的地社区的影响会越来越大，但是当地居民对外来文化影响的感知程度却越来越弱。换言之，旅游对目的地地区的文化产生的影响越大，东道地居民对不断增多的外来旅游者所带来的异邦文化的感觉却日益淡漠。在旅游目的地开发初期，虽然来访的旅游者的数量不多，但是当地居民却能强烈地感知到这些旅游者带来的神秘的异邦文化，对这些新奇的异邦文化充满了好奇心和神秘感。随着旅游目的地的进一步开发，越来越多的旅游者进入该地区，东道地居民逐渐熟悉了那些外来旅游者带来的异邦文化的特征，对外来文化的入侵表现得越来越麻木，表现出一种见怪不怪、习以为常的态度，随着时间的推移甚至会适应这些文化的影响并逐渐接受这些文化。史密斯（Smith）将这种关系用重叠在一起的一个正三角形和一个倒三角形来表示（见图 7－2）。

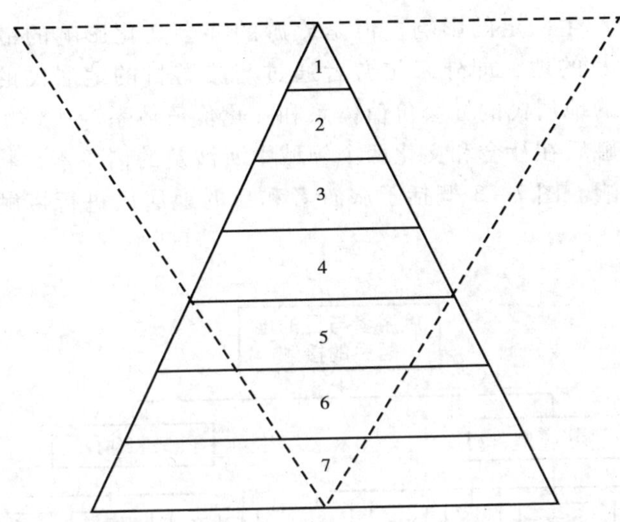

图 7-2　旅游者对目的地造成的社会文化影响与当地居民对外来文化的知觉之间的关系

资料来源：Weaver，D. and Oppermann，M.. *Tourism Management*[M]. Milton，Australia：John Wiley & Sons Australia，Ltd.，2000. 195；有改动。

图 7-2 中两个三角形表示外来旅游者对目的地社区的社会文化影响程度与当地居民对外来文化的感知程度之间的关系，其中实线的正三角形表示随着大众旅游的发展外来旅游者对旅游目的地社会文化影响的程度逐渐加大。随着旅游目的地的开发和发展，来访游客的数量越来越多，他们所带来的外部文化对当地社会文化产生的影响也会越来越强烈。虚线的倒三角形表示旅游目的地居民对外来社会文化影响的感知程度逐渐降低。随着外来大众旅游者数量的不断增加，目的地居民对外来文化的神秘感变得越来越淡薄，对外来文化影响的感知程度也变得越来越弱。随着时间的推移，目的地居民甚至会对外来文化的入侵显得麻木不仁，视而不见，达到几近被同化的地步。

3. 旅游者和目的地居民进行接触后相互产生影响的要素

旅游使不同的文化相互接触，从而导致人们的价值观、信仰、习俗和工艺制品等发生变化，这个过程被社会学家称为“涵化”（acculturation）。“涵化”过程并不对称，受接触的方式、社会成员的社会经济特征和人口数量等因素的影响，在“涵化”过程中一种文化可能会对另一种文化起主导或者支配作用。在现实社会中，虽然旅游者会把旅游目的地的文化带回旅游客源地，从而对客源地的社会文化产生一定的影响，但是旅游的社会文化影响的最大效应往往作用和发生在旅游目的地，即外来旅游者通过与旅游目的地居民的直接或间接接触和交往，对目的地居民的社会价值体系和文化价值体系产生影响。了解旅游者与目的地居民接触后在社会和文化两个领域中所涉及的诸要素，将有助于分析旅游的社会文化影响。图 7－3 概括了旅游者和目的地居民进行接触后相互产生影响的要素。

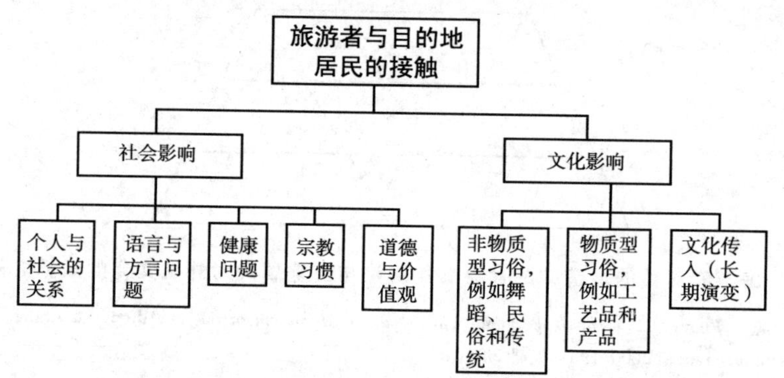

图 7－3　外来旅游者与旅游目的地居民接触后相互影响的要素

资料来源：史蒂芬·佩吉等著，刘劼莉等译．现代旅游管理导论［M］．北京：电子工业出版社，2004.227；有改动。

旅游对目的地的社会文化影响的程度，往往受客源地与目的地之间在经济文化方面的差异大小的制约。旅游客源地和旅游目的地之间在经济和文化方面的差异越大，旅游的社会文化影响也就越大。反之，其影响也就越小。如果旅游客源国的经济和文化都“强于”旅游目的地国家，那么旅游对目的地国家产生的社会文化影响则可能大于客源国。① 客源国和东道国之间的社会文化差异越大，旅游的社会文化影响的作用也就越大。例如，加拿大旅游者到美国旅游的过程对美国造成社会文化的影响就很不明显或微乎其微，而欧美发达国家的旅游者到亚洲或非洲发展中国家旅游的过程会对旅游目的地地区产生比较大、比较明显的社会文化影响。

① 史蒂芬·佩吉等著，刘劼莉等译．现代旅游管理导论［M］．北京：电子工业出版社，2004.228.

第二节　旅游的社会文化影响的正面效应

从拥护提倡型理论平台的角度审视旅游，人们可以发现，旅游活动对目的地的社会文化具有积极正面的影响。这种影响主要表现在以下几个方面：

1. 促进不同文化之间的交流和了解

如果与外部的某个文化群体不发生接触或者只发生非常有限的接触，人们通常对这种文化或这种文化中的成员持有一种刻板印象。人们在与来自这个文化的成员接触时，也会以这种刻板印象为依据对其进行评价，用这种方式往往会得出负面的、不正确的评价结论，例如，简单概括地认为，美国人如何如何，英国人如何如何，日本人如何如何，等等。旅游活动可以促进不同文化之间的广泛交流，因此可以增进和加强不同国家、不同民族及不同地区人民之间的了解，改变人们心目中对某一民族或某一文化群体固有的那种刻板印象。在旅游活动中，东道地居民通过与外来旅游者的直接接触和交流，会自然而然地消除原有的对某一个民族或某一个文化群体的刻板印象，把这些旅游者当做个体来看待，甚至把他们当做潜在的朋友来对待。在某种程度上，经常旅行的人和那些与外部世界很少接触的人相比，更宽宏大量，更宽容，更具四海为家的心态。旅游活动还可以使目的地地区的居民改变过去那种部族心态，减少民族性质的偏见，从而开阔目的地地区居民的视野和思想境界，使目的地居民不再是只看到并只了解自己本土文化的“井底之蛙”。例如，中国改革开放以来，大量的来自西方发达国家的旅游者来到中国，亲眼看到了中国的巨大变化，从而消除了对中国的固有偏见。同时，中国人通过与这些外国旅游者接触也消除了自己本身对外国人，尤其是对西方人的偏见。因此，旅游活动可以被看做促进跨文化交流和了解的强劲力量。

国际旅游也是促进世界和平的一种力量。国际旅游者进入东道国，与当地居民进行交流和沟通，可以增进彼此之间的了解，消除误解，促进各国之间的和平友好关系。国际旅游活动，在一定意义上，在缓和国际关系、促进世界和平及树立东道国国家形象等方面起着非常重要的作用。国际旅游者在客观上也有意识或无意识地扮演着“民间大使”的角色。例如，20 世纪 70 年代，中国和美国之间的“乒乓外交”就是一个经典的案例。两国以乒乓球运动员的体育交流（也可以称之为以体育为“目的”的旅游）为契机，创造了友好的气氛，打开了双向沟通的渠道，逐渐开启了两国关闭了近30年的外交大门。

2. 是保护传统文化和文化遗产的动力

旅游业的发展，在社会文化方面，能够促进地区文化、民间艺术和文博事业的发展。旅游业的发展促进及激励了对历史建筑和文化遗产、遗迹的保护。旅游者对历史的怀念和对文化差异的追求，激励旅游目的地的政府和社区对传统文化进行更加有效的保护，采用更有利于保护的运作模式发展旅游业。传统文化如果具有旅游价值，就会受到普遍尊重，同时这种价值通过市场的调节会得以实现和受到追捧，这样传统文化遗产就会得到保护，使之得以延续和传承。正是由于有全球性的旅游活动，很多文化孤岛才能够被保存下来，免遭经济海洋淹没。因此，旅游业为拯救具有旅游价值的一切文化价值作出了很大的贡献，为此，贾法利指出，“许多宗教或考古建筑之所以从被毁坏的境地中被拯救出来，更多是由于旅游的发展，而不是由于它们在当地民众看来所具有的价值”。① 旅游的这种保护作用的贡献可以是直接的，也可以是间接的。直接的贡献包括社会历史文化类型的旅游吸引物的门票收入、相关旅游纪念品的销售收入及社会对保护文物古迹的捐赠收入等。例如，山西平遥古城1997年被列入世界文化遗产后，1998年的门票收入达到500多万元人民币，当年的旅游综合收入达到4800万元人民币。间接的贡献包括政府定期从旅游总体收入中划拨出一定数额用于对文化遗产的保护和日常维护。例如，泰国古都阿瑜陀耶（Ayudhya）和斯里兰卡的丛林古城阿努拉德普勒（Anuradhapura）的保护也都得到了旅游收入的资金支持。

历史文化建筑和传统文化遗迹得到妥善保护之后，还会进一步促进旅游业的发展，进而会有利于弘扬传统文化。其原因主要包括：其一，传统文化类型的旅游吸引物得到保护后对旅游者会更具有吸引力，因此能够获得更高的旅游收入；其二，对传统文化遗产的保护会给目的地居民提供更多的机会，直接鉴赏自己的传统文化遗产。

这种规律不仅仅适用于传统文化遗迹，也适用于传统社会和文化习俗。旅游者仰慕旅游目的地的艺术、工艺、习俗、传统惯例等，因此当地居民也就会对自己本土的文化产生强烈的自豪感。在这个过程中，外来旅游者唤醒了目的地居民对本土文化的浓厚兴趣，促使当地居民重新认识和欣赏自己的本土文化，并寻找自己的本土特色。由于旅游的发展和外来旅游者的需要，旅游目的地的一些原来

① 魏小安，张凌云．共同的声音：世界旅游宣言［M］．北京：旅游教育出版社，2003.34.

几乎被人们所遗忘了的传统习俗和文化重新得到开发和恢复；传统的手工艺品因为旅游市场的需要而重新得到开发和发展；传统的音乐、舞蹈、戏剧等也得到重视和进一步的整理和挖掘。所有这些文化传统和习俗，不但能够得以保留下来，并且重新获得了发展的活力。如果不发生旅游活动，这些传统的文化活动和习俗很可能会在强大的现代化潮流的无情冲击下完全消失或者灭亡。例如，中国云南和贵州地区的一些少数民族的传统婚庆活动、衣着服饰式样和习惯、多种多样的民族音乐和舞蹈等的保留和发展，在很大程度上都是得益于旅游业的发展。辽宁瓦房店市的复州皮影戏兴起于明朝万历年间，逐渐发展成为独树一帜的地方传统艺术，但是在20世纪八九十年代市场经济的大潮中几乎被淹没，濒于灭亡；由于旅游和申报国家级非物质文化遗产，复州皮影戏这种古老的民间艺术不但得以复苏，也被注入了创新的活力。云南纳西族许多濒临失传的传统文化在旅游大潮的触动下开始复苏并融入旅游市场。例如，纳西古乐、东巴歌舞和字画等民间艺术的复活，打铜、制陶、民族服饰等传统手工业也获得了新生。又如，印度尼西亚巴厘岛的传统文化元素由于旅游的发展而得到了很好的保护，并获得新生；传统的舞蹈、木雕工艺、音乐、庆典仪式等不论在普及程度方面，还是在质量方面，与没发展旅游的过去相比，都是有过之而无不及的。

3. 促进社会的稳定与和谐发展和提高目的地的人民的生活质量

旅游业能够创造就业机会，增加收入，因此人们普遍认为，旅游可以提高经济发展的水平，而经济的发展必然会促进社会的稳定与和谐发展。旅游业的发展能够有利于保持一个社会的完整性，减缓居民从传统的农村向城市流动的进程。保持原有的社会模式是保护传统和传统生活方式的最佳办法。旅游带来的收入和就业机会可以稳定那些尚未“现代化”的社会结构和社会生活体系。

旅游目的地为了发展旅游事业，必然要改进其基础设施和接待设施，以满足来自不同客源地的众多旅游者的多种需要，还要加强整体社会环境的治理（生活环境和社会治安环境）。因此，著名旅游目的地的社会生活环境和治安环境通常都能够被来自发达国家的旅游者所接受。尽管这些硬件设施和软件环境的建设都出于发展旅游的原始动力，但是这在客观上也普遍改善了旅游目的地的生活环境，方便了目的地居民的生活，使目的地居民能够获得较高水准的生活质量。

第三节　旅游的社会文化代价

尽管持小心谨慎型理论观旅游理论者认为，旅游在一定的条件下能够产生积极的社会文化影响，但是他们仍然坚持认为，发展传统模式的大众旅游会给旅游目的地的社会文化造成很大的消极负面影响，也就是说，目的地要为发展大众旅游业付出很大的社会文化代价。如果旅游目的地属于不发达国家，那么这些社会文化代价会更加沉重。当然，随着现代化进程的发展，旅游目的地的社会文化在某种程度上受到损害是不可避免的。旅游活动只是诸多导致社会文化代价因素中的一个因素，但是无可置疑的是，旅游业的发展可以加快目的地的社会文化受损害的速度。从小心谨慎型理论观的角度，人们会发现，旅游业的发展会给目的地的社会文化带来很多消极负面的影响（见图 7－4）。这些消极负面的影响的原因是多重的，下面将分别对其中的一些主要的因素进行讨论。

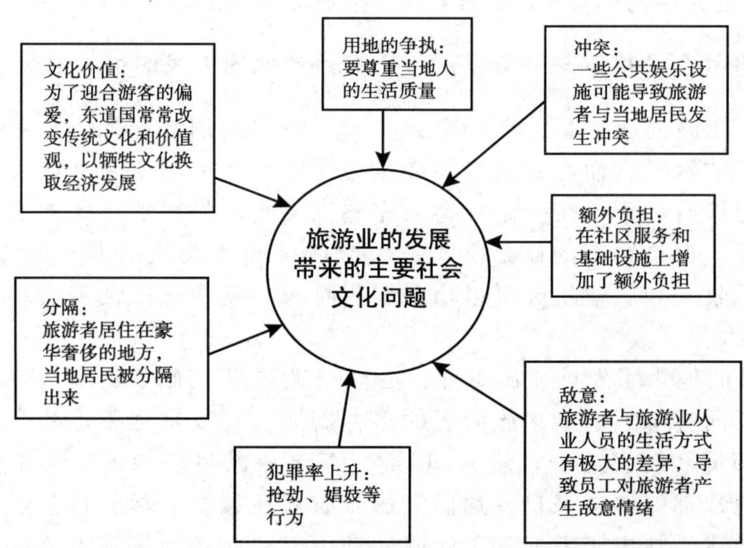

图 7－4　旅游业的发展带来的主要社会文化问题

资料来源：http：//cd. emb. gov. hk/pshe/edtt2/public_html/content/c/coumat/coumat_u3_1a_c2. html，2005－3－14；有改动。

1. 商品化

就旅游目的地而言，文化商品化是与旅游相关的一个主要消极负面影响因素。旅游活动中的文化“商品化”（Commodification）可以这样解释：为了满足旅游市场的潜在需要或者实际需要，旅游目的地的文化逐渐转变成可以销售的商品或者产品，这个过程被称为“商品化”。从经济的角度，商品化可能会被当做对旅游目的地的积极正面的影响因素，因为文化变成商品后可以转换成金钱价值。但是，当文化成为金钱交易的商品时，就难以保持其原有的模样了。在商品化的过程中，文化的表现形式被粗俗化了，传统的民间艺术被稀释了，当地居民对这些艺术形式的兴趣在减弱。

商品化了的文化已经失去了文化活动本身的全部意义。如果人们只重视从文化艺术和文化表演的复制过程中获取的金钱价值，而忘记了这些文化艺术和文化表演的固有品质和含义，社会文化的商品化就会对目的地产生消极负面的影响。社会文化被商品化之后，为了满足旅游市场的需要，迎合来自异邦文化地区的旅游者的口味，文化必然要发生变化和异化，这样，文化原有的内涵就会受到侵蚀或者被完全消灭。当非物质文化遗产变成商品的时候，就不再具有原来的功能。人们将自己原来的生活方式截取某些片段，当做一种旅游资源，供那些不同生活方式的旅游者观赏。例如，当我们把结婚庆典这样庄严的事情变成一种有趣的活动来表演，供人观赏时，人们内心的情感、庆典的庄严性都被抽空了，保留的仅仅是外壳。一些宗教场所，例如，教堂、寺庙和宗教圣地，开辟为旅游观光胜地后，其表现出的商业性就会大大超过其传统的宗教色彩。这种现象在某种程度上是对非物质文化遗产的破坏和亵渎，也脱离了“原生态”的生活。由此可见，旅游活动导致的文化商品化的社会文化代价是巨大的。由旅游导致的文化商品化是一个渐进的过程，这个过程通常与旅游的发展相关联，文化商品化大致可以经历四个阶段（见图7－5）：

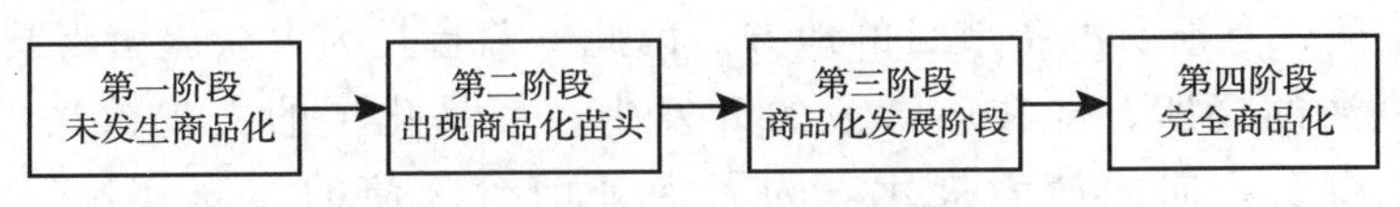

图7－5　旅游导致的文化商品化过程

资料来源：根据下述资料整理绘制：Weaver，D. and Lawton，L.. *Tourism Management* (3rd Ed.)［M］. Milton，Australia：John Wiley & Sons Australia，Ltd.，2006. 276－277。

第一阶段，在目的地社区中几乎看不到旅游者。偶尔见到的少数几个旅游者会被作为“尊贵”的客人，邀请观看或者参加当地的一些真实的传统文化节事活动，参加这些活动是不收取任何费用的。当地居民也会送给这些旅游者一些真实的文化艺术品，表达他们对旅游者的尊敬之情。

第二阶段，越来越多的旅游者经常来访，因此，目的地居民对他们已经没有什么新鲜感了。得到允许，这些旅游者可以观看当地的一些传统文化习俗活动，但是要支付少量的费用。旅游者也能够以比较便宜的价格购买一些真实的传统文化艺术品。

第三阶段，大量的旅游者有规律地定期访问目的地社区。为了吸引旅游者和满足他们的偏爱，对传统的习俗和庆典仪式进行了改革，使其更符合旅游者的口味。传统音乐或舞蹈的表演时间也按照旅游市场的要求进行安排。在这个阶段，人们重视的是旅游吸引物的表演性，而不是传统文化的真实性。各种表演项目的价格以旅游市场可以接受的程度为标准，如果可以接受，价格定得越高越好。当地居民面向旅游者出售大量的以廉价劳动生产出来的旅游纪念品。

第四阶段，商品化和现代化的进程共同产生影响，导致旅游目的地固有的传统文化的完整性完全消失。商品化已经延伸到文化的各个领域，导致目的地文化全方位的商品化。

在文化商品化的第四阶段，旅游目的地的居民可以从旅游活动中获得巨大的经济利益，但是随着其文化独特性的消失和伴随而产生的对传统社会规范和社会结构的破坏，会对旅游目的地社区产生很大的负面社会影响，危及社会的稳定。在大规模急速发展旅游业的传统社会中，文化商品化表现得尤为明显。

由于认识到了文化商品化的危害，很多旅游目的地都采取了各种措施，试图最大限度地减小商品化进程对社会文化产生的消极负面影响。麦克坎内尔（MacCannell）提出的前台（frontstage）和后台（backstage）的模式是旅游目的地应对文化商品化，并力图保持和保留传统文化习俗的一种手段。① 在社会这个舞台上，前台指演员演出及宾主或顾客与服务人员接触和交往的地方，后台是一个封闭的空间，是演员准备节目的地方。因此，前台是为大众旅游者提供商业性民俗文化表演的场所，即在旅游业的开发中，商品化了的文化被当做“真实”的东西搬上舞台，向旅游者展示。为了保证前台表演的“真实性”和“可信度”，就必须保证后台的“封闭性”和“神秘感”。前台的目的是保护后台，使目的地的传统文化免遭破坏。后台不对旅游者开放，主要供当地社区的居民在这

① MacCannell, D.. *The Tourist: A New Theory of the Leisure Class*[M]. New York: Schocken Books. 1976.

里进行民俗文化活动（例如节事活动、庆典仪式等）。目的地居民在后台展示和实践的是本社区的真实民俗生活，表现和保持着目的地社区的真实传统文化习俗。因此，从理论上，只要目的地居民和旅游者双方都能够理性地保持和尊重前台和后台的界限，就可以从旅游活动中取得既能够获得经济利益，又能够保持当地社区的原始生活方式和古朴民俗民风的双重效果。

但是，事实上，前台和后台的划分也会产生有悖于人们初衷的结果。现实生活往往是这样的：目的地居民在前台展示或表演的是大众旅游者非常感兴趣的传统文化、艺术、风俗或歌舞，但是这些表演者在表演结束后，走下“前台”进入“后台”时，却过着与“现代”人完全一样的非传统生活。例如，加拿大萨斯卡彻温省的五族文化村（Wanuskewin Heritage Park）中的印第安原住民在“前台”向外来旅游者展示印第安人居住的传统圆锥形帐篷（tepee），而他们自己在“后台”则居住在设施齐备的现代化住房中。又如，在亚马孙河流域的印第安人部落中，印第安人传统的用烛光照明的原始小屋、自产的土饭只作为“旅游产品”提供给旅游者体验和“享受”，而印第安人自己却再也不过那种传统的生活了，他们使用发电机发电，穿着现代的服饰到学校接受教育，到附近社区的超级市场购买食品。在我国云南和贵州的一些少数民族的村寨，在旅游业开发中，为了迎合旅游者的兴趣和满足他们的需要，当地青年男女在“前台”身着民族盛装表演传统的音乐和歌舞，但是，表演结束回到“后台”后，他们会即刻脱掉传统的民族服装，换上新潮的牛仔裤、T恤衫和高跟鞋，欣赏流行音乐，享受现代文明的舒适和乐趣。又如，云南摩梭人的年轻人从小就穿汉装，都不喜欢穿摩梭服装，认为穿摩梭服装不好看、不方便。但是旅游的开发使他们认识到了民族服饰的价值，激励他们主动身着摩梭服饰参加“前台”表演性活动，例如，划船游湖、牵马、篝火晚会等，向好奇的旅游者展示其独特的摩梭文化。[①] 这就使摩梭的传统文化和传统审美价值获得了重生、复兴和发展。因此，在这个意义上，是“前台”的存在使保存和发扬传统文化和习俗成为可能，使那些没有得到应有的重视、正在衰退和消亡的传统本土文化习俗和艺术遗产得到丰富和保护。

2. 旅游的示范效应对社会文化的影响

示范效应除了对旅游目的地的经济产生影响外，也会对旅游目的地的社会文化产生一定的影响。旅游者到目的地旅游时，以自己为榜样影响着当地的居民。

① 刘晖. 旅游民族学［M］. 北京：民族出版社，2006. 340.

旅游者进行旅游的同时，也把他们自己的社会文化价值观带到了旅游目的地，对目的地的社会文化产生影响。旅游目的地的居民通过观察外来旅游者的行为，模仿其消费行为和生活方式，从而引起目的地社区的态度、价值观或行为等发生改变。对目的地而言，这些改变可能是有利的，也可能是有害的。值得注意的是，引发示范效应的因素是复杂的，旅游只是其中的一个重要因素，因为当今世界的资讯手段十分发达，电视的普及率非常高，互联网将世界各地的人们连接在一起，其他各种媒体（例如广播、报刊杂志、广告宣传等）也都是无处不在、无处不有，这些都可以引发示范效应。

示范效应对旅游目的地的社会文化可以产生正面和负面的双重影响。旅游目的地的居民通过旅游者，看到了自己生活水准的差别，心目中勾画出了未来奋斗的目标，因此示范效应能够激励旅游目的地的居民更努力地工作，追求更美好的生活。

示范效应的负面影响也会对旅游目的地的社会文化造成很大的代价。旅游者表现出的物质消费水平和价值观通常都与目的地居民之间存在很大的差距，这种差距会对目的地居民产生很大的影响。旅游者所表现出来的富裕程度和行为的自由度，对目的地居民而言可能是一个遥不可及的目标。旅游目的地的居民，尤其是青年人，通常都非常羡慕旅游者表现出的社会优势和经济优势及其悠闲懒散的生活方式，但是他们看到的只是旅游者的一个侧面，而这个侧面并不能真正反映出旅游者在本国或本地区所体现的价值观和消费模式。他们不知道，这些旅游者可能要辛辛苦苦地工作很长时间，甚至需要整整一年的时间才能够积攒到这次度假所需的足够资金。受外来旅游者展示出的较高物质生活水平的影响，目的地居民（尤其是青年人）对生活水平的期望值会急剧升高，并由此对自己的传统生活方式产生不满情绪，继而崇尚、追求和模仿旅游者带来的“现代”生活方式和文化方式（包括服装装束打扮、娱乐消遣方式、道德标准、意识形态等），蔑视本土文化，丧失民族自豪感。

示范效应的影响也会加深和加大目的地社区中年轻人和年长者之间的“代沟”，使老年人与青年人之间产生紧张对立情绪。因为目的地社区中的年长者往往被认为“保守”和“不开化”，他们倾向于维护和保持本地固有的社会文化传统和习俗；而青年人受到旅游者带来的外部社会文化的影响，通常会很快地效仿外来旅游者的行为，并接受这些外部的社会文化意识和惯例，还会极力排斥、贬低和摒弃本土传统的价值观和习俗，全面赞同和追求外来的“现代”文化或“西方”文化。这种目的地社区中老年人和青年人之间形成的“代沟”是本土传统文化和不断涌入的外来现代文化之间发生的激烈冲突所导致的必然结果。

外来旅游者看上去通常都要比旅游目的地社区的大多数居民富有，而目的地社区也不可能在短期内，通过传统的手段和方式（例如增加收入）迅速达到同样的富裕程度。这通常也会使目的地居民产生不满、沮丧和嫉妒的情绪，并对旅游者产生敌意，继而引发消极的示范效应。这种消极的示范效应会诱发旅游目的地居民采用非法手段来实现他们无法达到的愿望，造成针对旅游者的犯罪率上升，使外来游客成为犯罪的牺牲品。

目的地居民受外来文化，尤其是西方文化的影响，会追求宽松的道德观念和标准，加剧一些社会病态现象的出现和对传统道德观念和标准的冲击，使传统社会为此付出沉重的代价，例如，性解放、性自由、家庭观念淡薄、离婚率上升、卖淫、吸毒，甚至性病和艾滋病的传播等。

3. 旅游导致目的地原生文化丧失原生性

旅游发展促发了旅游目的地传统文化的变迁，使旅游目的地当地的原生文化逐步丧失了其原生的特性。外来旅游者会把他们自有文化中的价值观、审美观、各种习俗等带到旅游目的地，因此旅游目的地的语言、风俗习惯、烹饪风格等具有独特传统的原生文化，会受到来自不同文化地区的旅游者潜移默化的影响，渐渐失去其独特的原生性，失去固有的特色。例如，到冈比亚旅游的游客常常会发现，他们购买的冈比亚传统手工艺品，事实上并不全是冈比亚的原产品。这些手工艺品有的来自邻近国家，例如塞内加尔的珠宝首饰、加纳的木雕，还有产自曼彻斯特、巴基斯坦或中国的印染布料。[①] 中国旅游者到世界各地旅游时也常常会发现，自己购买的具有当地特色的“原生旅游纪念品或工艺品”中有相当一部分带有“Made in China”（中国制造）的标记。近几年，由于旅游的迅猛发展，我国很多地区都发现，当地居民在各种场合使用方言的机会越来越少了，因此采取必要措施保护当地方言的重要性已经越来越明显了。

4. 旅游与犯罪之间的关系

人们通常认为，发展旅游会导致某些不法行为的增加，因此会使某些类型的犯罪率增加。但是事实上，旅游的发展通常与一个国家或地区的现代化进程紧密连接在一起，而一个国家或地区在迈向现代化的进程中也通常会出现某种程度的社会不稳定因素和出现一些犯罪行为的潜在苗头。由于旅游活动具有显现性和普遍性，同时发展旅游业也会导致旅游目的地地区常住人口和流动人口的增加，从

---

① 约翰·沃德著，曾萍等译．旅游案例分析［M］．昆明：云南大学出版社，2006．182．

而引发犯罪率的增加。此外，与旅游相关的一些犯罪事件也通常被各种媒体广为宣传和炒作，这也导致了人们对旅游与犯罪之间的关系产生误解。正是由于这些原因，很多人都把旅游当做引发犯罪的替罪羊，错误地认为旅游是导致犯罪的潜在因素。尽管旅游活动与犯罪没有必然的联系，但是从旅游对社会文化影响的角度，则可以从两个方面讨论旅游与犯罪行为的关系：其一，针对旅游者的犯罪行为（这类犯罪行为最终会对旅游客源地产生某些社会文化影响）；第二，旅游者本身实施的犯罪行为（这类犯罪行为最终会对旅游目的地产生某些社会文化影响）。

由于本身的特点所致，旅游者在旅行和旅游过程中常常会成为犯罪分子的目标和对象，其主要原因可以归纳为以下六个方面：

- 由于种族、肤色、衣着、语言及所携带的物品（例如，照相机、旅行背包等）的不同，旅游者通常都非常引人注目，其旅游者的身份很明显；
- 旅游者通常都携带一些贵重物品（例如，照相机、摄像机等），佩戴贵重的金银或珠宝首饰，使人对旅游者产生“富有”的印象；
- 旅游者通常不熟悉旅游目的地的风俗文化、语言及当地的各种服务设施，因此如果遇到犯罪事件或行为，常常不能迅速地报警，一些犯罪分子也倾向于利用旅游者的这一弱点，对旅游者实施犯罪；
- 旅游者在旅游过程中常常会无意中误入不安全的区域或场所，也可能会迷失在不熟悉的环境中；
- 旅游者在整个旅游过程中通常都处于非常休闲、非常放松的“度假状态”，对周围存在的潜在危险的警惕性很低；
- 在旅游目的地，旅游者是陌生人或外乡人，他们的活动方式通常与当地人不一样，但是几乎没有人了解他们独特的活动方式，因此，如果旅游者没有按时回到自己的住处或酒店，可能不会引起人们的注意和关注。

第四节　与旅游的社会文化影响相关的其他因素

为了有效地对旅游目的地进行经营和管理，旅游目的地的管理者除了上述已经讨论过的社会文化影响因素外，还应该了解下述与旅游的社会文化影响相关的因素。

1. 旅游者对旅游产品真实性的知觉因素

旅游者对文化表演和其他旅游产品（尤其是与社会文化相关的旅游产品）的真实性的知觉直接影响着旅游者的旅游体验。一方面，随着旅游者对异邦文化和民族差异性的认识的提高，他们希望旅游吸引物能够提供具有真实性的文化，即提供一个真实的文化环境，接触真实的文化习俗和文化活动；另一方面，在社会文化日益商品化的时代，旅游者在很大程度上也都认为，他们在旅游目的地所经历或参观的文化产品都是生动逼真的梦幻世界和虚拟世界，和真实的传统文化没有什么关系。事实上，也并不是所有的旅游者都要求所有的度假消遣体验都是真实的，因为休闲的目的就是寻求开心和刺激，只要能够达到这个目的，旅游者可以不必过分介意其休闲文化产品是否具有真实性。因此，从体验旅游文化产品的角度，真实性是一个具有争论性的主观概念。表 7－1 归纳了旅游者对旅游吸引物真实性的各种知觉，将旅游者对真实性的知觉归纳为四种情境。

表 7－1　旅游者对旅游吸引物真实性的知觉

旅游吸引物的性质	旅游者对旅游吸引物的知觉	
	真实的	人为设计的
真实的	(Ⅰ)正面影响(旅游者和目的地居民都感知到旅游吸引物是真实的)	(Ⅱ)负面影响(旅游者认为一个真实的旅游产品是人为设计的)
人为设计的	(Ⅲ)负面影响(旅游者被误导或者把人为设计的旅游产品错认为是真实的)	(Ⅳ)正面影响(旅游者和目的地居民都感知到旅游吸引物是不真实的)

资料来源：Weaver，D. and Oppermann，M. . *Tourism Management* [M]. Milton，Australia：John Wiley & Sons Australia，Ltd.，2000. 297；史蒂芬·佩吉等著，刘劼莉等译. 现代旅游管理导论 [M]. 北京：电子工业出版社，2004. 231；有改动。

在第一种情境中，旅游目的地提供的旅游吸引物是真实的，来访的旅游者也同时感知到其真实性。这是一种理想的情境，通常出现在文化商品化过程的第一阶段和第二阶段。例如，旅游者去一个处于正常工作和生活状态的城镇或村寨参观。旅游者的出现并没有改变当地的居住和工作功能，当地居民继续从事其日常生活和工作活动，旅游者融入了目的地的正常环境，感知到旅游吸引物的真实性。在这种情境中，旅游者获得的旅游经历是正面的。

在第二种情境中，旅游吸引物或文化展示活动是真实的，但是旅游者却认为它是不真实的，是人为设计的。其原因可能是由于旅游者过去的经历所致。由于不相信其真实性，来访的旅游者可能会对目的地居民的一些严肃认真的传统习俗活动表现出轻蔑或不屑一顾的态度，从而冒犯目的地社区的居民或引起他们的不满。这时会产生消极负面的影响。

在第三种情境中，旅游吸引物或文化展示活动是人为设计的，但是来访的旅游者却将其误认为是真实的。其原因可能是旅游者将“前台”的表演误认为是“后台”的现实，或者东道主有意识地将“前台”装扮成“后台”。例如，旅游者把东道主刻意安排的一个传统民族舞蹈的娱乐性表演当做目的地社区的一个重要的传统文化习俗活动。但是当旅游者发现了其中的奥秘之后，会产生一种被欺骗或被利用的感觉，从而导致消极负面的影响。

在第四种情境中，旅游吸引物或文化展示活动是人为设计的，旅游者也完全知道这些项目是人为设计的。旅游者在参观或体验旅游吸引物的过程中都心照不宣地知道其非真实性。但是旅游者对这些人为设计的项目是非常感兴趣的，他们不介意其是否具有真实性。例如，迪士尼世界的魔幻王国，没有人认为它是真实的，也没有人诱导旅游者相信它是真实的，人人都知道这是专门为游客设计的娱乐环境，以此来吸引旅游者。尽管如此，所有的游客都乐于来这里进行娱乐活动，并且都在这里过得十分开心。所有旅游者在这里获得的旅游经历和体验也都是积极正面的。

综上所述，对旅游目的地而言，第一种情境和第四种情境会对旅游者产生积极正面的影响，是理想的选择；而第二种情境和第三种情境会对旅游者产生消极的负面影响，会产生很多问题，因此不是理想的选择。旅游目的地的经营者和管理者应该认识到：真实的东西并不一定能产生正面的影响，而不真实的东西也不一定会产生负面的影响。人为设计的表演也许是“不真实”的，但是并不意味着没有价值。旅游休闲的目的就是寻求开心和刺激，旅游体验的关键是旅游者的满意度，而不同旅游者对旅游体验和满意度的追求也是不同的，只要能够达到这个目的，即获得预期的旅游体验和满意度，旅游者是不会介意旅游吸引物或文化展示活动是否具有真实性的。

2. 激怒指数

对旅游目的地而言，旅游的社会文化代价会随着旅游发展规模的扩大而变得更加强烈。这种代价也可以反映在旅游目的地居民对外来旅游者的态度方面。多克西（Doxey）通过对巴巴多斯和西印度群岛等地的调查和研究，提出了旅游目的地居民的“激怒指数”（irridex）模式，将旅游目的地居民对旅游活动和旅游者态度的变化过程分成五个典型阶段。这个“激怒指数”框架模式假设，旅游活动对目的地社区的影响可能会转变为当地居民的不满和过激情绪。随着旅游业的发展，这种不满和抵触情绪会逐渐增强（见图7－6）。

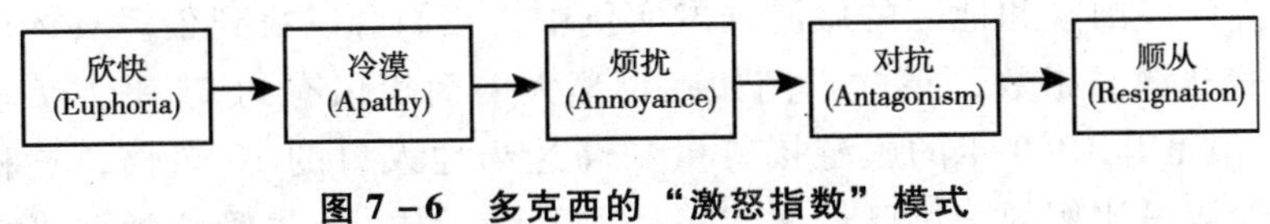

图7－6　多克西的"激怒指数"模式

资料来源：Weaver，D. and Lawton，L.. *Tourism Management*（3rd Ed.）[M]. Milton，Australia：John Wiley & Sons Australia，Ltd.，2006. 287.

在第一阶段，目的地刚刚开发，旅游活动处于初始阶段，只有少数游客到达。由于目的地的居民不但从旅游者身上体验到新奇和友谊，还可以直接从旅游活动中受益，因此他们对旅游的态度，不论心理上还是经济上，都是很"欣快"和愉悦的。他们欢迎旅游者和投资者的到来，对其不做任何形式的控制和规划。

在第二阶段，随着旅游目的地的进一步开发和发展，旅游者客流的不断增加，目的地居民开始认为旅游活动和外来旅游者是理所当然的事情，并将其作为一种收入的来源，因此目的地地区当地的居民把外来旅游者视为平常人，他们与外来旅游者的交往变得越来越正式化，旅游活动商品化的现象也日益变得明显。目的地社区对旅游业的规划更多的是关注旅游产品的营销。这时，目的地居民的态度变得"冷漠"起来。

在第三阶段，旅游目的地的社会、文化和环境承载力已经接近或达到饱和状态。目的地没有增加新的接待设施，不能再接待大量的旅游者，旅游活动变成影响环境和居民日常生活的主要因素，因此目的地当地的居民开始对旅游业的某些方面产生疑虑。这时旅游规划者考虑的问题是如何增加基础设施，而不是限制旅游的增长。目的地居民对旅游活动和旅游者产生了不满情绪和受到"烦扰"的心理感觉，因而可能会被迫做出某些改变，以适应旅游的发展和旅游者数量的增加。

在第四阶段，旅游目的地居民的"激怒"情绪发展到了顶点。他们公开表达对旅游者和旅游业的不满和不耐烦，认为旅游者是影响他们日常生活和导致环境恶化的罪魁祸首，并将旅游者当做他们盘剥和"宰客"的对象。

在第五阶段，目的地居民认识到，旅游是不可逆转的潮流，他们没有别的选择，只能面对现实采取措施，以适应旅游业的快速发展。其出路是"顺从"于旅游潮流的发展，自我适应旅游活动对目的地社区所造成的巨大影响。与此同时，旅游目的地的那些真正吸引旅游者的具有特色的吸引物，在旅游发展的洪流中（尤其是在商品化作用的冲击下）已经发生了改变和异化，因此，旅游者的兴趣也开始将转向新的目的地。

在世界许多国家和地区的旅游开发实例中，我们可以找到很多具体的案例验证多克西的“激怒指数”模式。例如，百慕大的面积仅有约 21 平方英里，人口约 60 万，但是其 1980 年的旅游接待量却高达当地人口的 10 余倍，这种外来旅游者与当地居民比例的失调已经引起了一些社会矛盾。[①] 尽管这种外来旅游者的激增肯定会给旅游目的地带来可观的经济收益，但是旅游接待国为吸引这些旅游收入所放弃的东西（包括传统的价值观、本土文化遗产和文化传统）却无法简单地用经济指标来衡量。

3. 评价旅游的社会文化影响的一些关键指标

综上所述，旅游对目的地的社会文化影响表现在多个不同的层面上，因此如果要评价旅游对目的地的社会文化所造成的潜在影响，就需要考虑一系列的多种不同影响因素。

瑞安（Ryan）总结出了用于评价旅游对目的地的社会文化影响的一系列关键指标，这些指标主要包括：[②]

- 旅游者数量；
- 旅游者类型；
- 旅游发展阶段；
- 旅游客源地和旅游目的地之间的经济发展差异；
- 旅游客源地和旅游目的地之间的文化差异；
- 区域的地理面积，这一点决定了旅游人口密度；
- 旅游从业人员中外来移民的比例；
- 入境旅游者购买不动产的程度；
- 当地人对饭店和旅游设施所有权的持有程度；
- 政府机构的态度；
- 旅游目的地国家或地区的宗教信仰及其影响力；
- 对技术、社会和经济变化的开放程度；
- 采取何种政策分流旅游者；

---

① David A. Fennell 著，张凌云译．生态旅游［M］．北京：旅游教育出版社，2004. 70.

② Ryan，C.．*Recreational Tourism*：*A Special Science Perspective*［M］．New York，USA：Routledge，1991. 164.

- 旅游目的地的营销和目的地所树立的形象；
- 旅游目的地社会的一体性；
- 旅游目的地的可进入性；
- 艺术和民俗活动的原创性以及这些传统的本质。

【补充阅读资料】

前门大街的旧与三里屯 village 的新

随着《潮爆中国》在《明报》上连载，这本书也成了一些香港游客内地游的攻略。香港一家旅行社甚至推出了“潮游中国”项目。凡是该书作者李照兴的文中提到的地方，无论褒贬，都在“潮游”之列，包括鸟巢、国家大剧院，还有改建后的前门大街。

2008 年 8 月 7 日，翻新复原的前门大街开放。李照兴早早就赶到这里，他急切地想知道，几十个知名的老字号重聚前门是怎样的一幅场景。

结果令他失望，因为“真的旧建筑都被拆毁，开发者只打算用一块又一块簇新但仿古的砖头，重塑一个传奇”。

“前门，本来是老北京的繁华心脏，当时满人要把城中汉人排挤到箭楼城墙以外的区域。其时的老字号、名店、药店、鞋店、戏院、食店、舞台，都聚在这儿。草根的繁华，一直延续到民国时期与新中国成立后。”这是李照兴介绍给香港人的老前门。

“如今的前门大街，整条街都变成商场，走在其中就像到了影视基地里的仿古街。”在李照兴眼中，这个复古的前门完全是为了让游客消费，没有生活在里面。他断言，这将会是城市改造中失败的作品。

从 1988 年开始，李照兴每到北京，都要去前门和大栅栏看看，那里虽然乱、破落，但能体验到北京普通百姓的生活。“那个年代，我是游客，我看见有老人住在里面生活，他在喝茶、聊天。我没有归属感，但至少看见别人有归属感。”而现在，“全是游客，全都没有了归属感”。

说到这里，李照兴突然想起，20 年前，自己曾坐在前门那间中国第一家肯德基店里，透过玻璃窗往外看，当时就有一种很奇怪的感觉——外面是最典型的北京老街，面前摆的是最西方的快餐食品。那里面有冲突也有包容，两者完美地融合在一起。而现在，北京的老街没了，只剩下仍以前门为名的大街，彻底和肯德基连成了一片。

就在前门大街开放的第二天，时尚购物区三里屯 village（英文“村庄”之意）在北京悄然开业。它像一个村庄一样，由各个不同的建筑组合。全球最大的苹果电脑旗舰店的苹果标识，一到晚上就灯光通透，被李照兴形容为“一个晚晚都挂的月亮”。

李照兴最欣赏的是这里开放通道式的设计，每晚商店打烊以后，行人仍可以自由地穿行于步道和休闲广场之间。居住在此的李照兴甚至因此改变了生活方式。原先上班只能绕过雅秀商场，如今他也可以穿过 village，时间充裕的时候，稍作停留喝一杯咖啡。更重要的是，三里屯早已是名扬世界的酒吧街，并没有因为这个项目而改变，仍然保持着两条车道——在李照兴眼中，这是城市街区理想的宽度。

“前门显然是借‘旧’来炒作北京，三里屯 village 则是用‘新’来定义北京。”李照兴说，后者的设计师只是翻新了中心区的商业形态，保留住周边的原始生态，由此打造出一个符合现代生活标准的社区，这比前门大街那种推倒重来式的改造要高明得多。

——资料来源：中国青年报，2009－2－25.

原住民迁走，古村落顿失精气神

面对气势磅礴、万象更新的城乡建设大潮，广西的大部分古村落并没有“被工业化”，值得庆幸。但是，随着原住居民的相继撤离，许多老房屋因年久失修，不少古建筑坍塌，古村落文化严重流失。

原住民流失

在桂林灵川县的长冈岭、阳朔县的石头寨、岑溪市的水汶围屋等古村落，许多老房子年久失修，倒塌严重。

兴业县庞村有古建筑 28 座，总建筑面积约 15000 平方米，至今有 200 多年的历史，是桂东南现存规模较大、较为完整的清代建筑群。这个建筑群是庞村梁氏人家祖屋，建筑面积最大的一座“超大房”有 2220 平方米，其余的均为千余平方米一座。随着时代的发展，庞村大部分已经人去楼空，村民大都搬到镇上和县城。一位村民告诉记者：“大部分人都外搬了，不怎么回来管理旧房子，风吹日晒加雨淋，房子破旧得很快。”

阳朔县的龙潭村也难以逃脱这个命运。这是一个有着 300 多年历史的村落，很多建筑已经废弃，部分建筑倒塌破损严重。柳城县古砦仫佬乡古廨屯有着600多年的历史，原有170多户700多人。如今，守着村子的是一些老人和孩子，许多年轻人离开了村庄。屯里的一位村民说："搬离原住地之后，因为缺少维修经费，我们只能眼睁睁看着自己的老房屋倒掉。"

同样，象州县的抱村、平南县的上宋屯、扶绥县的旧圩等几十个古村落都是一片残破的景象。

村落文化流失

古村落原住民的流失，带来的不只是物质遗产的消失，饮食、风俗、手工艺品等非物质遗产同样受到威胁。

古村落有着自己的文化核心，只有文化的延续才能让古村落焕发生命力。富川县的福溪村最早的村庄建在观音山的半山腰上，随着人口的增加和旧屋舍的破败，村民多次搬迁。而每一次变迁，新建的房屋都往山脚下延伸和迁移。福溪村曾经有诗社、戏台，许多老年人喜欢聚集一起，吟诗作对或者唱唱粤剧。随着原住居民的不断外迁，已经没有几个村民会作诗和唱粤剧。村落里有建筑遗产，也有客家文化。但这些都随着原住居民的搬迁，正在一步步地成为历史。

"三山环古镇，一水抱绿洲"的阳朔福利镇有着1000多年的悠久历史。镇上九井十八巷，是在内地唯一一个具有妈祖文化的地方，每年农历五月初八，镇上都会举行盛大的庙会。以前，镇上几乎家家户户都能画画，人们画的扇子尤为出名，有"中国画扇之乡"之称。但随着商业意识的一天天增强，画扇作业渐趋向机械化，手工画扇技艺正在流失。

昭平的黄姚镇发祥于宋朝开宝年间。明末清初的时候，黄姚已经是广东、广西、湖南三省交界处的商业重镇。镇内现有300多间岭南风格的明清宅院。但由于过度开发，这个镇现代商业气息浓厚，变得"古镇不古"，古村落文化渐行渐远。南宁近郊的扬美镇也是同样的情况。

有待适度开发

广西古代"四大圩镇"之一的灵川大圩镇、昭平的黄姚镇以及南宁的扬美古镇等一些地方，带有盲目性和过度、夸张的开发，使古村落失去原来的韵味。过于浓郁的商业味，让人们无法找回过去宁静而美丽的感觉。早些年，一些地方政府因为缺乏资金投入，或租或卖，将一些古村落交给旅游开发公司进行开发，搞得不伦不类，象州县的运江镇就是一例。

古村落是一种文化遗产，地方政府负有不可推卸的保护责任。目前，广西大多数古村落都陷入原住居民离散、传统文化依存丧失的“空心化”困境。与此同时，许多地方的城市经营者常常以市场开发为名，对古村落进行“开发性破坏”，大肆仿古、造古，在摧毁村落的古老文化后，复制了一批所谓的适应市场经济的“伪文化遗产”。

如何“拯救”日渐流失的古村落文化？与完全不应当市场化的自然文化遗产相比，对古村落和古村落文化的保护，不可缺少住在古村落中的原住居民。文化保护的关键，不在于是否进行大规模的开发，而在于如何让古村落的生活方式和谐地融入现代社会。

资料来源：新华每日电讯，2010－6－15. 第2版；略有删改。

【案例分析】

少林景区陷“摘牌”危机

由于在国家旅游局对部分AAAAA级景区组织的暗访中未能达标，少林景区被下达限期整改通知，整改不到位将被“摘牌”。

景区如此混乱，怎能不亮“红灯”

2月1日，记者来到少林景区。眼前的景象有些出乎意料：景区入口处不见了乱停的社会车辆，景区内以往围追堵截游客的小商贩也少了许多，随处可见的摆地摊卜卦算命的“僧人”也不见了踪影，景区内还有民警巡逻。

自从去年12月初全国旅游景区质量等级评定委员会下达整改通知后，登封市提出“要以壮士断腕、誓不罢休和不达标即辞职的决心”开展综合整治。目前，登封市已依法拘留各种违法人员63人，查处非法营运及违规车辆23台，黑车拉客、“僧人”摆地摊算卦算命、乱停乱放等得到有效遏制；对景区内的298家各类商户全部实行明码标价，取缔关停26家无照经营户，治理、规范经营商户115家，并将对黑导、野导建立黑名单制度。登封市委书记郑福林表示，一旦发现有干部参与少林景区违法违规现象，将严肃处理，绝不姑息。

暗访组的调查报告显示，少林景区“管理混乱，总体印象较差，服务质量与环境质量未能达到AAAAA级景区的标准要求”，并提出了整体旅游氛围不佳，与禅宗祖庭需要的庄严肃穆的要求有一定差距；景区入口管理十分混乱，社会车辆乱停乱放，黑车拉客现象严重，小商小贩沿路叫卖造成交通阻塞等问题。

实际上，这些问题在少林景区由来之久。在百度搜索“少林寺”、“宰客”两个关键词，共有589000个搜索结果。网上曝光的少林景区历年来管理混乱的现象触目惊心：动辄几千元乃至上万元一炷的“高香”、高价宰客的小饭馆、联手欺骗游客的导游和“僧人”……

据了解，国家对AAAAA级景区在旅游交通、购物环境、卫生、导游服务、资源和环境保护等方面有很高的标准。对照这个标准，少林景区相距甚远，被亮“红灯”也不足为奇。

推诿塞责，各司其职难实现

暗访组发现的问题，此前已多有游客投诉，媒体也多次曝光，为何时至今日问题仍存在？有关责任方称这同少林景区内存在的多元利益结构有关，真相到底如何？

据了解，2009年，香港中旅国际投资有限公司与登封市政府合作成立港中旅（登封）嵩山少林文化旅游有限公司，负责包括少林景区、嵩阳景区和中岳景区在内的嵩山景区的管理和经营，而景区的行政管理仍然由登封市嵩山风景名胜区管理委员会（以下简称嵩管委）负责，以此来实现行政管理和经营管理的相对分离。然而，事实证明，行政权和经营管理权的分离并未实现各司其职。对此，嵩管委党委书记裴松宪说，嵩山少林景区是利益多元化的景区，某种程度上是一个小社会。单纯采取企业管理或者采取行政管理的方式，都很难管理好。

据景区工作人员介绍，除少林寺、当地政府、港中旅登封公司、景区内及周边被拆迁居民外，景区内的各类投资开发主体也形成了大大小小的利益体。目前，景区内的开发主体主要有少室索道、嵩阳索道、十方禅院、少林度假村、少林寺武术馆、禅居饭店和塔沟武校。这些开发主体成分复杂，例如十方禅院原为政府部门投资，后来卖给个人；少林寺武术馆目前归属于河南省旅游局；禅居酒店既有官方股份，又有私人股份。

记者调查发现，景区内种种乱象背后，都有不同利益体的利益纠葛存在。例如，假冒僧人算命骗钱的项目很多出自十方禅院，为索道拉拢客源收取提成的多为电瓶车工作人员，带人“翻山”入景区的是一些同景区管理部门有关系的人。对查处这些乱象，拥有行政资源和行政权力的嵩管委表示有“难处”。据裴松宪介绍，景区管理部门也曾试图撤掉管理混乱的摊位，但工作难做。再如交通问题，景区里还住有部分老百姓，再加上少林寺的交流比较频繁，很难完全禁止车辆进入景区。

事实果真如此吗？记者了解到，要在少林景区内开发项目，基本上都要经过嵩管委这个审批环节。强调“难处”而不为，显然站不住脚。有关政府部门面对少林景区“摘牌”危机所采取的雷厉风行的举措和显而易见的效果，让人们看到，有关部门只要动真格的，解决问题并非那么“难”。

竭泽而渔不可取，保护开发要平衡

河南财经政法大学管理学教授史璞等专家认为，少林景区“摘牌”危机反映出的文化遗产保护与开发、国家级风景名胜区管理等问题，带有一定的普遍性。在保证国有资产保值增值的基础上，引入企业管理和经营AAAAA级景区这一做法，关键在于权责明确，监督到位，实现社会效益和经济效益的双赢。

据港中旅登封公司总经理钱国平介绍，两年多来，他们对下辖的三个景区实施经营、营销、财务、人员、管理“五统一”，财务状况明显优化，第一年就还清了景区原有2亿元的债务，改变了过去资不抵债的窘况。据透露，港中旅当初入主少林景区时，曾承诺3年内投资8亿至10亿元。而钱国平介绍，两年多来，公司用于景区基础设施等方面的建设投入仅为2000多万元。另一个“说法”是投资高达10亿多元的“旅游小镇”项目还在审批阶段……

少林景区的现状，再次引发人们对这类文化遗产开发与保护问题的关注。在天涯论坛署名为“四川曾颖”的一位网友写道：少林景区的商业运作与行政管理权界不清，导致某些领域不作为而某些领域又作为过度，景区在商业利益的驱动下过度开发，损害了景区的核心文化价值。这也是全国不少景区共同面临的问题。

史璞表示，对公众而言，风景名胜区是公共财产，人人有权享用，经营者只是受委托管理。景区资源的稀缺性和垄断性，不能成为他们谋利的工具。而缺乏总体规划的发展方式，使一些景区急功近利。其结果就是，景区既得不到保护，也会失去旅游市场。

资料来源：新华每日电讯，2012-2-4. 第4版；略有删改。

案例提示

1. 少林景区为什么陷入“摘牌”危机？
2. 从商品化的角度，讨论少林文化遗产的保护与开发。
3. 从文化遗产保护的角度，讨论少林景区的管理。
4. 从旅游的社会文化代价的视角，你认为少林景区的“摘牌”危机是件好事还是坏事？为什么？

5. 你认为应该如何平衡佛教圣地与旅游景区的关系？如何平衡少林景区内诸多利益相关体之间的关系？

6. 你认为应该如何以旅游为载体，弘扬和保护少林佛教圣地的文化遗产？

【复习与思考】

一、重要专业词汇

社会文化影响（Sociocultural impact）

涵化（Acculturation）

商品化（Com-modification）

前台（Frontstage）

后台（Backstage）

示范效应（Demonstration effect）

真实性（Authenticity，Genuine）

人为设计的（Inauthentic，Contrived）

激怒指数（irridex）

二、思考和讨论

1. 根据史密斯提出的理论模型（见图7－2），分析和讨论旅游者对目的地产生的社会文化影响与当地居民对外来文化的知觉之间的关系。
2. 结合中国改革开放的实践，分析和讨论国际旅游和国内旅游对中国传统社会文化的影响。
3. 旅游活动对旅游目的地的社会文化产生的积极正面影响主要表现在哪些方面？
4. 什么是文化的“商品化”？文化“商品化”大致要经历哪些阶段？各个阶段的主要特征是什么？
5. 从旅游管理的角度，分析和讨论“前台”和“后台”模式在抵制文化商品化、保持和保留传统文化习俗中的作用。
6. 举例说明旅游的示范效应对旅游目的地社会文化的影响。
7. 在旅游吸引物的开发和设计中，应该如何平衡“真实性”和“人为设计”之间的关系？
8. 在旅游目的地管理中，应该如何有效地运用“激怒指数”理论？

第八章

旅游对环境的影响

旅游不仅是影响经济的一个重要因素，也是影响环境的主要因素之一。自然环境和人造环境是旅游产品中最根本也是最重要的核心组成部分。旅游者都希望到那些人类未曾涉足的地区旅游，也都认为最有吸引力的旅游目的地是那些没有发生过旅游活动的地区。但是自从大众旅游兴起以来，旅游目的地的开发和旅游活动的开展不可避免地对环境产生了影响。这些影响既有正面的，也有负面的。要进行旅游开发、发展旅游业，就会对环境产生影响，避免影响是不可能的。政府部门、旅游规划部门及旅游开发企业的管理者应该认识到，他们无法避免和消除旅游对环境造成的影响，他们所能做的是，尽最大可能减小旅游对环境的负面影响，扩大旅游对环境的正面影响。总之，旅游和环境密切相关，没有吸引人的优美怡人环境，旅游活动就无法开展；而如果没有旅游活动发生，没有旅游业的支持，环境的保护也会成为难题。因此，旅游与环境的基本关系是：两者相互依存并且要保持平衡。旅游会对环境产生影响，而环境的破坏又会影响旅游业的发展。

第一节　旅游环境的基本特性

1. 旅游活动与环境质量的关系

旅游活动会对环境质量产生影响，同时环境质量的优劣也会影响旅游业的发展。各种影响因素的重要程度通常会随着旅游目的地所处的位置的不同或旅游目的地具体情况的不同而发生变化，人们总是试图最大限度地用积极影响来冲抵消极影响，期望在保持环境质量的同时，发展旅游业。通常可以从三个方面来分析旅游活动与环境质量的关系。

（1）旅游活动的增加必然会使环境质量下降

很多人都认为，开发旅游目的地、增加旅游者数量必然会对环境产生负面影响，从而会使旅游目的地的环境质量下降，而旅游发展的速度和旅游总量的增加与环境质量下降的幅度也是同步的（见图8－1）。

（2）发展旅游的同时使旅游对环境质量的负面影响降到最低

但是旅游发展对环境质量的负面影响程度并不一定像图8－1所示那样绝对。在各种主观和客观因素的制约和影响下，发展旅游的同时也可能会使旅游对环境质量的负面影响的程度降到最低，使环境质量始终保持在旅游者和旅游目的地社区均可以接受的程度（见图8－2）。

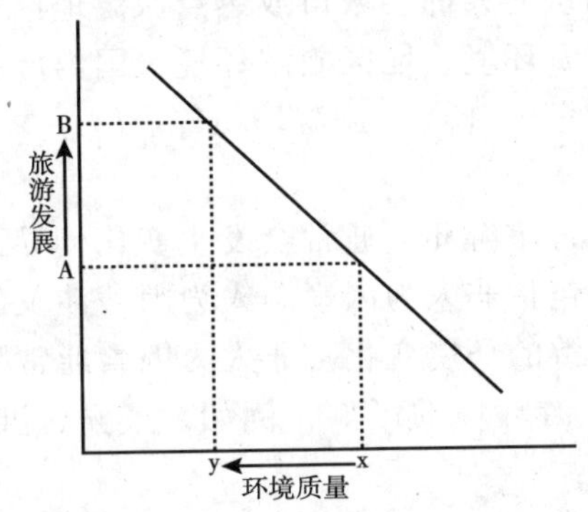

图8－1　旅游与环境质量的关系（A）

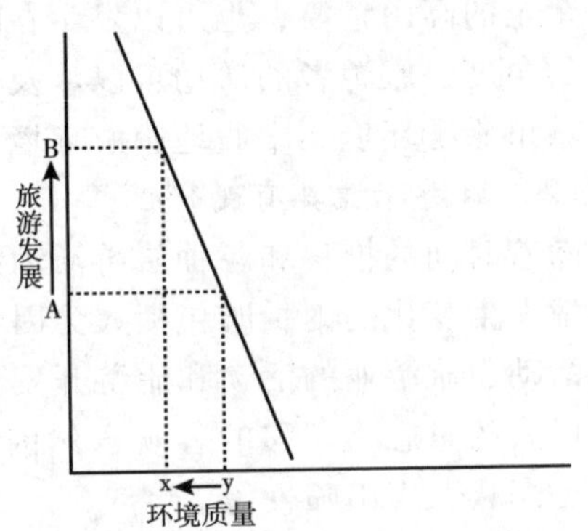

图8－2　旅游与环境质量的关系（B）

（3）发展旅游的同时使环境质量得到改善

如果管理和控制得当，也可能会得到旅游发展和环境质量改善同时发生的双赢效果，即在发展旅游的同时，使旅游目的地的环境质量也得到改善，使旅游发展和环境质量的改善同步发生，相得益彰（见图8－3）。这是在旅游目的地开发和休闲地开发中最希望获得的理想效果。

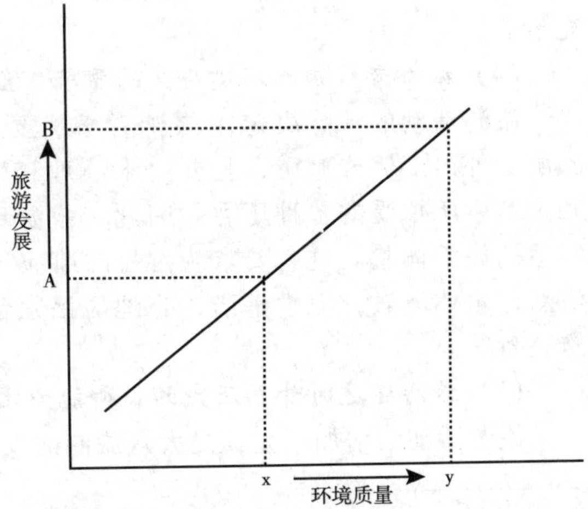

图8－3　旅游与环境质量的关系（C）

2. 旅游环境的基本特征

要研究旅游活动对环境的影响作用，首先应该了解旅游环境的基本特征。环境是人类赖以生存的空间和载体，而旅游环境则对旅游者的旅游体验产生很大的影响。与其他环境相比较，旅游环境具有如下特征：①

(1) 旅游环境的空间维度具有多样性

如第二章所述，在“基本整体旅游系统”中，旅游者具有空间性，而旅游环境的空间维度则具有多样性。各类旅游环境所占的空间范围交错纵横，大小不等，呈现出空间结构的多样性。例如，从纵深的角度，旅游者的活动可以发生在人迹罕至的高山荒漠，也可以发生在喧闹拥挤的大都会城市或热点旅游地区；从大小的角度，旅游者的活动可以涉及全球旅游环境、地区旅游环境、国内旅游环境、城市旅游环境、度假地旅游环境、旅游景区（点）旅游环境等。

(2) 旅游环境具有变化性

随着时间的推移和各种旅游活动的影响，旅游环境通常会发生变化。导致旅游环境发生变化的力量既包括人为因素，也包括非人为因素。人为因素涉及旅游者的活动、旅游业的活动和旅游开发活动导致的环境变化。非人为因素通常指那些不以人的意志为转移的客观自然因素对旅游环境的影响，例如，气候、洪水、地震、海啸、火山喷发等。

(3) 旅游环境的供给具有有限性

旅游环境的供给不会随着旅游者旅游需求的增长而同步增加。旅游环境的供给是有限的，是不可再生的。从发展大众旅游的角度，旅游环境的供给必然是不充足的。

(4) 旅游者对旅游环境质量的要求日益提高

旅游活动的特点决定了旅游者必然要对旅游环境的质量寄予很高的要求。旅游者外出度假或旅游，是要追求心理和生理上的享受，以平衡其在日常工作和生活中所承受的各种压力。因此，旅游环境一定要让旅游者能够获得惬意和舒适的旅游体验。这就要求旅游目的地应该提供优质的旅游环境，例如，空气清新，水体清澈，卫生整洁，当地居民热情好客，景观优美，各种旅游服务设施完备等。

(5) 旅游环境对外界压力的抵御能力比较弱

旅游活动的增加，尤其是大众旅游的发展，会对环境产生一定的压力。而旅

① 马勇，周娟．旅游管理学理论与方法[M]．北京：高等教育出版社，2004. 211－212；有改动。

游环境，尤其是自然旅游环境，对外界压力的抵御能力很弱，具有典型的脆弱性。旅游活动导致的过度外界压力会给环境造成巨大的消极负面影响，引起自然生态环境的失衡，从而影响旅游业的健康发展。

第二节　旅游的环境代价

持小心谨慎型旅游理论观的人十分关注旅游对环境产生的负面效应，认为旅游对环境的破坏作用不可低估，向毫无控制的旅游开发行为提出了挑战。20 世纪 50 年代后逐步发展壮大起来的大众旅游对环境产生的负面影响使人们开始意识到，人类活动必然会对环境产生冲击作用，自然环境不是一种取之不尽、用之不竭的资源。旅游与环境之间的关系很复杂，需要涉及多种相互关系，其中主要是人与自然环境之间的关系，即旅游者与环境之间的关系和目的地居民与环境之间的关系。

1. 环境影响的过程

经济合作与发展组织（OECD）早在 20 世纪 70 年代末就提出了一个环境影响过程图，将环境影响分为四个阶段。旅游对环境的影响过程也符合这四个阶段的过程（见图 8 - 4）。第一阶段是压力影响因子（Stressor）的活动和行为。与旅游活动相关的压力影响因子主要包括四种类型：永久性的环境重建；产生废弃残留物；旅游者的行为；间接和诱发的行为及活动。这些压力影响因子的活动和行为引发环境开始发生变化。第二阶段是对环境施压的阶段。在这个阶段中，第一阶段中发生的那些故意的活动和行为使环境发生了很多变化。在第三阶段中，整体环境发生了改变，这些改变通常都是消极的、有害的。这是环境对外界的、人为的压力所起的反应，也可以说是自然环境对人类的一些不良行为和活动的报复。这些反应既有即时的、短期的，也有长期的、永久性的；既有直接的，也有间接的。在第四阶段中，

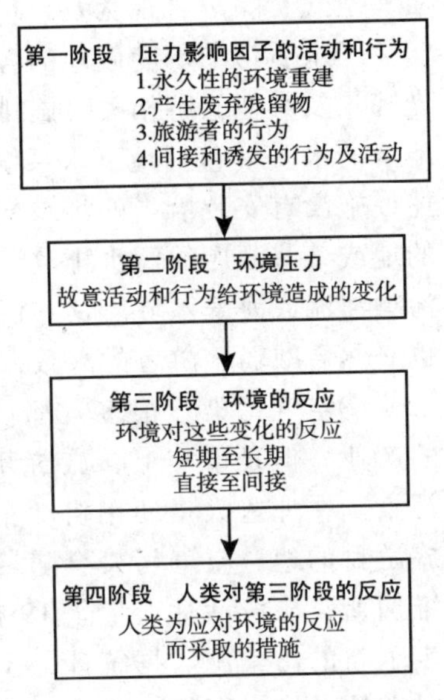

图 8 - 4　旅游对环境影响的过程

资料来源：Weaver，D. and Oppermann，M.. *Tourism Management* [M]. Milton，Australia：John Wiley & Sons Australia，Ltd.，2000. 303；有改动。

人类为了应对环境发生的负面变化，不得不采取各种各样的必要措施和手段。这些措施和手段既包括立即采取的应对措施，也包括长期性的措施；既包括直接的措施和行为，也包括间接的措施和行为。

2. 旅游对环境的影响分析

旅游对环境的消极影响所产生的破坏力，随着旅游活动的深入和大量旅游者的涌入而逐渐增强。环境影响过程图中的第一阶段中描述的“压力影响因子”行为是造成这些消极影响的主要因素。旅游的环境影响主要表现在下述诸方面：环境污染、破坏目的地地区的和谐生活、旅游目的地和旅游相关项目的不当开发、破坏生态平衡。由于旅游开发和旅游活动的规模不同，也由于旅游目的地地区的环境特点各不相同，因此这些影响并不一定会同时出现在同一个地区。

（1）环境污染

污染是旅游对环境影响的一个最主要的方面。由于旅游目的地的开发和大量旅游者的涌入，旅游目的地的自然环境不可避免地会受到损害和破坏，其中水质、空气、噪声、视觉及垃圾等方面的影响尤为突出。

①水质污染。度假地的各种娱乐设施和住宿设施、各种餐饮设施的厨房、观光邮轮及其他旅游相关设施排出的污物或泄漏出的污水或污油会污染旅游目的地地区的水质（包括地下水系统，海滨或湖滨水域，近海、湖泊或河流）。如果上述设施没有安装恰当的污水处理系统，就可能会对地下水产生污染；如果旅游目的地或某些酒店的污水排放口建在河流或者海滨水域，没有经过处理的污水就会污染河流或海滨水域。这些污染都会破坏水生系统的生态，而恶化了的水域环境也必然会减弱旅游者的兴致，降低旅游度假地的吸引力。

②空气污染。很多人都认为旅游业是“无烟工业”，因此是非常“干净”的产业，但是事实上，旅游开发和旅游活动的展开必然会带来一定程度的空气污染。在那些大量使用机动车辆的旅游目的地和只能使用陆路交通工具进入的旅游目的地，空气污染会随着机动车辆的增加而加重。据统计，在美国的拉斯维加斯，旅游活动产生了19%的一氧化碳空气污染。随着航空旅行的发展也产生了新的污染源。据统计，飞机耗油量已经占交通耗油总量的13%。飞机航行时燃油燃烧也同样会产生很多有害废气（包括二氧化碳、一氧化碳、碳化氢、氧化氮及二氧化硫等）。虽然飞机只排放出少量的有害污染物质，但是由于这些污染物是被排放在地球的非常敏感的地区，即上层大气中，所以其负面影响就变得更大，会导致破坏臭氧层及温室效应等消极环境影响。在旅游目的地的接待设施中广泛使用的空调和制冷设备也会向空气中排放大量的有害物质，导

致空气质量的下降或恶化。最近布鲁塞尔自由大学的一项研究表明，人的行走和体温会对环境产生负面影响。如果一个人以每小时3.2千米的速度慢走，周围环境的温度为15摄氏度，那么这个人可产生200瓦的热量、100克的水汽和100克的二氧化碳。[①] 显然，大量旅游者或过多旅游者的活动会降低旅游目的地的空气质量。

③噪声污染。噪声污染来自旅游交通车辆、机动船只及航空飞机，也来自旅游者本身的喧闹和旅游景点中的游乐园、汽车、摩托车和电动赛车比赛。飞机场通常都建在城市的外围，以避免飞机起降的噪声影响市民的正常生活。但是随着城市市区的发展，飞机场发出的噪声污染已经逐渐变成了一个严重的噪声污染源。例如，英国伦敦的希思罗机场每年有200万次飞机降落，被认为是世界上最扰民的机场之一。所有这些噪声污染都会对人产生有害的影响，使人们感到不安，产生烦躁和焦虑之感。森林公园及其他风景名胜区在旅游旺季，通常由于超负荷客流量而导致的环境嘈杂声、汽车喇叭声，也会打破旅游区的幽静，产生严重的噪声污染。旅游目的地地区的很多娱乐设施，例如，夜总会和迪斯科舞厅等，也是噪声污染源之一。

④视觉污染。各种视觉污染都会破坏环境的和谐，使旅游目的地的环境降低对旅游者的吸引力。发展旅游导致的视觉污染也是多种多样的，主要包括：

- 设计拙劣或设计不当的建筑物，例如，与本地建筑风格不一致或不协调的饭店或其他旅游相关建筑；
- 巨大且不美观的户外广告招牌；
- 凌乱的架空供电线路、电话线及电视接收天线等；
- 破旧不堪或维修不当的建筑物；
- 在海滨或其他风景区修建的阻碍旅游者欣赏美丽风景的建筑物，例如，在海滨修建高层酒店和公寓不但阻挡了普通居民和旅游者观海的视线，也破坏了海滨风景的整体美感；
- 一些游客在旅游区内的建筑物墙体、石头、树木、碑体等表面刻写或涂抹的涂鸦字迹留下的不雅观或丑陋的痕迹。

⑤垃圾弃置。随着旅游目的地的开发和发展，越来越多的旅游者进入旅游目的地地区。旅游区内抛弃的垃圾成为旅游区的一个主要污染源。这个问题也成为人们日益关注的普遍问题。例如，国内的很多风景区内生活污水增多，垃圾废渣、废物剧增。在驰名世界的黄山和庐山上也能够见到垃圾，甚至在世界屋脊喜

---

① 环球日报，2005-5-8；转引自 http://news.sina.com.cn/c/2005-05-08/11486580153.shtml.

马拉雅山上，也有游客留下的各种饮料瓶和包装袋等垃圾。据报道，由于旅游业的发展，每年在吉林省松花湖风景区内排放的各类生活、旅游垃圾达 11 万吨左右。[①]

（2）破坏目的地地区的和谐生活

旅游者数量的过度增加也会影响旅游目的地地区居民的正常生活，破坏当地居民原本和谐的生活状态。

①交通拥挤和阻塞。在旅游旺季，一些旅游区，尤其是一些著名的旅游景区（点），当旅游者的数量超过环境容量时，就会发生交通拥挤或堵塞现象，进而导致当地居民出行困难，打乱了当地居民的正常生活节奏，迫使旅游目的地居民缩小生活空间，这些都会引起当地居民的强烈不满。这同时也制约了旅游者对目的地地区的旅游吸引物的欣赏和游览。超负荷的交通容量也无形中增加了道路的压力，增加了交通事故的潜在危险性。

②土地使用问题。在旅游业迅速发展的时期和地区，在旅游领域对土地的掠夺式、大规模开发和使用必然会导致与土地的其他用途发生冲突。因为，旅游开发项目占用了土地后，这些土地就不能用于农业、居住或其他用途了。旅游开发项目过度地占有土地，会在一定程度上限制旅游目的地居民的传统活动空间，因此也会导致他们产生不满情绪。

③废物处理问题。前面已经讨论过旅游目的地地区的垃圾弃置问题。随意乱丢垃圾已经成为旅游目的地地区和旅游景区存在的一个非常普遍的问题。在有大量旅游者活动的旅游目的地地区，如果旅游者丢弃的固体废物得不到妥善的处理，就会引发旅游目的地地区发生灾难性的后果，产生垃圾污染、害虫滋生等环境卫生问题，还会导致传染性疾病流行。最后，由于卫生环境的恶化，不但使旅游目的地地区失去对旅游者的吸引力，也使原住民丧失了其世世代代赖以生存的适宜环境。

（3）旅游目的地和旅游相关项目的不当开发

旅游开发如果不充分考虑和论证其对自然环境的影响，就很可能会导致环境发生负面变化，这样的旅游开发就是不当开发。旅游目的地和旅游相关项目的开发通常会直接导致环境发生永久性改变，这些永久性的环境变化是“永久性的环境重建”行为的后果。而这些“永久性的环境重建”行为则是与旅游活动相关的压力影响因子的一种类型（见图 8－4）。开发旅游度假地、修建饭店设施、建设主题公园、修建高尔夫球场、兴建小型旅游码头、修建机场等项目都不可避免

① http：//www. jl. xinhua. org/news/2004－06/16/content_2322768. htm，2004－6－16.

地会涉及“永久性的环境重建”行为，这也必然会使环境发生永久性的改变。例如，新建一个度假饭店，通常会对环境产生很多压力，导致环境发生一些永久性的变化。新建饭店涉及的环境压力因素大致包括：

- 清除地表的本土自然植被；
- 引种来自异邦或外国的观赏性植物；
- 人为地削平山丘、填平洼地；
- 用填海或填沼泽地等围填自然湿地的方式造地；
- 砍伐森林，获取建筑用木材；
- 在附近海滨地区挖取建筑用沙；
- 在附近开采建筑用石料；
- 开采地下水。

显然，上述各种环境压力因素都会引起当地的自然环境发生永久性的变化，导致旅游目的地地区的脆弱的自然环境和生态系统失衡。

(4) **破坏生态平衡**

在旅游目的地地区，各种旅游设施的建设和大量旅游者对各种旅游资源和设施的过度使用，必然会扰乱或破坏该地区的生态平衡，对野生植物和野生动物的自然栖息地产生负面效应。

①植物。在旅游客流居高不下的旅游目的地或景区，如果不对交通工具和步行游客进行管制，徒步旅行者和机动车辆穿行公园和保护区时会践踏植被，妨碍植物生长，伤害环境。徒步旅行者、车辆或马匹的践踏能够导致植被覆盖减少或幼树死亡，最终使土壤板结、土地表面变得裸露，易于被风雨侵蚀。植被类的旅游环境资源（例如树木、草地、土壤等）受破坏的程度与外界压力影响的剧烈程度相关，通常成正比关系。也就是说，随着旅游者的增多和对旅游资源使用程度的加大，植被环境遭受破坏的程度也日益加重（见图8－5）。

②野生动物。开发旅游目的地、兴建旅游设施和修建旅游公路等工程都能够对野生动物构成伤害。旅游开发打乱了野生动物的正常生活圈子和规律，使一些野生动物被迫离开它们原有的自然栖息地，迁徙到其他地方另觅生活空间。最终可能会导致一些野生动物濒临灭绝。例如，生活在哥斯达黎加蒙特弗德雨林中的金蟾蜍和生活在希腊札金索斯岛上的赤海龟，都是由于旅游活动的大规模展开和旅游目的地的大规模开发影响了它们赖以栖息的自然环境，而陷入濒临灭绝的境地。[①]

① 史蒂芬·佩吉等著，刘劼莉等译．现代旅游管理导论［M］．北京：电子工业出版社，2004. 245.

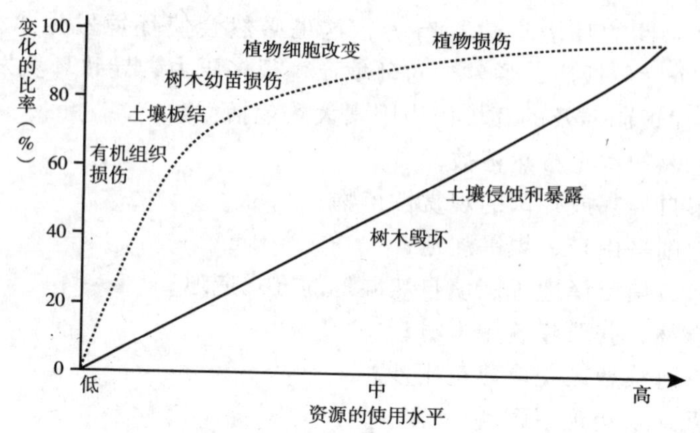

图 8－5　旅游客流量与资源的变化之间的关系

资料来源：David Weaver 著，杨桂华等译. 生态旅游［M］. 天津：南开大学出版社，2004. 156；有改动。

近年来兴起和发展起来的以自然为基础的旅游活动也使敏感环境受到各种来自旅游者方面的压力。严格讲，旅游者与野生动物的每一次接触或观察都具有潜在的消极效应，会对野生动物产生某种压力。甚至在一定距离内对野生动物进行观察也会对野生动物产生某种压力效应，使它们感知到有人类在附近出现，并时刻处于戒备状态，因而影响到它们的正常生活规律。很多学者的研究也都证明了这一点，为此，提出了人类与鸟类相处应该保持的四种基本距离：①

- 反应距离：鸟类和人类之间应该保持的，能够使鸟类做出可看见的或可衡量的反应距离；
- 飞出距离：鸟类离开鸟巢到觅食地的距离；
- 接近距离：旅游者可以正面接近鸟类，但又不惊吓鸟类的距离；
- 容忍距离：旅游者可以以这种距离经过一只鸟附近，而不扰乱鸟的正常生活的距离。

当然，对不同的野生动物而言，这四种距离是完全不同的。由此可见，即使是对野生动物进行观察，也要采取多种手段和措施，才能避免或减少对其产生的压力效应。

另外，人工喂养和繁殖野生动物及一些“热心”的旅游者喂饲动物，也会

① David Weaver 著，杨桂华等译. 生态旅游［M］. 天津：南开大学出版社，2004. 155；略有改动。

使野生动物改变觅食或猎食习惯，这些非自然性行为改变可能会导致物种的退化。例如，在很多公园或野生动物园内，湖泊中的鲤鱼或园中的猴子，由于人工喂饲过度而改变了觅食方式，变成了圈养的“野生”动物。

第三节　旅游对环境产生的积极影响

虽然持小心谨慎型旅游理论观的人十分关注旅游对环境产生的负面效应，认为旅游对环境的破坏作用不可低估，但是，拥护提倡型旅游理论观的拥护者认为，旅游是一种增强和改善环境的动力。因此，旅游不但对经济能够产生促进作用和正面效应，而且能够对环境产生多种积极正面的效应。

1. 保护和恢复历史建筑与名胜古迹

历史建筑和名胜古迹本身就是重要的旅游吸引物，旅游业的发展有助于那些作为旅游景点或景区的历史建筑和名胜古迹的保护。将人类丰富的文物古迹资源通过旅游开发的方式展示给世人，充分挖掘文物古迹资源的历史文化价值、科学研究价值、美学艺术价值、社会教育价值，被实践证明是保护文物古迹资源的最佳方式。旅游业可以为保护这些遗产提供资金。如果没有旅游业，相当一部分这样的历史遗迹和建筑很可能会由于缺少资金而不能得到妥善的保护和维修，最终导致状况恶化或逐渐消失。旅游活动也为旅游目的地的居民提供了维护和开发历史遗迹的动力，使他们能更充分地认识到这些历史遗迹的价值，并将其转变为富有生命力的旅游吸引物。许多具有本土特色的历史建筑经过人们的精心修整之后会成为新的旅游吸引物。

例如，澳门的大三巴牌坊是著名的圣保罗教堂的前壁遗迹。100 多年前的一场大火，吞噬了整个圣保罗教堂，只剩下了一堵门壁。受旅游动力的推动，数年前将教堂的地下墓室改建成“天主教艺术博物馆”，赋予了新的吸引力，以全新的风貌迎接来自内地和世界各地的旅游者。又如，广州的“石室”圣心大教堂是中国现存的最大哥特式教堂。“石室”兴建于清同治二年（1863 年），竣工于清光绪十四年（1888 年），是东南亚最大的一座石结构天主教建筑，也是全球四座全石结构哥特式教堂建筑之一。“石室”是重要的文化古迹，也是重要的旅游吸引物，但是由于经历了 110 多年的风雨侵蚀和历史事件的冲击，“石室”大教堂已经损坏严重。同样出于旅游和文物保护的双重目的，广州市投入 1900 多万元人民币的巨款为“石室”圣心大教堂进行“美容”。①

2. 改善旅游目的地的环境

如第六章所述，旅游业是重要的收入来源，同时清洁、美丽的环境也是吸引旅游者的重要财富。为了吸引更多的旅游者到访，旅游目的地的政府或行政管理部门都力图通过改善目的地地区的整体环境，提高舒适适宜度和生活质量，来维持和增加目的地的吸引力。旅游业的发展为旅游目的地地区提供了整体美化环境和治理环境的动机和动力。旅游目的地的政府会有意识地通过系列美化、绿化工程、设计得体协调的建筑和其他措施来促进环境景观的美化；还会有意识地对空气质量、水质、噪声、垃圾等环境问题进行治理，促进环境的全面净化。其结果是，大多数著名的旅游目的地地区都逐步被建设成非常适合人类居住和生活的地区。因此，大多数旅游目的地（旅游景区、度假胜地等）不但风景优美，而且环境宜人，有助于旅游者获得高质量的旅游体验。

旅游业的发展也为旅游目的地基础设施的建设和改善提供了动力。为了提高旅游目的地的可进入性和生活的方便性，更好地接待旅游者，旅游目的地地区通常都注重当地基础设施的建设和更新。例如，旅游目的地地区为了促进旅游业的发展，对机场、公路、铁路、城市地铁系统、邮电、通信等基础设施的建设和改善都会优先进行安排和实施。这些基础设施的建设使当地的人居环境得到改善，并能够进一步促进当地经济的发展，提高当地居民的整体生活水平和生活质量。

3. 增强环境保护意识，促进保护野生动植物

在某些形式的旅游活动中（例如生态旅游），“未受破坏”的自然环境及与之相关联的野生动植物本身构成了富有魅力的旅游吸引物，因此旅游者的这种需求成为促进旅游目的地政府和相关部门对野生动植物进行保护的动力。

旅游市场通常都把自然环境作为直接或间接的旅游资源。在一定程度上，环境也是一种经济资源。旅游业利用符合旅游市场需要的环境资源就可以为旅游目的地地区创造出财富。因此旅游目的地为了适应旅游市场的需要，也为了其自身的长远经济利益，不得不采取有效措施对生态环境进行有效的保护，以满足旅游者对“未受破坏”的自然环境的需求。环境保护既是经济发展的一部分，也能够对地区的经济发展作贡献。这无形中就唤醒了目的地地区政府、居民及各方人士的环境保护意识，促使他们主动采取措施对自然生态环境和野生动植物进行保护。

---

① http://news.21cn.com/tupian/dian/2004/08/27/1734458.shtml，2004－8－27.

在旅游目的地地区，旅游者都渴望能够目睹自然环境中的原始风貌、多样性的生物种群，濒危动植物得到保护，人类与自然环境和谐相处。旅游者的这种关注会导致旅游目的地中的很多破坏自然生态环境、扰乱野生动物栖息地的现象和事件被新闻媒体曝光，引起公众的不满和抗议。这会促使旅游目的地的政府和管理部门制定或强化必要的环境保护政策和管理措施，使自然环境和野生动物栖息地免遭破坏。

第四节　旅游承载力

如前面章节所述，旅游活动必然会对旅游目的地地区的社会、文化、经济和环境等方面产生影响。因此，如果不加以限制，让旅游活动任意发展和扩张，旅游的发展就可能会在空间和数量上超出目的地的经济、社会、生态环境等方面所允许的、可持续的极限。旅游活动规模和旅游者的数量超过这个极限后，就会对旅游目的地的各个方面都产生消极影响。在这个意义上，旅游承载力（Carrying capacity，也称为旅游容量）成为旅游目的地开发和规划、旅游目的地管理领域中经常被关注的一个重要概念和变量。

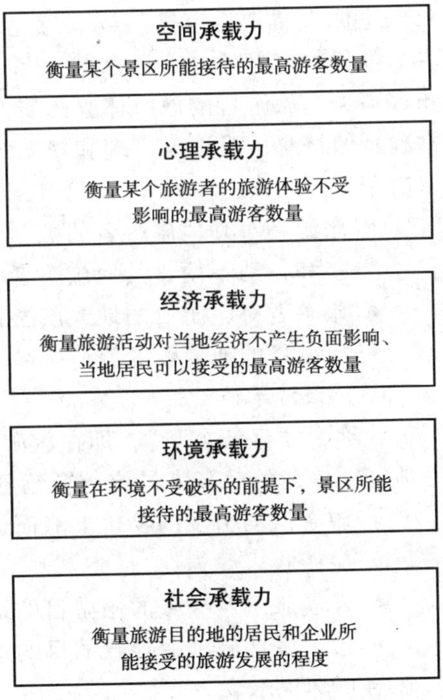

空间承载力
衡量某个景区所能接待的最高游客数量

心理承载力
衡量某个旅游者的旅游体验不受影响的最高游客数量

经济承载力
衡量旅游活动对当地经济不产生负面影响、当地居民可以接受的最高游客数量

环境承载力
衡量在环境不受破坏的前提下，景区所能接待的最高游客数量

社会承载力
衡量旅游目的地的居民和企业所能接受的旅游发展的程度

图 8－6　旅游承载力的类型

资料来源：史蒂芬·佩吉等著，刘劼莉等译．现代旅游管理导论［M］．北京：电子工业出版社，2004.265；有改动。

1. 旅游承载力的定义

对旅游承载力的定义，旅游界的学者有多种不同的文字表述。综合起来，其核心概念可以简单地归纳为：在对旅游目的地不造成不可承受的损害、在不使旅游者的体验质量下降至不能接受的程度的前提下，某个旅游目的地可以容纳的旅游活动的最大规模。旅游承载力通常可以分为五种主要类型（见图 8－6）。

（1）空间承载力

也称为“物理容量”，即旅游目的地能够接待旅游者的最高数量。“空间承载力”相对比较易于直接进行测量，也比较易于进行规划和管理。“空间承载力”涉及的因素包括：

- 用于兴建旅游者住宿及其他基本设施（例如，道路和供水设施等）的土地面积；
- 旅游目的地拥有的住宿设施的数量及规模；
- 旅游相关的特定设施的数量，例如，停车场中停车位的数量、餐馆中的餐厅面积等；
- 旅游目的地的交通系统的总容量，例如，隧道、公路、公共汽车系统、地铁或轻轨交通系统等的总容量。

（2）心理承载力

也称为“知觉容量”或“感觉承载力”。当旅游目的地的游客数量超过旅游者本身所能容忍的“心理承载力”，旅游者所感受到的乐趣和满意度会明显地减弱或消失，旅游者的旅游体验的质量会大幅度地下降。“心理承载力”是一种非常独特的概念，难以用管理和规划的手段对其进行控制。“心理承载力”的大小取决于下列因素：

- 旅游者对其他旅游者的数量和行为（例如，目的地游客数量太多导致拥挤和行动不便、其他旅游者大声喧哗和嬉闹等）的态度；
- 旅游者对旅游目的地或旅游景区的环境污染及生态被破坏的可容忍程度；
- 旅游目的地提供的旅游产品过度商品化，超出了旅游者的容忍程度。

（3）经济承载力

也称为“经济容量”，即在旅游目的地经济不受到负面影响的前提下，该目的地能够接待的最高来访旅游者数量。“经济承载力”涉及的因素包括：

- 旅游活动引发的物价上涨而造成的通货膨胀；
- 旅游收入漏损；
- 发展旅游业导致的旅游目的地地区产业结构失衡；
- 过度发展旅游业导致的目的地经济的潜在波动危险。

（4）环境承载力

也称为“环境容量”或“生态承载力”，即在旅游目的地环境不受破坏或不遭到不可接受的扰乱的前提下，该目的地能容纳的最多来访旅游者数量。在讨论和研究“环境承载力”时，应该关注整个生态环境系统，而不是某个独立或孤立的环境因素。旅游者对环境不负责任的行为可能导致环境遭到破坏：

- 原野的草地被践踏；
- 野生动物和植物的自然生态被干扰，导致生态系统发生退化；
- 旅游者随意乱扔垃圾的行为导致旅游目的地环境受到污染；
- 名胜古迹由于旅游者的压力影响因子的活动和行为而受到侵蚀和破坏。

（5）社会承载力

也称为“社会容量”，这种承载力来自目的地社区的旅游规划和可持续性。“社会承载力”力图定义旅游目的地地区的居民和企业对旅游发展的接受程度，并试图运用技术手段测量当地居民接受旅游发展引起的社会变化的限度，例如，“激怒指数”。

2. 影响旅游承载力的因素

一个旅游目的地的旅游承载力的大小取决于多种因素。每个旅游目的地的旅游承载力都要根据其自身的具体情况确定。旅游承载力对不同的旅游目的地、不同类型的旅游活动、不同类型的旅游者、旅游者与目的地居民之间的文化差异、旅游发展的速度、旅游发展的规模与水平等因素都非常敏感。因此，某一个旅游目的地的旅游承载力是由多重因素综合作用的结果。影响旅游承载力的众多因素大致可以划分成两大类别：当地因素和外来因素。图 8－7 概括描述了旅游承载力受诸因素影响的过程，这些因素从不同的角度对旅游目的地的旅游承载力施加影响，从而使旅游承载力发生不同程度的变化。

（1）当地因素

影响旅游承载力的来自目的地的因素有很多种，主要涉及社会、文化、环境、经济、资源等方面。

①社会结构。旅游目的地的社会结构在对其旅游承载力的影响方面起着非常重要的作用。从总体上看，旅游目的地的社会结构的现代化程度越高、城市的规模越大、人口越多、开放程度越高，其适应程度就会越高，因此接受大量外来旅游者的能力也就越大。而那些现代化程度较低、规模较小、人口较少、相对比较封闭的旅游目的地，其旅游承载力必然较小，对外来旅游者的容忍程度也通常比较低。

②文化传统。旅游目的地的文化传统也是影响旅游承载力的重要因素。从旅游者心理的角度，旅游目的地的文化传统越独特、与旅游者自身文化特点的差异性越大，就越对旅游者具有吸引力。同时，旅游目的地的这种独特的、具有巨大差异性的文化，遭受旅游者和旅游活动所带来的文化冲击的潜在可能性也是非常大的。如果管理和控制不当，这种冲击对旅游目的地的传统文化的破坏也是巨大

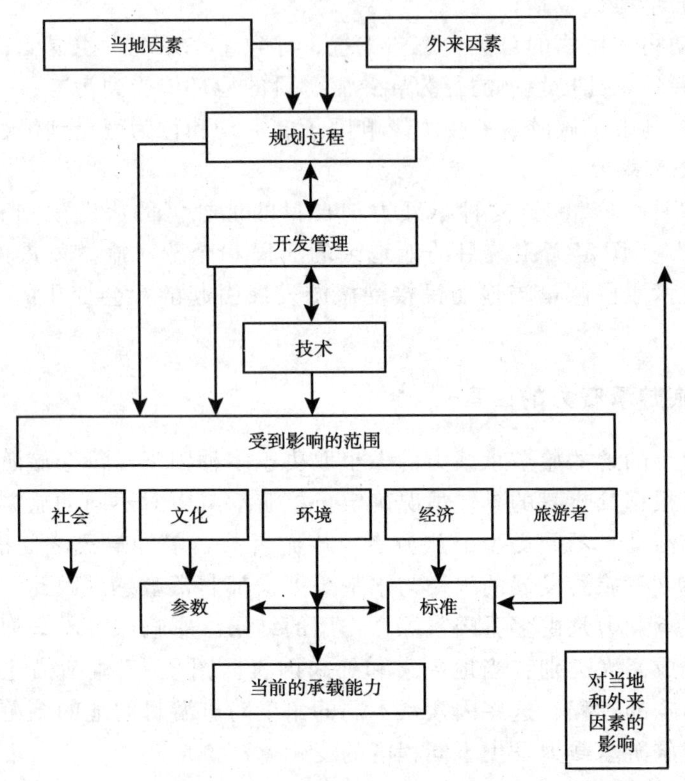

图 8-7　影响旅游承载力的因素

资料来源：克里斯·库珀等著，张俐俐等译．旅游学——原理与实践［M］．北京：高等教育出版社，2004. 212；有改动。

的。旅游活动的压力引发的旅游目的地本土文化的商品化，会进一步加重对传统文化的破坏性，使当地的本土文化传统，例如，社会习俗、宗教仪式、传统歌舞、民族手工艺术等，都变成纯粹的商业性表演，丧失了其固有的真实性。

③环境。旅游业的发展和旅游者的活动不论其主观愿望如何，都必然会在客观上对旅游目的地的自然环境和人造环境产生影响。按照一般规律，对旅游活动的压力影响，人造环境的承载力和应对破坏的恢复能力会大于自然生态环境。就自然环境而言，旅游目的地的环境越独特、与外界越隔绝，其受到旅游活动干扰后发生变化的程度就越显著。例如，那些人烟稀少的地区或高山地区，其生态系统都是很脆弱的，对大规模旅游活动造成的环境影响的承受能力和恢复能力都是相当弱的。

④经济结构。旅游活动对旅游目的地既可以产生经济利益，也能够造成经济代价。旅游目的地的经济结构决定着应对这些经济变化的适应能力。按照一般规律，旅游目的地经济体系的现代化程度越高、越发达强大，经济结构越多元化，其应对变化的能力就越强，其旅游漏损的比率也越低。在经济结构不成熟的经济欠发达的旅游目的地地区，旅游业的过度发展会带来很多负面的经济影响，导致资源配置失衡，产业结构不合理，降低抵御经济动荡和危机的能力，增加社会矛盾爆发的潜在危险。

⑤资源状况。旅游目的地的资源的可供给能力也对旅游承载力产生影响。开发旅游，必然会引起旅游业与其他行业争夺旅游目的地地区有限的资源，包括土地资源、人力资源、资金资源及其他资源。这势必会提高将有限的资源用于旅游业的机会成本。如果旅游业过度发展，大量挤占了目的地地区的有限资源，将基础设施过度提供给旅游业使用，就会使当地居民感到生活不方便，引发其对外来旅游者产生逆反心理和敌意。当然，旅游业的发展也可以改善目的地的基础设施建设，使目的地居民从中受益。因此，旅游目的地如何在旅游业和其他行业之间平衡资源的供给是确定旅游目的地承载力时应该考虑的一个重要因素。

(2) 外来因素

外来因素主要涉及两个方面：外来旅游者的特征和旅游活动的类型。

①外来旅游者的特征。到访旅游者的不同特征通常对旅游目的地的社会文化、环境等方面产生不同的影响。从旅游市场细分的角度，可以区分出各种不同类型的旅游者和旅游行为。从整体上，“大众型”的团队旅游者更重视现代气息，他们通常愿意保持自己固有的文化和习惯，不愿意接受和适应旅游目的地的习俗和规范。这类旅游者的大规模进入旅游目的地会对当地的社会文化产生比较大的负面影响或冲击。而“非大众型”的旅游者往往自己安排旅游行程，倾向于进行探索性或冒险性的旅游活动。这类旅游者愿意接触和融入旅游目的地的社会文化的各个方面，探索其中的奥妙之处，并将其作为自己旅游体验的重要组成部分。外来旅游者和旅游目的地居民之间的特征差异在对旅游承载力的影响方面起着重要的作用。通常，旅游目的地居民和来访游客之间的社会文化、心理等特征的差异越大，旅游活动所产生的影响和造成的后果也就越大。

旅游承载力的承受程度集中表现在以下几个方面：[①]

- 目的地生态系统对旅游者的来访和旅游活动及由旅游活动导致的其他活

① 克里斯·库珀等著，张俐俐等译. 旅游学——原理与实践 [M]. 北京：高等教育出版社，2004. 214；有改动。

动具有多大承受力；

- 目的地的社会文化结构对外来文化、观念和价值观的进入具有多大的承受力；
- 目的地经济结构对旅游业和旅游活动的影响具有多大的承受力；
- 到访旅游者对旅游目的地的拥挤、污染、生态恶化等现象具有多大的承受力。

②旅游活动的类型。不同类型的旅游活动对旅游目的地产生的影响的性质和程度也是不相同的。某些旅游活动的开展对目的地的社会文化或环境的要求或影响会高于另一些类型的旅游活动，表 8－1 列举了一些旅游者的活动对环境空间的不同要求。从中可以看出，旅游活动的类型对环境空间的基本要求是不同的，因此对目的地的影响也是不同的。

表 8－1　不同类型的旅游活动对环境空间的不同基本要求

旅游者的活动类型	基　本　要　求
荒野爱好者	不希望有商业性设施；寻求自然随意的环境；看到的人要少；期望宁静、清新、与世隔绝的气氛
运动爱好者	希望有起码的设施；追求自然气氛；与他人的冲突较大；期望有好的运动条件和较宁静的环境
野营者	一般以家庭或者亲朋为活动团体；寻求自然的气氛，要求较大的活动空间，愿意看到周围有一些同类型的旅游者；希望有起码的设施
海浴者	一般呈小集群活动；希望看到较多的同类旅游者；追求略为热闹的气氛；要求设施完备
自然风景观赏者	希望充分体验自然美景，不愿意赏景人很多破坏宁静气氛，此类旅游需求量大

资料来源：谢彦君. 基础旅游学［M］. 北京：中国旅游出版社，2001. 267；有改动。

其他类型的旅游活动，例如，城市旅游、乡村旅游、海滨度假旅游、登山旅游、狩猎旅游等活动，也会由于旅游者表现出的不同旅游行为和要求而对旅游目的地地区产生不同的影响。登山和狩猎等野外活动会对旅游目的地地区的生态环境产生比较大的影响，造成野生生态环境的失衡。博彩活动虽然会给旅游目的地带来很大的经济效益，但是同时也会对目的地的社会文化带来巨大的消极影响，使当地的社会风气面临败坏的潜在危险。

3. 旅游的环境影响和旅游承载力对旅游管理者的启示

通过对旅游的环境影响和旅游承载力的研究，旅游管理部门和旅游管理者可以从下述诸方面得到启示。对这些启示进行认真的思考将有助于理性地对旅游业和旅游活动进行管理，促进旅游业和旅游活动的可持续发展。

其一，所有与旅游相关的活动都会对环境造成某种程度的压力。问题的关键不是是否可以避免产生这些环境压力，而是这些对目的地社区造成的环境压力是否能够控制在可以接受的范围之内，或者是否能够通过主动采取的管理策略将这些环境压力减小到可以接受的程度。

其二，旅游活动对环境造成的压力必然与旅游目的地的旅游承载力相关，而旅游承载力一定是随着旅游目的地的不同而各不相同。可以通过管理手段或其他适应性措施对旅游承载力进行控制。

其三，旅游目的地的旅游承载力通常很难确定，因为环境压力和环境压力对目的地造成的影响并不总是马上就能明显地表现出来，事实上，环境压力和环境压力对旅游目的地造成的影响常常是渐进式的和长期性的。

其四，旅游承载力是一个动态的概念，在旅游活动健康发展的情况下，旅游承载力会随着时间的变化而不断改变。旅游目的地无计划的快速开发易于导致旅游承载力水平低下。

其五，旅游承载力的指标主要由经济、环境、社会文化和旅游者的满意度四个部分组成，因此某个旅游目的地确定其旅游承载力时，可能会遇到一些困难。例如，旅游目的地的一个方面的旅游承载力已经达到了极限，但是其他方面的承载力可能还不饱和。通常，与其他方面相比，生态环境的承载力显得更脆弱。因此，常常出现这样的情况，一个旅游目的地的经济和社会文化方面的承载力还没有达到极限，但是其生态环境所承受的压力可能已经无法忍受了。

【补充阅读资料】

天安门地区：7天清理垃圾146吨

北京环卫集团7日对外发布消息称，“五一”黄金周期间，每天有300多名环卫工人两班倒，24小时不间断地清扫天安门地区各类垃圾，7天共清理各类垃圾146吨，日产垃圾量是平日的9倍多，让来自世界各地的游客在美丽清洁的环境中游览多姿多彩的天安门广场。

“五一”黄金周天安门地区环卫保障指挥部总调度张志强对记者说，为向中外游客展示天安门地区优美的环境，北京环卫集团4月28日就启动了天安门地区市容环境卫生保障工作方案。在天安门广场首次停放两辆豪华客车厕所，自动感应冲水，清洗后洁净如新的厕所，令游客大为称赞。首次为沟槽帐篷厕所配备的洗手池，解决了游人如厕后洗手难的问题，受到了游人的好评。首次亮相的多功能清洗车更是大显神威，前刷、中冲、后回收集于一身，只需清洗一遍，天安门广场地面顿显本色，达到了可席地而坐的干净程度。

"五一"黄金周，来自四面八方的中外游客涌入北京观光旅游，各类垃圾量也随之攀升，北京环卫集团每天有2000余名环卫职工工作在环卫作业一线，7天来共清运垃圾29970吨，确保了"五一"黄金周首都市容环境清洁美丽。

——资料来源：新华每日电讯，2007－5－7. 第2版；有删改。

克罗地亚：发展旅游　不忘保护环境

克罗地亚位于巴尔干半岛西北部，西临亚得里亚海，度假胜地众多，旅游业一直是国家的重要经济支柱。最近，克国内就旅游业应该发展精品旅游还是发展大众旅游，开展了一场大讨论。

主张精品旅游的一方认为，一方面，克罗地亚国土面积较小，虽然有首都萨格勒布、海滨城市杜布罗夫尼克和斯普利特等，但旅游配套设施无法承受大量游客所需要的相关资源。另一方面，由于克罗地亚处于欧洲东南部，旅游者大部分来自东欧国家。东欧旅游者来克罗地亚消费金额比西欧旅游者少得多，除了必需的旅馆和餐饮消费外，基本没有什么其他支出。但是每一个旅游者都要占用同样的交通及自然资源，从交通工具的污染排放和旅游者产生的垃圾角度来看，每个旅游者对于环境的损害程度是一样的。所以，如果旅游者的消费不能抵消政府为了维护环境而进行的投资，那么这样的旅游产业实质上是在做"赔本生意"。

克文化部门的人士表示，克罗地亚的博物馆、剧院、画廊等文化场所数量是巴尔干地区最多的，旅游业的发展应考虑到利用这些文化设施提高来访者的附加值。吸引旅游者多参观博物馆和艺术馆，一方面可以延长旅游者的停留时间，同时可以增加住宿、餐饮和晚间娱乐收入，另一方面也可以使旅游者了解克罗地亚本国文化，提高国家的形象。这是提倡精品旅游一方的主要论点。

另一方则认为，克罗地亚应该大力发展大众旅游，首先吸引更多的人来到克罗地亚，而不必在意每个人的消费情况。旅游部门应更注意面向不同消费人群，提供多层次的服务，从而让来自不同国家的人都能感到满意。

经营克罗地亚海边景点的一些商业人士认为，沿海城市的酒店、餐馆等设施众多，即使在夏季旅游高峰期间仍能满足绝大部分旅游者的需求。每个旅游者必然会在住宿、餐饮和一般娱乐上有所支出。消费金额虽因人而异，但欧洲人的度假方式比较松散，从5月到10月都有家庭选择出行旅游。所以，克罗地亚的旅游资源应适应“少量多次”的特点，在不同层次上满足人们的需求。既然旅游人群趋向于“少量”，那么就有必要在“人数”上增加，才能达到旅游业总体收入的增加。一些媒体人士则说，克旅游主管部门应注意“口碑”效应。来到克罗地亚旅游的人越多，这些人回国后就能让更多的人了解克罗地亚，这对提高克的国际知名度和地位都有深远的影响。

虽然克国内对发展精品旅游还是大众旅游仍争论激烈，但双方都认为发展旅游、提高旅游业在国民经济中的地位，绝对不能以牺牲自然环境为代价，更不能降低服务质量。事实上，不管走“薄利多销”的道路，还是搞“精英文化旅游”，其最终目的都是更好地利用和保护克罗地亚的旅游资源。

——资料来源：http：//www.china.com.cn/environment/2007－05/31/content_8356532.htm，2007－5－31.

高铁考验湖北旅游承载力极限

2009年年底武广高铁的开通，为湖北旅游业带来了前所未有的机遇，蜂拥而至的高铁游客屡使各大景区爆棚。2010年“五一”期间，8000多名游客乘高铁前来，高铁旅客成为入鄂游客的主力。

然而，随之而来的游客“吃冷饭”、高星级酒店“一床难求”、导游紧缺、交通拥堵等问题也暴露出湖北旅游业发展的短板。如何应对高铁时代，提高旅游接待水平，促进旅游业跨越升级，成为湖北旅游业界探讨和努力的焦点。

旅游业新变化显现

随着高铁沿线城市来鄂游客量激增，湖北旅游今年以来出现持续热潮。从元旦、春节到“五一”，武汉冰雪游、赏樱游受到南方游客青睐，来湖北的“高铁团”络绎不绝，线路延伸至三峡、武当山等湖北重点旅游目的地。

南方游客特别是广东旅游团队游客呈井喷式涌入湖北。元旦3天，武汉接待广东旅游团队50多个、游客2600多名。春节黄金周，乘高铁来武汉的游客超过5万人次，仅广东游客就突破3万人次。武汉自1998年以来，首次出现游客量“进”大于“出”的现象。

“五一”期间，高铁游依然热力不减。据统计，乘高铁到达武汉的广州和湖南团队达170多个，游客人数达8000多人，其中包括200多人的大型旅游团。

广之旅统计数据显示，“五一”期间报名高铁游前往湖北、湖南的游客超过2500人，而去年同期仅为100多人，实现了20倍增长，“咸宁温泉、赤壁古战场、武汉黄鹤楼、归元寺高铁3天”等线路最受游客欢迎。

旅游接待现软肋

湖北旅游业在全面飘红的同时，其接待能力也遭遇全面考验。面对蜂拥而来的高端旅游团，许多缺少地接经验的景区和旅行社“手足无措”，暴露出旅游服务质量不高、旅游基础设施不足、人才队伍建设滞后三大短板。

旅游服务是外地游客投诉的热点。武汉市旅游局局长坦言，由于部分接待餐厅服务不规范，游客“吃冷饭”、上菜慢等现象时有发生，有的餐厅甚至散客多了就临时取消团队用餐。接待车辆不足、停车困难、车票预订难等问题让旅行社头痛不已，有的甚至出现三天无饭吃、无房住、无车坐的严重问题。

严重的交通拥堵也常使外地团队被堵在路上。武汉春秋国旅总经理说，今年以来，他们旅行社就有4个团队因堵车误了火车，游客对此意见很大。2个前来武汉大学赏樱的广东团队甚至在门口堵了两个小时进不了门，最终为赶火车放弃了赏樱计划。

旅游基础设施不足、功能不完善也使景区、酒店在面对大批客流时“有心无力”。湖北省旅游局局长说，乘高铁来的很多高端旅游者都要求有一流的住宿、餐饮、娱乐和综合服务设施。“尽管湖北许多地方都建了高档饭店，但数量和规模还不能满足要求，武汉城市圈8个城市至今还无一家五星级酒店。全省旅游公共服务设施还比较落后。”

让旅行社头痛的另一个问题是“导游荒”。蜂拥而至的客流使武汉各旅行社导游紧缺，会说粤语的地接导游更少。武汉现有5000名导游，可有地接经验的不超过500人。一些资深导游甚至向旅行社开出了500元一天的高价。

“软硬兼施”全面应对

高铁时代对沿线城市的旅游交通建设、产品组合、接待设施、个性化旅游需求等都提出了新要求。湖北旅游部门表示，将“软硬兼施”，在加快旅游基础设施建设的同时，注重旅游人才培养和引进，提高服务接待能力，应对高铁游市场。

湖北省旅游局局长表示，湖北将加快重大旅游景观建设及高档旅游设施建设，改善交通服务，推进景区环境检测、污水处理、邮电通讯、金融保险等配套服务设施建设；推行优质旅游服务，建立旅游服务质量信息发布制度，加强市场整治和投诉处理。在产品和市场开发上，重点突破珠三角、长三角、环渤海等旅游市场，研发高铁沿线旅游产品组合和连接武汉的省外高铁沿线重点旅游市场。加强区域合作，整合旅游资源，打造精品旅游线路。

——资料来源：新华每日电讯，2010－5－6. 第7版；有删改。

【案例分析】

新西兰环境保护的不平坦之路

新西兰以环境优美闻名于世，号称“世界最后一块净土”。热爱自然和保护环境是新西兰人的骄傲，也是新西兰的象征。

位于新西兰北岛中部的陶波湖（Lake Taupo）的面积等同于新加坡国土面积，是新西兰第一大湖，湖水清澈至极，湖光山色令人流连忘返。然而附近的居民仍然抗议湖水的清澈度已由原来上百米降低到目前的几十米，政府也同意增加财政拨款提高湖水的清澈度。在我们看来已经羡慕不已的清澈，在新西兰民众的眼里却是必须尽快解决的问题，差距之大真是天壤之别。

研究新西兰的历史发现，与其他发达国家一样，新西兰人环境保护的概念不是生而有之，新西兰的环境保护也不是一帆风顺，没有逃脱先破坏后保护的宿命，也经历了一个痛苦的反复过程。

19世纪初，以英国为首的欧洲殖民者来到新西兰之前，新西兰只有毛利人（原住民）在此过着原始社会的生活，森林覆盖率达到90%以上，那才是名副其实的世外仙境。欧洲殖民者为了创建“新的家园”，大肆破坏原有的生态和地貌，开荒开矿，建设港口，发动了史无前例的“牧场革命”。他们砍伐原始森林，种植英国的草种，将新西兰51%的土地改造成牧场。为保证牛羊全年饲养，维持高产量，交替施用大量的化肥和杀草剂。更为严重的是，在100年内从世界各地引进了1000多种外来物种，严重威胁了原有物种的生存。

这种人为改造生态地貌和过度追求经济利益的做法破坏了新西兰自然景观和生态平衡，造成本地物种的急剧减少，甚至部分灭绝。而大量施加化肥和杀虫剂导致环境污染和水土流失，超过人口10倍以上的牛羊所释放的大量有机废气造成了空气污染，并直接导致新西兰上空的臭氧层空洞的形成。殖民生态的做法带来了一定的经济效益，但造成了生态环境的日趋恶化。

如何协调经济发展与环境保护这个重大而严肃的问题无法回避地摆在全体新

西兰人面前，引起了全社会的反思。20 世纪 60 年代发生的“拯救马纳波里湖运动”（Save Manapouri Campaign）是新西兰历史上第一场全国性环保运动，为环保意识的确立以及新西兰最终走上一条与自然和谐发展的良性循环之路奠定了基础。

马纳波里湖（Manapouri Lake）地处新西兰南岛西南端，是南岛最深的湖泊，是新西兰最大的国家公园——峡湾国家公园（The Fiordland National Park）的重要组成部分。湖的西南面，利用湖与太平洋的落差所产生的能量修建了一座水电站。为增加水电站的发电量，政府计划提高湖的水位，但此举可能淹没湖泊沿岸及周围森林，引发周围山坡的泥石流并威胁到下游农场和居民的安全，自然景观和生态将被破坏，航行、渔业和旅游业可能受到影响。为抵制这种做法，一场“拯救马纳波里湖运动”于 60 年代初出现并在 10 多年内席卷了全国，引发了全体国民对环境保护的重视并最终影响了政府决策。1972 年，工党执政后未同意抬高水位并成立专门的监管委员会加强管理和监督，保护环境和生态。

这场运动向全体新西兰人提出了如何合理利用自然资源并与自然和谐共存的根本性问题，引发了关于环境问题的全国性大辩论，环保问题成了全民重视的问题。1985 年又发生了抗议法国在南太地区进行核试验的绿色和平组织“彩虹勇士号”船在奥克兰港被法国特工炸沉的“彩虹勇士号”事件。这些事件逐渐改变了政府重经济发展、轻环境保护的做法，克服了追求短期经济利益的冲动，环保被提升到国家建设的首要位置。

政府将 60 多部不完整、不全面甚至相互抵触的法律法规统一成《资源管理法》，彻底改变了中央和地方政府在环境规划和评估方面的机制和程序，修改、完善、制定了一系列相关法律，强调对资源的可持续利用和发展，在立法上理顺了环境和经济发展的关系。政府主管部门的职能随之进行改革和调整，将商业性质的职能划入相关国有企业，组建资源保护部保护和管理具有高度保护价值的资源，组建环境部制定环境政策，设立议会环境专员行使监督职能，从多个层次保证立法和管理的有效实施。

政府通过立法建立了总面积占国土面积 1/3 的原始森林保护区、国家公园、沿海自然保护区及岛屿海洋生物保护区，加强环保理念和意识的推广和教育，加大对环保组织的扶助，发挥环保组织的作用，加强国际交流与合作，签署了《生物多样性公约》、《气候变化框架公约》等多项国际公约，并通过国内立法予以落实。新西兰在环保问题上的坚定立场和取得的显著成绩为其在国际社会中赢得了独特的地位。

民众的觉醒和民意的高涨提高了政府的重视程度，而政府推行全面、有效的环保政策又进一步推动环保理念的发展和环保组织的壮大。清洁和绿色的环保形象同样促进了旅游业、农业、林业和畜牧业的长足发展，由此，环境保护和经济发展的关系实现了完美的统一。

如今，旅游业已成为新西兰第一大出口行业，对经济发展的贡献率达10%，并带动了交通、住宿、零售、餐饮、金融、保险等多个行业的发展。农业、林业和畜牧业是国民经济中最重要的部门。全国51%的土地为牧场或农场，29%的土地为林地，农、林、牧业产值占出口产品总值50%，占GDP的16%。新西兰拥有世界上第四大专属经济区，海洋水产资源丰富，渔业产品占出口产品总值的4%。

环境保护与经济发展的完美统一实现了人与自然的和谐相处。就像我们这样的过客，也自觉地遵守着这里的潜规则，任何细小的疏忽都觉得是对环境的不尊重和对中国人名誉的玷污。坐在公园的长椅上小憩，总会有小鸟、鸽子、野鸭在你的脚边徘徊，等着你喂面包吃，没有任何的畏惧和恐慌。曾经有一次，我刚刚喂完带来的面包，准备起身离开，一只鸽子居然自己飞到我的膝盖上，看看我的手里是否还有面包，我只能摆摆手示意它没有了。心里有些愧疚，但更有一种感动。这是动物对人的无限信赖，是多少年培养的结果，经受了时间的考验。

对环境的破坏最终将反作用于人类自身。保护环境并不是牺牲发展，发展与保护环境不是对立的，而是相辅相成的。保护环境，才能真正实现可持续发展，才能达到人与自然的和谐相处。新西兰环境保护的坎坷之路是发达国家走过的历史，是发展中国家应该吸取的教训。历史不该重演，中国的环保之路任重道远。

——资料来源：http://www.fmprc.gov.cn/chn/wjb/wjly/t222438.htm，2005-11-21.

案例提示

1. 讨论新西兰人的环境意识与我们的差别。
2. 回顾新西兰人环境保护概念的发展和进化过程，我们可以从中获得哪些启示？
3. 讨论新西兰的民众意识是如何推动政府重视环境保护的，民众的关注点和政府的工作重心是否存在根本的不同？
4. 结合本案例讨论环境保护和经济发展之间的协调关系、对立关系及统一关系。
5. 作为发展中国家，中国在发展旅游业中应该在环境保护方面吸取哪些经验和教训？

【复习与思考】

一、重要专业词汇

环境影响（Environmental impact）
环境质量（Environmental quality）
环境代价（Environmental cost）
环境影响过程（Environmental impact sequence）
压力影响因子（Stressor）
环境压力（Environmental stress）
环境污染（Environmental pollution）
旅游承载力（Carrying capacity）
生态平衡（Ecological equilibrium）

二、思考和讨论

1. 从三个方面简要分析旅游活动与环境质量的关系，并结合实际讨论其对旅游开发的启示。
2. 旅游环境具有哪些基本特征？
3. 简述旅游对环境的影响过程中各个阶段的主要特征。
4. 旅游对环境的负面影响主要表现在哪些方面？
5. 旅游承载力的核心概念是什么？
6. 旅游承载力通常可以分为哪些主要类型？各种类型的旅游承载力的主要内容是什么？
7. 从旅游管理的角度，分析和讨论影响旅游承载力的各种因素。
8. 通过对旅游的环境影响和旅游承载力的研究，旅游管理者可以得到哪些启示？

第九章

旅游目的地开发

在利珀提出的“基本整体旅游系统”（Basic whole tourism system）框架体系中，旅游目的地是其中的一个要素，也是一个非常重要的因素，因为旅游目的地通常是满足旅游者需求的服务中心，也是为旅游者服务的旅游和生活设施中心。因此，旅游目的地是大多数旅游者度假体验的核心。由此可见，旅游目的地在旅游系统中的地位是非常重要的。

第一节　旅游目的地的基本特性

旅游目的地的种类繁多，形式多样，但是大多数旅游目的地都具有下列基本特征：综合性，文化性，不可分离性和不可贮存性，共享性，与旅游者心理类型的相关性。

1. 综合性

旅游目的地是综合性很强的集合体，集合体中的各个组成部分通过不同的方式组合在一起，为旅游者提供综合性的服务，并通过这种综合性的服务使旅游者获得愉悦的度假体验，得到最大的物质和精神满足。构成旅游目的地并使之受旅游者欢迎的因素很多，其主要因素包括：

（1）*旅游吸引物*

一个地区如果不具备对潜在旅游者的吸引力，是无法成为旅游目的地的。因此，旅游目的地必须具备能够让旅游者获得愉悦体验的载体，否则旅游者就不会光顾该地。通常能够吸引大量旅游者并长期保持其吸引力的是那些具有多重旅游吸引物（包括人文和自然等旅游资源）的旅游目的地，例如一些大都会城市，如巴黎、罗马、伦敦、纽约、北京、新加坡等，以及风景美丽、气候宜人的度假胜地，如桂林、三亚、夏威夷等。

（2）旅游接待设施

旅游目的地必须拥有能够满足旅游者需要的足够的接待设施。这些设施包括住宿设施、餐饮设施、娱乐消遣设施、零售商业点和其他服务设施。这些设施应该有机地组合在一起，形成集合体，这样才能为旅游者提供完整满意的旅游体验。

（3）易于进入的条件

一个地区首先要具备相对的可进入性，然后才会有人愿意把其作为出访的目的地。可进入性的条件既包括有形的硬件设施也包括无形的政策保障条件。有形的硬件设施主要包括当地交通系统的便利性，包括铁路、公路、水陆航线及车站、机场、码头等交通枢纽设施。无形的政策保障条件通常指国际旅行签证的方便性，例如，是否需要到使领馆申请签证，能否在入境口岸获得落地签证，或者是否可以免签证等，这些条件都会影响旅游者对目的地的选择。

（4）心理上的安全保障和舒适的度假设施和体系

旅游者希望旅游目的地能够提供某种程度的安全保障和舒适体验的保障设施和体系，因为有了这些保障他们才会有安全感。从旅游者心理的角度，旅游者为了获得所谓的安全感，他们所追求的是熟悉的环境和异邦情调的混合体。不论住宿、饮食还是娱乐，旅游者都需要在“熟悉”和“生疏”之间寻找平衡。大众旅游者需要的“熟悉”大于“生疏”，而冒险旅游者则需要体验更多的“异邦情趣”和“另类体验”。因此，旅游目的地既要满足旅游者心理上的安全需要，又要为他们提供足够的带有强烈异邦色彩的新奇体验。

（5）具有竞争力的价格优势

旅游者进入旅游目的地的成本和在旅游目的地停留的成本对旅游目的地的名望有很大的影响。旅游者在考虑旅游目的地的旅游吸引物的质量因素和安全因素（心理安全和身体安全）的同时，也会很在意出游的成本因素。

（6）辅助支持性保障系统

旅游目的地的各种各样的对旅游的辅助性、支持性组织和机构，可以有效地保证旅游业和旅游者的各种活动的正常运行。这个系统包括政府机构和非政府组织，例如，政府的行政管理部门、旅游行政管理部门、各种行业协会、旅游教育机构等。

（7）良好的信息传播系统

一个地区要成为旅游目的地，一定要具备良好的信息传播系统，向潜在的旅游者传递该地区吸引旅游者的全部特色，唤起潜在旅游者的出游动机。

2. 文化性

旅游目的地也被当成一种文化财富。旅游者之所以要花费时间和金钱去访问某个目的地，是因为那里有令其神往的异域文化。例如，中国的长城和故宫、埃及的金字塔、法国的卢浮宫、希腊的竞技场等，都是由于其独特的文化魅力，才吸引了来自世界各地的众多旅游者。因此，旅游目的地应该对其文化遗产和独特的人文环境进行妥善合理的管理，使之持续保持与外来旅游者家乡的物理环境和文化环境之间的差异性和不可替代性，这样才能不断保持旅游目的地独特的文化魅力，使旅游目的地不断具有生命力。用目的地的这种文化财富的永恒性和不变性应对现代社会中人们不断变化的兴趣和偏爱。

3. 不可分离性和不可储存性

与消费其他产品不同，旅游消费者必须要亲身进入旅游目的地（旅游产品的生产地）后才能够消费旅游产品，从消费旅游产品的过程中获得愉悦的体验。旅游目的地的这个特性吸引着人们到世界各地具有独特性的地区去旅行，使许多旅游热点目的地地区游人如潮，拥挤不堪。尤其是在旅游旺季，慕名而至的旅游者常常会对旅游目的地造成很大的压力。例如，每年在中国的“黄金周”假日期间，几乎国内所有的旅游目的地都人满为患，给目的地的环境和生态系统造成了很大的负面压力。世界许多著名文化遗产也都面临着游客人满为患的压力。例如，秘鲁的马丘比丘印加古城遗址，在旅游旺季每天要接待2500名游客；柬埔寨的吴哥窟每年接待的参观者大约100万人次；意大利的庞贝古城目前全年接待的参观者已达200万人次；中国的故宫每年接待大约700万名中外游客。[①] 如果旅游目的地的环境和生态系统比较脆弱，大批旅游者同时涌入造成的危害会更明显、更突出。

与其他服务性产品一样，旅游目的地也具有不可储存性。如果旅游者不使用（不访问）旅游目的地，其价值就会流失或无法实现。因此，季节性是旅游目的地面临的一个主要问题。在旅游淡季，旅游目的地设施的使用率不饱满或空置，造成其整体利润水平下降。因此，在设计、规划、开发和建设旅游目的地时要考虑季节性因素，至少要保证在旅游旺季所获得的利润能够摊平全年的成本。在这个意义上，那些受季节性影响小或没有季节性的旅游目的地就具有明显的优势，例如，中国的海南岛、加勒比地区、新加坡等。

---

① 环球日报，2005－5－8；转引自 http：//news. sina. com. cn/c/2005－05－08/11486580153. shtml。

4. 共享性

旅游目的地具有共享性，因为旅游目的地既要为外来旅游者提供设施和服务，也要满足当地居民和旅游业从业人员的休闲消遣需要。因此，开发旅游目的地时应该同时考虑这两个方面的利益，要平衡外来旅游者与当地居民之间的各种利益关系，例如，旅游者与当地居民如何共享海滨旅游资源、自然保护区内的各种资源、乡村旅游资源、目的地公共服务设施、目的地的基础设施等。处理不好这两个方面的共享关系可能会导致旅游者与当地居民之间产生矛盾，甚至导致公开的对抗。

要解决这个问题，应该对旅游活动从不同的角度进行多方面的考虑：①

- 划分旅游设施的使用时间；
- 划分旅游设施的使用区域；
- 实施计划管理，以减少冲突；
- 让旅游目的地的所有利益相关集团介入，并了解他们的不同需要；
- 制定以社区为导向的旅游规划，以确保旅游目的地的开发与当地社区协调发展；
- 通过各种公众活动向当地居民进行宣传，做到信息透明化；
- 对外来旅游者进行行为规范的宣传和教育。

5. 与旅游者心理类型的相关性

如第四章所述，根据普洛格的心理特征类型模式理论，旅游目的地与旅游者的心理类型具有一定的相关性，因此，旅游目的地是会随着时间的变化而发生变化的。当一个旅游目的地被人们发现，并且吸引越来越多的旅游者时，这个目的地将会从一个吸引多中心型旅游者的旅游目的地逐渐变成一个吸引中间型旅游者的目的地，最终衍变成一个面向自我中心型旅游者的旅游目的地。

如第三章所述，旅游目的地中的重要吸引物已经成为旅游目的地的象征，并代表着旅游目的地的形象，因此，对大多数旅游者而言，旅游吸引物的魅力是其到访的主要原因。从旅游吸引物的角度，可以将旅游目的地的特征分为两个大类别：天然特征和从属特征（见表9-1）。天然特征是旅游者到来之前就存在的特征，是把旅游者吸引到旅游目的地的一个重要因素。从属特征指那些

① 克里斯·库珀等著，张俐俐等译．旅游学——原理与实践［M］．北京：高等教育出版社，2004．117；有改动。

为旅游者提供服务和为增加旅游者的乐趣而增设的设施。旅游业的发展需要目的地具有多种从属特征的支持，但是如果从属特征发展过度或者过快，尤其是其从属特征发展到破坏目的地的天然的某些方面的程度时，旅游目的地将失去其原有的魅力。

表 9－1 与旅游吸引力相关的旅游目的地的特征

天然特征	从属特征
• 气候，例如，平均气温	• 住宿，例如，酒店、公寓、宿营地
• 景观，例如，海滨的长度与质量；周边的风景	• 饮食服务，例如，餐馆、咖啡店、酒吧
• 文化，例如，传统服饰、语言、音乐、艺术与舞蹈、节日	• 交通，例如，飞机场、公路、铁路、汽车租赁、渡轮服务
• 生态，例如，当地的植被、树木及动物	• 娱乐，例如，水上运动、集市、夜总会
• 建筑，例如，礼拜寺、教堂、乡村民居	• 旅游服务，例如，信息中心、货币兑换、旅游指南、纪念品商店

资料来源：约翰·沃德著，曾萍等译. 旅游案例分析［M］. 昆明：云南大学出版社，2006. 3；略有改动。

第二节 旅游目的地的生命周期模式

旅游目的地的发展必然要与旅游活动的发展相关。旅游目的地为旅游活动提供了空间和载体，同时旅游活动又进一步促进了旅游目的地的发展。旅游目的地的发展也具有与产品的生命周期相似的发展阶段，也要大致经历出生、发展、成熟，最终衰亡的过程。人们通常将这个过程称为旅游目的地的生命周期。巴特勒（Butler）于 1980 年提出了描述旅游目的地（或旅游度假地）生命周期的 S 型理论模型。巴特勒的旅游目的地生命周期理论模型将旅游目的地的发展分为五个阶段：探索期、参与期、发展期、固化期和停滞期（见图 9－1）。根据巴特勒的生命周期理论，一个新兴的旅游目的地是逐渐被人们熟悉的，在旅游目的地发展的最初阶段，到访的旅游者的数量是非常有限的。随着人们对旅游目的地的进一步了解和熟悉，到访的旅游者的数量将会逐渐增加，这会进一步促进旅游目的地的设施和景区（点）建设，增加其吸引力。

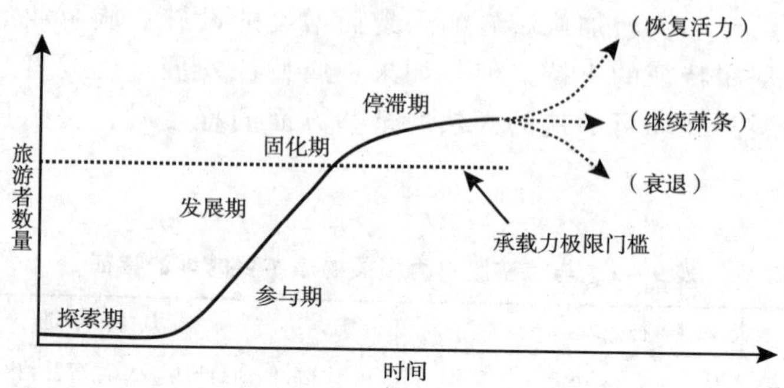

图 9－1　旅游目的地生命周期模型

资料来源：Butler，R. W.. The concept of tourist area cycle of evolution：Implications for management of resources［J］. *The Canadian Geographer* 24，1980. 5－12.

1. 探索期

探索期的特点是旅游目的地只有少量的旅游者，他们分散在旅游目的地各处，停留的时间比较长。在这个阶段，旅游业几乎不存在，因为旅游者的数量太少，不值得为其设立专门的旅游设施和旅游服务设施。进入目的地的少量的旅游者都属于探险型、多中心型，来访的目的是体验真实的文化和自然旅游吸引物。这些旅游者来自各个不同的客源地，进入目的地的模式显示不出任何季节性。在这一阶段，旅游的绝对收入非常少，但是与当地经济的联系很广泛，所以其乘数效应很大。旅游目的地的当地居民在这个阶段处于主导地位，旅游者与他们的接触很密切，他们与旅游者的关系也是非常真诚的，因此旅游者通常被当做非常稀少的来自异邦的尊贵客人。这时旅游对目的地经济、文化和环境的影响非常小。

简而言之，旅游目的地的探索期可以被称为“前旅游时期”，因为，在这个阶段不存在任何正规形式的“旅游”。目的地也没有专门针对旅游者的住宿服务设施，因此，外来访问者只能住在那些为当地人提供服务的住宿设施中。从整体旅游系统的角度，在这个阶段，旅游目的地与旅游客源地和旅游过境通行地区的联系是非正式性的或边缘性的。事实上，在世界范围，由于大众旅游的迅猛发展，目前能够称得上处于“探索期”的旅游目的地已经所剩无几了。

2. 参与期

参与期也称为导入期。在旅游目的地的这个阶段，外来旅游者的数量开始缓慢增长，为此，当地企业家开始建立数量有限的、专门针对外来旅游者的服务设施。这标志着旅游业的萌芽在目的地地区开始出现。旅游业的初期活动通常包括小客栈、食肆、向导服务、小规模的旅游经营商或半商业性的景区或景点等。在这个阶段，不论旅游者的活动还是旅游业的小规模商业性活动都几乎不对目的地的自然景观、人文景观或环境产生任何消极影响。

参与期通常与“激怒指数”的“欣快”阶段相关联。其原因主要来自两个方面：旅游者的数量很多，可以创造很可观的经济收入；旅游业在当地显示出很广泛的后向联系作用（例如，与农业和其他部门的后向联系），因此旅游业的乘数效应很高。另外，由于多中心型背包族旅游者的宣传作用，很多中间型的旅游者受其鼓动，开始在旅游经营商的组织下，成批地进入旅游目的地。这些活动的发展标志着旅游目的地正逐渐有机地融入整体旅游系统。

引发旅游目的地从探索阶段向参与阶段转变的因素通常包括来自旅游目的地内部和外部两方面的因素。内部因素主要来自目的地社区本身，例如，富有冒险精神的当地企业家修建宾馆或招待所，并对外进行广告促销宣传。外部因素主要包括两个方面：其一，来访旅游者返回家乡后的正面口头宣传；其二，一些发行量比较大、比较著名的出版物（例如，《国家地理》杂志）刊登的有关目的地地区的介绍性文章，这种宣传性文章可以激起很多人的出游动机。

在这个阶段，旅游目的地的政府或行政管理部门必须决定是否鼓励旅游开发。如果决定鼓励开发旅游业，就要确定所开发的旅游产品的类型和规模，并制定相应的政策控制旅游承载容量，以保证旅游的可持续性发展。

3. 发展期

发展期的特点是旅游迅速增长，旅游目的地旅游部门的各个方面都在短期内发生了巨大的变化。大量的旅游者涌入目的地，在旅游旺季，旅游者的数量达到或超过目的地的旅游接待能力。由于旅游目的地迅速地融入正规的旅游系统，因此一些非当地的、全国性的企业进入旅游领域，并对旅游业实施比较强的控制，使旅游活动的安排变得很规范、组织性很强。这样就吸引了大量的中间型和自我中心型的旅游者，因为这些人乐于参加那些组织正规的、预先安排好的包价旅游项目。在这个阶段，旅游目的地客源市场的集中性很高，因此有针对性的国内或国际市场营销变成非常重要的经常性活动。

在发展期，旅游目的地的宏观景观发生了迅速变化，例如，小型旅馆被高层度假饭店取代；农田被开发为高尔夫球场或主题公园；海滨和山谷旁增添了许多旅游休闲区。由于旅游活动的剧烈增多，目的地的环境压力变得很突出。目的地的旅游资源和公共设施的过度使用和环境的恶化，导致了旅游者整体旅游质量和愉悦体验感的下降。目的地居民的激怒指数也发生了变化。在发展期的初期，旅游者和旅游活动成为目的地地区的“正常常态”活动，因此当地居民已对此习以为常，处于“冷漠”状态。随着旅游者的不断增多，对旅游承载力的挑战越来越严峻，当地居民对旅游的态度的激怒指数就会从“冷漠”转变为“烦扰”。

4. 固化期

固化期也称为稳定期，其特征是到访旅游者数量和其他与旅游相关的活动的增长速度开始下降，尽管旅游者的总量和其他相关旅游活动仍然在增长。巴特勒认为，在这个阶段，一年内到访旅游者的总量会超过当地居民的数量。旅游业的发展达到了非常成熟的阶段，目的地完全有机地融入了大规模、全球性的旅游系统中，旅游业在目的地的经济中起举足轻重的作用。大量的自我中心型旅游者通过大型旅游经营商或连锁酒店集团的安排，以包价旅游团的形式进入旅游目的地，在高密度的旅游休闲商业区进行度假休闲活动。专门针对旅游者的人造娱乐吸引物的数量和重要程度都超过了目的地曾经引以为豪的人文和自然景观。

在固化期，旅游发展的水平和规模都开始超过目的地的环境、社会、经济等方面的旅游承载力，因此旅游活动给目的地的整体环境带来了消极的负面影响，导致旅游产品的质量下降，旅游增长率减缓或停顿。

5. 停滞期

停滞期也称为饱和期。在这个阶段，旅游者的数量达到最高点，目的地内与旅游相关的设施（例如，住宿等服务接待设施）的发展水平也达到最高点。旅游目的地的接待能力出现了“过剩”现象，因此需要进行大量的促销活动来保持接待能力不闲置，这就会导致出现价格大战等激烈的商业竞争，最终会使旅游产品质量进一步下降或导致经营不善的旅游企业破产。旅游目的地的吸引力开始下降，在很大程度上依靠那些自我中心型的保守旅游者的重复光顾。在这个阶段，旅游目的地实际上对新游客已经失去了吸引力，并且面临着来自其他旅游目的地的竞争压力。

综上所述，巴特勒提出的旅游目的地的生命周期是一个综合性的整体结构，可以同时将旅游经历的各个方面结合在一起。表 9－2 概括总结了旅游目的地生命周期模型中的各个不同阶段的主要特点。

表 9-2　巴特勒的旅游目的地生命周期模型中各个不同阶段的特点

变　量	探索期	参与期	发展期	固化期/停滞期
旅游系统地位	边缘性	逐渐结合	完全一体化	完全一体化
增长率	无(低水平的平衡)	低增长率	迅速增长	无(高水平的平衡)
空间模式	分　散	分散、某种程度的集中	集　中	高度集中
吸引物	文化/自然、面向当地居民	以文化/自然为主	主要并专门面向旅游者	专门面向旅游者
所有权	当　地	当　地	以非当地为主	非当地
住　宿	没有专门的住宿设施	小规模、不显眼的住宿设施	以大规模的住宿设施为主	大规模的"国际化"住宿设施
市场来源	多样化	不太多样化	集中化	集中化
心理分析	多中心型	多中心型至中间型	中间型至自我中心型	自我中心型
季节性	无季节性	即时发生的	有季节性	高度季节性
停留时间	停留时间长	比较长	比较短	短　暂
旅游的经济地位	不重要	次要,补充地位	占支配地位	过度依赖
旅游收入	非常少/稳定	数量少/不断增长	数量大/不断增长	数量大/稳定
乘数效应	非常高	高	呈下降趋势	低
联系性	当　地	以当地为主	以非当地为主	非当地
漏　损	无	次　要	主　要	非常高
商品化	非商业化/真实性	某种程度的商业化/以真实性为主	商业化/人为设计性不断增加	高度商业化/人为设计性
激怒指数	前"欣快"阶段	"欣快"阶段	"冷漠"阶段、"烦扰"阶段	"对抗"阶段、"顺从"阶段
环境压力	非常低	低	高	非常高

资料来源：Weaver，D. and Oppermann，M.. *Tourism Management* [M]. Milton，Australia：John Wiley & Sons Australia，Ltd.，2000. 319.

在理论上，停滞期可以无限期地存在，但是巴特勒认为，旅游目的地最终可能会朝两个不同的方向发展：衰退或恢复活力。

6. 衰退

在旅游目的地的衰退期，旅游者的数量明显减少。很多过去的常客不再光顾，并开始寻找新的旅游目的地。大多数到访的旅游者也都是在较小的范围内进行一日游活动或周末休闲游览活动。其结果是很多酒店和其他专门为旅游者服务的设施由于没有游客光顾而被废弃或改变用途，例如，改建为公寓、社区医疗中心或养老院等。由于雪球效应（Snowballing Effect），一个大型酒店或旅游休闲设施的倒闭会对其周围的其他住宿设施或其他旅游休闲设施产生负面影响，增加这些设施衰败的潜在危机。旅游目的地原来的以旅游业为主体的经济体系发生了根本变化，旅游业不再是主导经济行业。

旅游目的地最终走向衰退是多种因素共同作用的结果，导致目的地衰退的主要因素包括：

- 重复来访的老游客对现有的旅游产品不再感到满意，而目的地又没有采取有效的手段吸引新游客；
- 旅游目的地中的各种利益相关者没有采取有效措施使当地原有的旅游产品焕发新的活力。也可能采取了一些为原有的旅游产品注入活力的措施，但是都没有成功；
- 旅游目的地当地居民对外来旅游者和旅游活动的"对抗"态度发展成为明显的和普遍的敌意倾向；
- 出现了新的竞争对手，将传统的客源市场分化瓦解或夺走。

7. 恢复活力

旅游目的地可以通过采取若干振兴措施的手段使旅游目的地的旅游业恢复活力，重振雄风。旅游目的地要恢复活力，通常必然需要开发和引进全新的旅游产品，或者至少要重新树立现有旅游产品的形象，这样才能恢复目的地的竞争力和独特性。旅游目的地在这个阶段，不仅要保持原有的市场，还要寻求和开发新市场和新产品，力求稳定客源，最大限度地降低季节性的消极影响和对某些细分市场的过度依赖。

旅游目的地要恢复活力，需要公共部门和私有部门的共同努力和合作。公共部门为旅游目的地提供市场营销保障和适当的公共服务，对公共旅游景区（点）进行管理；而私有部门则在旅游业的各个部门发挥主导作用，例如，住宿业、餐饮业、旅游经营部门、交通运输业和一些旅游吸引物的经营单位。

第三节　旅游目的地生命周期理论的应用价值和缺陷

1. 旅游目的地生命周期理论的应用价值

巴特勒的旅游目的地生命周期理论提出后，受到旅游研究领域中的很多学者、研究人员和旅游管理者的重视，其主要原因是他们认为旅游目的地的生命周期理论具有一定的普遍性和应用价值。

其一，他们认为这个理论基本上符合各个旅游目的地的发展趋势。从整体上看，所有的旅游目的地的旅游者数量都是不断发生变化的，游客人数从少到多。经过一个时期后，旅游者的人数可能会减少，但一段时间之后，还可能继续增多。这种动态的变化显示，旅游目的地是一个活的生命体，因此用"生命周期"的模式来描述旅游目的地的发展是恰当的。

其二，旅游目的地的生命周期理论使管理部门可以抓住机会制定有针对性的管理策略，对目的地的发展进行积极的干预，以促进旅游目的地的健康发展。根据目的地的生命周期理论，政府管理部门或旅游行政部门可以在适当的时机采取恰当的措施，以延长旅游目的地的成熟期，推迟或阻止旅游目的地进入衰退期。例如，采取新的营销手段，以吸引更多的旅游者；更新改造旅游和服务设施，以提高游客的满意度。

其三，旅游目的地的生命周期理论非常简单。如果简单的理论能够解释复杂的问题，那么人们就一定会喜欢并愿意接受这样的理论。旅游目的地的生命周期理论的基本观点非常易于掌握，因此也易于向学生传授。也正是由于这个原因，很多旅游管理专业的课程都把这个理论放在教学大纲的显著位置，这个理论也频频在很多旅游研究论文中出现。这就使很多人都认为这个理论很重要，具有很大的实用价值。

2. 旅游目的地生命周期理论的缺陷

尽管如此，很多旅游理论研究者通过研究证明，旅游目的地的生命周期理论在真实条件下的应用还是很有局限性的。巴特勒的旅游目的地生命周期理论模型可以被当做一个"理想的"理论模型。但是现实社会是不断变化的，是多样化的，因此这个理想的模型无法涵盖所有旅游目的地的全部条件，具有很大的局限性。

针对巴特勒的旅游目的地生命周期理论，利珀和库珀（Cooper）等人总结出了旅游目的地生命周期理论的一些缺陷，主要内容如下：[①]

其一，旅游目的地的生命完全来自旅游者，没有旅游者的到来，目的地就不

① 根据下列文献整理：Leiper, N.（2004）. *Tourism Management*（3rd Ed.）. Frenchs Forest, Australia: Pearson Education Australia, pp. 133－134；Lynn C. Harrison 著，周常春等译：《国际旅游规划案例分析》，南开大学出版社，2004 年，第 28～29 页。

会有生命。例如，如果目的地的旅游业没有服务对象，旅游业就没有生命；酒店没有客人入住，主题公园没有人前来游玩，也就失去了生命。在这个意义上，旅游目的地的生命来自旅游客源地，因此，单纯地针对旅游目的地，用生命周期的理论来解释旅游目的地的旅游发展是不完全的，应该把生命周期的理论应用到整体旅游系统中，而整体旅游系统又是与内外部环境密切相关的。

其二，根据旅游目的地的生命周期理论，一些旅游研究者常常把到访旅游者数量的增加当做旅游目的地向成熟期发展的征兆，把到访旅游者数量的减少作为旅游目的地老化的标志。但是，在旅游目的地长期发展的过程中出现短期的到访人数增加或减少，并不一定意味着该目的地就一定会走向繁荣或衰落。因为，即使是某个时期的最精确的统计数字也无法作为确定旅游目的地在其生命周期进程中所处的位置的依据。

其三，事实上，一些旅游目的地的到访旅游者数量的变化与旅游目的地自身条件的变化并没有必然的联系，而是受外部环境变化的影响。旅游客源地的繁荣通常会促进旅游目的地旅游业的发展，同样，旅游客源地经济的衰落也常常会对旅游目的地产生消极影响。来自旅游客源地的其他因素，例如，自然灾害、社会的政治变化、政府的政策变化等因素，也会影响旅游目的地的发展。这些外部因素都与旅游目的地内的那些影响旅游目的地生命周期的因素的变化毫无关系。

其四，巴特勒的旅游目的地生命周期理论只关注单一的因素（旅游产品），而经济开发模式中通常都采用多因素的方法。

其五，旅游目的地生命周期曲线拐点的判断指标可能有很多，包括游客增长率、出游者在潜在旅游市场中的比例、首次到访者在旅游者总数中所占的比例、竞争对手的数量、旅游产品的价格水准及利润水平、旅游产品的广告及价格弹性、新旅游目的地的出现等因素。

其六，由于外界因素的影响，旅游目的地生命周期曲线有多种可能的形式。曲线有时是加速型的，有时是延迟型的。尽管可以用游客增长率的变化、游客的消费量、游客类型、市场占有率或赢利能力来帮助判断，但是仍然很难清晰地划分一个旅游目的地所处的阶段。

其七，不同的旅游目的地（例如，新发现的旅游目的地或已经开发的旅游目的地）的每个阶段的延续时间及周期长短是不一样的。此外，旅游目的地生命周期曲线还存在多种变形，例如，一个迅速从衰退阶段走向复苏阶段的旅游目的地，其生命周期曲线则是锅底形的。

其八，由于旅游目的地的生命周期常常由多个度假区和旅游区的生命周期叠加而成（例如，旅游目的地中包括酒店和主题公园等），因此每个空间尺度上的区域可能处于生命周期的不同阶段。

其九，在市场营销方面，旅游目的地生命周期理论没有考虑到市场细分的因素。它将旅游者视为单一的群体，而不进行市场细分和旅游者消费行为的细分，并且没有考虑市场营销和竞争状况。

其十，旅游目的地的地理范围也是一个模糊的概念。如第二章所述，旅游目的地既可以指旅游者外出进行旅游消遣活动当天可以往返的距离范围内的“地区”，也可以指整个旅游目的地“国家”，甚至还可以代表某个小型旅游景区。因此，在这个意义上，巴特勒的旅游目的地生命周期理论就具有很大的局限性。显然，用同一个理论模型来解释在规模和地理范围上都有很大差别的旅游目的地的生命周期是不完全的，也是没有说服力的。

3. 对旅游目的地生命周期理论的修正

为了解决旅游目的地生命周期理论在实际应用中的缺陷，韦弗和奥珀曼针对巴特勒的旅游目的地生命周期的“理想”模型提出了两种修正模式（见图9－2）。他们认为，旅游目的地的旅游承载力极限门槛在旅游目的地的发展过程中起着至关重要的作用。在巴特勒的旅游目的地生命周期发展曲线中，旅游发展的态势呈逐步上升的趋势，直到超过了旅游承载力极限门槛为止。但是，旅游目的地政府和社区可以采取若干措施确保旅游活动不对目的地产生消极负面影响。在旅游目的地生命周期的修正模型A中，目的地的旅游承载力极限门槛没有发生变化，但是对旅游发展的规模进行了控制，使之保持在现有的旅游承载力极限门槛之下，始终不超过旅游承载力极限门槛。这样就减缓了旅游发展的速度，模糊了

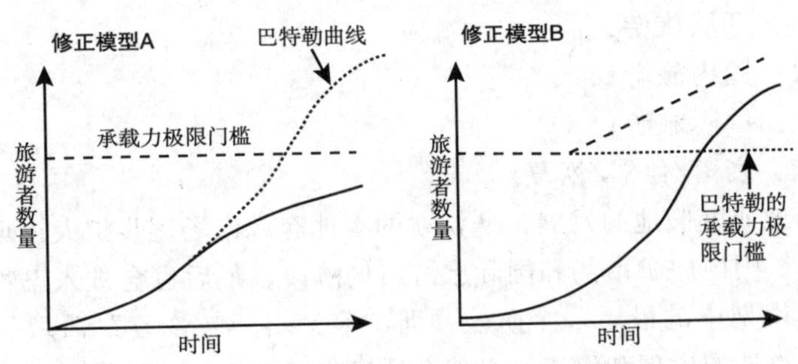

图9－2　旅游目的地生命周期的修正模型

资料来源：Weaver，D. and Oppermann，M.. *Tourism Management* [M]. Milton，Australia：John Wiley & Sons Australia，Ltd.，2000. 329.

旅游目的地的"参与期"和"发展期"的界限。要达到修正模型A的效果，可以采取一些必要的措施，例如：

- 采取措施限制旅游目的地住宿设施的规模和接待人数；
- 在旅游目的地地区中只划出部分区域用于旅游开发；
- 在旅游目的地中禁止扩建那些有可能增加游客接待量、促进旅游发展的基础设施；
- 增加进入旅游目的地国家或地区的成本（例如，提高签证费等）。

在旅游目的地生命周期的修正模型B中，巴特勒的旅游目的地周期发展曲线没有发生变化，但是通过采取措施提高了旅游承载力极限的门槛，使之与来访旅游者数量增加的趋势保持一致。提高旅游目的地承载力极限门槛的措施可能要涉及社会文化、环境、经济等多个方面的努力。例如，在社会文化方面，可以划定和强化"前台"和"后台"的界限；在环境方面，可以预先采取应对措施减少环境的压力（例如，建立垃圾和污水处理系统等）；在经济方面，可以采取措施鼓励当地与旅游相关的"后向联系"企业的发展。

另外，普里多（Prideaux）在巴特勒的旅游目的地生命周期理论的基础上，从另一个角度提出了旅游目的地的发展模式。虽然普里多也认为旅游目的地和其他产品一样也存在着从出生到死亡的生命周期，但是他更注重研究旅游度假目的地客源市场的发展，认为市场的参与是影响旅游目的地发展的一个重要因素。因此，普里多认为，分析旅游目的地的发展还应该着眼于旅游目的地的不同市场范围阶段。普里多提出，从旅游客源市场的角度，分析旅游目的地的发展可以参照一个五个阶段的发展模式：①

第一阶段：本地旅游；

第二阶段：区域旅游；

第三阶段：国内旅游；

第四阶段：国际旅游；

第五阶段：衰落/停滞/恢复。

旅游目的地或度假地的发展，从初期的本地客源市场逐步扩大市场范围，经历区域旅游市场、国内旅游市场和国际旅游市场阶段，最后也会进入巴特勒的旅游目的地生命周期模型中的最后一个阶段，即"衰落/停滞/恢复"阶段。旅游目的地随着新兴客源市场的出现和发展，必然会适应市场的需要，发展和建设更高层次的

---

① 史蒂芬·佩吉等著，刘劼莉等译．现代旅游管理导论［M］．北京：电子工业出版社，2004.308；有改动。

住宿、服务、交通及其他相关旅游基础设施，促进旅游目的地向更高层次的阶段发展。随着旅游目的地规模和档次的提高，其运作方式会更专业化，资金也会更雄厚，旅游吸引物的质量的吸引力也会更多样化，服务质量会更高，因此其客源市场也必然会进一步扩大，这也会进一步激励和促进旅游目的地向更高阶段发展。

【补充阅读资料】

看新加坡如何多方吸引游客驻足“花园城市”

新加坡是个城市国家，没有什么名山大川，旅游资源相对匮乏，发展旅游业可谓“先天不足”。但新加坡的一切均被视为旅游资源，新加坡政府决定把“所有能调动的积极因素”都充分利用起来。通过多年努力，新加坡政府充分利用自身独特的地理位置，发达的海、空运输及多种族文化特点，将整个东南亚地区的旅游胜地作为自己发展旅游业的“腹地”，提出“非常新加坡”的旅游宣传口号，把本国旅游发展定位为东南亚地区的旅游中转站，并取得了明显成效。

来到新加坡，游客们首先抵达的是新加坡樟宜机场。机场是填海建成的，面积约1300公顷，每天出入人次数以万计。游客一抵达机场就能见到层层叠叠盛开的胡姬花，五彩斑斓，争奇斗艳。机场内有上百家商场和餐馆，不仅吸引着众多游人，每逢节假日，当地人还会携同家人来此进行休闲、购物。一般来说，樟宜机场是外国游客来到新加坡所看到的第一个景点，同时也是最后一个景点，多次被评为世界最佳机场，已经成为当地的骄傲。

新加坡的绿化在世界上享有盛誉，全国绿化率高达70%以上，有“花园城市”之称。走在新加坡的街道上，处处可以看到旅游景点的深褐色指示牌，如唐人街“牛车水”、鱼尾狮公园和滨海艺术中心等，位于市区的许多景点已经完全与周边建筑和环境融为一体，游人往往身在其中却并没有明显的感觉。在新加坡旅游局工作人员的心目中，“新加坡就是一个值得推销的旅游景点”。

由于新加坡是个城市国家，以往游人们在新加坡停留的时间都比较短，有的甚至因为当地消费较高而“过而不住”。近年来，经过新加坡旅游促进局的努力，伴随着廉价航空的出现、经济型酒店的兴起、世界级夜店的“登陆”，游客“过而不住”的情况得以转变。除此之外，新加坡的三大传统旅游胜地圣淘沙、动物园与飞禽公园也相继进行改造和重组，改善了原有设施，努力增添新的景点，进一步保持并增强了吸引力。

按照旅游局制定的10年发展宏图，从现在起到2012年，新加坡标志性景点圣淘沙将斥资70亿新元建造综合娱乐设施，希望到2015年时，每年吸引游客1700万人次，旅游收益达到300亿新元，另外新增10万个就业机会。

目前，新加坡政府已经定下新的旅游业发展目标，将引进或开发出综合度假胜地、摩天观景轮等世界级的旅游产品，进一步加强硬件设施建设。此外，还将大力进行“非常新加坡”的市场宣传活动，强调新加坡的独特魅力，努力开拓新兴旅游项目，如医疗旅游、艺术旅游、教育旅游、会展旅游等，致力于把新加坡打造成一个生机勃勃、精彩夺目的旅游目的地。新加坡旅游局表示，新加坡乐于接受新兴事物，不断推陈出新，开发更多更好的旅游项目。

——资料来源：经济日报，http：//city. finance. sina. com. cn/city/2007 - 07 - 19/88644. html，2007 - 7 - 19.

太空游快速推进 火星和土星将成为旅游目的地

在柏林举行的国际旅游博览会上出现了不少太空游产品，传递出这样一个重要信息：针对普通百姓的太空游可能比我们想象的来得更快。

据称，好莱坞女星安吉丽娜·朱莉和男友布拉德·皮特已预订了维珍集团创始人理查德·布兰森旗下“维珍银河”旅游公司太空船的机票，该太空船预计在2010年起飞。然而，太空游并不只是富翁们的专利，据出席国际旅游博览会（ITB）的专家称，普通大众体验太空乐趣的时间也指日可待。

欧洲宇航局载人飞行项目部门的迪尔特·伊萨凯特表示：“如果你怀揣2000万美元，那么你就能在明年4月踏上太空之旅。”他同时指出，就目前而言，普通百姓还难以承受太空旅游所需的天文数字的费用。

2001年，美国亿万富翁丹尼斯·蒂托搭乘俄罗斯“联盟”号飞船，进入国际空间站，并在上面逗留了6天时间，由此成为世界上首位太空游客，但他为此支付了2000万美元的巨额费用。目前，这个世界上只有极少数人才能实现自己的梦想，到太空“潇洒走一回”——直到去年9月，日本人榎本大辅才确定成为近5年来第4位太空游客。

不过据专家估计，也许在不远的将来，我们将享受到更便宜、可承受得起的太空旅游。日本庆应大学教授罗伯特·戈里克（Robert Goehlich）就表示，短程亚轨道飞行有可能在15年内成为现实，届时游客可以在亚轨道体验几分钟的失重感觉。戈里克教授补充说，将乘客送入空间轨道逗留数小时的太空旅行也许在25年内将会有其市场。

然而，下一步（真正的太空游）距离人们就要更加遥远，这不仅仅是由于经济方面的原因。在柏林国际旅游博览会展出的一个太空旅馆模型表明，一旦游客飘浮在银河，那种感觉可想而知，毫无舒适可言。这一模型是专为国际空间站使用所设计，由四个微型舱、一个公共休息室和一个基本功能的浴室组成，其设计者德克·舒曼表示，这一旅游服务项目每人每周的费用大约在200万美元，只是目前太空游费用的十分之一。

真正的太空游项目还存在诸多局限。除了经济方面外，设计者还要考虑到游客的安全。德国宇航员莫伯尔德（Merbold）说："航天飞机如今唯一致命的弱点是，一旦出现紧急情况，它无法把乘员弹射出来。"伊萨凯特补充说："国际空间站与飞机不同，飞机的驾驶舱是与客舱分离的，而国际空间站不是。这就好比病人在医院住院，在做心脏手术时，病人仍在手术室内外四处走动。"

此外，火星和土星也将作为太空旅游目的地，但尚需时日。而且太空旅行的时间也严格受到限制，如要前往更加遥远的星球旅行，就需要开发新的推进系统。不过，对于那些没有耐心等待的游客来说，他们还有其他的选择。

全球知名旅游公司——欧洲太空旅游公司就推出了前往俄罗斯莫斯科东部"星城"宇航员训练中心体验失重模拟飞行的旅游项目，这一旅游项目为期4天，每人费用仅为5000欧元（合6000美元）。欧洲太空旅游公司老板托马斯·克劳斯表示，太空游的需求正日益俱增，那些寻求推出特色旅游线路的旅游公司尤其对此感兴趣。但是，与太空游有关的诸多不便可能永远也别想得到改善。

欧洲太空旅游公司一直在互联网上销售由美国宇航局开发的太空食品，其中包括水果干。戈里克教授表示，如果单凭菜单上的名称，太空食品会让人垂涎三尺，可一旦放在盘子里，它们就会呈凝胶状，一看上去就让人没了胃口。莫伯尔德说："与地球上的生活质量相比，国际空间站上的这种人造环境简直令人无法承受。如果要度蜜月或举行婚礼，比航天飞机舒服的地方数不胜数，何必到太空上面去活受罪？穿着厚重的太空服，连接吻都成问题，更甭提做别的事情了。"

——资料来源：http://tech.sina.com.cn/d/2006-03-14/0805866154.shtml，2006-3-14；略有删改。

【案例分析】

义乌演绎都市"变形记"

打开中国的版图，可以在东南沿海腹地找到一个名叫义乌的城市。这座城市近年来吸引了各国客商的目光。联合国、世界银行和摩根士丹利等世界权威机构联合发布的《震惊世界的中国数字》向全世界报告:“义乌市距上海300千米,是全球最大的小商品批发市场,外国买主都到那里订货。”

据悉,在义乌这座城市里,8000多名外商以此为驿站,近百万国内异乡客也在这里淘金。这里每天有20多万来自国内外的流动人口,每天有1000多个集装箱运往世界212个国家和地区。

一座小县城的“传奇”历程

义乌地处浙江中部,是金华地区的一个县级市。十多年前,这里只不过是仅有一条商业街的小县城,走遍全城看不到一个老外的身影。来自约旦的穆罕奈德说,他在七八年前第一次来到义乌时,这座仅有几十万居民的城市里几乎找不到几家有外国特色的餐馆。如今,光清真餐馆就有百余家。

义乌市旅游管理部门的一位负责人告诉记者,今天来到义乌的游客与商人,绝对不会想到自己走进的这个城市,昨天还是一座“灰头土脸”的小县城。

今天走在义乌的大街上,随处都能看到从世界各地前来旅游和采购的外国人。这其中,阿拉伯人和韩国人是为数最多的两个群体,由此还形成了专门的社区。据义乌市旅游部门统计,长期居住在义乌的阿拉伯人已经超过了3500人,而经常来往义乌的阿拉伯人的数目则更为庞大。驻义韩商会首届会长文日成也表示:“我走过世界许多地方,义乌是我见过的最有活力的城市之一,常驻这座国际化城市的韩商就达2000余人,我们都变成了新义乌人。”

购物旅游吸引来了无数的客人,许多人正是通过旅游认识了义乌,找到了商机。金仙英是一位来自韩国的中年妇女,她和丈夫七年前到义乌来游览观光。那时,他们把在义乌采购的商品带回韩国放在网上卖,居然很畅销。如今夫妻俩已经在义乌经商两年了。金仙英告诉记者,虽然刚开始有点不适应,但现在已经习惯了这里的生活,融入了义乌这个城市。“我们在义乌有许多朋友,生意之余和朋友们一起去打高尔夫,虽然四个子女都在韩国,但是在义乌的生活依然觉得缤纷多彩。”

而让卡塔尔人哈立德欣慰的是,去年3月他成了首批特邀代表,旁听义乌市人民代表大会。“我成了义乌的一分子,感觉离政府很近。市长还和我们几个外国人代表座谈,问需要政府做什么,哪些工作需要改进。我提的意见得到了落实。我在义乌感到很舒服,很开心。”

令人着迷的“异国风情街”

近年来在义乌,富有异国情调的餐饮业、服务业迅速兴起。在城区的繁华街道上，触目可见诸如“韩国料理”、“巴西烤肉”、“黎巴嫩人饼屋”、“马立克理发店”这样的店招。当地政府和旅游部门为了招徕中外游客，特意在宾王商贸区内精心打造了一条“异国风情街”。2007 年“十一”黄金周，“异国风情街”正式亮相，吸引了四面八方的食客和游人。

在这条散布着世界各地风味餐馆的风情街上，光怪陆离的霓虹灯成了义乌特有的景观。记者走入一家装潢典雅的“一千零一夜”餐厅，看到这里顾客盈门，其乐融融；不仅有叙利亚名厨烹调的清真美食，还有阿拉伯风格的音乐和舞蹈。据侍者介绍，餐厅从下午两点开始热闹，晚上 7 点到 11 点最为繁忙。此间餐厅通常都要营业到凌晨 3 点，义乌由此成了浙中地区少见的“不夜城”。

穆罕奈德 7 年前离开故乡约旦来到中国，而今在义乌经营一家名叫“阿克萨”的伊斯兰餐馆。他操着一口带有南方口音的普通话告诉记者，三年前他和一位中国姑娘结了婚，他已经把义乌当成了自己的家。穆罕奈德还告诉记者，现在定居义乌的阿拉伯人越来越多了。

夜幕降临后，在市场忙碌了一天的中外客商陆续来到“异国风情街”，饱餐一顿风味美食，再喝上一杯香浓的咖啡。透过这里明亮的玻璃橱窗，可以看到各种肤色的人们坐在一起聊天休闲，空气里飘荡着热情的吆喝声和悠扬的音乐声，此情此景不免让人记起电影《卡萨布兰卡》中的场景。

向着国际性商贸城市迈进

义乌是中国著名的小商品集散地。近些年来，义乌市委市政府提出了以“打造全球最大超市，建设国际购物天堂”的目标，努力发展购物旅游。经过不断地创新求变，义乌购物游成了浙江省社会经济发展的一大亮点，义乌国际商贸城已成为浙江省最具人气的十大景点之一，并成为国家首个 AAAA 级购物旅游区，在国内旅游界独树一帜。

今日的义乌商城早已不是当初的“闹市集镇”，而是成了初具人口和产业规模的现代化都市。近些年，义乌实现了城市大跨越。十年前，义乌建成区面积仅有 3.5 平方千米，而十年后的今天城市建成区面积已达 45 平方千米。2007 年 8 月 1 日，义乌开通了直达香港的班车；同年 10 月 2 日，开通了直飞香港的航线。从城市发展的角度看，它已具备了大城市的内涵，拥有了国际性商贸城市的雏形。

如今许多人提到义乌的时候，往往把它和阿拉伯联合酋长国的首都迪拜相提并论。迪拜被誉为“中东的香港”，是全球第三大转口贸易中心，进口的商品 72% 转口至世界 160 个国家和地区。迪拜有为数不少的专业产品批发市场，诸如汽配、服装、纺织品、鞋类箱包、手机配件、建材五金等。迪拜所有的市场都是自发形成的，在沿迪拜湾的一片狭小空间里，每条街面都可以成为连接亚非大陆的货物场，每个店面都可以成为中转交易平台。一位专门研究过迪拜市场的学者指出："迪拜的繁荣，是因为它本身是自由港，不收税。也许今后让义乌成为国家的试验区、保税区是个不错的方向。"

义乌市委市政府提出，要加快推进城市现代化，围绕建设国际性商贸城市目标，高标准地修编城市系统规划，高质量地创建生态城市，大力发展多元文化，培养造就国际化时代新义乌人，努力把义乌建设成为与国际化、信息化时代和汽车社会相适应的现代化城市。让义乌这座"新移民城市"，充满博大的亲和力，让海内外的人们在这里"齐谋发展，共创平安，同享天伦"。

资料来源：中国旅游报，2008－1－25. 第9版。

案例提示

1. 义乌市发展成为旅游城市具有哪些优势和弱势？
2. 从旅游目的地开发的角度，讨论国际性商贸城市与旅游目的地城市之间的关系。
3. 义乌市的"都市演绎"在社会文化、经济、环境等方面，对当地产生了哪些积极和消极的影响？
4. 讨论"异国风情街"在旅游目的地发展中的作用和影响。

【复习与思考】

一、重要专业词汇

旅游目的地生命周期（Destination life cycle）
探索期（Exploration）
参与期（Involvement）
发展期（Development）
固化期（Consolidation）
停滞期（Stagnation）
衰退（Decline）
恢复活力（Rejuvenation）
旅游承载力极限门槛（Carrying capacity threshold）

二、思考和讨论

1. 大多数旅游目的地都具有哪些基本特征？
2. “旅游业的发展需要目的地具有多种从属特征的支持，但是如果旅游目的地的从属特征发展得过度或者过快，尤其是其从属特征发展到破坏目的地的天然的某些方面的程度时，旅游目的地将失去其原有的魅力。”请分析这段话的含义，并讨论其在旅游目的地开发中的意义。
3. 结合某个旅游目的地的实际情况，分析和讨论巴特勒的旅游目的地生命周期理论。
4. 多克西的“激怒指数”模式和普洛格的旅游者心理类型模式与巴特勒的旅游目的地生命周期模型中各个阶段存在哪些对应关系？
5. 旅游目的地生命周期理论具有哪些应用价值？存在哪些缺陷？
6. 有人说，“旅游本身就孕育着自我毁灭的种子”，这个观点有没有道理？在旅游目的地开发中应该如何避免出现这种窘境？

第十章

旅游的可持续发展

第二次世界大战结束后兴起和发展起来的大众旅游对世界各个领域的影响越来越明显，因此环境的质量和旅游业未来的发展趋势开始受到人们日益强烈的关注。人们在把旅游活动当做21世纪的一种生活方式，并且在重视通过旅游活动提高自己生活质量的同时，开始总结传统的旅游开发模式带来的负面效应，关注旅游与环境的关系，关注旅游环境的保护工作。其焦点就是如何使旅游活动能够在数量和规模发展的同时，“可持续”地向前发展，也就是确保旅游业在生存和发展的前提下，协调生态环境与旅游资源，使旅游者和旅游目的地地区都能够最大限度地获益。

第一节　西方人本环境观和绿色观念

“西方人本环境观”（Dominant western environmental paradigm）是一种描述人类与自然环境关系的理论观。这种环境观认为，人类是宇宙中万物的中心，在处理人类与自然环境的各种关系时，首先要考虑人类本身的利益；人类不但优于自然，而且只是为了自己的利益而生存。在这个意义上，自然环境只是供人类使用的一种“资源”。石油之所以有价值是因为石油可以用作燃料或者用作化工原料；而沼泽地则被认为是毫无价值的，因为沼泽地看上去是没有经济收益的。西方人本环境观认为，技术的进步必然会改善人类的生活质量，而技术进步的程度和能够解决的问题则是没有限度的。例如，当人类可以获得的木材和煤炭将被耗尽时，人类发明了开采石油的技术；当石油和煤炭将被耗尽时，人类又创造机会开发新型能源，诸如地热和太阳能等。

但是与西方人本环境观的预期相反，对自然环境资源的过度开发和利用，却有可能在经济和生态方面造成消极的负面后果，导致发展的不可持续性。例如，对滩涂和湿地的开发和利用能够为人类提供经济价值。但是从长远的视角，这种开发和利用会使生态系统发生变化，最终也会导致发展的不可持续性。同样，技术进步也并不能解决所有的问题和矛盾，往往是旧的问题和矛盾解决后，又会出现料所不及的新问题和新矛盾。例如，转基因技术可以为人类提供更多高“质量”的食物，但是转基因食品也带来了令人类烦恼的新问题；氟利昂作为制冷剂使人类广泛受益，但是氟利昂同时也对大气的臭氧层产生破坏作用；抗生素的发明极大地提高了人类战胜疾病的能力，但是人类自觉不自觉地滥用抗生素又导致了很多病菌都具有抗药性，从而给人类增加了新的麻烦。

自20世纪50年代开始迅猛发展起来的大众旅游也与西方人本环境观发生了冲突。正如小心谨慎型旅游理论观指出的那样，旅游天生就是一种破坏性力量，如果不对其进行严格的管理和控制，旅游活动最终会给旅游目的地带来种种不良后果。毫无限制地发展旅游的结果是旅游目的地的自然环境和人文社会环境的恶化，动物栖息地和物种的消失将威胁整体旅游的发展，最终导致旅游目的地的自我毁灭。

“西方人本环境观”暴露出的这些矛盾使人们的环境观念发生了一定程度的变化，尼尔（Knill）将这些变化的环境观念描述为“绿色观念”（Green paradigm）。① 尽管“绿色观念”目前仍然处于不成熟的发展阶段，但是其鲜明独特的主题正在形成，在主要特征方面显示出与“西方人本环境观”的差异。表10－1分别列举了西方人本环境观和绿色观念的主要特征，从中可以看出绿色观念与西方人本环境观的差异。绿色观念认为，人类是自然的一部分，与自然是平等的，因此，人类为了自身的生存需要，应该依赖自然环境中的其他有机组成部分。绿色观念强调未来的不可预见性，追求维持现有状态的稳定和活力，而不是线性的前进和发展。

表10－1　西方人本环境观与绿色观念

西方人本环境观	绿色观念
人类与自然是分离的	人类是自然的一部分
人类优于自然	人类与自然是平等的
现实是客观的	现实是主观的
现实是可以被分割的	现实是整体的
未来是可以预见的	未来是不可以预见的

① Knill, G. . Towards the Green Paradigm [J]. *South African Geographical Journal* 73, 1991. 52－59.

续表

西方人本环境观	绿 色 观 念
宇宙是有序的	宇宙是无序的
强调理性的重要性	强调直觉的重要性
等级结构	以大众舆论为基础的结构
竞争性结构	合作性结构
重视个体	重视集体
通过资本主义促进发展	通过社会主义促进发展
线性前进和发展	维持稳定状态
使用硬技术	使用软技术
重视父权制和男性	重视母权制和女性

资料来源：Weaver, D. and Oppermann, M.. *Tourism Management* [M]. Milton, Australia: John Wiley & Sons Australia, Ltd., 2010. 352.

在绿色观念产生的过程中，可持续发展的概念发挥了积极的作用。面对当今世界日益严重的资源和环境问题，人类不得不重新认识其与自然的关系：是继续坚持传统的发展观念，还是谋求建立人与自然和谐相处、协调发展的新模式。人们开始认识到，为了使人类社会能够长久地保持高质量的生活，社会的发展既要满足当代人最大、最持久的利益，又要保持其潜力，以满足子孙后代的需求。可持续发展是可持续经济发展、可持续生态供应、可持续社会进步三位一体的发展体系，是追求经济效益、生态安全和社会公平三者高度统一，最终提高人类生活质量的发展。挪威前首相布伦特兰（Brundtland）夫人提出的可持续发展的定义比较具有代表性。世界环境与发展委员会（WCED）于 1987 年在题为《我们共同的未来》报告中提出了人类应该可持续发展的策略，并明确阐述了布伦特兰提出的可持续发展的定义：可持续发展应该能够满足当代人类的需要，同时又不损害人类后代满足其自身需要的能力。[①] 可持续发展的观念提出后，立刻受到了各界的关注和支持，并成为 1992 年在巴西里约热内卢召开的“里约地球高峰会议”的主题和通过的《21 世纪议程》的中心内容之一。依据可持续发展的定义，可以总结出可持续发展的三个特性：其一，自然资源和生产的持续性；其二，文化的持续性和某一文化内各种因素的平衡性；其三，可持续发展是一个过程，通过

① WCED (World Commission on Environment and Development). *Our Common Future* [M]. Oxford, UK: Oxford University Press. 1987.

这个过程将提高人类的生活质量。①

可持续发展的定义很简单，但是实施起来并不容易，因为资源保护和经济发展常常是矛盾的。面对全球人口不断增长和地球资源的有限性这样的现实，“可持续”与“发展”之间的矛盾日益显现出其突出性。要“可持续”，就往往会影响“发展”，而要“发展”，也往往会破坏“可持续”。从经济发展和生态环境的角度审视可持续发展的程度，可以发现两种极端的观点：一种极端的观点是保持经济上的可持续性，即无论付出多大代价都要维持经济的可持续发展；另一种相反的极端观点是保持生态环境的可持续性，即自然环境的保护要优先于任何经济发展。以此为出发点，特纳（Turner）等人提出了可持续发展的程度从弱到强的过程（见图 10－1）。

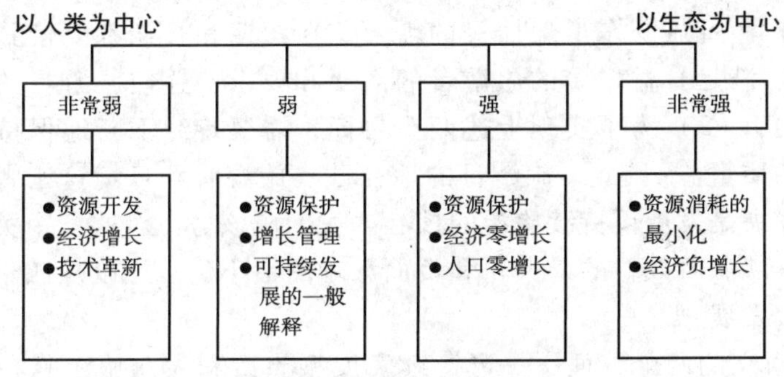

图 10－1　可持续发展的程度

资料来源：史蒂芬·佩吉等著，刘劼莉等译．现代旅游管理导论［M］．北京：电子工业出版社，2004.255；有改动。

第二节　可持续旅游

世界环境与发展委员会阐述了可持续发展的定义之后，可持续旅游的概念日益受到人们的关注。从可持续发展的角度，可以这样阐述可持续旅游的定义：可持续旅游应该能够满足当代人类的需要，同时又不损害人类后代满足其自身需要的能力。斯沃布鲁克（Swarbrooke）则从另一个角度定义可持续旅游：可持续旅

① Telfer，D.. The Evolution of Tourism and Development Theory. In R. Sharpley and D. Telfer（Eds）*Tourism and Development*：*Concepts and Issues*［M］. Clevedon，UK：Channel View Publications，2002. 60，略有改动。

游具有经济的可行性但又不破坏旅游未来所依赖的资源，可持续旅游尤其要不破坏当地社区的物质环境和当地社区的社会结构。① 在这个意义上，旅游的发展要保持旅游者所利用的资源和环境之间的和谐和平衡。现在旅游已经成为现代人类的基本生活方式中不可分割的一部分。虽然旅游活动会对自然和生态环境造成负面影响，但是限制其发展不但是不现实的，而且也是不可能的。因此，当务之急是探索一些具有可替代性的旅游开发和经营模式，使旅游的发展保持可持续性。

可持续旅游不但要考虑旅游自身发展的可持续性，而且要考虑旅游目的地当地社区的可持续发展，因为如果没有当地社区给旅游活动提供舞台，可持续旅游就会变得毫无意义。可持续旅游，实质上是在努力维持一种平衡，即旅游目的地社区（包括当地居民）、旅游者和环境之间的平衡。从这个意义上说，可持续旅游应该：（1）满足旅游东道地居民的需要，在短期和长期都要使其生活水准有所提高；（2）满足日益增多的旅游者的需要和要求，并使旅游目的地持续对他们保持吸引力；（3）为了实现上述两个目标，需要持续不断地保持和捍卫旅游目的地环境的质量。② 因此，旅游目的地社区、旅游者和环境这三者之间的平衡关系及和谐发展是发展可持续旅游的核心。人们应该努力对这三个关系进行协调和平衡，以实现旅游效益的最大化和负面影响的最小化。可以从四个角度来审视旅游的可持续发展：③

- 作为对立的两个方面——可持续发展型旅游和大众旅游是在同一层面上对立的两极；
- 作为一个连续的统一体——可持续发展型旅游和大众旅游之间存在某些连续的趋势和变动的过程；
- 作为一项运动——积极的行动能够使大众旅游的发展更具有可持续性；
- 作为共同特征——所有类型旅游的发展都力图实现可持续性。

可持续旅游的概念确定之后，就需要选择和制定相应的标准，以确定某个旅游目的地是否具有可持续性。为了了解可持续旅游在旅游目的地的发展状况，很多旅游研究人员和旅游管理者都力图找出能够衡量旅游目的地的旅游发展的可持

① 史蒂芬·佩吉等著，刘劼莉等译．现代旅游管理导论［M］．北京：电子工业出版社，2004. 256；略有改动。

② Cater, E. and Goodall, B.. Must Tourism Destroy its Resource Base? In A. Mannion and S. Bowlby (eds) *Environment Issues in the* 1990s ［M］. Chichester: John Wiley & Sons, 1992. 318.

③ 史蒂芬·佩吉等著，刘劼莉等译．现代旅游管理导论［M］．北京：电子工业出版社，2004. 256；略有改动。

续性的“指数”（Indicator）。他们认为，这些指数应该能够反映旅游管理者和旅游规划部门最需要知道的信息，这样就可以为制定旅游开发和管理的政策和策略提供依据，从而使旅游能够沿着正确的路线可持续性地健康发展。世界旅游组织的一个专家组通过研究为旅游目的地的可持续性制定了若干核心指数（见表10－2）。旅游管理部门及旅游开发与规划部门可以依据这些核心指数的尺度，采取相应的措施使旅游目的地的各项指标都保持在适宜的状态，从而使旅游的发展保持可持续性。

表10－2　可持续旅游的核心指数

指　数	具体测量尺度
旅游目的地保护	根据世界自然和自然资源保护联盟（IUCN）的标准对旅游目的地保护进行分类
压　力	到访旅游目的地的旅游者人数（每年/高峰月份）
使用强度	高峰时期的使用强度（人数/公顷）
社会影响	旅游者与当地居民的比例（高峰时期和一般时期）
开发控制	现有的环境评价程序或对旅游目的地开发和使用的密度的控制
废弃物管理	旅游目的地排泄的污物得到处理的比例（其他指数可能包括旅游目的地其他基础承载力的结构限制，例如，供水资源）
旅游规划过程	现有的旅游目的地地区的区域规划
濒危生态系统	稀有/濒危物种的数量
消费者满意度	来访游客的满意度（以问卷调查为依据）
当地居民满意度	当地居民的满意度（以问卷调查为依据）
旅游对当地经济的贡献	旅游业产生的总体经济活动的比例
综合指数	**具体测量尺度**
承载力	某些关键因素的早期预警标准（这些关键因素会对旅游目的地支持不同水平的旅游活动的能力产生影响）
旅游地压力	对旅游目的地产生不同程度影响的标准（旅游活动和其他活动积累起来的压力对旅游目的地自然和文化特征产生的影响的标准）
旅游吸引力	旅游目的地的特征的定性测量标准（旅游目的地的某些特征使旅游目的地具有旅游吸引力，这些特征也会随着时间的变化而发生变化）

资料来源：Goeldner，C.，Ritchie，J. and McIntosh，R.. *Tourism*：*Principles*，*Practices*，*Philosophies*（8th Ed.）［M］. New York：John Wiley & Sons，2000. 561.

表10－3是一个更详细的可持续旅游指数的清单。这个可持续旅游指数体系的特点是将所有的可持续旅游指数按照不同的因素划分为管理、环境、经济、文化和社会五大类别。大多数旅游目的地由于经济上的原因，大概只能测量和观测表10－3中列举的部分可持续旅游指数，可能无法对表10－3中所列举的全部可持续旅游指数都进行测量和观测。因此，旅游目的地的规划部门和管理部门可以根据本地的实际情况，从中选择若干合适并且可行的指数进行测量。在表10－3中所列举的指数中，有些量化指数很容易获得，例如，到访旅游者人数、旅游者平均停留时间等，而有些指数则很难量化，因此很难获得准确的信息，例如，环境承载力、激怒指数等。

表10－3 备选的可持续旅游指数

管理

- 旅游住宿业、旅游景区及旅游交通业的废弃物循环使用绩效和燃料使用效率；
- 由于旅游者的出现，而对野生动植物栖息地采取的保护措施；
- 与旅游相关的法律和法规的数量；
- 对旅游相关企业的环境影响评价管理程序；
- 受旅游活动推动而使文化遗产得到保护的数量；
- 现有的旅游相关总体规划；
- 现有的旅游相关组织的活动；
- 已经实施的旅游相关道德规范；
- 旅游业和旅游者遵守旅游道德规范的程度；
- 旅游业参与社区发展项目的程度；
- 是否有对旅游者进行旅游教育和提高其旅游意识的教育项目；
- 是否有对居民进行旅游教育和提高其旅游意识的教育项目。

环境

- 旅游住宿单位和设施的数量；
- 与旅游相关的上层建筑和基础设施所占用的土地的数量；
- 旅游开发对自然栖息地的破坏和自然栖息地的变化情况；
- 与旅游相关的土地侵蚀及洪水和山体滑坡的数量；
- 旅游对生物多样性的影响；
- 旅游对物种分布和物种数量的影响；

续表

- 旅游对引进外来物种的影响；
- 旅游设施和旅游者活动的密度；
- 旅游设施和旅游者活动的集中性；
- 过夜游客和不过夜游客的数量；
- 与旅游相关的水、空气、噪声和固体废弃物的排放（例如，每个住宿单元或每个游客每天的排放量）；
- 与旅游相关的有害废物的产生情况；
- 与旅游活动相关的随意抛弃垃圾情况；
- 旅游活动导致野生动植物或野生动植物的栖息地状况恶化的情况；
- 与旅游相关的资源消费情况（例如，水资源、矿物燃料、金属、森林、食物等）；
- 与旅游相关的交通堵塞情况；
- 环境承载力；
- 旅游目的地的季节性；
- 旅游目的地在产品周期中的位置。

<u>经济</u>

- 直接来自旅游的收入；
- 旅游收入乘数效应；
- 旅游目的地从旅游业获得的直接收入和间接收入在其总收入中的比例；
- 旅游目的地与旅游相关的就业比例；
- 旅游业从业人员的平均工资在旅游目的地总体平均工资中所占的比例；
- 非当地居民或外国人在旅游目的地从事旅游业职业的比例；
- 在旅游目的地中，旅游业与农业和其他经济部门的后向联系的程度；
- 在旅游消费中，进口产品的成分；
- 在住宿设施和旅游吸引物中，本国人和外国人分别占有的股份；
- 旅游业产生的利润和工资流失到旅游目的地之外的数量和比例；
- 市场推广和促销的成本；
- 当地居民和非当地居民的旅游投资比例；
- 旅游业的赢利情况；
- 旅游目的地的季节性；
- 旅游目的地在产品周期中的位置；
- 当地居民光顾旅游景区（点）和旅游设施的情况；
- 总体经济影响（综合指数）。

续表

文化

- 旅游建筑与当地建筑风格的一致性；
- 国际旅游者的比例；
- 旅游客源市场的支配性(例如,某一客源市场所占的比例)；
- 文化商品化的程度；
- 旅游目的地在产品周期中的位置。

社会

- 当地居民对旅游活动和旅游者的态度(例如,激怒指数)；
- 当地居民对旅游活动抱怨的数量；
- 当地居民和非当地居民直接针对旅游者和旅游业的犯罪事件的数量；
- 与旅游相关的卖淫情况；
- 重复来访的游客的比例；
- 旅游者的平均停留时间；
- 与旅游业的发展相关的移民情况；
- 当地居民与旅游者的比例；
- 旅游者教唆的犯罪数量；
- 心理分析分布情况,例如,多中心型、中间型及自我中心型；
- 旅游者对旅游目的地的满意度；
- 旅游目的地在旅游者和潜在旅游者心目中的形象；
- 各种工作岗位的工资水平分布情况和衡量公平性的标准；
- 旅游目的地的季节性；
- 旅游目的地在产品周期中的位置；
- 当地居民光顾旅游景区(点)和旅游设施的情况；
- 旅游吸引力指数(综合指数)；
- 社会承载力(综合指数)。

资料来源：Weaver，D. and Oppermann，M. . *Tourism Management* [M]. Milton，Australia：John Wiley & Sons Australia，Ltd.，2000. 355；略有改动。

特尔弗（Telfer）从发展可持续旅游的规模和当地社区与环境的关系的角度，总结出了在发展可持续旅游时一些应该考虑的问题（见表 10 - 4）。正确处理这些问题将有助于可持续旅游在旅游目的地地区的发展。

表 10－4　发展可持续旅游需要考虑的问题

项　目	发展可持续旅游需要考虑的问题
(A)发展的规模的管理	
着眼点	有利可图,可持续发展大概念的一部分
发展规模	大型和小型度假区、餐馆及其他设施同时存在
发展速度	根据社区的规模渐进式地发展
经济分布	当地的参与比例很高,使用当地资源
规　划	利益相关者均参与规划的制定,社区参与规划的制定
地方的参与性	在发展的各个阶段地方的参与比例都很高
所有权	外国所有和当地所有同时存在
行业管理	当地管理外国投资
政府角色	协调投资,制定环境管理规则
管理来源	外国专家与当地培训的专业人员共同管理
住宿设施类型	混合型,综合度假饭店与小型住宿设施同时存在
空间分布	空间分布多样性,旅游开发项目既具分散性也具集中性
旅游者类型	混合型,根据当地环境,既有大众型旅游者也有探索型旅游者;制定旅游者行为规范
市场营销目标	确定最适合当地社区的旅游市场细分
就业类型	正式就业和非正式就业同时存在
基础设施水准	与当地社区的承载力和经济发展水平相适应
资本投入状况	高投入和低投入同时存在
技术转移情况	高速度,与国际旅游业的发展同步
(B)当地社区和环境的联系性	
资源利用	有效地利用资源和管理废弃物
环境保护	可持续性使用环境资源,使用环境管理手段,包括可持续发展环境影响评价(EIA)指数
与腹地的结合	与腹地的联系很密切,使用当地的产品
交叉联系性	减少外向联系,增加当地联系
文化意识	保持文化的完整性;让旅游者了解当地文化
公共机构的发展	协调努力加强当地公共机构的建设及其参与性
与地方的和谐性	发展的规模和速度符合当地的实际情况

资料来源：Telfer, D.. The Evolution of Tourism and Development Theory. In R. Sharpley and D. Telfer (Eds) *Tourism and Development: Concepts and Issues* [M]. Clevedon, UK: Channel View Publications, 2002. 78；略有改动。

综合上面的观点和论述，可以将发展可持续旅游应该遵循的基本原则概括总结为如下八个方面：①

其一，保护和可持续性使用自然、社会和文化资源是至关重要的。因此，应该在环境极限之内对旅游进行规划和管理，要考虑长期恰当地使用自然资源和人力资源。

其二，旅游规划、开发和运营应该与国家和地区的可持续发展战略有机地结合在一起。尤其要着重考虑旅游开发活动的多样性和这些开发活动对现有土地和资源及目的地社会文化的影响。

其三，旅游应该支持目的地广泛多样的经济活动，考虑环境成本和利益，但是旅游不应该成为某一地区的支配性经济基础。

其四，应该鼓励当地社区在政府和旅游业的支持下，参与旅游的规划、开发和管理。尤其要鼓励本土居民、妇女和少数民族群体参与，以保证这些群体能够平等地得到旅游带来的利益。

其五，所有的组织和个人都应该尊重旅游目的地地区的文化、经济、生活方式、环境和政治体制。

其六，应该对旅游系统中的所有利益相关者进行教育，使之了解发展可持续旅游的必要性。可以通过教育和负责任的旅游市场推广提高员工的认识，对旅游东道地社区和旅游者进行教育，使之了解与其相关的可持续旅游问题。

其七，应该对旅游发展和旅游运行的所有阶段都进行研究，以监控旅游影响，解决出现的问题，使当地居民和其他人能够对变化做出反应，抓住发展的机遇。

其八，所有的部门、企业组织和个人应该合作共事，避免潜在的冲突，使所有参与旅游开发和管理的部门和人员都能够最大限度地获得利益。

为了使旅游活动能够沿着可持续的轨道发展，旅游开发决策机构或决策者在发展旅游业之前需要确定一个可以接受的旅游规划管理框架。旅游规划应该在这个框架的约束下进行。道林（Dowling）提出了一个基于环境的旅游规划框架模型（Environmentally Based Tourism，EBT）。② 这个规划框架模型以环境规范为基础，认为只有加强旅游开发和环境保护之间的关系才有可能实现旅游的可持续发

① Southgate，C. and Sharpley，R.. Tourism，Development and the Environment. In R. Sharpley and D. Telfer（Eds）*Tourism and Development*：*Concepts and Issues.* Clevedon［M］. UK：Channel View Publications，2002. 243；略有改动。

② David A. Fennell 著，张凌云. 生态旅游［M］. 北京：旅游教育出版社，2004. 88.

展。在这个规划框架下，要发展与环境兼容的旅游业，需要有机地协调来自三个方面的因素：

- 突出的特色，包括对发展旅游业有贡献的、有价值的环境因素；
- 重要区域，环境与旅游之间存在竞争关系，甚至可能会发生冲突；
- 兼容性活动，指能够为环境和社会所兼容的户外娱乐活动。

基于环境的旅游规划框架（EBT）通常包括五个阶段和十个流程（见图 10－2）。

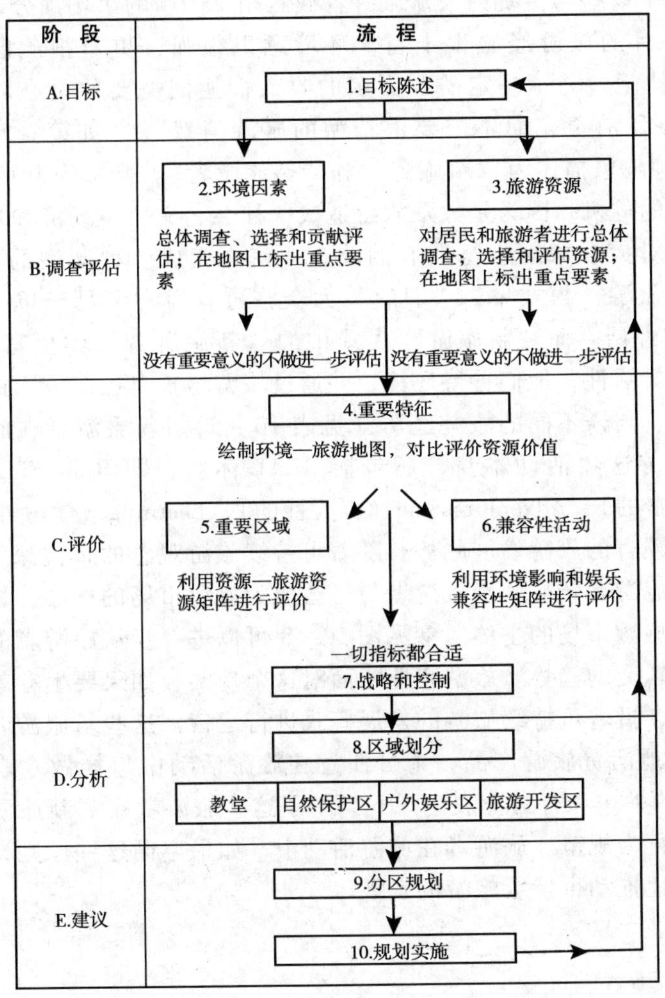

图 10－2　基于环境的旅游规划框架（EBT）

资料来源：David A. Fennell 著，张凌云译．生态旅游［M］．北京：旅游教育出版社，2004. 89.

第三节 新旅游和新旅游实践

随着可持续旅游观念的深入和绿色观念的普及，越来越多的旅游者开始变得更有分辨能力、更具责任心，采用有利于环境的方式进行旅游活动。因此，在旅游市场中出现了一些与传统的大众旅游者截然相反的新的市场细分，这个新市场细分中的旅游者的旅游经验很丰富，环境意识很强，更重视旅游质量。他们“需要更多的休闲，并不一定需要更多的收入；他们需要的是在环境上更具可持续性的旅游和消遣，而不需要浪费型的旅游消费”。① 如第一章所述，普恩（Poon）将这种现象描述为“新旅游”和“新旅游者”。普恩认为，“旅游业的危机是大众旅游的危机，因为是大众旅游造成了社会、文化、经济和环境方面的灾难，因此必须对大众旅游进行彻底的改革，使之变成一种新型的旅游模式”。② 在传统的“旧旅游”模式中，“旧的”大众旅游者通常满足于单一的、可预见的、3S型度假经历。而“新旅游”模式中的“新旅游者”则更富有旅游经验，更具独立性和灵活性；他们善待环境，并通过旅游增长自己多方面的知识；他们寻求高质量的，与众不同的旅游经历（见表10－5）。新旅游者在旅游目的地所寻求的不光旅游这项活动本身，还包括REAL体验，即Rewarding（有益的）、Enriching（丰富的）、Adventuresome（冒险性的）、Learning（学习性的）。

按照普恩预言的旅游发展趋势，随着可持续旅游观念的日益深入，大众旅游者会逐渐向新旅游者转变。新旅游者最终会成为旅游市场的核心，取代传统的大众旅游者成为旅游市场的主体。参见图10－3可以进一步从旅游者的角度审视旧旅游向新旅游转变的趋势。旅游企业，面对这个现实，如果要生存就必须重新调整其发展策略，沿着可持续旅游的发展模式进行运营。这些新旅游者也十分注意如何“正确”地消费旅游产品，十分注意在旅游活动中怎样做才表现出负责任的、“正确”的举止和行为。表10－6列举了这些旅游者在“新旅游”中应该遵循的一些道德行为规范。旅游者在旅游活动中，如果遵循这些原则，就会从旅游者的角度自觉地推动可持续旅游的发展。

① Mieczkowski，Z.. *Environmental Issues of Tourism Recreation* [M]. Lanham，MD，USA：University Press of America，1995. 388.

② Poon，A.. *Tourism，Technology and Competitive Strategies* [M]. Wallingford：CAB International，1993. 3.

表 10－5　新旅游者的特点

• 绿色消费者	• 寻求真实的、有意义的旅游体验
• 对当地文化很敏感	• 希望旅游活动能够对旅游目的地产生积极的影响
• 关注社会的公平性	• 受自我实现和学习的动机激励参与旅游活动
• 更善于独立思考、更具分辨能力	• 寻求对体力和智力具有挑战性的旅游体验
• 更关注和了解环境问题	• 喜欢运动和大自然
• 喜欢灵活的、即发式的旅游行程	• 游览和享受，但不破坏环境
• 事先对旅游产品进行认真仔细的评价	• 把旅游当做生活的延伸

资料来源：根据下列资料整理：Weaver，D. and Oppermann，M.（2000）. *Tourism Management*. Milton，Australia：John Wiley & Sons Australia，Ltd.，p. 357；史蒂芬·佩吉等著. 刘劼莉等译. 现代旅游管理导论. 电子工业出版社，2004 年，第 336 页；David Weaver 著. 杨桂华等译. 生态旅游. 南开大学出版社，2004 年，第 63 页。

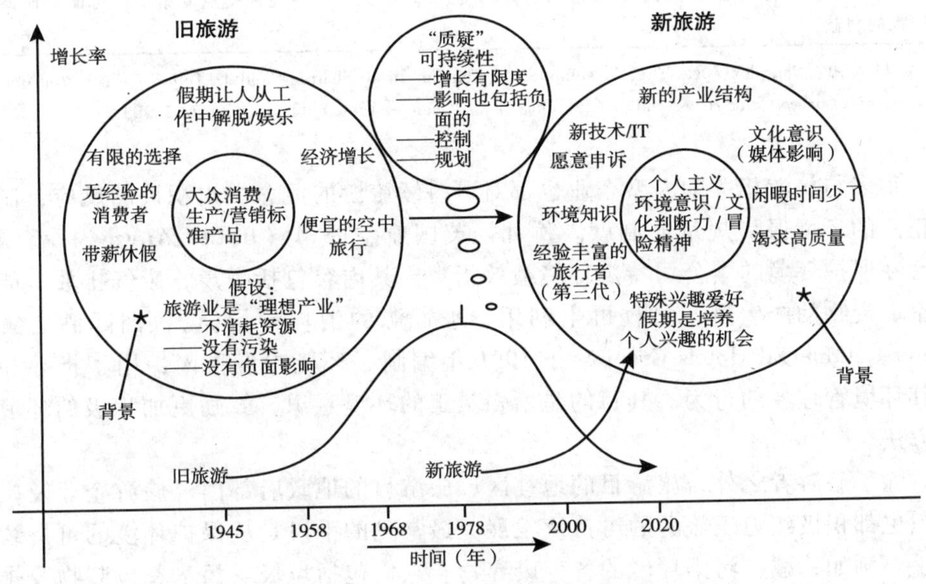

图 10－3　旅游生命周期回顾图

资料来源：弗兰克·豪伊著，丁宁等译. 旅游目的地的经营与管理［M］. 沈阳：辽宁科学技术出版社，2006. 61；略有改动。

表 10－6 旅游者道德行为规范

1. 以谦虚的心态进行旅行，真诚地希望从东道地居民那里学到更多的知识。
2. 要清醒敏锐地了解其他民族的感情，避免表现出有可能冒犯对方的行为。拍照时尤其要注意这一点。
3. 要养成主动倾听和观察的习惯，不要仅仅是被动地听和看。
4. 要认识到，你到访的国家的时间概念和思维模式通常和你不一样，这并不意味着他们低下，只表明他们与你不同。
5. 不要去寻找"海滩天堂"，要通过他人的眼睛去发现不同生活方式的价值。
6. 要设法了解当地的风俗习惯，当地居民会乐于帮助你的。
7. 要改变西方人那种自以为知道一切的习惯，养成请教问题的习惯。
8. 要牢记，你只是成千上万名到访这个国家的游客之一，因此不要期待会得到特殊照顾。
9. 如果你真正期望在旅游中获得"宾至如归"的体验，那么你会发现这是一次浪费金钱的愚蠢旅行。
10. 购物时，要牢记，由于支付给工人的工资很低，所以你才有可能通过砍价买到廉价的商品。
11. 除非你确信，你一定能够兑现诺言，否则你不要轻易在东道国对他人许诺。
12. 花一些时间对你每天的经历进行反思，以加深自己的理解力。一些使你受益的事情很可能会损害他人的利益。

资料来源：Sharpley，R.. The Consumption of Tourism. In R. Sharpley and D. Telfer（Eds）*Tourism and Development：Concepts and Issues*［M］. Clevedon，UK：Channel View Publications，2002. 303.

很多与旅游相关的大型企业也都对可持续旅游的概念做出积极的反应，制定了正式的环境保护规章或制度。例如，英国航空公司（British Airways）就制定了旨在保护环境的本公司特定环境绩效指数，其内容包括噪声、废气排放、能源效率、废物的产生量、回收再生利用、水资源的消耗等指标。① 洲际酒店集团（Inter-Continental Hotels Group）于 1991 年编制了环境参考指南，用于指导和规范其环境管理者的行为。其目的是增强员工的环境意识，鼓励更加积极的环境管理方法。

除了旅游者之外，旅游目的地社区、旅游目的地政府部门、旅游企业及旅游组织也都积极致力于旅游的可持续发展。最常见的手段是从保护环境的可持续性入手，例如，减少污染环境的各种废弃物。它们包括垃圾、污水、包装物及排泄的废气。一些废弃物，例如，金属、玻璃、纸张和塑料等，可以回收再生；另外一些废弃的物质则可以重新使用，例如，在酒店中，客人用过后留下的香皂就可以供员工重新使用。

① http：//www. british-airways. com/inside/comm/environ/docs/env4. shtml.

太平洋亚洲旅游协会（PATA）也制定了旨在要求其成员和相关产业部门遵守的发展可持续性旅游的自我约束行为准则（见表 10－7）。尽管这些行为准则并不对太平洋亚洲旅游协会的会员单位具有强制性的约束力，但是至少可以在道义上发挥劝诫作用。其会员单位接受了这些准则，就意味着朝着可持续旅游的发展方向迈出了积极的步伐。

表 10－7　太平洋亚洲旅游协会（PATA）对环境负责的旅游行为规范

- 采取必要的措施保护环境，包括以可持续发展的方式使用可再生资源和保护不可再生资源。
- 为保护野生动植物的栖息地和可能会受到旅游活动影响的任何自然或文化地区作贡献。
- 鼓励相关当局确定需要保护的地区，并确定其开发的水准，以保证这些地区能够得到保护。
- 在规划旅游相关项目时，要考虑到社区的特点、文化价值观，包括当地的风俗习惯和信仰。
- 在任何地区开发旅游项目时都要把环境评价作为一个有机组成部分。
- 遵守国际上一切与环境相关的惯例。
- 遵守一切与环境相关的国家、州和地方法律。
- 鼓励参与旅游的一切相关人员遵守地方、区域和国家的规划政策，参与规划过程。
- 为更大范围的社区提供机会，使其参加旅游规划问题的讨论和协商，因为这些规划问题会影响旅游业和当地社区。
- 要认识到对所有旅游相关项目和活动的环境影响应该负的责任，采取必要的负责任的、补救和纠正行动。
- 鼓励定期对整个旅游业进行环境监测的行动，并鼓励对这些监测行动进行必要的修正。
- 培养对环境负责的习惯行为，包括废弃物管理、再生利用和节约能源。
- 对所有旅游相关项目和活动中的管理者和员工进行教育，使之认识到环境和环境保护的原则。
- 支持在旅游教育、旅游培训和旅游规划中包括专业环境保护的原则。
- 鼓励所有参与旅游活动的人了解每个目的地社区的风俗习惯、文化价值、信仰和传统，以及这些方面与环境的关系。
- 通过提供准确的信息和恰当的解释，加强旅游者对环境的正确评价和了解。
- 为旅游业的各个部门制定环境政策和指导原则。

资料来源：PATA. *Code for Environmentally Responsible Tourism* [M]. San Francisco，USA：PATA.

第四节　替代性旅游

如第一章所述，小心谨慎型旅游理论观指出了大众旅游对旅游目的地造成的很多消极影响，而改变适应型理论平台则倡导与大众旅游相反的、严格管理的小规模替代性旅游模式，用各种替代性旅游代替那些对欠发达地区产生危害的大众旅游。基于小心谨慎型旅游理论观所总结的大众旅游的诸多消极负面影响，替代性旅游强调人与环境的协调发展，提倡发展适应环境资源的小规模旅游活动，反对大众旅游时代的那种福特主义模式的大规模、标准化旅游产品。简而言之，替代性旅游是改变适应型理论观提出的一种“理想”的小规模旅游模式，与大规模的大众旅游模式完全相反。在某种意义上，“替代性旅游被认为是‘好的’旅游模式，而大众旅游则被认为是‘坏的’旅游模式”。① 替代性旅游的好处或优点主要表现在以下五个方面：②

- 对个人和家庭的好处：旅游者住在当地人家里，能够直接给当地人的家庭带来经济收入，而且有助于当地人的家庭掌握一定的管理技巧；
- 对当地社会的好处：替代性旅游能够给当地社会成员直接带来经济收入，在提高住宿标准的同时可以避免投入资金大规模地开发公共基础设施；
- 对目的地国家的好处：替代性旅游能够避免旅游收入漏损，缓解社会矛盾冲突，保护目的地国家的社会文化传统；
- 对工业化的客源国的好处：替代性旅游对于那些来自发达国家，花费谨慎并希望深入接触和了解目的地国家当地居民的旅游者来说，是理想的选择；
- 对国际关系的好处：替代性旅游能够促进国际间、地区间和不同文化间的相互交流和理解。

在巴特勒的旅游目的地生命周期理论的框架内，从规模和可持续性的角度可以将旅游活动分为四个类别：③

- 主动性的替代性旅游（Deliberate Alternative Tourism，DAT）；
- 被动性的替代性旅游（Circumstantial Alternative Tourism，CAT）；
- 可持续性大众旅游（Sustainable Mass Tourism，SMT）；
- 不可持续性大众旅游（Unsustainable Mass Tourism，UMT）。

被动性的替代性旅游指在旅游目的地生命周期中的探索期和参与期发生的以环境资源为基础的替代性旅游活动，这些旅游活动的特点是规模小、缺少规范和管理。主动性的替代性旅游指那些在具体的规范和政策的指导下发生的小规模替代性旅游活动，其目的是确保旅游目的地的环境得到妥善保护，使旅游和旅游业

---

① David Weaver 著，杨桂华等译．生态旅游［M］．天津：南开大学出版社，2004.5.

② David A. Fennell 著，张凌云译．生态旅游［M］．北京：旅游教育出版社，2004.5～6；略有改动。

③ Weaver，D. and Oppermann，M.．*Tourism Management*［M］．Milton，Australia：John Wiley & Sons Australia，Ltd.，2000.377.

保持可持续性发展。被动性的替代性旅游和主动性的替代性旅游的主要不同点在于：以被动性的替代性旅游模式为主的旅游目的地的潜在发展道路是不可持续性的，而以主动性的替代性旅游模式为主的旅游目的地的潜在发展方向是可持续性的。可持续性大众旅游活动遵守环境管理规范，避免破坏旅游目的地的环境，并且将旅游活动限制在旅游承载力极限门槛之内。如果旅游目的地没有环境管理规范，超越旅游承载力过度开发旅游资源，在这种状况下发生的大众旅游就会破坏旅游目的地的环境和生态系统，因此这样的旅游是不可持续性大众旅游（UMT）。表 10 – 8 从市场、旅游吸引物、住宿设施、经济地位和规范管理的角度，列举了“不可持续性大众旅游”和“主动性的替代性旅游”的不同特征；表 10 – 9 从基本特征、发展策略和旅游者行为的角度，归纳了传统的大众旅游和替代性旅游的不同特点。

表 10 – 8　不可持续性大众旅游和替代性旅游的不同特征（1）

特　征	不可持续性大众旅游	主动性的替代性旅游
市　场		
细　分	自我中心型—中间型	多中心型—中间型
数量与模式	大量；包价团队	少量；个人安排自助型
季节性	淡旺季分明	没有明显的季节性
市场来源	少量的支配性客源市场	没有支配性客源市场
旅游吸引物		
侧重点	高度商品化	轻度商品化
特　点	普遍性的“人为设计”	特定区域的“真实性”
定　位	仅供旅游者或主要针对旅游者	旅游者和当地居民
住宿设施		
规　模	大规模	小规模
空间模式	集中在旅游者活动的地区	分散在整个区域
密　度	高密度	低密度
建筑风格	“国际”风格；样式突出、不和谐	本土风格；样式不突出、具有互补性
所有权	非当地、大型公司	当地、小型企业
经济地位		
旅游业的角色	在当地经济中起支配作用	补充现有的经济活动
联系性	主要与外部联系	主要与内部联系

续表

特 征	不可持续性大众旅游	主动性的替代性旅游
漏 损	广泛性	最小程度
乘数效应	低	高
规范管理		
控 制	非当地私有部门	当地社区
控制规模	最小程度;协调私有部门	广泛性;最大限度减小对当地的负面影响
观 念	自由市场的力量	公共干预
侧重点	经济增长、利润;特定部门	社区的稳定与福祉;整体性、全面性
时间框架	短 期	长 期

资料来源：Weaver，D. and Oppermann，M.. *Tourism Management* [M]. Milton，Australia：John Wiley & Sons Australia，Ltd.，2000. 367；略有改动。

表 10-9 不可持续性大众旅游和替代性旅游的不同特征（2）

传统的大众旅游	可替代性旅游
基本特征	
快速发展	缓慢发展
最大化	最优化
不考虑社会和环境影响	考虑社会和环境影响
不进行控制	进行控制
外部控制	当地控制
短 期	长 期
局部性	整体性
发展策略	
无规划开发	先规划,后开发
项目导向性方案	概念导向性方案
任何地方都可以进行旅游开发	在合适的地点进行旅游开发
修建新建筑	重新利用现有建筑
使用外部资源进行开发	使用当地资源进行开发
雇用外部人力资源	利用当地的人力资源
建筑风格城市化	建筑风格本土化

续表

传统的大众旅游	可替代性旅游
旅游者行为	
大型团队	单个旅游者、家庭旅游者、与朋友结伴而行
固定的旅游计划	即发式决策
时间短	时间长
重视观光	重视体验
外部的生活方式	当地的生活方式
强调舒适/被动	提出要求/主动
高声喧哗	安静的
重视购物	带回纪念品

资料来源：Sharpley，R.. Sustainability：A Barrier to Tourism Development? In R. Sharpley and D. Telfer（Eds）*Tourism and Development*：*Concepts and Issues*［M］. Clevedon，UK：Channel View Publications，2002. 324；略有改动。

如上所述，在某种“理想”状态下，可以认为替代性旅游是“好的”旅游模式，而认为大众旅游是“坏的”旅游模式。但是，事实上，旅游的可持续性并不绝对与规模相等。大众旅游在一定条件下，对旅游目的地既可能产生积极影响，也可能产生消极影响。同样，替代性旅游也并不一定完全具备可持续性（其中有些替代性旅游项目可能对环境更具破坏性）。如图 10－4 所示，大众旅游和替代性旅游都可以分为可持续旅游和不可持续旅游两部分，只不过各自的比例不同而已。绝大部分大众旅游是以不可持续的方式进行的，但是也有一小部分大众旅游是可持续的。如果管理得当，在经济发达的城市发展大众旅游业，很可能比发展相同规模和收益的其他产业对环境破坏程度要小。在某种程度上，美国的迪士尼乐园可以被当做一个可持续性大众旅游的典范。与大众旅游相比较，替代性旅游的总体规模要小得多，但是大部分替代性旅游是可持续性的。

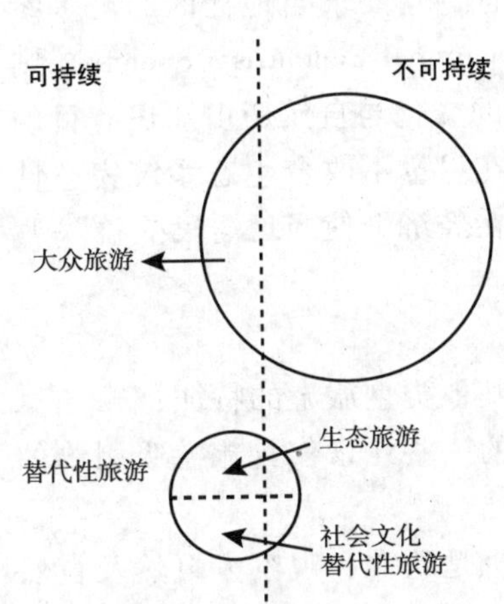

图 10－4　大众旅游和替代性旅游的可持续性比较

资料来源：Weaver，D.. *Ecotourism in the Less Developed World*［M］. Wallingford，UK：CAB International. 1998.

第五节　生态旅游

随着旅游业的深入发展，人们越来越清醒地认识到，由于旅游业比其他产业更直接地依赖于生态环境的因素，因此它对生态环境的破坏有时是更直接和更具毁灭性的。人们常常会看到：许多风景区、自然保护区、森林公园及自然或历史文化遗产地，由于旅游者的大量涌入和一些不负责任的旅游活动，也由于旅游管理部门和规划部门及旅游经营者对自然资源的无计划的、不可持续的开发和利用，导致旅游目的地地区的生态环境遭到破坏，以致影响了公共环境和公共卫生的质量，破坏自然景观和当地特有的文化传统。显然，人们需要一种对环境负责任的、可持续性的旅游方式。生态旅游就是在这种背景下出现的一种旅游方式。生态旅游的概念最早由国际自然保护联盟（IUCN）特别顾问谢贝洛斯·拉斯喀瑞（Ceballos-Lascurain）于20世纪80年代初提出。[①] 生态旅游通常被认为是替代性旅游的一种形式。联合国环境规划署给生态旅游下的定义是："生态旅游是在纯自然的环境中进行的旅游。旅游者在旅程中会受到环境保护知识的教育。这种旅游对目的地的生态环境没有任何破坏作用。而且，它要求当地社区的更多参与并从中长期获益。"[②] 而国际生态旅游协会（International Ecotourism Society）则将生态旅游定义为：生态旅游是"为了解当地环境的文化与自然历史知识有目的的到自然区域所做的旅游，这种旅游活动的开展是在尽量不改变生态系统完整性的前提下，创造经济发展机会，让自然资源的保护在经济上使当地居民受益"。[③]

1. 生态旅游的特征

生态旅游通常在以下几个主要方面具有区别于其他类型旅游的特征：

其一，生态旅游重视自然环境，把自然环境中的一些元素作为旅游吸引物的重点，而把相关的文化吸引物作为次要的旅游吸引物。

其二，在生态旅游中，旅游者与自然接触的动机是欣赏和观察大自然及自然地区的主流传统文化，这种动机与那些以自然为基础的3S型旅游或探险旅游的动机完全不相同，因为在3S型旅游或探险旅游中，自然环境仅仅为旅游者提供

---

① David Weaver著，杨桂华等译．生态旅游［M］．天津：南开大学出版社，2004.3.

② 张广瑞主编．生态旅游：理论辨析与案例研究［M］．北京：社会科学文献出版社，2004.35.

③ 张广瑞主编．生态旅游：理论辨析与案例研究［M］．北京：社会科学文献出版社，2004.35－36.

了实现某种旅游动机（例如，日光浴、寻求刺激经历）的环境。

其三，生态旅游包含教育的特征，通过生态旅游活动，旅游者学习和探究旅游吸引物的内在品质和奥秘。

其四，生态旅游是负责任的旅游，其活动应该以可持续发展的方式进行，因此生态旅游的参加者一定要不遗余力地坚持遵守可持续发展的原则和实践，将对自然环境和社会文化环境的消极影响降到最小程度。生态旅游尊重旅游目的地原有生态的完整性，并且积极为当地的经济发展和生态保护作贡献。

其五，生态旅游者前往的是相对未被干扰或未被污染的自然区域，为了尊重当地自然生态和社会生态的完整性，生态旅游是专项的、小规模的旅游。

其六，生态旅游通过一些措施和手段支持自然区域的保护，这些措施和手段包括：

（a）为当地基于保护旅游目的地而对自然区域进行管理的团体、组织和政府带来经济利益；

（b）为当地社区提供替代性的就业机会和收入机会；

（c）增加当地居民和旅游者对自然和文化遗产保护的意识。

依据生态旅游的基本特征，很多旅游活动都可以归为生态旅游的范畴。3S旅游、探险旅游及社会文化替代性旅游中的很多活动也都可以包括在生态旅游的范围内（见图10－5）。同时，这三个类别的旅游活动在生态旅游的旗下，又在

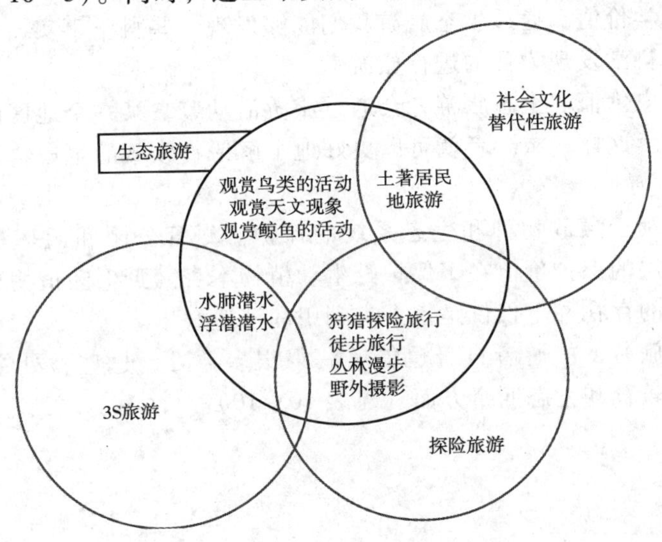

图10－5　生态旅游的主要形式

资料来源：Weaver，D. and Oppermann，M.. *Tourism Management*［M］. Milton，Australia：John Wiley & Sons Australia，Ltd.，2000. 370.

很多领域中交叉和重叠，例如，3S旅游和探险旅游；社会文化替代性旅游和探险旅游。探险旅游者在进行丛林漫步或野外摄影的同时，很可能也会受土著居民的独特社会文化所驱使去观察和了解土著居民的本土文化和习俗。在海滨度假的3S型旅游者既进行各种潜水活动也会参加观赏鲸鱼或天文现象的生态旅游活动。

2. 生态旅游活动和旅游行为的积极影响

生态旅游可以有效地保护自然环境，避免或最大限度地减小旅游活动对自然生态环境产生的消极负面影响。自然生态环境是人类赖以生存的基础，因此在这个意义上，人类本身是生态旅游最大的最终受益者。人类的生态旅游活动和旅游行为对自然环境产生的各种积极影响大致可以归纳为如下五个方面：①

其一，对地球的生命维持系统有利。生态系统是一个客观存在的实体，作为维持地球万物（包括人类和非人类）生命的基础，这个生态系统必须要得到保护。

其二，有利于审美价值的体现。我们保护这个世界的自然景色的目的是能够经常地、动态地欣赏到这些美景。我们需要这些自然景色保持其原始状态，就像我们需要真实的野生动植物一样。

其三，科学价值。通过生态旅游我们能够发现一些科学事实，生态旅游也能够使旅游者以科学发现为目的进行旅游。

其四，历史价值。生态旅游者会通过旅游活动鉴赏某一个地区的文化历史和自然博物状况。这样，旅游者就可以更好地了解博物领域的生成物的进化历史和过程。

其五，有利于濒危物种和生态系统的保护。尽管公园和园林是为人类而建的，但是其深层的保护价值在于保护野生动植物本身。野生动植物也具有其自身的价值，它们的存在并不仅仅是供人类利用和消遣娱乐。

通过生态旅游，旅游者自身也能够获得很多益处，这些益处主要表现在心理、社会学、教育和生态四个方面（见表10-10）。

① Fennell, D. A.. *Ecotourism Programme Planning* [M]. Wallingford, UK: CAB International, 2002. 22；有改动。

表 10－10　旅游者通过生态旅游得到的益处

心　理	社会学	教　育	生　态
• 改变对自己的看法 • 健康 • 成熟 • 自我发现 • 自我实现 • 幸福感 • 个人测试	• 同情心 • 分享相同的价值观 • 尊重他人 • 解决问题 • 行为反馈 • 友谊	• 户外教育的机会 • 认识大自然 • 环境教育 • 明确阐述自然的价值 • 伦理道德教育 • 科学教育	• 享受大自然 • 有利于生命维持系统的保护 • 审美 • 科学 • 历史 • 生态系统

资料来源：Fennell，D. A. . *Ecotourism Programme Planning* [M]. Wallingford，UK：CAB International，2002. 23；略有改动。

3. 生态旅游者的类别

从概念的角度，人们一直认为生态旅游者不是一个单一的、同质的群体，而是一个具有多样性的旅游者群体。根据环境、体验和动态组合，可以将生态旅游者分为三个类别：

自助生态旅游者　虽然无法具体指出是哪些人，但是这是生态旅游者中比例最大的一个群体。这些人住在不同的住宿设施中，所游览的地点流动性很强，因此他们的旅游体验具有高度的灵活性。

团队生态旅游者　指团队旅游者到比较独特的目的地（如北极）去旅游。

学校团体或者科研团体　这类旅游者通常是进行某种科学研究的组织或个人，他们通常会在同一个地方长时间逗留，而且与其他生态旅游者相比，这类旅游者更能够忍受当地的恶劣条件。

而从时间、旅游体验和旅行行程的角度，则可以将生态旅游者划分为四个基本类型：①

中坚型自然旅游者（Hard-core nature tourists）　科学研究人员或者那些专门为教育、清理遗弃废物或其他类似目的而组织的旅游团的成员。

专一倾注型自然旅游者（Dedicated nature tourists）　专门参观游览保护区、希望了解当地的博物学知识和文化历史的旅游者。

---

① Lindberg，K. . *Policies for Maximising Nature Tourism's Ecological and Economic Benefits* [M]. Washington，DC，USA：World Resources Institute，1991. 3.

主流型自然旅游者（Mainstream nature tourists） 这些旅游者去游览亚马孙河、卢旺达黑猩猩公园或其他旅游目的地，主要目的是进行与众不同的旅行。

随意型自然旅游者（Casual nature tourists） 这些旅游者在目的广泛的旅程中，偶尔也会感受一下大自然。

4. 生态旅游活动类型的划分

生态旅游活动可以划分为“硬”和“软”两大类型。但这里的“硬”和“软”只是一个连续线性坐标体的两个端点，这两个大类别的旅游活动的界限并不是绝对的泾渭分明。“硬生态旅游”强调以生物为中心（Biocentric），即以生态保护为导向（Preservation-orientation）的旅游实践；而“软生态旅游”则强调以人类为中心（Anthropocentric），即以发展为导向（Development-orientation）的旅游实践。[①] 表 10－11 从生态旅游强弱幅度的角度，列出了硬生态旅游者和软生态旅游者的主要特征。作为一种理想化的旅游方式，“硬生态旅游”强调旅游者要亲身与大自然进行长时间的强烈接触。与“硬生态旅游”相关的旅游活动通

表 10－11 理想型硬生态旅游者和软生态旅游者的特征

硬生态旅游者	软生态旅游者
生态旅游的幅度	
强烈的环保承诺	适度的或者肤浅的环保承诺
强化的可持续性	稳定状态的可持续性
专业化的旅行	综合性旅行
长途旅行	短途旅行
小型旅行团	大型旅行团
积极的身体活动	消极的身体活动
挑战身体	身体舒适
不期望有服务设施	期望有服务设施
与大自然进行深入的互动	与大自然进行浅显的互动
重视个人的体验	重视自我修炼
自我安排旅游行程	依靠旅行社安排旅游行程

资料来源：Weaver, D.. *Ecotourism*（2nd Ed.）［M］. Milton, Australia: John Wiley & Sons Australia, Ltd., 2008. 44.

① Hunter, C.. Sustainable Tourism as an Adaptive Paradigm. *Annals of Tourism Research*, 1997.

常为出于生态旅游目的的专项旅游，这类旅游活动通常都发生在野外的自然环境中或其他未受外界干扰的原生自然环境。在这些环境中，实际上完全不存在相关的旅游和生活服务设施。参加这种旅游活动的旅游者是环境保护主义者，他们完全遵循可持续发展的原则。而“软生态旅游”的参加者与大自然接触的时间比较短、频次比较多，他们通常把与自然的接触当做一次多种目的旅游体验的一个组成部分。尽管这些旅游者也对旅游吸引物抱有鉴赏的态度，也乐于学习可持续发展的概念和实践，但是他们内心的环境意识还不够强烈。“软生态旅游”发生在非完全自然的环境中（例如，野生动物园、自然景观观景点、设有标志的步行小径等），在这样的环境中通常都建有完善的生活和旅游服务设施。

生态旅游的“软”和“硬”的尺度可以用一个倒三角形表示（见图 10－6）。从旅游市场的角度，软生态旅游的范围要远远大于硬生态旅游。旅游者的人数随着生态旅游朝“软”方向的发展而增加，而随着旅游者人数的增加，这些旅游者对人造环境（例如，酒店、交通设施及其他生活和旅游服务设施）的依赖程度也变得越来越高。生态旅游越向“软”的方向发展，其博物学的范围在整个生态旅游活动中所占的比例就越小，旅游活动的范围越大、种类也越多样化。反之，随着生态旅游向“硬”的方向发展，其博物学范围在整个生态旅游活动中

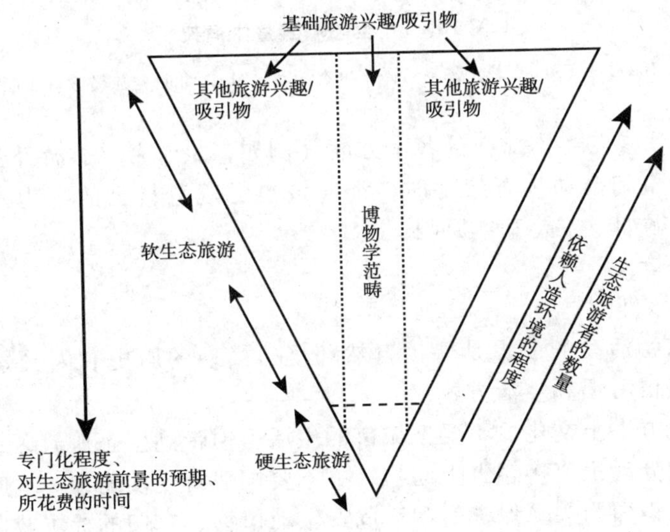

图 10－6　生态旅游的“软”和“硬”的尺度

资料来源：Fennell，D. A.. *Ecotourism Programme Planning*［M］. Wallingford，UK：CAB International，2002. 18.

所占的比例则变得越来越大。图 10－6 也显示，生态旅游越朝着“硬”的方向发展，其旅游活动就越专门化，旅游者对生态前景的期望值也越高，旅游者与大自然接触的时间也越长。

5. 生态旅游管理

从管理的角度，我们应该在生态旅游整体框架下（见图 10－7），对生态旅游业和生态旅游活动进行全方位的综合管理，包括旅游经营、政府的政策导向、旅游资源管理（以体验为主体的旅游资源）、与社会发展相适应的整体旅游服务行业、以营销和游客管理为基础的游客体验管理等。其中，旅游资源和旅游者是生态旅游管理中所涉及的诸多元素的核心内容。

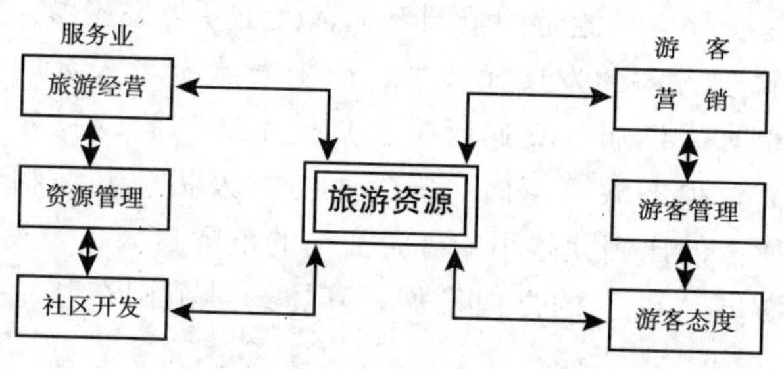

图 10－7　生态旅游整体框架

资料来源：David A. Fennell 著，张凌云译. 生态旅游［M］. 北京：旅游教育出版社，2004. 25.

综上所述，参与生态旅游的各个方面（例如，旅游者、旅游经营者和旅游管理部门）在从事和推动生态旅游时，都应该自觉规范自己的行为，重视环境效益，考虑和遵循如下主要基本原则：①

（1）*旅游者*

旅游者应该做到：

- 生态旅游活动的前提是保护自然环境、当地的历史和人文景观、当地特有的风俗习惯和生活方式；
- 尊重地方本土文化，不要把城市的生活习惯带到生态旅游区；
- 不要过分近距离接触野生动物，更不要饲喂野生动物；
- 不要收集和购买受保护的和濒危野生动植物、它们的标本或制品；
- 将所有的废弃物带出旅游区或丢入垃圾箱，不要污染水和土壤（生态旅

① 张广瑞. 生态旅游：理论辨析与案例研究［M］. 北京：社会科学文献出版社，2004. 38－39；有改动。

游者应该记住这句名言：除了脚印，什么也不要留下；除了照片，什么也不要带走）；

- 在进入一个生态旅游区之前，要了解当地的自然和文化特点；
- 通过生态旅游活动，增强对日常生活与环境的关系的深入了解和认识；
- 通过生态旅游活动，使自己的生活和大自然更接近，使自己的生活方式更有利于保护大自然。

(2) **旅游经营者**

旅游经营者应该做到：

- 选择对环境影响最小的地方为旅游者提供生活服务设施、旅游服务设施和食宿设施；
- 建筑物的设计尽量体现地方特色，尽量选择当地的自然材料，要与当地的自然环境和文化传统保持一致；
- 时刻关注饭店等设施对周围环境的影响，例如，能源的利用、污水排放、垃圾的处理等；
- 不必给旅游者提供不必要的生活服务设施；
- 尽最大努力向旅游者介绍当地的博物知识和人文传统；
- 尽量向旅游者提供用当地材料制造的食品和旅游纪念品；
- 与当地社区保持沟通，参加当地的保护自然生态环境和文化传统的教育活动。

(3) **旅游管理部门**

旅游管理部门应该做到：

- 研究生态旅游保护区的旅游承载力，以控制和阻止超负荷过度利用旅游资源；
- 限制对自然生态环境产生消极负面影响的旅游活动，推荐对生态环境影响小的旅游活动；
- 建立一种机制，使生态旅游产生的利润能够用于生态保护区的建设；
- 建立环境教育设施和机构，例如，游客服务中心、生态知识解释标牌等，向旅游者提供有关自然和当地文化的信息和环境教育材料；
- 收集科学数据，为生态系统的管理和环境教育提供依据；
- 为生态旅游的组织者、导游人员及生态旅游经营者提供学习和培训的机会；
- 配合非政府组织和志愿者团体开展环境教育活动；
- 把生态旅游作为生态保护区管理计划的重要组成部分；

- 负责监测旅游的影响，并向旅游经营者、自然保护团体及当地社区通报各种影响造成的后果，监督、协调和管理在生态保护区内和周边地区发生的旅游经营活动。

6. 生态旅游开发和规划中应关注的问题

生态旅游的概念通常都具有很强的理想主义色彩，因此在具体的生态旅游实践中，往往存在一定程度的危险和局限性。因此在开发和规划生态旅游项目的过程中，对以下三个问题应该给予充分的重视。

其一，生态旅游目的地的人口密度通常比较低，而这里的大多数人基本上都依靠消耗自然资源来维持生存。引进旅游业后，就会出现旅游业消耗自然资源的危险，而旅游的发展也会造成对自然资源的过度消耗。如果生态旅游经营商不雇用当地居民为旅游团队提供服务，也不使用当地的旅游供给品，那么当地居民就享受不到生态旅游的经济利益。其结果是，当地居民与旅游者共同争夺当地稀缺的自然资源，因此会阻碍自然环境的健康发展。

其二，多数人对旅游者对偏远地区、自然区域、原始区域和其他未开发的自然区域所造成的影响了解甚少，对此也没有先人的系统知识可以借鉴。因此，生态旅游开发和土地资源管理的决策的制定基本上都缺乏理性的科学依据。对这些地区的旅游一旦开放，就会有大量的旅游者进入。这些生态旅游目的地必定会面临旅游者过度到访的危险，因此旅游承载力的确定和对其进行强化管理是生态旅游目的地需要关注的一个重要问题。

其三，旅游是一个包括多个领域的行业，因此对其进行全方位的控制是非常困难的。一开始规划得很好的生态旅游项目，随着旅游的迅速发展，很可能会转变成为过度普及的大众历险旅游活动，从而毁坏这个旅游目的地的生态。因此，生态旅游的发展一定要坚持适度的原则，一定要有别于标准化的大众旅游活动。

【补充阅读资料】

开展负责任的湿地旅游

湿地被誉为“地球之肾”、“生命的摇篮”、“鸟类的天堂”，是人类文明的发源地，也是野生动物的重要栖息地。人们已经逐渐认识到湿地生态系统的脆弱性，包括中国在内的世界各国已将湿地保护的重点放在可持续发展上，较为普遍的做法是成立湿地保护区，并适当在区域内发展旅游业，从而使发展和保护相辅相成。

只有在保护湿地生态系统的基础上最大限度地发挥湿地的旅游效益，才能实现湿地资源永续利用和生态旅游持续发展的“双赢”。也许正是为了突出湿地与旅游的这种紧密联系，“负责任的旅游有益于湿地和人类”成为今年世界湿地日的主题。

湿地旅游是游客与大自然亲密接触的极佳方式，湿地美景留给游客无限的“风光”享受和感受。但是，如果人人都在破坏湿地的基础上体验湿地风光，那么终有一天，湿地将风光不再……

数据显示，自20世纪初以来，在北美、欧洲以及澳大利亚等多个发达和发展中地区，过度开发已使超过一半的湿地遭破坏。为此，世界各国已从多个层面着手开展湿地保护。美国是世界上最早提出并使用湿地概念的国家，如今至少有25个州已制定了湿地保护方面的法规。在另一个发达国家加拿大，政府对湿地的保护范围非常广泛，其中包括候鸟栖息地、沿海湿地、鱼类栖息地以及工程实施中需要进行环境评估的泥塘、沼泽、泥潭和泥沼。日本在法律上对湿地的保护也相当严格，任何填埋或者拓干湿地的活动都必须得到当地政府的许可。

然而，最新的研究显示，对湿地先破坏后重建的保护方式并不理想，因为湿地一旦遭到破坏就很难恢复原样。加利福尼亚大学伯克利分校的博士后研究员大卫·莫雷诺－马特奥斯对世界各地数百个湿地进行对比分析后指出，湿地退化后，即便再过100年，它原本丰富的植被以及土壤中的碳储存量也很难恢复到原来水平，这将大大影响湿地调节温室气体排放的功能。

2012年世界湿地日的主题是“负责任的旅游有益于湿地和人类”。对此，湿地公约秘书处称，目前湿地公约还没有对“湿地与旅游”予以特别关注，但也因此，湿地与旅游这一议题更加值得期待。秘书处认为，可持续的湿地旅游将为所在国及社区带来效益，同时有利于促进湿地保护，但不可持续的湿地旅游则会为湿地保护带来负面影响。

众所周知，由于旅游业能给当地带来较好的经济收益，当地政府一般乐于看到旅游业的大发展，但应该想到，缺乏合理的旅游规划和有力的控制管理，会导致游客过量涌入，酒店、别墅、房产违规开发等，这些将对湿地环境及野生物种造成不可逆转的破坏。

据记者调查，一些地方在湿地开发过程中，投资者和管理者在实现资金回笼的同时，由于受经济利益的驱动，开发者往往重开发轻保护，对湿地资源进行维护的资金所占比例很小，甚至几乎不拿出资金进行资源的保护与建设。这给湿地生态旅游的可持续发展造成了很大的威胁。

同济大学环境科学与工程学院教授杨永兴在接受采访时说，目前全世界80%的湿地都在退化，而我国从1949年至今有50%的湿地消失。因此，要进行湿地旅游开发，必须妥善解决湿地保护和合理利用问题。

众多专家的意见也具有高度的针对性和一致性：在开发湿地旅游资源时，要千方百计地保证湿地原生态，保持它的野味、野趣和野性，保持水体、滩涂、岛屿、山林、草地、水生植被等自然生态本底。同时，完善的管理计划和规章制度是湿地生态旅游可持续发展的前提和保证，内容包括：怎样对经营者、旅游者、社区居民等进行协调与控制，如何对湿地各种动植物特别是重点保护对象进行管理、保护与救护，怎样落实各项奖惩制度等。

——资料来源：中国旅游报，2012-2-6. 第4版；略有删改。

旅游业昌盛　首个“世界遗产”面临除名危险

厄瓜多尔西部的加拉帕哥斯群岛游人如织，但旅游业的发展壮大也带来了新的麻烦。联合国教科文组织遗产委员会6月26日宣布，加拉帕哥斯群岛很可能将不保其“世界遗产”地位。

联合国教科文组织于1978年开始确立“世界遗产”，加拉帕哥斯群岛是首个入选遗产名录的地区。当年，达尔文也正是通过在这里观察到的生态现象，才得以阐明其进化论的思想。但是现在，这里独特而稀有的生物种群正经受着旅游者，以及他们无意中带来的外来物种的侵蚀。

据英国《卫报》消息，联合国遗产委员会在新西兰克莱斯特彻奇市(Christchurch)召开会议，认定加拉帕哥斯群岛遭受进一步破坏的危险巨大，因此有必要将其列入世界遗产“濒危名单”。

遗产委员会指出，游客在岛上停留的天数比以往增加了150%，委员会的决定将对该地区限制旅游业施加一定压力。

今年早些时候，加拉帕哥斯保护信托基金会（Galapagos Conservation Trust）主管里奥诺·斯蒂皮克（Leonor Stjepic）说：“来到这里的人越多，入侵物种带来的危险就越大，检疫体系的有效性也就越差。”

厄瓜多尔总统拉斐尔·科雷亚（Rafael Correa）4月曾宣布，加拉帕哥斯群岛处于危险之中，并提议通过采取限制旅游和居留许可发放等措施，试图控制对地区的进一步破坏。

到目前为止，联合国教科文组织已经将全球830处世界遗产中的29个列入需要加强保护的“濒危名单”。

本周，遗产委员会还将讨论决定是否将包括悉尼歌剧院在内的另外16个名胜地也纳入世界遗产名录。

——资料来源：http：//env. people. com. cn/GB/5919501. html，2007－6－27；略有改动。

【案例分析】

“不丹模式”与可持续发展

2008年10月初，中国驻新德里旅游办事处利用国庆节假期，到不丹进行了为期6天的考察。所见所闻，印象深刻，一路行走，收获颇丰。

地处喜马拉雅山东段南麓的不丹王国，位于中国和印度之间（东经88°45′～92°10′，北纬26°40′～28°15′），国土面积46500平方千米，相当于瑞士的面积。从南部的300米至北部喜马拉雅山峰，海拔最高处可达7000多米，全国平均海拔高度为2500米至3000米。境内峰峦叠嶂、山势雄伟，是一个典型的山国，许多地方有着与中国西南部极为相似的景色，只是山更高些，路更陡些。不同的是远处有隐约可见高耸的雪山、更为稠密的森林、星星点点的寺院、翻飞起舞的经幡，以及迥然不同的乡间民居与棕红色的传统服饰。

不丹也被称为神龙之国、森林之国、花卉之国。不丹旅游局2007年的《不丹》简介中说：依据不丹王国统计局的资料，2007年不丹人口为634982人，人均预期寿命66岁，医院29家（其他医疗机构650家，全国实行免费医疗，基本医疗服务已覆盖90%以上人口），学校507所（实行免费教育），已通电的村庄1210个，电视机45360台，手机82079部，森林覆盖率72.5%，道路4544.7千米，入境旅游者17342人，旅游收入2390万美元。国内生产总值8.04亿美元（2005/2006财政年度），人均国内生产总值1245美元，GDP增长率为14.5%。

到不丹旅游很不容易。在不丹，旅游活动由工业与商务部属下的旅游局严格控制，除非得到政府的正式邀请，散客完全不可能进入不丹旅行，至少必须3人成团，或者在出发前参加旅行社组织的团队；在不丹停留时间最少必须6天，10人以上团每人每天最低消费200美元，10人以下团根据不同的人数再增加收费；所有旅行商必须先将团款打到政府的账户上，内政部才发给入境签证；政府从中每人每天提取65美元，待旅游活动结束离境后，如果没有发生什么问题，才会把剩余的团款打给接待社。旅行社老板告诉我们：政府正在考虑在不丹停留时间可以灵活一些，可以少于6天，但从明年起，10人以上团每人每天最低消费将提高到215美元，政府将从中提取70美元。

我们从印度与不丹交界的边境小镇庞措林（Phuntsholing）进入不丹，这是印度通往不丹唯一的陆路口岸，也是两国之间物资运输的主要通道，90%的贸易在此中转。庞措林距不丹首都廷布（Thimbhu）仅171千米，由南向北，从海拔300多米爬升到2300多米，汽车翻山越岭，竟然走了11个小时。山路崎岖，途中遇到几次因山体滑坡造成的道路堵塞，沿途随处可见维修道路的男女民工，不时微笑着，看着我们举起的相机。除了少量的挖掘机和推土机，大部分维修工作都由人工操作，正是他们的辛勤劳作维护着道路的畅通。

首都廷布海拔2320米，坐落在群山脚下的一片狭长河谷地带，周围山坡上森林密布，阳光透过高原洁净的空气洒落在山谷之中，清澈的旺河从城中蜿蜒穿过，市区面积不大，人口约5万人，市民沿河、依山而居。12条主要街道整洁幽静，空气清新。最令人惊叹的是街道两侧的建筑，清一色的不丹风格，门窗均由木质雕刻镶嵌，白色的墙壁上描有彩绘装饰，色彩斑斓。在以后的几天中我们更为惊讶地发现，不仅仅是在城镇，一路上村庄里普通老百姓的住房基本上都是这种风格和造型。听导游说，他们的第三世国王吉格梅·多尔吉·旺楚克（Jigme Dorje Wangchuk，1952~1972在位）是一位建筑设计师，是他按照当地传统设计了这种房屋并要求全体人民都照此修建。至今政府仍坚持这个要求，不照此建房的将被罚款。

这样做的结果是，不丹从城市到乡村的所有建筑物都非常漂亮，独具风韵，而且城乡差别不大。蓝天白云下，青山绿水间，一座座村庄就像是一个个别墅区或度假村。正是秋收的季节，村庄点缀在层层叠叠金黄色的梯田之中。导游安排我们穿越了一片山谷中的田野，徒步去对面半山腰的寺院。妇女们正在田间割稻子，有几头牛悠闲地在田埂上啃着青草，一大群鸽子呼啦啦地飞起，在村子上空盘旋了一圈，又呼啦啦地落到一户农家宽大的屋顶上。路过一户农家，女主人正在自家院子里晒谷子，看见我们就热情地招呼我们进屋去看看。房屋很大，布局合理，楼下是厨房以及堆放农具和粮食、杂物的储藏室，楼上是住房，出乎意料地干净。

不丹的酒店也是这样的房子，没有像国际流行的那样划分星级。我们住过的4家酒店都是不丹特色建筑风格的私家小酒店，只有十几间客房，不大的餐厅。老板或老板娘亲自打理，身着不丹传统服装的男女员工态度殷勤，服务周到。住在这样的小酒店里，反而让人有一种舒适的亲切感。导游说游客如果要住“五星豪华酒店”，须每天再付 800 美元。因为豪华酒店的房费每天至少 1000 美元。在小酒店里我们遇到的游客大多来自美国和欧洲。旅行社老板说，我们是他们第一次接待的中国人。

不丹没有专门为旅游者人工“打造”的景区，也没有刻意安排的表演，进入不丹，你所能看到的就是不丹人的真实生活。如果运气好，有时候可以在寺院中遇上祭祀等仪式，或赶上一个传统节日或庆典，就能看到极具特色的不丹传统舞蹈。旅行社为我们安排的行程包括：庞措林至廷布的喜马拉雅山麓风光，沿途村庄、农田及不丹人的日常生活；廷布半山腰密林中的扭角羚（Takin）保护区，参观尼姑庵、王宫旁的国家大寺院、传统造纸工艺（与贵州丹寨石桥的古法造纸过程完全一样，纸张也惊人的相似）；廷布至普那卡（Punaka）途中著名的多久拉（Dochula）山口的 108 塔，在此眺望远处壮丽的雪山。下榻在旺杜（Wangdue）的古城堡及寺庙旁的小酒店；建造于 1637 年的普那卡城堡及寺院；徒步爬上陡峭的山峰，拜访不丹人民精神领袖 Zhabdrung 于 1664 年建造的寺院；在距首都廷布约 65 千米的第二大城市帕罗（Paro）参观博物馆，在这个昔日的瞭望塔上俯瞰帕罗城；最后是帕罗郊外著名的“虎巢”（Tiger's Nest）。这是一个坐落在高山之巅、悬崖峭壁之上的城堡式寺院，徒步上下需走 4 ~ 5 个小时，有山民提供马匹代步。上山的小路也不是为旅游者修建的，而是山民、僧侣和拜佛朝圣的人们世世代代踩出来的路。所有这些构成了我们的不丹之旅。主人利用的是现有的自然与文化资源——自然地貌、山岭风光，农田村舍、古朴民风、特色建筑以及人民的日常生活，呈献给客人的是真实、和谐的自然与文化生态之旅。

不丹是个君主执政的王国，也是一个全民信教的国度，全国 95% 的人信奉佛教（藏传佛教，噶举派），每家至少有一个人在寺院里终身为僧。人们进入寺院都要虔诚地脱鞋、摘帽、在肩上斜挎着披上一条麻布，以示对神灵的尊重。由于长期受佛教教义的熏陶，宽厚待人、与世无争的思想早已渗入他们的生活中。不丹的社会治安良好，没有乞丐，犯罪率极低，人们外出很少锁门。在日常交往中，不丹人举手投足之间都会流露出佛教信仰者的精神。我们的导游每走进一座寺庙都会匍匐在地，连磕三个响头，然后神情庄重地献上功德钱。一路上，数不清到底有多少寺院，只见在群山和森林之中，峰回路转的盘山公路上，随处可见白墙上镶嵌着雕花门窗的寺院，寺院上空和古树、巨石之上，总有迎风猎猎飞舞的彩色经幡。

年轻的第五世国王，1980 年 2 月出生的吉格梅·凯萨尔·纳姆耶尔·旺楚克毕业于牛津大学，致力于在现代环境中继承佛教的精神和民族的传统。他秉承父亲第四世国王吉格梅·辛格·旺楚克的意志，坚持不丹的治国理念——国民幸福总值（Gross National Happiness）。1972年，当第四任国王刚刚继承王位时，不丹非常贫穷，人均寿命只有40岁，但在国王的带领下，不丹走出了一条具有自己特色的现代化之路。在英国受过教育的第四世国王在20世纪70年代提出了“国民幸福总值”的理念，他认为国家政策应该关注人的内心幸福，并应以实现幸福为目标。在这种执政理念的指导下，不丹提出了由政府善治、经济增长、文化发展和环境保护四极组成的“国民幸福总值”指标，并且认为这一指标比GDP更重要。因此，不丹在发展经济的同时，十分重视保护环境和生态、文化资源，经济的高速增长并没有以牺牲环境和放弃自己的文化认同为代价。

不丹从1974年起开放旅游业，为了防止外国游人对不丹的自然环境、传统文化和当地人民生活方式带来负面影响，不丹政府严格控制入境旅游人数，实施低客流高效益的旅游政策，并通过制定最低消费水平的办法来控制游客的人数，实行境外游客每人每天200美元的最低消费制。不丹政府规定，只有政府授权的旅行社和旅馆才能接待外国游客。外国游客则必须由被授权的旅行社代办签证、机票和安排食宿及旅行日程并接受旅行社提供的导游。同时出于环保考虑，一般只接受团体旅游，每年只允许少量来自美国、日本、德国和法国等地的外国游客入境旅游，而且他们的行程还必须经过政府仔细审核。在政府的领导下，不丹的环境保护机构同国际组织合作，在全国范围内推行教育和保护计划。当地的社区成员积极参与到生态旅游的开发当中，承担导游、维护山路、在食宿点提供服务等工作。目前，旅游业已成为全国第三大创汇行业，仅次于向印度输送电力和建材。

由此，不丹成为非常受欢迎的生态旅游目的地，“低数量、高回报”的旅游政策反而使不丹格外令人向往，形成了世界旅游发展中引人注目的“不丹模式”，被誉为最后的“香格里拉”。英国莱斯特大学（University of Leicester）2006年在其“幸福指数世界地图”中，将不丹列为“亚洲第一、世界第八最幸福的国民”。“去不丹畅游山区王国的古代村落”被选为《国家地理》推荐的25种探险旅游方式之一。为了表彰不丹国王和人民在环保领域的突出贡献，联合国将其首届“地球卫士奖”授予第四世国王旺楚克和不丹人民。

我们在帕罗结束了为期6天的考察，乘坐不丹航空公司（Druk Air Corporation）的飞机经加尔各答返回新德里。位于海拔2225米，建成于1983年2月的帕罗机场是进出不丹的唯一航空港，已开通了至新德里、加尔各答、达卡、仰光、加德满都和曼谷的航线，因为航班很少，很难买到机票而且价格昂贵。我想，这恐怕也是“低数量、高回报”政策的一脉相承吧！

6天的考察仅仅是走马观花，对不丹的记忆却久久萦绕脑际，留下了许多值得深思的东西。回味不丹，他们仿佛并不急着向你推销什么，而是踏踏实实地过自己的日子，稳扎稳打地利用并保护现有的资源，以最少的投资和代价换取最大的利益和回报，同时用友好的微笑、无声的行动感染着客人，让你分享他们的生活、尊重他们的文化。没有媚俗的迎合，也没有急功近利的浮躁，反而使不丹具有一种打动人心的力量，让你永远地记住了不丹。

他山之石，可以攻玉。“不丹模式”不仅仅指旅游业，也阐释着国家的发展理念与发展战略。从 1972 年到现在，36 年中不丹走过的路，不正是“全面、协调、可持续发展”之路吗？研究和分享“不丹模式”，或许可以从中找到一些借鉴，吸取一些智慧。

资料来源：中国旅游报，2008 - 11 - 7. 第 7 版；略有删改。

案例提示

1. 为了保持旅游的可持续发展，不丹政府采取了哪些措施？从保护自然环境和传统文化的角度讨论这些措施给我们的启示。
2. “不丹在发展经济的同时，十分重视保护环境和生态、文化资源，经济的高速增长并没有以牺牲环境和放弃自己的文化认同为代价。”讨论这种价值观和实践与“国民幸福总值”的关系。
3. 以中国的某些旅游目的地开发为例，讨论“不丹模式”的启示。
4. 把不丹作为生态旅游目的地，讨论“软生态旅游”和“硬生态旅游”的关系以及生态旅游者的追求。

【复习与思考】

一、重要专业词汇

西方人本环境观（Dominant western environmental paradigm）
绿色观念（Green paradigm）
可持续发展（Sustainable development）
可持续旅游（Sustainable tourism）
可持续旅游指数（Sustainable tourism indicator）
新旅游者（New tourist，New traveler）
替代性旅游（Alternative tourism）
生态旅游（Ecotourism）

二、思考和讨论

1. 简述西方人本环境观和绿色观念的主要不同点。
2. 可持续发展具有哪些特性？
3. 可持续旅游的基本定义是什么？
4. 协调和平衡哪些关系是发展可持续旅游的核心？
5. 发展可持续旅游应该遵循哪些基本原则？
6. 普恩认为，"旅游业的危机是大众旅游的危机"，结合中国的实际国情分析和讨论大众旅游在中国的发展前景和发展"新旅游"的可行性。
7. 替代性旅游的核心概念是什么？
8. 如何理解"替代性旅游被认为是'好的'旅游模式，而大众旅游则被认为是'坏的'旅游模式"？
9. 生态旅游的基本特征是什么？
10. 生态旅游能够对自然环境产生哪些积极影响？

第十一章

休闲与旅游

第一节　休闲的概念

20世纪70年代，社会学家提出了休闲社会的概念。从社会学的角度，他们认为工业社会必然会发展成为休闲社会（Leisure Society）。在这个社会中，人们工作时间减少，会有更多的休闲时间。[①] 20世纪末和21世纪见证了休闲社会的持续发展，现在人们更重视度假、旅行和体验不同的文化和传统。休闲具有三大不可分的部分或功能：放松、娱乐和个人发展。放松是休闲的开始，因为人们需要消除疲劳；娱乐则提供了休闲的转移功能，让人们的头脑暂时脱离自身和所关注的事务；而个人发展是休闲能够持续的一个因素，休闲使人们视野开阔，让生命更有意义。换句话说，休闲是个人解放的活动，让人们从功利的、现实的世界解脱出来，能够有时间获得资讯，发展新观点，让情绪的深度和广度加大，并在休闲领域中超越生存温饱的局促，进而发现真正的自我。同时，休闲是一个很难精确定义的术语，其涉及的范畴也很宽泛。对不同的人而言，休闲可能意味着不同的概念和活动。出于学术研究的目的，很多学者从不同的视角对休闲的概念进行了不同的描述。

1. 休闲是一个包含旅游和消遣因素的连续体

休闲的概念涵盖多个因素，而且与消遣和旅游之间的界线也是十分模糊的，因而对研究者而言，休闲也是一个很难精确定义的术语。佩吉和康奈尔（Page & Connell）认为，很多研究者和研究机构都倾向于模糊休闲（Leisure）、消遣（Recreation）和旅游（Tourism）之间的界限，因为这些概念实际上通常是相互关联、相互重叠的。因

① Page, S. J., & Connell, J.. *Tourism: A Modern Synthesis* (3rd Ed.) [M]. Hampshire, UK: Cengage Learning EMEA, 2009. 644.

此，从区分的角度，可以对休闲、消遣和旅游的概念作出如下界定：

休闲（Leisure）是人们通过自由地支配其可以自由支配的时间所获得的时间、活动和体验。

消遣（Recreation）与人们在其休闲时间里所从事的可以恢复精力和体力的活动相关。

旅游（Tourism）则要求人们来到一个目的地（至少要离开常住地24小时，并在此地过夜），在这里进行休闲和消遣活动。[①]

在这个意义上，可以把休闲当做一个连续体，而消遣和旅游则包括在这个连续体之中，如图11－1所示。

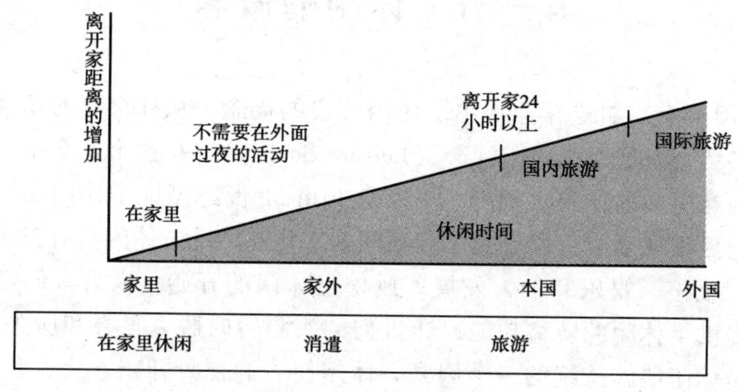

图11－1 休闲连续体

资料来源：Page，S. J.，& Connell，J.. *Tourism：A Modern Synthesis*（3rd Ed.）［M］. Hampshire，UK：Cengage Learning EMEA，2009.9.

2. 休闲、消遣和玩耍

休闲（Leisure）、消遣（Recreation）和玩耍（Play）这三个术语在一般的语境和使用中通常可以互换，但是从休闲研究和休闲实践的角度，这些概念的含义是不相同的。了解了这些概念的不同含义，将有助于休闲领域中所涉及的学术研究和产业管理工作。下面对休闲（Leisure）、消遣（Recreation）和玩耍（Play）的基本概念特征进行比较详细的描述。

① Page，S. J.，& Connell，J.. *Tourism：A Modern Synthesis*（3rd Ed.）［M］. Hampshire，UK：Cengage Learning EMEA，2009.9.

(1) 休闲

美国学者埃金顿（Edginton）等人从7个主要方面来定义“休闲”，把休闲当做“空闲时间”、“活动”、“心态”、“社会阶层的象征”、“行动”、“反功利主义的自身目的”和“整体”。[①]

①空闲时间（Free time）。时间可以分为生存时间、维持时间和可自由支配的时间。在生存时间内，人们为了生存，必须从生物学的角度做这些事情；在维持时间内，人们为了通过工作而谋生，必须做这些事情，为了通过学习而准备谋生，也必须做这些事情；在可以自由支配的时间内，人们可以根据自己的意愿使用这些时间。休闲可以被看做非义务时间，即可以自由支配的或者空闲的时间，在这段时间里人们可以自由地选择自己愿意做的事情。

②活动（Activity）。休闲可以被定义为人们在空闲时间内参加的活动，例如跑步、读书、做自愿者或者游泳。

③心态（State of mind）。休闲是可以发生在任何活动中的一种行为方式或者态度。其重点强调心理倾向或者心理状态。

④社会阶层的象征（Symbol of social class）。休闲可以定义为人们展示自己能力的欲望。展示自己相对劳动而言，有能力处于休闲状态；有能力消费休闲商品和产品。

⑤行动（Action）。休闲可以被看做行动，包括时间、活动、态度或者心态等因素。休闲涉及一些具有方向性的隐含行动。休闲也包括一些自决的元素。

⑥反功利主义的自身目的（Antiutilitarian）。休闲也被定义为一种自身目的，不具有工具价值。休闲是一种自身目的，不像自我表现和实现满意那样从属于工作。

⑦整体（Holistic）。休闲是前面提到的所有休闲定义的结合体，其重点是个人感知到的与活动相关的自由以及休闲在帮助个人取得自我实现的过程中所发挥的作用。在这个模式中，任何事情都具有休闲的潜力。

(2) 消遣

消遣（Recreation）是一个“恢复和重新塑造”个体的过程。这个词源自拉丁语“recreatio”，其含义是“振作精神”。因此，消遣是一种人们为了获得精力以重新投入工作而进行的活动。克劳斯（Kraus）总结了一些学者的观点，将消

---

① Edginton, C. R., Hudson, S. D., Dieser, R. B., & Edginton, S. R.. *Leisure Programming: A Service-centered and Benefits Approach* (4th Ed.) [M]. New York, USA: The McGraw-Hill Companies, Inc. 2004.

遣的定义归纳如下：[①]

①消遣被广泛地认为是活动（包括身体、精神、社会或者情感的参与），与纯粹的空闲或者完全的休息不一样。

②消遣可以包括范围极为广泛的活动，例如体育、游戏、手工艺术、表演艺术、艺术、音乐、戏剧、旅行、业余爱好和社会活动等。这些活动可以短暂参与，也可以持续参与；可以是单一的一次事件，也可以是终生的活动。

③对活动的选择和参与是完全自愿的，不受外界压力左右。

④消遣是由内在的动机和获得个人满足的欲望所激发，不是由“隐藏的目的”或者其他外部的目标或者奖赏所激发。

⑤消遣在很大程度上取决于心态或者态度；人们所从事的活动，并不像人们从事活动的原因和对活动的感知方式那样能够使活动具有消遣性。

⑥消遣可以产生潜在的理想结果；虽然参加消遣活动的基本动机可能是个人享乐，但是消遣可能会导致智力、身体和社会发展。这并不是说消遣的结果一定是理想的；消遣可能会包含一些危险、不符合需要的或者使人格退化的活动。

（3）玩耍

玩耍通常被认为是一种积极的人类行为，其特征主要包含如下内容：

①玩耍是一种纵情于其中的行为，通常具有非生产性和非功利性。

②玩耍时常常具有精神上的愉悦性和创造性。

③玩耍可能是无目的的、无组织的和非正式的，也可能具有高度的结构性或者复杂性。

④虽然玩耍通常被认为是儿童从事的活动，但是成年人也玩耍。

⑤虽然很多玩耍行为具有文化的习得性，但是玩耍源于人们内在的动力。

⑥玩耍具有自由性和自愿性，人们不能受约束地玩耍。如果玩耍被逼迫，就改变了玩耍的性质，玩耍就不会长久。

⑦玩耍具有社会性。玩耍团体通常都希望玩耍团队在结束玩耍之后变成永久性的社会团体，例如俱乐部、兄弟会等。

⑧玩耍具有不确定性。玩耍的最后结果是不确定的。如果结果是确定的，那么玩耍者就会缺乏紧张感和激动感。

在现实生活实践中，人们发现休闲、消遣和玩耍活动存在某些方面的相似

---

① Kraus，R.. *Recreation and Leisure in Modern Society* [M]. New York，USA：Appleton-Century-Crofts，1971. 261.

性、重叠性和交叉性，而这些部分则是休闲、消遣和玩耍的核心。这个核心部分是人们通过休闲、消遣和玩耍活动而体验到的一种巨大的满足感和舒服感。人们发现，这种高质量的体验可以起到恢复元气和提高精神境界的作用。如图 11－2 所示，托可尔岑（Torkildsen）将这种重叠交叉部分的体验称之为“极乐”（Pleisure）。[①] 对研究者、管理者和经营者而言，了解休闲、消遣和玩耍之间的关系，并在实践中最大限度地为消费者创造这种“极乐”是十分重要的课题。

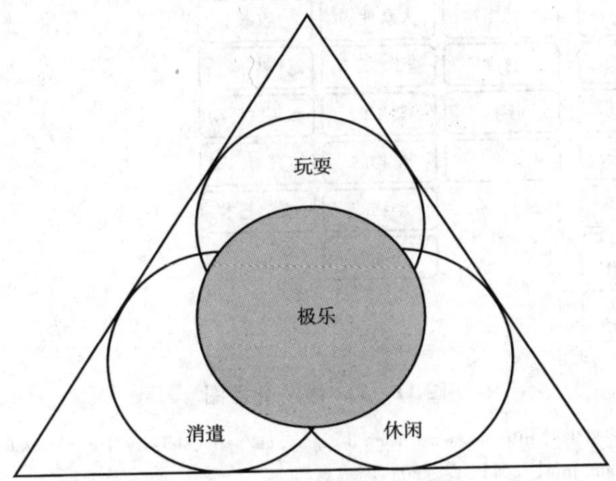

图 11－2　休闲、消遣和玩耍中的“极乐”

资料来源：乔治·托可尔岑著，田里等译．休闲与游憩管理［M］．重庆：重庆大学出版社，2010.

第二节　休闲的类型

美国学者罗伯特·斯特宾斯（Robert Stebbins）根据人们参与休闲活动所投入的程度以及休闲项目的性质，将休闲划分为三种类型[②]：闲逸休闲（Casual Leisure）、深度休闲（Serious Leisure）和项目型休闲（Project-based Leisure）（见

① 乔治·托可尔岑著，田里等译：《休闲与游憩管理》，重庆大学出版社，2010 年。

② 资料来源：Stebbins, R. A.. Casual Leisure: A Conceptual Statement［J］. *Leisure Studies*, 1997. 16, 17－25；Stebbins, R. A.. *Serious Leisure: A Perspective for Our Time*［M］. New Brunswick, NJ: Transaction Publishers. 2007.

图 11－3）。

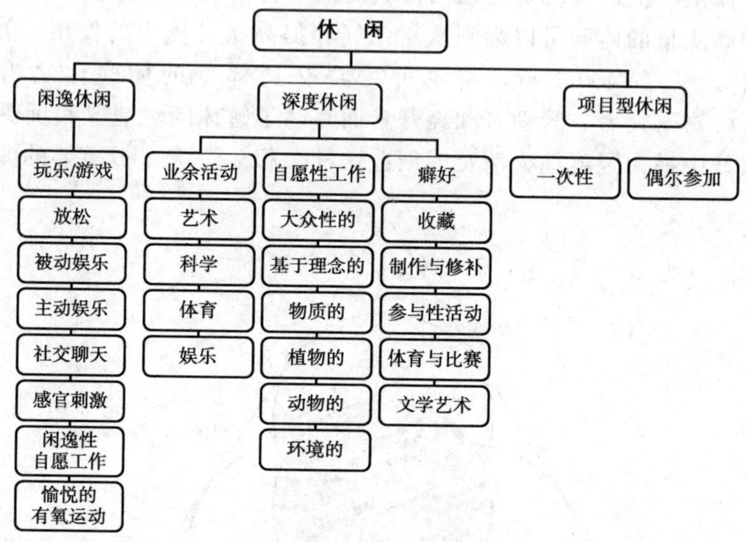

图 11－3　休闲类型图

资料来源：http：//www. soci. ucalgary. ca/seriousleisure/DescriptivePages/SLPDiagram. htm，2011－7－20；略有改动。

1. 闲逸休闲

闲逸休闲（Casual Leisure）也可以称为随性休闲。随性休闲是人类的一种本能，不需要进行培养。其参加者在短时间内从事愉快的活动，可立即达到自己内在所需的愉快体验及有益的感觉，例如舒解压力等立即性、实质性的休闲利益。参加者只需要很少的训练，甚至不需要任何训练，就可获得愉悦的感受或者享受。例如玩乐、游戏、看电视、听音乐、电子游戏、吃喝消遣、逛街、交际应酬等活动。人们通过闲逸休闲可以获得很多益处，主要包括：创造力或新发现；寓教于乐；恢复、休息；人际关系的维持及发展；心灵安适与良好的生活品质。闲逸休闲通常包括如下 6 种类型：

玩乐/游戏类，包括各种玩乐消遣活动。

放松类，例如散步、闲坐、兜风等。

被动娱乐类，例如看电视、听音乐等。

主动娱乐类，例如舞会、猜谜等。

社交聊天类，例如交友、网聊等。

感官刺激类，即基于美学、感官等刺激的活动，例如游览、吃喝、性等。

2. 深度休闲

深度休闲（Serious Leisure）也可以称为认真休闲。这是人们有系统地从事的一种活动，投入如事业般的专注，并借此机会获取和展示特殊的技巧、知识及经验，使得参与者获得非常充实及有趣的感觉。在这种类型的休闲中，休闲活动的参与者有系统地从事业余、癖好和自愿性的活动，参与者因其活动的错综复杂性、丰富性、趣味性与挑战性而深受吸引，并凭借自己克服困难、坚忍不拔的意志而持续稳定地参与，通过这样的休闲活动，参加者可以获得技能、知识或经验。斯特宾斯（Stebbins）将深度休闲归纳为三种形式：业余活动（Amateurism）、癖好（Hobbies）和自愿性工作（Volunteering）。

（1）业余活动

业余活动与专业活动的区别在于，休闲参加者并不以此活动来维持生计，但是其参加活动时的投入程度与技巧却亚于专业者。从生涯发展的角度，休闲参加者的业余阶段是被发展成为专业工作者过程中的一个阶段。休闲者可能起初是闲逸休闲者，而后随着持续的投入而成为业余者，最后成为专业工作者（或某项活动的专家）。

（2）癖好

就休闲参加者的癖好而言，其专业程度虽然不如业余活动者，但是其态度也是认真执著的。癖好是一种人们在职业之外，通过不断的追求而能够在其中发现特别兴趣并乐在其中的活动，但是癖好者通常没有专业的能力。癖好者与业余爱好者之间最大的差异在于业余爱好者对于活动的技巧知识都比癖好者高。在从事活动的时候，业余爱好者也比癖好者更重视技巧的提高。癖好活动可以分为5个类别：

①收藏。收藏癖好者通过收藏活动可以开发出具有经济和社会性的技术性知识。癖好收藏者不同于一般商人，并非以商业利益为出发点，而是以个人喜好为原则。这种活动的主要驱动力是个人兴趣和热情，而不是商业利益。主要的收藏活动可以包括集邮、收集标本、收集钱币、收集文物等。

②制作与修补。自己动手制作家具、玩具、小物件，修理机械装置、电子装置等都属于这个范畴。

③参与性活动。休闲者参与这类活动大都出于内在的动机，这类活动通常具有挑战性，但是没有竞争性，例如钓鱼、打猎、漂流泛舟等。

④体育与比赛。这类活动主要指那些非职业性的体育比赛活动，例如攀岩、定向运动、赛龙舟等。

⑤文学艺术活动。这类活动包括各种与文学艺术相关的癖好，例如读书、写作、唱歌、弹琴、参加业余剧团等。

(3) 自愿性工作

对很多人而言，自愿者服务是一种休闲方式，而休闲参加者利用自己的部分休闲时间为他人做事可以被认为是休闲的一种最高形式。休闲者从事这种活动是出于自愿而不是被迫使的，并且不以获取金钱为目的。对参加者而言，从事自愿性工作是一种既可以获得自己的内在满足，而且也可以得到回馈的休闲体验。这类休闲者的主要参与动机是要通过帮助他人而获得快乐。自愿性工作可以是个体行为，也可以是团体行为。自愿性工作涉及的领域很多，包括教育、社会福利、医疗保健、政治、宗教、慈善、环境保护、社区服务、公共服务等。

自愿性服务使一些人能够施展和展示那些他们既熟悉又有自信的技能和知识。自愿性活动还可以为一些人提供发现自己潜在的技能和才智的机会。自愿性活动对那些已经不再从事有偿的、职业性工作的人（例如退休人员、家庭主妇、全职丈夫、残疾人等）而言，具有特别的价值，因为自愿性活动给他们提供了延伸其职业专长的机会，使他们可以从奉献中获得快乐。

3. 项目型休闲

项目型休闲（Project-based Leisure）活动的参与者需要一定的计划、努力和精神，有时还需要些许技术和知识才能参与，但是这种活动并不是深度休闲。参与者也不会刻意将这种休闲培养成为深度休闲活动，因为此种类型的活动若长时间地持续参与，会使参与者感到无聊而放弃。项目型休闲还可以进一步分为一次性活动（One-time）和偶尔性活动（Occasional）。偷偷地替朋友筹划设计一个生日派对，准备给朋友一个惊喜之类的出自自发性与义务性的活动等都属于项目型休闲。

第三节　休闲体验的价值

目前，世界各国人们的休闲方式虽然不尽相同，但是其本质和价值的认识基本是相同的，就是为了放松身心和消除工作生活中的疲劳（见表 11－1）。

表 11－1　世界各国人们最喜欢的休闲生活方式

国　家	人们最喜欢的休闲生活方式
俄罗斯	到有森林和湖泊的地方去享受阳光、享受自然
德　国	闲暇时参加各种有组织的体育或歌咏协会，体育协会数量多、影响范围广，1/4 的德国人都是体育协会的会员
美　国	美国人认为休闲是一种心态，抱着休闲的心态参加任何活动都是休闲
法　国	度假、体育运动、音乐等多种形式；法国人信奉休闲时必须快乐放松
瑞　士	度假、旅游等；瑞士人认为休闲与工作同样重要
瑞　典	度假、旅游；适宜地调整假期，合理分配休闲时间进行休闲放松
日　本	以形形色色的方式进行休闲，生产力和生产效率的提高为日本人提供了闲暇时间，使休闲意识发生了变化

资料来源：朱建国休闲体育：人类均衡发展的社会哲学［J］．体育与科学，2010，31（3）．52－55．

人们从各种休闲活动中可以获得多种利益，这些利益决定了休闲体验的价值所在。休闲体验的发生为整个休闲体系中的各个利益相关者提供了大量的利益或好处。因此，开发休闲项目和活动，不但为个体的休闲消费者创造了多方面的利益，也间接地为社会的各个方面创造了很多促进社会发展的积极因素。人们通过休闲活动，获得的现实或者潜在的好处主要涉及如下方面：

1. 个人利益

个人从休闲体验中获得的好处是显而易见的。不论在心理上还是在生理上都可以获得利益。个人获得的利益主要包括以下几个方面：

（1）个人发展

参加休闲体验获得的这种利益指态度、价值观和技能的改变，其中包括改进自我意识、增强信心、灵性成长、开发创造性、获得学习机会、提高自立精神和实现自我价值。

（2）社会联结

休闲体验为个人提供了和他人进行社会交往的机会。通过休闲活动，人们可以结识新朋友，建立新友谊，促进家庭团结，增进团队合作精神，与朋友和其他相关人士建立更牢固的关系。

（3）身体发展

很多休闲活动都非常有益于身体健康。健壮的身体可以使人更健康、精力更充沛，提高身体的协调性和平衡性，也可以提高自我价值感和幸福感。以健身为目标的休闲活动有助于人们提高自我形象，并极大地影响其自我意识。

（4）刺激作用

休闲体验常常为人们提供与其日常生活完全不同的新奇情境。因此，休闲体验为人们提供了寻求刺激的机会，还为人们提供了利用好奇心和扩大见识的机会。

（5）幻想和逃避

休闲体验有助于人们逃避日常生活。人们常常会以休闲的方式逃进自己的个人空间中。不断加快的生活节奏使很多人都渴望安宁，渴望从其专业性工作生活的角色中逃避出来。

（6）怀旧和反省

休闲为人们提供了反省和鉴赏自己过去的生活经历的机会。对过去生活事件的反省通常会通过参加休闲体验（例如，家庭团聚）而得到强化。在现实生活中，回忆和重温那些快乐、具有满足感和乐趣的经历可以使我们体验到无穷的乐趣。

（7）独立感和自由感

休闲活动可以增强个人的自由感和独立感。自由可以使人们有机会不受日常生活的限制，充分地表现自己。这种自由感可以给人们以力量，促进创造力，提供机会使人们充分发挥和利用自己的潜力。

（8）减少精神压力超负荷

休闲体验使人们有机会减缓来自工作、家庭生活和个人交往中的精神压力。

（9）冒险机会

休闲体验可以为人们提供参与具有冒险性行为的机会。很多休闲或消遣活动都要求人们最大限度地发挥自己的能力，同时也提供了具有冒险性的挑战机会。冒险性活动是人们提升自己的能力、克服厌烦感和振奋生活的一种方式。

（10）成就感

人们通过休闲体验可以感觉到自己取得了某种成就。具有竞赛性的休闲活动可以促使人们把自己最好的东西发挥出来。在休闲过程中，人们通过学习一种新技能、登上一座高山、画一幅肖像、参加一次赛跑、结识一个新朋友或者参加一个体育锻炼项目获得一种成就感。这通常可以培养骄傲感，进而造就自信心和自尊感。

（11）探索精神

很多休闲体验都能使人们学习到新概念和新思想，因此，休闲体验是一种理想的探索和发现的方式。

(12) 心灵启迪

人们在很多休闲活动的过程中可以获得沉思、反省和心灵启迪的机会。在一定程度上，自然环境是一个大课堂，接触大自然是精神启迪的源泉。例如，人们在户外体验大自然时，会对大自然产生敬畏感，真正体会到大自然的美丽，进而由衷地产生一种谦卑感。

(13) 心理健康

休闲的目的是让人们恢复身心的完整性和身心健康。如果利用休闲进行放松休息、与他人交往或者从事新的创造性活动，休闲尤其有助于个人幸福。人们应该寻求平衡的生活，以促进心理健康。事实上，很多休闲项目和服务常常被当做治疗或者恢复的手段，帮助人们改善心理健康。

(14) 审美鉴赏

休闲体验也可以促进美学欣赏。美学重视艺术之美、自然之美以及人类存在之美。休闲体验为人们提供了美学欣赏的机会，使人们从美学鉴赏的角度获得享乐和满足。

美国学者德赖弗和布伦斯（Driver & Bruns）把休闲体验可以提供的潜在利益归纳为四个主要方面：个人利益；社会和文化利益；经济利益；环境利益。[①]他们还详细列举了与这四个方面相关的主要利益的细节（见表 11－2）。

表 11－2　消遣和休闲体验提供的利益

Ⅰ. 个人利益 1. 心理 a. 心理更健康和维持健康 i. 康宁 ii. 心理压力管理 iii. 心灵净化 iv. 防止或者减少消沉、忧虑和愤怒 v. 情绪和情感方面发生积极变化	b. 个人发展和成长 i. 自信 ii. 提高认知和学术能力 iii. 控制能力 iv. 自治和独立 v. 领导力 c. 个人鉴赏和满意 i. 自由感 ii. 自我实现 iii. 创造性表现	iv. 精神启迪 v. 鉴赏大自然 2. 生理 a. 对心血管有益 b. 减少或者防止高血压 c. 降低身体脂肪和减少肥胖症 d. 增加肌肉力量 e. 减少酒精和烟草的摄入 f. 降低血胆固醇和甘油三酯

① Driver, B. L., & Bruns, D. H.. Concepts and uses of the benefits approach to leisure. In E. L. Jackson & T. L. Burton (Eds.), *Leisure studies: Prospects for the twenty-first century* [M]. State College, PA: Venture. 1999.

续表

g. 改进骨质	6. 降低社会疏离	4. 促进地方和地区经济发展
h. 提高免疫系统的功能	7. 社区和民族自豪感	5. 为国民经济发展作贡献
i. 对呼吸系统有益	8. 社会支持	**Ⅳ. 环境利益**
j. 延年益寿	9. 提高世界眼光	1. 维护物理设施
Ⅱ. 社会和文化利益	10. 防止问题青年造成的社会问题	2. 促进耕种业,改善与自然界的关系
1. 社区满意	**Ⅲ. 经济利益**	3. 认识到人类要依靠自然界
2. 文化和历史意识	1. 降低医疗保健成本	4. 建立环境伦理
3. 民族认同感	2. 提高劳动生产率	5. 从环境的角度保护生物的多样性和生态系统
4. 家庭亲情	3. 降低员工离职率	
5. 理解和容忍他人		

资料来源：Driver，B. L.，& Bruns，D. H.. Concepts and uses of the benefits approach to leisure. In E. L. Jackson & T. L. Burton（Eds.），*Leisure studies*：*Prospects for the twenty-first century*［M］. State College，PA：Venture. 1999. 349 – 369.

【补充阅读资料】

休闲式度假

十一黄金周休假七天，对于近段时间一直忙不迭的我来说，是一种奢侈的“年假”。曾企盼它的早日到来，可是当假日真正要开始的时候，我竟然有一种“拿在手里怕丢了，含在嘴里怕化了” 的惜情与敬畏感。于是，我在心里打起了小算盘，忖度着怎样惜时如金地度过专属我自己的休闲时光，然后咬着笔头，笨拙地记下我的一周生活，去重拾孩童时代的不羁与快乐。

第一天：“宅” 休闲

9 月真是一个忙碌的季节，各种节庆活动、会议，以及全省范围的“好客山东休闲汇” 让我总在奔跑之中，加之最近身体不适，感觉整个人像绷到极限的弦，即刻要崩溃的样子。还好，黄金周应时来“拯救” 我。关掉闹钟，让自己的大脑放空，第一天便是随心所欲地睡，直到肚子抗议才醒来，给自己的身心美美地放了一天假。

第二天：“吃” 休闲

经过一天的“休养生息”，整个人感觉精气神都上来了。望一望天高云淡的窗外风景，我准备去“好客山东休闲汇”滨州首届家庭厨艺风采大赛看看，想想这既能让自己味蕾美美享受一番，又能学一下厨艺，可谓是一件“一石二鸟”的美事。

来到黄河温泉度假村，赛事已经开锣。看到9个家庭的参赛选手已经井然有序地开始切菜、热锅，一派火热的场面。只见一个三口之家，女主人负责掌勺，男主人负责洗菜切菜，而5岁的儿子则负责端菜，其乐融融的氛围很是温馨。不一会儿，香气横溢的土豆丝、酸菜鱼出锅，经过评委们的品尝评定，他们获得了小组第一名，一家人欢呼雀跃起来。据了解，本次大赛获奖家庭将优先推荐为滨州市“好客山东休闲汇”休闲家庭，参加全省评选。

第三天：“采”休闲

10月3日，沾化冬枣节拉开帷幕。获悉开幕式会有明星助阵，我早早地搭上去沾化的车，背上相机，想以一个游客的视角，去亲自感悟沾化冬枣给当地人民带来的变化和给游客们带来的惊喜快乐。逾千人的场面宏大壮观，各路明星的精彩亮相让掌声欢呼声一潮胜过一潮。我第一次参加这样一个庆丰收的节庆活动，看着果农们溢于言表的笑容，我的心里也有莫名的激动与感动。

当问及枣园主人他的收成如何时，他笑着对我说：“虽然前段时间阴雨连天，但是并没有影响冬枣的收成。由于进行了疏密间伐等‘二次创业’，冬枣的口感和质量都比以前有了很大提升。今年的枣果虽然个头不大，但个个饱满透亮，脆生爽口，是我种枣以来收成最好的一年。”从他那满意的笑容中，我看到，小小冬枣的附加值已经改变了一个县乃至一个市的经济状况，更增加了人民生活的幸福感。

第四天：“购”休闲

早在假日前，就看到滨州市各大购物场所纷纷推出了优惠活动，了解到这正是“好客山东休闲汇”助推“购物打折季”的“旺季”，想必此时购物一定实惠多多。按捺不住地约朋友一起到市区狂购一把。各大购物中心的优惠条幅、宣传单充斥在街道两旁，广播也在循环播报着各种打折信息。日用品、衣服、小饰品，不知不觉中，我已经购置了不少东西，但是想想此时打折力度这么大，不如趁机屯购一把，也是为以后节省开支嘛。购物，吃饭，逛商店，夜幕降临，我的购物一天宣告结束。

第五天：“游”休闲

我是不太喜欢凑热闹的人，也深谙摩肩接踵将是怎样一种狼狈与疲倦，放弃外地旅游，想就在市里走走，未尝不能看到迷人的风景。吃过早饭，我便乘车赶赴滨州著名的“三蒲”景区，听说这里既有美景，也有真人CS、卡丁车等娱乐项目，泛舟赏景，参与游戏之中也应该是一个不错的选择。买一包滨州的特产——芝麻酥糖一面吃，一面静静地在园子里逛着，看着小朋友在嬉戏玩耍，老人在听戏吟曲，一种幸福感油然而生。生活确实多彩与美好，有时候缺乏的是发现美的心态。

第六天："听"休闲

假日进入倒计时，节日市场究竟怎样火热，也许数字能说明这一切，还得听听来自景区的一手材料。于是，我联系了滨州市旅游部门一探究竟。据介绍，截至10月6日，假日监测直报点沾化冬枣园和孙子兵法城共接待游客31.1万人次，实现旅游收入1800多万元。7日内预计全市共接待游客305.2万人次，旅游总收入4.01亿元，假日旅游消费可谓异常火暴。

第七天："悟"休闲

假日最后一天，是要收心进入工作状态的时候了。经过几日来休闲的"韬光养晦"，我发现自己身边尽是休闲，感觉主动地去做自己喜欢的工作亦是一种休闲。而且通过这几天的"玩"，似乎自己的工作效率有了一个提升，这也许是一种错觉，但是当有一种壮志重新出发的工作心态时，我知道这是休闲释放出来的能量。

总结我这7天的休闲生活，可以从一个侧面说明，休闲的大门已经向普通民众打开，人们的休闲意识已经得到强化，其将以燎原之势将全民休闲推向一个新的和谐发展舞台。

——资料来源：中国旅游报，2011－10－14. 第14版；略有删改。

【案例分析】

阳澄湖：上海人的后花园

中国阳澄湖以养殖优质的大闸蟹闻名。从上海开车到阳澄湖很近，大约两小时。除了大闸蟹，其实我对阳澄湖一无所知。然而，当我知道著名的国际酒店品牌费尔蒙选址阳澄湖作为中国第一家开业的酒店时，就明白阳澄湖这个地方需要我更多地去了解。

抱着期待的心情，我从上海出发前往阳澄湖。阳澄湖位于上海和苏州的交界，开车走高速公路，一个半小时左右就抵达下榻的费尔蒙酒店。当汽车经过菜田、农家、停摆着船只的湖畔、无数个蟹庄和蟹坊的广告牌，缓缓驶近酒店的时候，我已被酒店那巍巍的外观所吸引。独特的是，这气派被周遭清新秀丽的景色围绕，多了一份温柔，不会令人觉得有压迫感。

阳澄湖是上海人的后花园，总是借着长短假来小住，再借着地利之便，到车程40分钟以外的周庄走走，欣赏中国第一水乡的美丽。来到阳澄湖，费尔蒙度假酒店是必住的。费尔蒙是这周边众多酒店当中唯一一家国际品牌，换言之，住宿环境与品质更有保证。我不是个迷信品牌的人，是住过以后方觉物超所值。

酒店就坐落在阳澄湖畔，占尽近水楼台先得月的优势，住客可以惬意地饱览湖光秀色。酒店大堂用阔面落地玻璃把户外的湖畔景致及自然风光收纳在视线中。画龙点睛的是周遭也种满了桂花、玉兰花、薰衣草和樱花树，情景浪漫。

抛下市区的尘嚣入住度假酒店，水疗绝对是行程中的一大重点。屡获殊荣的蔚柳溪（Willow Stream）水疗中心遍布世界各地，坐落在阳澄湖的这一家在2010年开业。占地1300平方米，却只有8间理疗室，客人尊贵的程度可想而知。豪华套房拥有独立水疗设备，方便客人在此开水疗派对——听起来，真适合姐妹们的聚会呀！融入了当地自然风光特色，蔚柳溪的室内设计中运用了大量竹子的元素，休恬感倍增。在宽敞舒适的空间，看着沁人的绿意，听着潺潺的流水声，鼻端有清幽的香精气息，全身感官已不知不觉地放松了。

蔚柳溪的水疗概念源自无穷的能量，参照大自然、世界各地的传统及土地的蓬勃生命力创造出滋养身心的环境。昆山旅游度假区沿湖而建，浑然天成的湖光山色令人心旷神怡，加上当地独特的动植物生态，成就了阳澄湖蔚柳溪一系列概念创新而且可以有效提升能量的面部护理产品，以至水疗体验。我选择了以“东方疗法”为概念的竹子疗法，也是阳澄湖蔚柳溪的独家疗法：先用以迷迭香、干菊花、生姜等材料特别配制的香精油作按摩，待身体彻底放松以后，理疗师以两根已磨滑的竹子，配合独特手法按压身体的穴位与关节。由于理疗师手法纯熟，点穴准确，穴位被竹子按压以后，果然好像被打通了任督二脉般全身舒畅，劳损之感一扫而空。

然而，最令人难忘的是理疗房间落地窗外一大片的竹林。疗程开始之前，理疗师问我要下帘吗？我说不用了。我喜欢室内有点自然光。疗程完毕后，理疗师在遥控器上一按，电动床缓缓竖起——我在渐渐坐直身子的过程中，睁开眼睛，看见落地玻璃外，黄昏的日光为那片竹绿披上了一层金光，同时风捎竹林，竹子和竹叶摇摆如曼舞，细细地沙沙作响，那一刻，感觉十分曼妙，觉得世界好美好美。

度假酒店的面积占地4万余平方米，有1/3的土地是有机农地“悦丰岛”，结合了休闲公园和农地的概念。先说农地吧，酒店找来当地农夫在此种植蔬菜、水果、玉米、香料等。农作物的收成就是酒店餐厅的食材之源，同时，餐厅每天的厨余也被收集送到农地做肥料。绿化概念十分环保，也是良心企业对社会的贡献，击节叹赏！

悦丰岛引入阳澄湖水建成水上公园，以木桥和行人步道贯穿全岛，许多住客向酒店借了自行车，便到这里来环岛骑车，还可钓鱼、放风筝，甚至攀岩；也有的客人喜欢在傍晚来散散步，舒缓身心。

悦丰岛的农事活动多，可向酒店查询相关时间表：有幸的话可以看到渔夫示范鸬鸟捕鱼，亲自帮忙挤羊奶，又或者试吃即采的新鲜蜜糖，时令季节还可以采莲藕，节目丰富得很！

农事活动中，我和一群由家长带来的小朋友一起目睹了何谓“赶鸭子上稼”。农夫把小鸭子放置在竹篓里，然后让小朋友们尝试把小鸭子从篓子里抱出来，再放到田里。这些小鸭都是农事的小助手，可以吃掉稻田里的害虫，粪便又可以作肥料；鸭子长大以后，肉身还可以用来做菜。若不是有此经验，我还不懂稻鸭间如此优越的农耕概念呢！早上迎着阳光的稻秧，翠绿晶莹，充满生气，我在一旁看着小鸭群呱呱呱地下水，深深地体会田园生活的惬意！

悦丰岛还有个秘密基地，一般游客可能不知道。我和旅伴有幸认识了岛主朱小姐，在她的热情邀请下，到了岛上一家农舍“阿萍的家”去做客，吃有机私房菜。

拜访阿萍的家正值日落时分，斜阳映照在依湖而建的素雅农舍上，湖边停摆一叶小舟；门前有旧时的水井石磨木杵，一门一窗都是木质，风格质朴，叫人看了欢喜。农舍里家具简朴，但收拾得井井有条，一尘不染。厨房里有两个大炉灶，没有煤气没有电炉，主人阿萍以柴火生炊，晚餐就是以这个最原始的方式去烹煮。

有机私房菜的菜肴都是就地取材：到湖里捉了几尾昂茨鱼，宰了农场里的鸭子，到田里摘了黄瓜、番茄、茄子、长豆、丝瓜等蔬菜，并非什么山珍海味，但我生平第一次吃到了人间真味！

阿萍以鲜摘鲜榨的黄瓜汁迎客，那股清新自然的甜美，震慑了我的味蕾！这是我喝过的最新鲜的黄瓜汁啊！前菜是冰镇糖番茄，做法简单得不得了，不过是把红熟的番茄采下，切片后放进冰箱冷冻，要吃的十分钟前拿出来，抹上白糖就可。

昂茨鱼用来煮汤，不过是下了几片姜、几根葱和芫荽来煮，下一点调味，汤就清香无比！鱼肉结实而嫩滑，味道鲜美，滋味很活，这实在不是我们平日在餐厅、酒家所能吃到的，饲养在鱼缸里的鲜鱼味道所能相比的。

红烧鸭农家风味十足，难得吃到的鸭子一点也不肥，而且肉质很有弹性。清炒茄子、长豆等是我的心头好，每种蔬菜所属的个性及其味道都非常细致，而且带着一股天然、清爽的甜美。实在太棒了，一共八道菜，我每吃一道，就要大赞。

吃过私房菜，在月光下缓缓走回酒店，晚风吹来清凉，思绪涌现，回味这三天在阳澄湖的日子，真的很幸福。幸福地闯入了一个如桃花源般的环境，却同时可以在规划完善的条件下，接触了田园生活，对环保、对大自然有更美好的体会。我相信，这种返璞归真，是每个人心灵的最终归宿。

——资料来源：新加坡联合早报网，http：//travel. zaobao. com/pages7/china120227. shtml，2012 -2 -27；略有删改。

案例提示

1. 结合本案例讨论休闲连续体中休闲、消遣和旅游的关系。
2. “上海人的后花园”包含哪些休闲元素？
3. 结合本案例，讨论美国学者埃金顿（Edginton）等人对“休闲”所做的7个方面的定义。
4. 在休闲类型的框架下（闲逸休闲、深度休闲和项目型休闲），讨论本案例所涉及的休闲活动。
5. 从美食体验的角度，讨论休闲的价值和利益。

【复习与思考】

一、重要专业词汇

休闲社会（Leisure society）
休闲（Leisure）
消遣（Recreation）
玩耍（Play）
极乐（Pleisure）
闲逸休闲（Casual leisure）
深度休闲（Serious leisure）
项目型休闲（Project-based leisure）
业余活动（Amateurism）
癖好（Hobbies）
自愿性工作（Volunteering）
休闲方式（Leisure style）

二、思考和讨论

1. 讨论休闲、消遣和旅游的关系。
2. 从“极乐”（Pleisure）的角度，讨论休闲、消遣和玩耍的不同点以及它们之间的关系。
3. “休闲体验的发生为整个休闲体系中的各个利益相关者提供了大量的利益或好处”，从休闲者和休闲产业的视角，分别讨论休闲的价值。
4. 从个人利益、社会和文化利益、经济利益和环境利益四个方面，讨论休闲体验的价值。

第十二章

旅游研究

由于以知识为基础的旅游理论观重视旅游学理论的研究，需要更深入地了解和掌握与旅游相关的知识，因此旅游研究工作者、旅游管理者和旅游管理专业的学生都肩负着通过旅游研究的手段获得新知识的责任。以知识为基础的旅游理论平台近年来在旅游研究方面起着重要的作用，促进了旅游学研究、旅游理论的创新和旅游学科的发展。旅游研究的基本目的是为旅游管理部门及时地提供最新的信息和创新的理论，因此旅游研究工作者和旅游管理专业的学生熟悉和掌握旅游研究的类型、基本过程和研究方法是非常必要的，这样他们才能够不辱使命，通过旅游研究取得最贴近现实的成果，为旅游和旅游业的发展作出贡献。

第一节　旅游研究的学科渊源

如第一章所述，旅游是一个由多个利益相关群体组成的结构（见图 1 - 1），旅游学研究也具有多学科性（见图 1 - 4）。世界上能够在学术上同时引起经济学、地理学、环境学、心理学、社会学、政治学和管理学领域的学者和研究人员关注的人类活动是非常少见的，而旅游恰恰就是这样的人类活动。每一门学科都从其本身的角度研究旅游活动，并从这个方面对旅游研究贡献自己的力量。因此，从学科渊源的角度，可以采用三种方法探讨旅游：工商管理学方法（business studies approach）、整体论方法（holistic approach）和学科方法（discipline-based approach）。

工商管理学方法　工商管理学研究认为旅游是一个产业，或者是一个产业集群，需要使用恰当的管理和操作技能来管理企业。因此，需要研究管理学专门理论和市场营销理论在整个旅游行业中的应用。

整体论方法　这种方法比工商管理学方法更具学术性，因此学者们试图从多学科的角度探讨和研究旅游活动，其目标是发现蕴涵在旅游学和旅游研究领域中的固有的旅游学理论。

学科方法　这种方法将社会科学中的理论（例如，经济学或地理学）作为理论基础，试图找出旅游活动与其他活动的不同之处和独特之处。

维尔（Veal）提出了一个更简单的旅游学研究模式，他认为，在休闲和旅游活动发生的现实世界中存在着五个主要相关因素（见图 12－1）：

- 人；
- 组织；
- 旅游服务/旅游设施/旅游吸引物；
- 上述三个因素之间的联系；
- 发生所有相关活动的物理环境。

如图 12－1 所示，人、组织和旅游服务/旅游设施/吸引物之间存在着三种联系过程：

- 连接 A——市场研究和政治活动；
- 连接 B——市场营销、购买、销售、就业、参观访问或使用；
- 连接 C——规划和投资。

物理环境普遍存在，并以多种方式影响图 12－1 中所示的所有因素，并受这些因素的影响。其中，人是最重要的因素，因为组织是由人组成的，旅游服务/

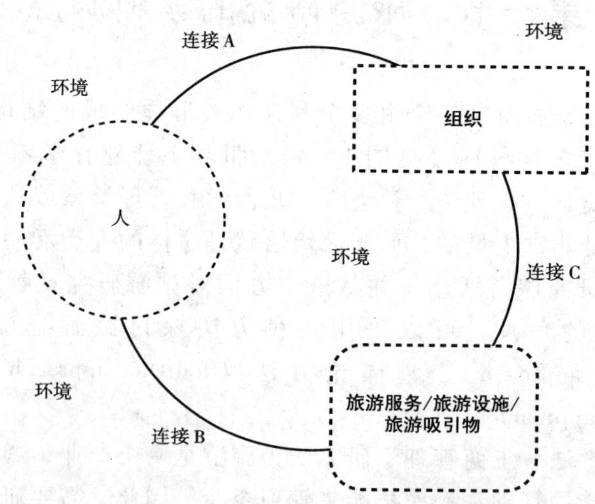

图 12－1　旅游研究的框架结构

资料来源：Veal，A. J. . *Research Methods for Leisure and Tourism：A Practical Guide*（2nd Ed.）［M］. London，UK：Pearson Education Limited，1997. 17.

旅游设施/旅游吸引物也是由人来经营和管理并且由人来使用的。与其他因素相比，人是最活跃的因素，在各个因素之间的来回运动频率也最高。

如前文所述，旅游学具有多学科性，但是各个不同学科由于其性质不尽相同，因此在这个体系中所起的作用和重点也各不相同：

其一，心理学和社会心理学主要针对人的因素，研究旅游者对旅游目的地的知觉、旅游动机、心理满意度、旅游消费行为等，通常与连接 A 和连接 B 相关。

其二，政治学主要关注各种组织，也研究旅游在各种政治行为和关系中的作用，因此常常涉及连接 A。

其三，历史学和人类学的研究范围几乎可以涵盖整个系统，以历史的观点研究当代的旅游人类学有助于了解旅游导致的文化互交现象。

其四，经济学也涉及这个系统的各个方面，主要关注旅游领域中各个部门的经济影响。不同的经济学分支的研究重点也各不相同，例如微观经济学、宏观经济学、数量经济学等。

其五，社会学在这个系统中主要关注人的活动，即旅游休闲活动。社会学还涉及人与组织的关系，因此连接 A 是社会学关注的主要目标。

其六，应用学科，例如，规划学、管理学、市场营销学等，以组织为基础，然后通过连接 A 和连接 C 与另外两个因素相连接并施加影响。

其七，地理学的基础是环境，研究地形地貌、空间因素、人文地理等因素对旅游活动和旅游业的影响。

第二节　旅游研究的基本类型和方法

在社会科学领域，旅游研究是一种以严谨敏锐的学术态度搜集信息的活动。和社会科学领域的其他研究一样，可以采用多种体系和方法对旅游研究进行分类。例如，可以根据研究的核心功能、信息要求或研究方法对旅游研究进行分类（见图 12－2）。根据研究的核心功能，可以将旅游研究分为基础研究（Basic research 或 Pure research）和应用研究（Applied research）；根据研究对信息的要求，旅游研究可以是探索性的（Exploratory）、描述性的（Descriptive）、解释性的（Explanatory）、因果性的（Causal）、比较性的（Comparative）、评价性的（Evaluative）或预测性的（Predictive）；依据采用的研究方法，可以将旅游研究分为定性研究（Qualitative research）、定量研究（Quantitative research）或混合研究（Mixed research）。

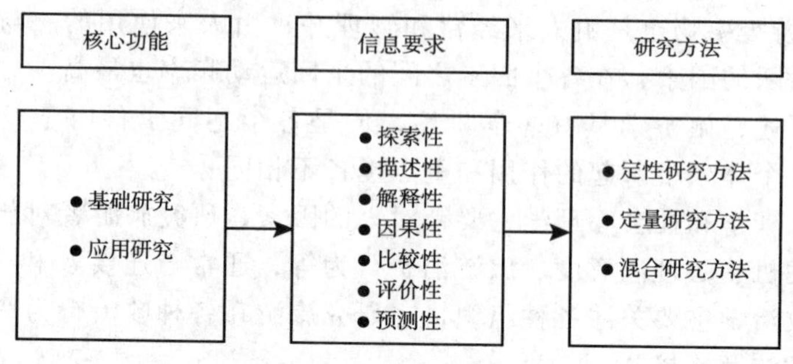

图 12－2　旅游研究的类型

资料来源：Jennings，G．*Tourism Research*［M］．Sydney，Australia：John Wiley & Sons Australia，2001．13；有改动。

1. 旅游研究的核心功能

旅游研究的核心功能分为两个部分：基础研究与应用研究。每一类研究都有其特定的功能和目的，在理解和认识旅游现象方面所起的作用也不相同。

（1）基础研究

基础研究有时也被称为“纯研究”。通过基础研究，人们能够创建理论、理论框架或理论模型。通过这种研究，人们可以获得知识，增加对旅游和旅游相关现象本身的了解和认识。基础研究不针对某个或某些具体的短期问题，也不会得出解决某个或某些具体的短期问题的答案。简而言之，基础研究花费的时间比较长，涉及宽泛的问题，其研究成果不能即刻应用于旅游实践。基础研究重视高等级的科学标准，尽力把研究做得完美无缺。在旅游研究领域中，巴特勒提出的旅游目的地生命周期理论、多克西提出的“激怒指数”及普洛格提出的旅游者的心理特征类型模式都是通过基础研究得出的结论。基础研究可以是探索性的、描述性的或解释性的。基础研究通常发生在大学或者科研机构中，因为这些单位中的学者和研究人员的责任是探索新知识和真理。

进行基础研究时，研究者根据需要，可以采用归纳法（Induction）或者演绎法（Deduction）。采用归纳法时，研究者通过反复的观察和数据分析能够创建出与这些观察相关的理论或理论模型。与之相反，演绎法的起点是现有的理论或理论模型。研究者将这个理论或理论模型应用于某个具体的情境或案例，并检验这个理论或理论模型的正确性。简而言之，归纳法从具体走向普遍，而演绎法则从普遍走向具体。也就是说，理论通过归纳法产生，通过演绎法应用到实践中。

图 12－3显示了在旅游研究的过程中，归纳法与演绎法之间的相互关系。

①归纳法

- 以 A 点为起点，对现象进行观察和描述；
- 向 B 点进发，对数据进行分析；
- 到达 C 点，创建理论/解释。

②演绎法

- 以 C 点为起点，提出假设；
- 向 A 点进发，对现象进行观察和描述，收集数据以验证假设的正确性；
- 向 B 点进发，对数据进行分析，对照数据验证假设的正确性。

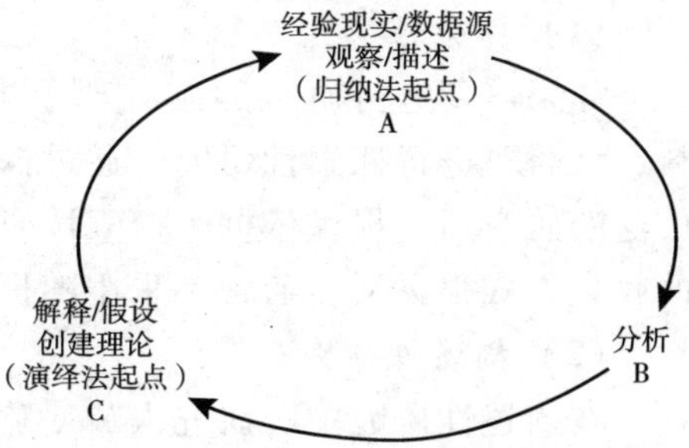

图 12－3 归纳法和演绎法的关系

资料来源：根据下列资料整理：Jennings，G.. *Tourism Research* ［M］. Sydney，Australia：John Wiley & Sons Australia，2001. 21；Veal，A. J.. *Research Methods for Leisure and Tourism：A Practical Guide*（2nd Ed.）［M］. London，UK：Pearson Education Limited，1997. 29.

（2）*应用研究*

应用研究的着眼点和目标是解决某个或某些具体的实际问题，也就是要把研究成果应用到旅游实践中。应用研究解决的实际问题包括：旅游产品的开发、旅游规划、旅游目的地开发、确定旅游细分目标市场、改进旅游服务、消除旅游的负面影响等。事实上，在旅游领域中进行的大多数研究都属于应用研究的范畴（这个结论丝毫没有贬低基础研究的含义）。由于应用研究是针对解决具体实际问题，虽然这类研究通常也都由学者、专业研究人员、研究机构或政府部门来完成，但是应用研究通常都在地方范围、区域范围、全国范围、旅游组织或机构中、旅游经营商、旅游业内的相关部门及旅游目的地社区中进行。如果应用研究由旅游业界的私有部门资助或受其委托进行研究，该项研究的成果很可能不对外公开，使其竞争对手无法使用研究成果的数据。应用研究对信息的要求非常广泛，包括图 12－2 中列举的七个方面的全部内容：探索性的、描述性的、解释性的、因果性的、比较性的、评价性的和预测性的。

2. 旅游研究对信息的要求

如图 12－2 所示，根据对信息的要求，旅游研究可以分为七个类别。但是，在实际研究过程中，研究人员可能会使用一种方法，或者同时使用两种或多种方法。研究人员将根据旅游研究对信息的具体要求决定选择一种或几种方法。

(1) 探索性研究

如果需要进行研究的旅游现象中没有或几乎没有前人留下的现成数据或资料，就需要进行探索性研究。通过探索性研究获取的数据可以为制定更深入、更广泛的研究项目提供依据。探索性研究通常都采用定性研究的方法，因为其数据的收集方式很灵活，通常不采用随机抽样的方式收集数据。

(2) 描述性研究

在描述性研究中，研究人员对旅游现象进行描述，但并不进行解释或说明。通常，描述性研究感兴趣的是“谁”（Who）和“什么”（What）。旅游领域中的很多研究发现都是描述性研究的成果，例如，对旅游模式和旅游行为的描述：人口统计数据、出境和入境旅游者统计资料、旅游目的、旅游者停留天数、交通方式、住宿方式、旅游消费模式等。这些资料对旅游规划和旅游管理部门都非常有用处，可以作为制定政策的依据和跟踪未来旅游动态的基准。描述性研究可以采用定性研究方法，也可以采用定量研究方法，还可以同时采用这两种方法。

(3) 解释性研究

解释性研究的目的是解释和说明旅游现象的“原因”（Why）和“方式”（How）。在进行解释性研究时，研究人员试图找出描述性研究描述的某个具体旅游模式或旅游行为的具体原因，并加以解释。与描述性研究相同，解释性研究可以采用定性研究方法，也可以采用定量研究方法，还可以同时采用这两种方法。

(4) 因果性研究

因果性研究从假设出发，研究变量之间的关系。例如，研究人员可能会考虑这样的观点：在旅游淡季降低旅游目的地与主要旅游客源地之间的飞机票价格可能会增加到访旅游者的数量。在这里，研究人员假设，飞机票的价格与目的地的到访率之间存在因果关系。如果研究证明这个假设成立，航空公司就可以据此改变其价格策略，以增加客流量；如果研究证明这个假设不成立，航空公司就需要进行进一步的深入研究，才能确定如何制定旅游淡季的运营策略。因果性研究因为涉及对多个变量的研究，还涉及对假设的检验，因此一定要采用定量研究的方法。

(5) 比较性研究

比较性研究在时间上、空间上或研究内容之间对研究内容进行比较，例如，某一个旅游目的地地区过去 10 年的国内旅游模式比较、两个或多个旅游目的地地区入境旅游模式比较、不同年龄或收入人群的不同旅游行为的比较等。在比较研究中，研究人员主要关注不同旅游目的地、不同群体或不同模式之间的相同点和不同点。比较研究的结果可以供旅游管理部门或旅游经营企业等制定相关政策和策略时参考。比较性研究可以采用定性研究方法，也可以采用定量研究方法，还可以同时采用这两种方法。

（6）评价性研究

评价性研究主要用于应用研究，因为研究者关注旅游政策、策略、规划实践及旅游法规建设等方面的改革所产生的效果。评价性研究既可以对研究对象的发展过程进行评价，也可以对研究对象所采取的一些措施和改革所取得的结果进行评价。同样，评价性研究可以采用定性研究方法，也可以采用定量研究方法，还可以同时采用这两种方法。

（7）预测性研究

预测性研究的目的是对未来事件进行预测。预测性研究可以进行短期预测（1～2年）、中期预测（2～5年）、长期预测（5～10年）及未来预测（10年以上）。预测的依据通常是专家的见解和判断。预测性研究的结果可以用于决策和规划，也可以用于确定旅游开发的过程。由于预测性研究主要凭借描述方法，因此可以采用定性研究方法，也可以采用定量研究方法，还可以同时采用这两种方法。

3. 旅游研究方法

如图12－2所示，从研究方法的角度，可以将旅游研究分为三种类型：定性研究方法、定量研究方法和混合研究方法。事实上，旅游研究对信息的各种要求已经决定了应该选择的具体研究方法。

（1）定性研究方法

定性研究的重点不是收集和分析统计数据，而是从研究对象或研究现场收集对现象的文字描述。定性研究通常只涉及少量的研究对象和进行少量的观察，但是对这些研究对象的采访和在研究现场进行的观察却是深入和彻底的。定性研究方法常常被认为是“数据强化工具”，因为运用这种方法，可以使问题的关键部分变得更明显、更清晰。因为定性研究只涉及数量不多的研究对象，因此其研究成果的代表性不强。定性研究只能使研究者对研究对象进行比较详细和深入的了解，因此，定性研究提供的只是该项研究中的研究对象生活片段的信息。

（2）定量研究方法

定量研究方法依赖于收集统计数据资料，然后运用各种分析工具对这些数据资料进行分析。与定性研究相反，定量研究方法常常被认为是“数据凝练工具”，因为运用这种方法，可以产生相对小规模的信息，但是代表很大规模的研究对象或者大量的观察结果。定量研究方法将来自大量研究对象的信息抽象概括为统计数据的展示，而不是对现象的文字描述。表12－1列举了定性研究和定量研究的主要不同点。

表 12-1　定性研究与定量研究的主要不同点

定量研究	定性研究
测量客观事实	构建社会现实和文化含义
以变量为重点	重视互动的过程和事件
可信度是关键	真实性是关键
不受价值观的影响	价值观明确存在
不受前后关系的影响	受局势的限制
研究很多案例和对象	研究为数不多的案例和对象
统计分析	主题分析
研究者与研究对象分离	研究者与研究对象接触

资料来源：Neuman，W. L. *Social Research Methods*：*Qualitative and Quantitative Approaches*（3rd Ed.）[M]. London，UK：Allyn and Bacon，1997.14.

(3) 混合研究方法

混合研究方法同时采用定性研究方法和定量研究方法，但是通常都将其中的一种方法作为主要研究方法，而将另一种方法作为辅助研究方法。采用混合研究方法的旅游研究通常都使用多种方法收集相关旅游现象的数据和资料。

第三节　旅游研究的数据和过程

1. 基本研究数据

数据资料是各种旅游研究的重要元素和分析依据。在了解旅游研究基本过程之前，有必要对研究数据进行概括性了解。研究数据资料通常可以划分为两大类别：原始数据（Primary data）和间接数据（Secondary data）。这两种数据的不同点在于研究者所使用的数据资料的来源不同。

(1) 原始数据

原始数据也可以称为第一序数据或一次数据。这类数据资料由研究者直接采集，而且研究者是数据资料的首次使用者。在研究者采集数据的过程发生之前，这些数据根本就不存在。原始数据的主要优点是，采用这种数据资料，研究者能够针对特定的具体问题，并能够找出相关问题的解决办法。收集原始数据的方法和手段多种多样，其中比较常用的主要方法包括调查法、重点群体法、德尔菲法、观察法、内容分析法等。

①调查法（Survey）。调查法是社会科学研究（包括旅游研究）中最常使用的一种方法。如何设计和实施调查取决于研究的目的和可供研究使用的资源情况。通常，可供研究者选择使用的主要调查方法包括两种类型：访谈和问卷调查。

访谈（Interview）可以面对面进行，也可以通过电话采访。访谈是采访者与被采访者之间的一种通过对话形式进行的信息交流。当然，这是一种有目的的信息交流。访谈通常可以分为三种类型：结构式访谈（Structured interview），使用正式固定的访谈程序，由采访者主导访谈的进行和受访者的思维；非结构式访谈（Unstructured interview），没有正式固定的访谈程序，采访者对访谈的控制很小，受访者可以不受约束地畅所欲言；半结构式访谈（Semi-structured interview），其形式介于结构式和非结构式之间，采访者对被采访者的控制程度既不像结构式那样严格，也不像非结构式那样松散。

问卷调查（Questionnaire）使用预先设计好的调查问题问卷表，向个体研究对象收集信息。旅游研究领域中常用的问卷调查有六种类型：①

- 家庭调查表：根据家庭住址选择研究对象，并入户进行调查；
- 街上调查表：在街上、购物中心等地，拦截行人进行调查；
- 电话调查表：通过电话采访研究对象并填写调查表；
- 邮寄调查表：用邮寄方式寄发和回收调查表；
- 现场调查表：在旅游和休闲场所现场进行调查，填写调查表；
- 针对某一群体的调查表：对某一群体的成员进行调查，填写调查表，例如，某一个俱乐部的会员、某一组织的员工等。

②重点群体法（Focus group）。这种数据收集方法采用面对面讨论的方式，对预先选定的一小群与研究问题相关的人员进行访谈。例如，某个兴趣群体的成员、某个运动俱乐部的会员或某个度假团体的成员，与其讨论旅游者对某个新开发的旅游项目的反应。为了保证重点群体法的可操作性，重点群体的人数通常限制在 8 至 12 人。他们可能互不相识，也可能互相认识。

③德尔菲法（Delphi technique）。也称为“专家决策法”。采用这种方法首先需要选择一组专家，然后：

- 将预先设计好的调查表邮寄给各位专家，请其提供解决方案；
- 每个专家组成员匿名、独立地完成第一轮问卷调查；

① Veal, A. J.. *Research Methods for Leisure and Tourism: A Practical Guide* (2nd Ed.) [M]. London, UK: Pearson Education Limited, 1997. 149.

- 第一轮问卷的结果集中在一起进行整理和复制；
- 将第一轮问卷的综合结果寄发给每个专家组成员，进行第二轮问卷调查；
- 请每个专家组成员根据第一轮问卷的反馈结果，再次提出解决方案；
- 可能要进行多轮这样的问卷调查，直到取得大体上的一致意见为止。

④观察法（Observation）。很多与旅游相关的研究项目都可以通过观察的方法收集数据。还可以将观察法进一步分成一般观察法（Observation）和参与观察法（Participant observation）。采用一般观察法时，研究者作为局外人对观察对象进行观察，并记录观察到的数据资料。采用参与观察法时，研究者首先要成为被观察的系统中的一员，使自己成为局内人，然后通过亲身参与收集和记录观察到的数据。

⑤内容分析法（Content analysis）。内容分析法指对信息载体的内容进行系统分析，例如，统计某一个旅游目的地的旅游广告在过去的5年中出现的美女画面的数量，以分析这类广告画面的变化情况。又如，统计某个旅游目的地的某个旅游吸引物在过去的2年中被国内5种主要旅行刊物提及的次数，以分析这个旅游吸引物的知名度和影响力。

（2）间接数据

间接数据也可以称为第二序数据或二次数据。间接数据资料是由他人采集和整理的，也就是说，研究者是数据资料的间接使用者。间接数据的优点是数据采集的成本相对比较低，因为数据的采集和整理工作已经由他人完成。其缺点是，数据资料的使用者无法确保所使用的数据的有效性和可靠性，因为他们没有亲身参与原始数据的采集和整理工作。间接数据的数据信息源对研究的成败至关重要。目前，旅游研究者经常使用的主要信息源包括学术期刊、学术著作、统计资料汇编、行业出版物、报纸和杂志及互联网等。

①学术期刊（Academic journal）。学术期刊是从事旅游研究的学者和学生的重要的间接数据来源。第一章介绍的世界主要同行评审英文版旅游学学术刊物的情况（见表1-2）可供旅游研究者参考。

②学术著作（Academic book）。学术著作既包括某个学者撰写的学术专著，也包括由某个学者主编，多个作者分别按专题撰写的合编著作。学术著作的篇幅通常都比较长，因此所含有的信息比较丰富，是重要的间接数据来源。

③统计资料汇编（Statistical compilation）。旅游统计数据通常由各个政府部门和非政府组织编纂整理。世界旅游组织每年出版的《世界旅游统计年鉴》和《世界旅游统计概览》，及中国国家旅游局每年出版的《中国旅游统计年鉴》、《中国国内旅游抽样调查资料》和《入境旅游者抽样调查资料》都是重要、可靠

的旅游统计资料。

④行业出版物（Trade publication）。行业出版物包括由各种行业协会和政府部门出版发行的定期或不定期杂志和信息通信。和学术期刊相比，行业出版物的科学性和学术性都不高，甚至不具备科学性和学术性。行业出版物通常具有明显的新闻性。尽管如此，行业出版物仍然是行业最新动态和发展趋势方面的信息的重要来源。

⑤报纸和杂志（Newspaper and magazine）。报纸和杂志与行业出版物相似，主要提供新闻信息和事件报道。

⑥互联网（Internet）。互联网已经成为旅游研究工作者获取间接信息的重要来源，其及时、实时提供信息的优势是不言而喻的。

2. 基本研究过程

为了从研究项目中获得实质性的、有价值的成果，研究（包括旅游研究）应该以周密、审慎、系统的方式进行。不同的研究者可能会针对不同的研究项目，对某个具体的研究项目采用不同的研究过程，但是在总体上，研究者进行旅游项目研究时，所遵循的步骤大体上是一致的。图 12－4 简要概括了旅游研究的基本过程。

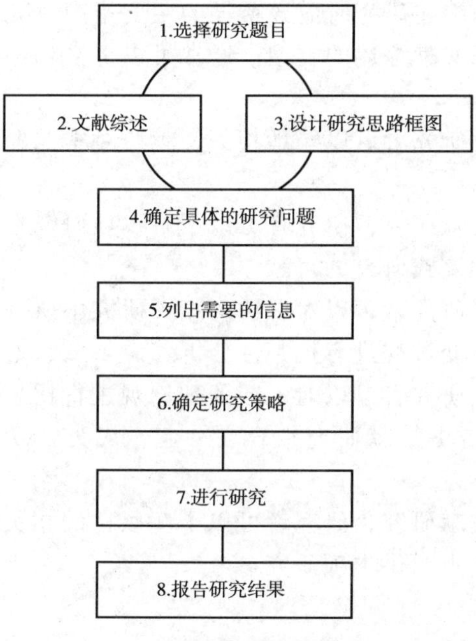

1.选择研究题目
2.文献综述
3.设计研究思路框图
4.确定具体的研究问题
5.列出需要的信息
6.确定研究策略
7.进行研究
8.报告研究结果

图 12－4　旅游研究的基本过程

资料来源：Veal，A. J. *Research Methods for Leisure and Tourism：A Practical Guide*（2nd Ed.）［M］. London，UK：Pearson Education Limited，1997. 40.

（1）选择研究题目

进行研究的第一步是确定研究者感兴趣的研究课题方向和题目。选择研究课题方向的依据通常包括：研究者的个人兴趣；现有的旅游研究文献关注的问题；旅游管理中的问题和政策；与旅游相关的社会问题；公众和大众媒体关注的问题。旅游研究者常常选择的研究课题方向包括：旅游的市场营销问题、旅游目的地的环境问题、旅游目的地社区对旅游的态度、旅游目的地生命周期问题、旅游的文化影响、旅游业发展对目的地地区的经济影响等。

(2) 文献综述

文献综述（Literature review）指研究者对其感兴趣的研究领域中已经发表或出版的间接数据资料和研究成果进行的综合浏览、查阅和研究，这是研究过程中的重要步骤。旅游研究是一个比较新的研究领域，而且如第一章所述，旅游学又具有多学科性和跨学科性，因此“文献综述”在旅游研究中更显得重要。在旅游研究中，文献综述的作用主要包括如下几个方面的内容：①

- 熟悉与研究课题相关的知识体系；
- 综合与总结与研究题目相关的各种观点和概念；
- 了解以前他人所进行的各种类似研究的路径；
- 借鉴其他研究者的成果，激发新观念和新思维；
- 提供与研究方法和理论框架的相关信息；
- 对本研究与他人进行的相关研究进行比较；
- 提供与本研究相关的必要信息或辅助信息，例如，重要的统计数据等。

文献综述的上述作用是研究者进行文献综述研究时应该遵循的主要指南。此外，研究者进行文献综述研究时，还要考虑文献综述的类型。通常可以将文献综述分为六种类型：②

①自我文献研究。通过自我文献研究，研究者可以熟悉相关文献，对本课题研究方向的现状有所了解。

②相关内容文献研究。通过相关内容文献研究，研究者可以了解本项研究在现有研究文献中的地位及对相关理论研究和实践研究的贡献。

③历史文献研究。通过历史文献研究，研究者可以对以往的相关研究中所采用的理论、提出的概念及各种理论框架的演变过程进行批判性分析。

④理论文献研究。通过理论文献研究，研究者可以对不同的理论观进行比较和分析。有时候，理论文献研究也可以与历史文献研究结合在一起，成为“历史—理论文献研究”。

⑤研究方法文献研究。通过研究方法文献研究，研究者可以了解以往的相关研究所使用的各种研究方法，并分析其优缺点，供本项研究参考。

---

① 参考下列资料整理：Veal，A. J. . *Research Methods for Leisure and Tourism：A Practical Guide*（2nd Ed.）［M］. London，UK：Pearson Education Limited，1997. 76；Neuman，W. L. . *Social Research Methods：Qualitative and Quantitative Approaches*（4th Ed.）［M］. Boston，MA，USA：Allyn and Bacon，2000. 446。

② 资料来源：Jennings，G.. *Tourism Research*［M］. Sydney，Australia：John Wiley & Sons Australia，2001. 312；有改动。

⑥综合文献研究。通过综合文献研究，研究者可以对与本研究无关的其他研究领域的文献进行研究和分析，其目的是综合审视各个研究领域的成果，了解本项研究在整体学术领域中的地位。

(3) 设计研究思路框图

研究思路框图（Conceptual framework）也可以称为“概念框架”。很多研究者和学生都认为研究思路框图是研究过程中最重要，也是最难做的一部分，同时也是最容易被忽视的一部分。设计研究思路框图时，要从以下四个方面考虑（见图 12－5）：

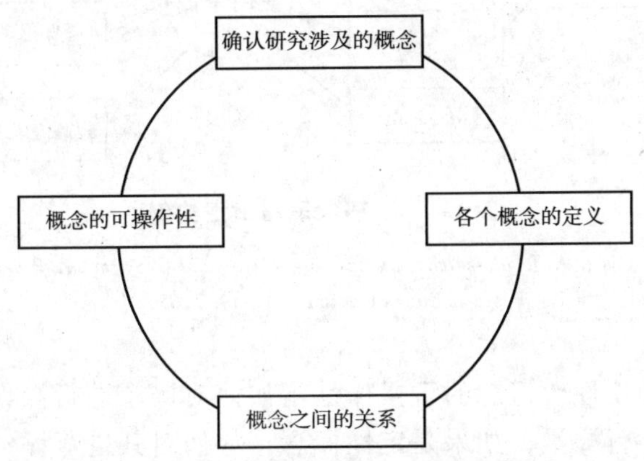

图 12－5　设计研究思路框图过程中涉及的基本要素

资料来源：Veal，A. J.. *Research Methods for Leisure and Tourism*：*A Practical Guide* (2nd Ed.)［M］. London，UK：Pearson Education Limited，1997. 46.

①确认研究涉及的概念。设计研究思路框图的第一个步骤是确认研究涉及的概念。这个步骤通常需要经过多次反复，对多个概念因素进行反复比较，才能最终得到满意的结果。

②各个概念的定义。确认了研究涉及的概念之后，还要明确地给出各个概念的定义，这样研究才能顺利地进行。

③概念之间的关系。确定概念之间的关系是大多数研究的关键。确定了各个概念之间的关系之后，才能有效地进入研究过程的下一个步骤。图 12－6 是一个研究思路框图的实例，这个研究的题目是评价公共休闲娱乐服务设施的效能情况。研究思路框图显示，如果与服务质量相关的各个变量（易于进入、多样性、安全性、吸引力、不拥挤）都获得很高的分数，那么该公共休闲设施的使用率就会很高（作用 1）。这就会进一步导致产生一些结果（作用 2）：市民的满意度

高；积极的经济影响；低犯罪率；人们较高的健康水平。研究者可以依据这些因素以及它们之间的关系最终判断这个公共休闲设施的成功与否。

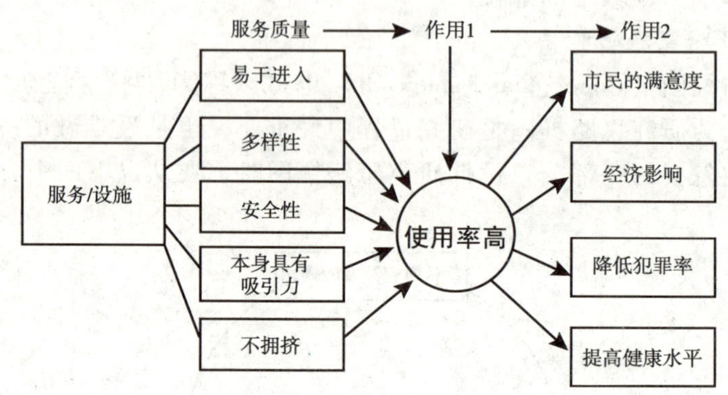

图 12－6　研究思路框图实例

资料来源：Veal，A. J.. *Research Methods for Leisure and Tourism*：*A Practical Guide*（2nd Ed.）［M］. London，UK：Pearson Education Limited，1997. 65.

④概念的可操作性。概念的可操作性指如何对概念进行操作，即如果是定量概念，如何对其进行测量；如果是定性概念，如何对其进行评价。

(4) 确定具体的研究问题

虽然研究者已经选定了研究课题的题目，但是研究者还需要确定具体的研究问题或假设，因为只有确定了具体的研究问题或假设之后，才有可能安排研究所需的时间和资源。然后依据研究课题的方向和可供使用的资源情况，就可以确定该项研究对信息的要求。如本章第二节所述，旅游研究对信息的要求，大致可以划分为七个方面：探索性的、描述性的、解释性的、因果性的、比较性的、评价性的和预测性的。因此，具体的研究问题或假设的提出也基于该研究项目对信息的某个或某些要求。

(5) 列出需要的信息

根据具体的研究问题和概念框架可以提出所需的一系列信息，例如，“旅游者对度假特征的认知”、“参观者对博物馆的知觉”等。所列出的信息一定要与具体的研究问题和概念框架相关，否则这些信息是没有价值的。

(6) 确定研究策略

正确恰当的研究策略可以保证研究的顺利进行。研究策略包括数据信息采集方法、数据分析方法、研究所需的预算、研究进展的时间安排等因素。

①根据数据的性质（原始数据或间接数据）及研究的性质（定性研究或定量研究）确定具体的数据收集方法。

②对量化的数据要用统计方法，借助统计软件（例如，SPSS）进行分析。对定性分析数据采用的分析方法则以主观判断为主，包括归类整理、比较、综合等方法。因为这些方法都具有很强的主观性，因此研究者常常采用三角校正法（Triangulation），即同时采用多种不同的方法对同一变量数据进行分析，力求给定性分析方法增加一点客观的色彩。

③通常，研究预算和时间都是固定的，因此研究者要根据其有限的资金和时间，安排研究所需的人力、物力和财力。

（7）进行研究

上述步骤完成后，研究者就可以组织研究项目的具体实施。事实上，在整个研究过程中，第一步至第六步是研究的准备阶段。显然，充分细致的准备是研究项目顺利进行的基础。缺少经验的研究者往往忽视准备工作的重要性，常常会匆匆忙忙地急于进入第七个步骤，开始进行研究。由于准备得不充分，常常会导致研究无法顺利进行或失控。

（8）报告研究结果

以书面或口头形式报告研究的成果是研究的最后一个步骤。研究者可以根据本项研究得出的结果的启示，在另一个项目中进行更深入的研究。其他研究者也可以借鉴这个研究成果，确定相关研究课题的题目或在自己的研究项目中获得可行的捷径。

第四节　撰写研究报告

1. 撰写研究报告的基本过程

如上所述，撰写研究报告是旅游研究的最后一个步骤。研究报告的目的是把研究各个阶段的成果或内容进行归纳总结，形成标准的文本文件，供公开发表使用。公开发表的形式很多，主要包括提交给研究项目资助者的报告、学术会议论文、学术期刊论文等。虽然撰写研究报告的过程因研究者的不同而各不相同，但是有一点是相同的：任何一个高质量的研究报告都是经过反复修改后才完成的。尽管研究报告的撰写过程不尽相同，但是基本过程还是相似的，所涉及的基本元素也差不多。如图 12 – 7 所示，撰写研究报告的过程通常包括五个基本步骤：准备阶段、草稿、修改、校对、公开发表。

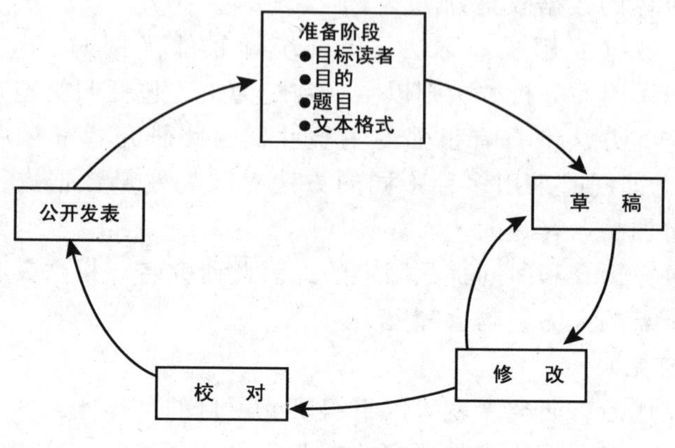

图 12－7　研究报告的撰写过程

资料来源：Jennings，G.. *Tourism Research* [M]. Sydney，Australia：John Wiley & Sons Australia，2001. 25；略有改动。

在撰写研究报告的准备阶段，研究者要构思报告的整体结构，整理撰写研究报告所需的相关数据资料。此外，研究者还要考虑研究报告的目标读者、目的、题目及文本的格式。通常，草稿阶段和修改阶段可以合为一体，因为研究报告的草稿要反复修改多次之后，才能够进入校对阶段。在草稿阶段和修改阶段，研究者或研究报告的执笔人的工作重点是，如何让研究报告的行文和语言能够清晰地表述和传达研究者的意图。在校对阶段，研究者或研究报告的执笔人要重点检查研究报告是否有语法错误、句子不通顺、错别字、标点符号错误等问题。最终送交公开发表的研究报告文本应该是经过精心润色的专业文件，根据不同的需要针对不同的目标读者。

2. 研究报告的基本结构

研究报告的目的是向社会或目标读者传递研究结果和发现，因此撰写研究报告遵循的原则是，研究报告必须能够简明、清晰、准确、客观地将研究项目所涉及的各个相关方面的信息都展示出来。依据研究报告提供的信息，学术领域的其他研究者可能会相信并接受研究报告得出的结论，也可能会对其中的某些观点和结论产生怀疑，提出挑战意见。为了取得这样的效果，研究报告通常应该包括如下内容：封面、目录、摘要、报告正文、参考文献、附录。

(1) **封面**

封面通常包括研究报告的题目、作者姓名、作者单位、研究项目的赞助单位、研究报告完成日期等信息。

(2) **目录**

目录部分除了要列出研究报告的章、节（包括摘要、参考文献、附录和鸣谢等内容）之外，通常报告中包含的所有表格和图解的目录应该分别单独列出。

(3) **摘要**

摘要部分应该描述研究的问题、研究背景、研究方法和数据来源、主要研究结论、研究者的建议等内容。和研究报告的正文相比，目标读者阅读摘要的次数要远远超过报告正文，因此摘要不但要非常简要、准确，还要具有很高的信息性。根据不同的要求，研究报告的摘要可以分为短摘要（Abstract）和长摘要（Executive summary）两种类型。短摘要的字数通常在150~200。长摘要也称为“内容概要”、“执行概要”或“概要介绍”等，其字数一般都比较多。通常，20页的研究报告的长摘要为1~2页；50页的研究报告的长摘要为3~4页；100页的研究报告的长摘要可以达到5~6页。

(4) **报告正文**

研究报告的正文依据不同报告的性质和特点，通常可以分成若干章节，但其主要结构一般包括引言部分、研究方法部分、研究发现/结果部分、讨论部分、结论部分及建议部分。

①引言部分。研究报告的引言部分应该对下列内容进行叙述：

- 研究背景；
- 本项研究的预期贡献；
- 研究的目的或提出的假设；
- 本研究项目所应用的理论框架；
- 本研究涉及的相关定义；
- 与本研究问题相关的文献的现状。

研究者或研究报告执笔人可以依据自己的偏爱安排文献综述在研究报告中的位置。可以将文献综述部分放在引言部分中，也可以让其独立成章。

②研究方法部分。研究方法部分的作用是让读者了解研究者是如何设计研究项目的，同时也展示出研究者的研究能力。在研究方法部分中，需要陈述的主要内容如下：

- 主要研究方法（定量研究方法、定性研究方法或混合研究方法）；
- 具体的研究方法，例如，结构式访谈、电话问卷调查法、德尔菲法等，及采用这些方法的依据；

- 数据采集程序及采取的增加受试者回应率的策略；
- 抽样方法和样本情况，采用此种抽样方法的依据；
- 数据分析方法及采用此种方法的依据。

③研究发现/结果部分。研究发现/结果部分是研究报告中非常重要的一部分，通常也是非常大的一部分。这个部分要对各个变量进行描述，还要描述它们之间的关系；要用文字、表格及图形对研究结果进行描述。通常，在这个部分中，只对研究结果进行展示和描述，不对其进行分析、解释和讨论。

④讨论部分。在讨论部分中，要对本研究项目的主要发现和结果进行总结和分析。研究者或研究报告执笔人应该对照引言或文献综述部分中提出的理论框架及主要研究假设和研究目的，对研究发现和结果进行分析和解释。通常，讨论部分在研究报告中所占的分量与研究发现/结果部分相同，这两个部分各自的字数大概在研究报告总字数中分别占30%。

⑤结论部分。有时也将结论部分称为“结论和总结部分”。在这个部分中，要重新阐述研究问题，总结研究结果，还要对整个研究报告进行总结，并对未来研究的方向提出建设性意见。

⑥建议部分。提出建议的依据是研究结果、研究假设及研究目的。研究者提出的建议通常包括多种选择，研究项目的委托人或资助部门可以根据自己的需要和人力资源、财政资源及时间限制等实际因素的情况，从中进行选择。

（5）参考文献

按照学术界的惯例，参考文献部分所列的所有参考文献都一定要在研究报告中被引用过，在研究报告中没有被引用过的文献绝对不要列入参考文献部分。中文参考文献的排列通常按照作者姓氏的汉语拼音顺序，外文参考文献通常按照作者姓氏的英文字母顺序排列。在旅游研究领域中，用英文撰写的研究报告及参考文献的格式，通常依照美国心理学会（American Psychology Association）的论文写作格式，即APA格式。

（6）附录

附录的作用是提供一些数据、资料、文字等材料，对研究报告的正文部分起补充作用。每个附录都应该单独标示，并具有单独的标题（例如，“附录一 问卷调查表样本”或“附录二 结构式访谈问题清单”）。

【补充阅读资料】

英国的国际旅客调查

英国的国际旅客调查始于1961年，由政府支持，目前其调查范围已经覆盖了英国所有的进/出口岸。国际旅客调查是对进出英国国境的旅游者的调查。这种调查采用了对旅游者样本进行当面访问的方式收集数据。英国的国家统计办公室与其他政府部门共同负责数据的收集和调查分析工作。国际旅客调查结论能够满足各种不同形式的需要：提供以CD或者其他数据光盘形式储存的“旅行数据包”，使用者可以用其进行数据分析；每季度发行《MQ6——海外旅游》，提供最新的旅游信息；每年发行《旅游趋势》，报道国际旅客调查工作成果。在1997年的调查中，调查者随机选择了25.8万名调查对象，其中大约有0.2%的人是符合条件的旅游者。调查访谈的主要问题包括：国籍、居住地、游览的国家（针对出国旅行的英国居民）、旅游目的、飞机或者轮船的信息、收入水平、消费水平及人口统计特征。这项调查的回收率为83%。调查方法是在英国7个主要机场及其他地方机场、港口和海底隧道进行可重复的随机抽样调查。国际旅客调查提供了出入英国国境的国际旅游信息，还提供了有关游客人数、停留时间、创造的价值等信息以及其他方面的信息，例如，旅行方式、旅游目的、年龄及性别等。国际旅客调查的四个主要目标是：

1. 收集旅游收支账户平衡的数据（其目的是把英国入境旅游者的消费总额与英国海外旅游者的消费总额进行比较）。
2. 提供有关到英国旅游的外国游客的详细信息，以及英国的出境旅游者的详细信息。
3. 提供有关国际移民的数据。
4. 为航空和海运机构提供有关乘客旅游线路的信息。

——资料来源：史蒂芬·佩吉等著，刘劼莉等译. 现代旅游管理导论［M］.
北京：电子工业出版社，2004.18；略有改动。

现代抽样方法的先驱——盖洛普

《一种客观测量报刊读者阅读兴趣的新方法》是乔治·盖洛普（George Gallup）在艾奥瓦大学写博士论文时用的题目。通过对“Des Moines Register and

Tribune"和瑞士数学家 Jakob Beronli 具有200年历史的概率统计理论的研究，盖洛普在抽样技术领域取得了进展。他指出，当你的抽样计划中的调查对象涵盖广泛，涉及不同地域、不同种族、不同经济层次的各式各样的人们时，你只需要随机抽取而无须采访每个人。尽管当时他的方法不能为每个人所理解和认同，但是现在，这种方法已经被广泛采用了。

盖洛普通常引出一些特例来解释他自己在说什么或做什么。假设有7000颗白豆子和3000颗黑豆子十分均匀地混在一起，装在一只桶里。当你舀出100颗时，你大约可以拿到70颗白的和30颗黑的，而且你失误的概率可以用数学方法计算出来。只要桶里的豆子多于一把，那么你出错的概率就小于3%。

20世纪30年代早期，盖洛普在美国很受欢迎。他成为德雷克大学新闻系的主任，然后转至西北大学。在此期间，他从事美国东北部报刊的读者调查。1932年夏天，一家新的广告代理商 Young & Rubicam 邀请他去纽约创立一个旨在评估广告效果的调研部门，并制定一套调研方案。同年，他利用他的民意测验方法帮助他的岳母参选衣阿华州州务卿。这使他确信他的样本调查方法不仅在数豆子和报刊读者调查方面有效，并且在选举人调查方面也很有效。只要你了解到抽样范围的广泛性，白人、黑人、男性、女性、富有、贫穷，城市、郊区、共和党、民主党，只要一部分人代表他们所属的总体，你就可以通过采访相对少数的一部分人，来预测选举结果或者反映公众对其关心的问题的态度。盖洛普证实，通过科学抽样，可以准确地估测出总体的指标。

——资料来源：小卡尔·迈克丹尼尔等著，范秀成等译. 市场调研精要［M］. 北京：电子工业出版社，2005. 274；略有改动。

【案例分析】

北京休闲市场调查报告

休闲，是人们对闲暇时间的利用方式，是人们对闲暇时间的多样化选择。从休闲方式看，包括积极休闲，比如旅游、度假、健身、进行体育活动、看电影等，还包括消极消闲，比如睡觉、打牌等。旅游是休闲的一种积极方式，度假又是旅游的一种形式，是人们离开日常工作、生活环境，到另一个地方，让身心得到放松，使精神愉悦，其间可以有一些观光活动和各类娱乐活动，但主要是在一地的停留，以休闲放松为主。休闲度假的时间可长可短，长的比如带薪休假，其次是黄金周，最短的是周末双休日，假期的长短影响人们的出游距离和停留时间，对于北京市民郊区休闲度假市场来说，主要研究的就是市民在黄金周和周末到北京周边区县的休闲度假行为。这里的度假就是人们把闲暇时间用于出游，出游原因或许看重的是良好的自然环境，或许是一种乡村感觉，或许是一种消遣娱乐方式。

为了了解北京市民的郊区出游行为偏好，我们特别进行了一次调查。考虑到郊区出游的主要人群为有车一族，调查对象也以有车族为主。

一、北京休闲度假市场的发展背景

1. 收入水平

按照国际经验，一个国家人均收入超过1000美元，旅游需求将急剧膨胀，但主要是观光性旅游需求。人均收入达到2000美元将基本形成对休闲的多样化需求和多样化的选择，人均收入达到3000美元，度假需求就会普遍产生。北京目前人均收入已经超过3500美元，休闲度假的需求已经非常现实，从消费能力上也具备了相应的经济能力。根据《北京市统计局2004年国民经济和社会发展统计公报》，北京全年实现生产总值4283.3亿元，比上年增长13.2%，第三产业实现增加值2570亿元，占到60%。全年城市居民人均可支配收入15637.8元，实际增长11.5%；人均消费支出为12200.4元，实际增长8.6%。农民人均纯收入7172元，实际增长9.2%；人均生活消费支出4886元，实际增长3.9%。2004年北京接待国内旅游者1.2亿人次，比上年增长36.8%；旅游收入1145亿元，增长62.2%。

2. 汽车保有量

黄金周和周末北京市民到周边区县的度假过程中，自驾车是主要的出行方式,汽车保有量也就成为一个重要的衡量指标。2004年年末全市汽车保有量187.1万辆，比上年年末增加19.4万辆，其中轿车保有量109.6万辆。私人汽车保有量达到129.8万辆，比上年年末增加18.2万辆，其中轿车保有量80.3万辆。按北京市户籍人口计算，每100人保有私人汽车11辆。从私人汽车保有量来看，具备度假需求和度假能力的人群在出行工具上是基本没有问题的。

3. 市民出游愿望和实际出游频率

95%的北京市民希望到郊区旅游、度假，近1/3的市民愿意在双休日到郊区旅游，其中25%的市民有在外住宿的意愿。

超过2/3的城市家庭每年都进行郊游，其中30%每年郊游3次以上。在北京市区的调查中，32.6%的被访者每周或经常到郊区旅游，而在怀柔各景区所做的调查中，44%的被访者回答经常到郊区旅游。

截至2004年年末，北京市常住人口1492.7万人，按照调查中愿意出游和实际出游的人数比例，郊区的休闲度假市场已经是一个有相当规模的旅游市场。

4. 京郊的休闲度假供给

在北京市民有强烈出游愿望的同时，郊区各地也充分发挥各自资源优势，不断开发出各类旅游活动和节庆活动，吸引市民前往旅游。比如以“吃农家饭、住农家院、观自然景、赏民俗情、享田园乐”为主要内容的特色民俗游，以采摘、垂钓、休闲农场、生态农业园等突出“绿色、休闲、参与、体验”的观光农业游，各种节庆活动，比如怀柔的板栗旅游文化节、慕田峪金秋游园会、金秋红螺文化大集等，延庆的杏花节、消夏避暑节、金秋采摘节、冰雪旅游节等，都为北京市民提供了许多精美的旅游文化大餐。北京市有关部门先后制定了民俗旅游村（户）和观光农业示范园区标准，评出30个市级观光农业示范园、70个市级民俗旅游村和5100多个市级民俗旅游接待户。目前，全市郊区已有2000多个观光农业园区、220多个民俗旅游村、2万多民俗旅游户，各郊区的交通、餐饮、旅游条件都大为改善。2004年，北京郊区观光农业收入超过30亿元，从事民俗旅游和观光农业的农民将近10万人，接待民俗旅游客人893.9万人次，同比增长40.8%；郊区民俗旅游收入达到7.57亿元，同比增长23.51%；仅怀柔一区就共开放旅游景点26个，累计发展民俗旅游户3084余户，全年共接待游客751.8万人次，实现旅游综合收入7亿元。

二、市民的郊区出游行为特征

1. 最喜欢去或旅游次数最多的区域

在北京的8个远郊区和2个县中，被访者最喜欢去或旅游次数最多的区域情况是：选择怀柔的人数最多，占37.4%，其余为密云，占20.7%，两者之和占了总人数的一半以上；接下来依次是昌平7.8%、平谷7.1%、顺义6.5%、通州5.8%、延庆4.8%、门头沟4.2%、房山3.1%、大兴2.6%。可以看出，怀柔和密云在被访者心目中或实际旅游选择中是较受青睐的，其中怀柔是最受欢迎的，而在进一步对怀柔最大旅游特色的调查中，被访者中选择自然生态的最多，占59.3%，选长城的占18.3%，选水资源的占15.1%，选宗教文化的占3.3%，选重大节庆活动的占1.2%，选其他的占2.8%。可以看出人们多数喜欢怀柔，而喜欢怀柔的原因就是良好的自然生态。

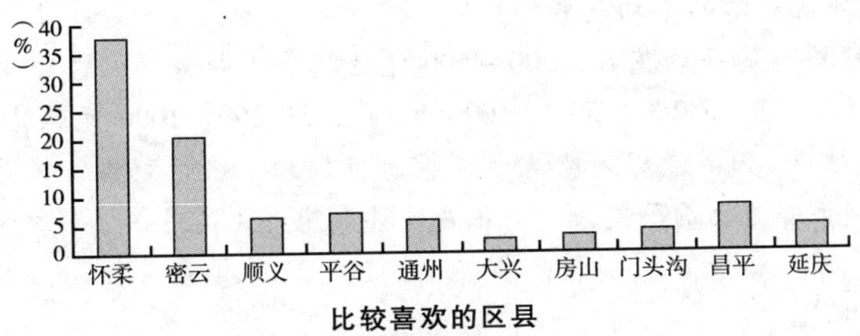

比较喜欢的区县

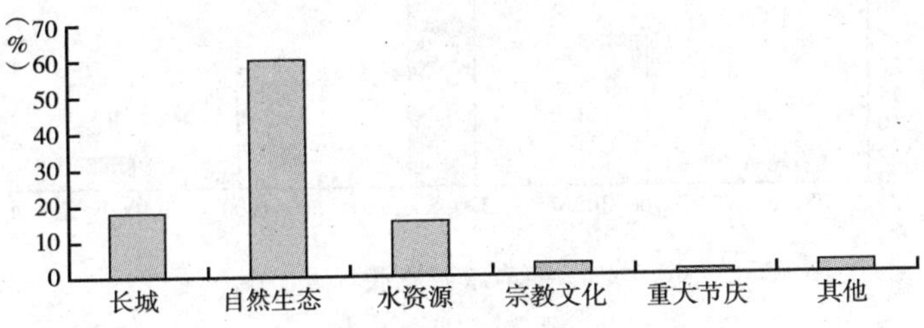

怀柔最大旅游特色

2. 旅游目的地最具吸引力的因素

在回答最喜欢去或去的次数最多的区域让你最满意或最吸引你的因素是什么的问题时，37.4%的被访者回答是景点本身的吸引力，23.1%的被访者回答是个人偏好，21.4%的被访者回答时间更好安排，12.3%的被访者回答费用更便宜，5.8%的被访者回答到外地旅游不方便。说明景点本身的吸引力在游客选择旅游目的地方面有着最重要的影响力，其次为个人偏好和时间的适宜性，费用排在第四说明旅游者对价格并不是最看重的，旅游地的吸引力和个人爱好才是最重要的，人们对旅游的态度更偏向于一种经历的品质，一种个性的选择，而非廉价的消遣。

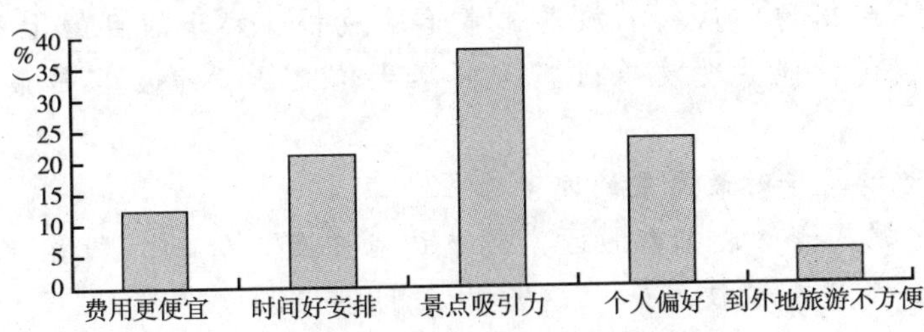

旅游目的地的吸引力因素

3. 每次郊区旅游的平均花费

每次郊区旅游的平均花费，300～500元的消费人数最多，占到42.2%，其次为100～300元，占26.2%，500～1000元的占21.2%，1000元以上的占5.8%，100元以下的占4.6%。考虑到被访者在旅游目的地、旅行距离、旅游时间、旅游方式、消费能力等方面的不同，这一花费统计只能大致说明一个平均水平。

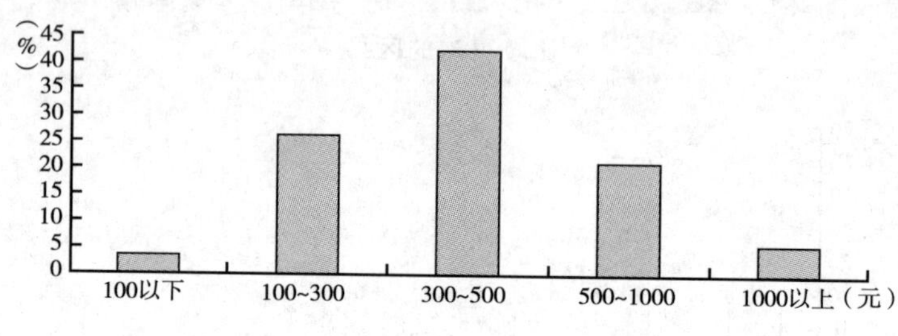

平均旅游花费

4. 最佳车程

对于郊区旅游多久的车程比较合适的问题，回答1～2小时的人最多，占57.2%，其次为0.5～1小时，占18.7%，2～3小时占17.1%，3小时以上占4.9%，0.5小时内占2.1%。人们大多接受1～2小时的车程，能够离开日常居住地而又不会因长距离行程而感到疲倦或耽误游览休闲。对于北京郊区旅游来说，这是可以实现也是比较现实的。

5. 最喜欢的出游方式

在出游方式上，选择和朋友一起出游的人数最多，占48.5%；选择和家人一起出游的其次，占42.3%；选择单独出游以及和同事一起出游的分别占4.6%和4.5%。从年龄特征上看，年轻人更喜欢和朋友一起出游，年长者更喜欢和家人一起出游。从人们旅游通常追求放松、娱乐的目的上看，和朋友、和家人一起出游，能共度欢乐时光，共享天伦之乐，也应当是最主要的出游方式。

6. 选择旅游景点时最看重的因素

对选择旅游景点时最看重的因素，被访者中57.5%的人回答“自然风景”，13.0%的人回答“交通便利”，9.4%的人回答“服务态度”，7.9%的人回答“文化氛围”，5.2%的人回答“娱乐设施”，3.9%的人回答“价格”，3.1%的人回答“接待设施”。

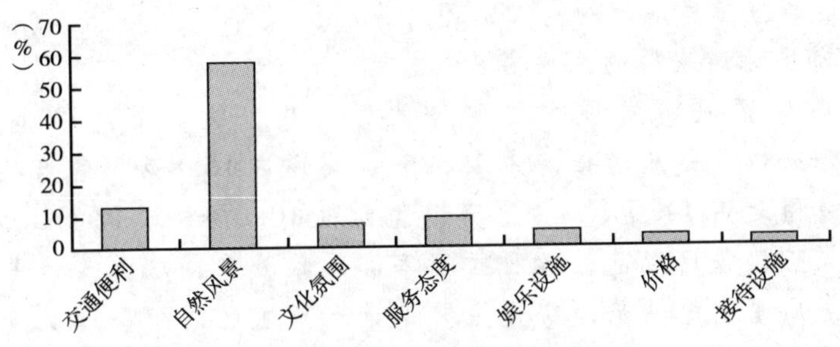

决定前去旅游的主要因素

这里一半以上的被调查者选择了自然风景，也可以看出城市居民希望远离城市喧嚣，更加偏爱和渴望亲近的还是郊区的自然山水；交通排在第二说明人们对出游距离和出游的便利性比较在意；服务态度排第三说明市民对旅游地的旅游从业者素质有所要求；娱乐实施的重要性比例不是很高，但随着休闲度假人数的增加，这一项应该是越来越被看重的；价格相比来说不是重要因素，再次说明人们追求的还是旅游品质。

另外，目前景点的接待设施、娱乐设施、服务水平都没能成为争取旅游者的主要因素，一方面是景区在这些地方应该说做得还不是特别出色，另一方面从游客的角度来看，在各项设施都还基本能够接受的前提下当然还是最看重景区资源的特色，但这并不能说明辅助设施和服务不重要，它们是各旅游吸引地不可缺少的竞争力。

7. 北京更应该开发什么类型的旅游项目

在问卷给出的十类旅游项目中，允许多选，对休闲度假类项目持肯定态度的人数比例最高，达78%；接下来分别是生态环境类48.3%，文化古迹类17.4%，探险拓展类14.0%，农业观光类13.8%，娱乐项目类13.4%，体育竞技类8.6%，节庆活动类5.5%，旅游房地产类2.1%，会议会展类2.0%。

可见，人们对休闲度假类的旅游项目是比较青睐的，这从上文休闲度假发展的背景可以看出人们对它的需求的确是比较大的，特别是对郊区旅游而言；对生态环境类项目的肯定者人数也较多，说明人们渴望回归自然的心态；其次是文化古迹类，说明人们渴望旅游的文化体验；探险拓展和娱乐项目的比例相当，这类项目对于年轻人的吸引力应是很大的；农业观光也有需求，对于目前开展的比较红火的民俗旅游、生态农业观光园区等还有很大的市场潜力。相比来说，会议会展和旅游房地产的选择人数较少，主要是相比其他旅游项目对普通旅游者的吸引力不大，特别是旅游房地产的发展，还未普及。

8. 目前郊区旅游发展的主要劣势

在对目前郊区旅游发展主要劣势的评价中，认为管理最差的最多，占22.5%，接下来依次是旅游接待占19.2%，交通占16.8%，景点品位与特色占15.0%，人才匮乏占14.0%，生态环境脆弱占10.0%，其他占2.5%。管理差通常表现为景点的秩序混乱，各种拉客宰客现象较多；旅游接待差主要是在硬件设施和服务质量上的缺陷；交通主要是景点离城区的距离以及景点的可进入性；景点品位与特色主要是景点自身的开发规划和吸引力；人才匮乏是缺少旅游专业人士从事旅游开发和管理工作；生态环境脆弱是旅游发展的可持续性不足。

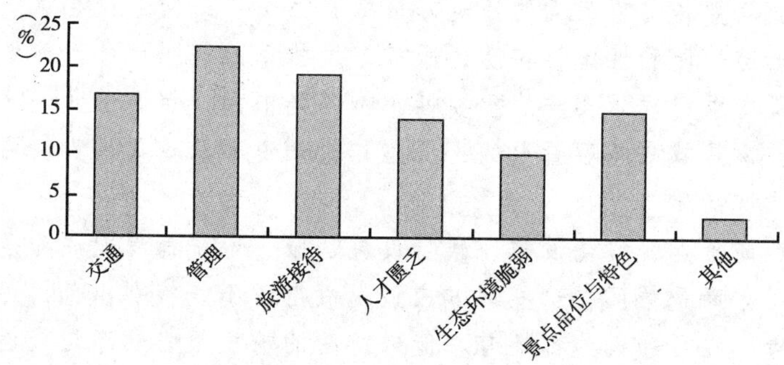

郊区旅游发展主要劣势

9. 年收入对旅游消费行为的影响

调查中发现，随着年收入水平的增加，郊区出游频率在增加，而年收入15万元以上的出游频率低于年收入5万至15万元的人群，除去样本数量的局限性，也存在高端消费者更多选择外地旅游甚至出境游的原因。收入水平和旅游消费水平呈明显的正相关关系，平均每次旅游花费500元以上的比例都随着年收入的增加而增加。在选择旅游景点时，相比来看低收入者对自然风景的好坏更加看重，他们的旅游更多是观光游览性的，而高收入者可能更多偏向休闲娱乐型旅游，对自然风光的要求相对小一些。

10. 教育程度对旅游消费行为的影响

对于被访者的教育程度，我们分为研究生及以上、本科、大专、高中及以下，调查中发现学历水平越高，郊区出游频率越高，平均旅游花费越高，对生态环境类项目的偏好也越高，呈正相关关系。

三、北京郊区休闲度假市场的开发建议

1. 旅游项目开发类型应优先休闲度假类和生态环境类

调查中市民对休闲度假类和生态环境类旅游项目的支持率是最高的，这是比较符合城市居民对郊区休闲度假的需求特征的。市民在周末或黄金周到郊区出游，最看重的就是郊区的自然生态环境，希望远离城市喧嚣，渴望绿色，渴望自然，所以依托自然山水风貌的各类景区应该努力保护好景区内自然生态环境，营造一个让人回归自然又享受自然的舒适氛围。另外，针对休闲度假特点，各类康体、娱乐度假村，乡村民俗旅游，农业观光生态园区等，也将容易受到市民的青睐。

2. 针对游客出行方式，加强市场宣传和针对性服务

自驾车已经成为郊区旅游的主要出行方式，所以对有车一族的宣传促销十分必要，同时，针对有车族自驾车出行的相关需要应该给予充分的了解和满足，包括景点信息的有效获取，为其设计最佳行车路线，保证良好的道路交通状况，规范清晰的交通标志牌，安全可靠的临时停车点，足够的停车场停车位，汽车应急维修服务等。针对市民大多愿意和家人、朋友一起出游的特点，要充分考虑到配置适合家庭氛围、朋友聚会的各种接待、娱乐设施。同时游客朋友之间的口碑宣传作用会变得比较重要，为游客提供满意服务将有助于游客返程后的正面宣传，为其带来更多潜在游客。

旅游信息的传播渠道也很重要，比如在有车族比较集中的地方提供免费旅游宣传资料，在人流比较集中的地方设立旅游咨询点等，目的都是减少游客搜集信息的成本，让信息主动暴露给游客并获取注意。

3. 为游客创造尽可能精彩的旅游经历

游客在选择旅游景点时最看重的还是景点自身的吸引力，其次是服务态度、文化氛围、接待设施、娱乐设施等，价格并不是最主要的考虑因素，所以对旅游景点来说，应该尽可能地为游客创造一段精彩难忘的旅游经历，因为这才是他们最想要的，只要他们满意，他们是愿意为此付费的。所以说，在游客非常重视自己游览经历的品质时，应尽可能地为其展示景点的魅力所在，提供高质量的服务和丰富的娱乐项目。在保证景区独特性和吸引力的基础上，将服务水平和硬件设施也逐步培育成景点吸引力的重要组成部分，使之从一般的必要因素逐渐成为景区的魅力因素，成为帮助游客获取满意旅游经历的一个途径。

——资料来源：北京绿维创景规划设计院．旅游运营，2005（9）．

案例提示

1. 讨论本研究的研究方法、数据收集方法和数据分析方法。
2. 本研究的具体研究问题是什么？
3. 简述本研究的基本研究过程。
4. 讨论第三部分“北京郊区休闲度假市场的开发建议”与第二部分的数据分析结论之间的相关性。

【复习与思考】

一、重要专业词汇

基础研究（Basic research，Pure research）
应用研究（Applied research）
定性研究（Qualitative research）
定量研究（Quantitative research）
归纳法（Induction）
演绎法（Deduction）
原始数据（Primary data）
间接数据（Secondary data）
研究思路框图（Conceptual framework）

二、思考和讨论

1. 基础研究和应用研究的主要区别是什么？
2. 结合具体案例，分析和讨论在旅游研究过程中，归纳法与演绎法之间的相互关系。
3. 根据旅游研究对信息的具体要求，可以将旅游研究分为哪些类别？
4. 定性研究方法与定量研究方法的主要不同点有哪些？
5. 简述旅游研究的基本过程。
6. 设计研究思路框图时，要考虑哪些基本要素？
7. 研究报告的撰写过程通常包括哪些基本步骤？

参考文献

中文文献

1. 〔美〕阿拉斯塔·莫里森著，朱虹等．旅游服务营销（第3版）[M]．北京：电子工业出版社，2004.
2. 〔英〕弗兰克·豪伊著，丁宁等译．旅游目的地的经营与管理 [M]．沈阳：辽宁科学技术出版社，2006.
3. 广西壮族自治区旅游局等．旅游业对国民经济贡献率研究 [M]．北京：中国旅游出版社，2004.
4. 〔澳〕克里斯·库珀等著，张俐俐等译．旅游学——原理与实践 [M]．北京：高等教育出版社，2004.
5. 李天元．旅游学概论 [M]．天津：南开大学出版社，2002.
6. 李天元．中国旅游可持续发展研究 [M]．天津：南开大学出版社，2004.
7. 李昕．实用旅游心理学教程 [M]．北京：中国财政经济出版社，2001.
8. 李仲广，卢昌崇．基础休闲学 [M]．北京：社会科学文献出版社，2004.
9. 刘晖．旅游民族学 [M]．北京：民族出版社，2006.
10. 〔英〕伦纳德·J. 利克里什等著，程尽能等译．旅游学通论 [M]．北京：中国旅游出版社，2002.
11. 〔英〕罗伯·戴维森等著，吕宛青等译．商务旅行 [M]．昆明：云南大学出版社，2006.
12. 罗明义．旅游经济学原理 [M]．上海：复旦大学出版社，2004.
13. 马勇，周娟．旅游管理学理论与方法 [M]．北京：高等教育出版社，2004.
14. 马勇，周霄．旅游学概论 [M]．北京：旅游教育出版社，2004.
15. 〔英〕乔治·托可尔岑著，田里等．休闲与游憩管理 [M]．重庆：重庆大学出版社，2010.
16. 申葆嘉．国外旅游研究进展 [J]．旅游学刊，1996（5）.
17. 〔英〕史蒂芬·佩吉等著，刘劼莉等译．现代旅游管理导论 [M]．北京：电子工业出版社，2004.

18. 〔英〕史蒂芬·威廉姆斯著，杜靖川等译. 旅游休闲［M］. 昆明：云南大学出版社，2006.

19. 王大悟. 旅游度假区开发观论析［J］. 旅游科学，2006（2），16－17.

20. 王洪滨. 旅游学概论［M］. 北京：中国旅游出版社，2003.

21. 〔美〕威廉·瑟厄波德主编，张广瑞等译. 全球旅游新论［M］. 北京：中国旅游出版社，2001.

22. 〔美〕维克多·密德尔敦著，向萍等译. 旅游营销学［M］. 北京：中国旅游出版社，2001.

23. 魏小安，张凌云. 共同的声音：世界旅游宣言［M］. 北京：旅游教育出版社，2003.

24. 〔美〕小卡尔·迈克丹尼尔等著，范秀成等译. 市场调研精要［M］. 北京：电子工业出版社，2005.

25. 谢彦君. 基础旅游学［M］. 北京：中国旅游出版社，2001.

26. 徐汎. 中国旅游市场概论［M］. 北京：中国旅游出版社，2004.

27. 〔英〕亚德里恩·布尔著，龙江智译. 旅游经济学［M］. 大连：东北财经大学出版社，2004.

28. 〔英〕约翰·斯沃布鲁克等著，俞慧君等译. 旅游消费者行为学［M］. 北京：电子工业出版社，2004.

29. 〔英〕约翰·沃德著，曾萍等译. 旅游案例分析［M］. 昆明：云南大学出版社，2006.

30. 〔美〕詹姆斯·伯克等著，叶敏等译. 旅游产品的营销与推销（第2版）［M］. 北京：电子工业出版社，2004年.

31. 张帆等. 旅游对区域经济发展贡献度研究［M］. 北京：经济科学出版社，2003.

32. 张广瑞主编. 生态旅游：理论辨析与案例研究［M］. 北京：社会科学文献出版社，2004.

33. 朱建国. 休闲体育：人类均衡发展的社会哲学［J］. 体育与科学，2010（3），52－55.

34. 〔英〕Christine Williams 等著，戴斌等译. 旅游与休闲业服务质量管理［M］. 天津南开大学出版社，2004.

35. 〔加〕David A. Fennell 著，张凌云译. 生态旅游［M］. 北京：旅游教育出版社，2004.

36. 〔澳〕David Weaver 著，杨桂华等译. 生态旅游［M］. 天津：南开大学出版社，2004.

37. 〔加〕Lynn C. Harrison 著，周常春等译. 国际旅游规划案例分析［M］. 天津：南开大学出版社，2004.

英文文献

1. Angelo, R. M., and Vladimir, A. N.. *Hospitality Today: An Introduction* (4th Ed.) [R]. Lansing, MI, USA: The Educational Institute of AH & LA. 2001.
2. Angelo, R. M. & Vladimir, A. N.. *Hospitality Today: An Introduction* (6th Ed.) [M]. Lansing, MI, USA: The Educational Institute of AH & LA. 2007.
3. Bull, A.. *The Economics of Travel and Tourism* (2nd Ed.) [M]. Melbourne, Australia: Addison Wesley Longman. 1995.
4. Butler, R. W.. The concept of tourist area cycle of evolution: Implications for management of resources[J]. *The Canadian Geographer* 1980(24).
5. Cook, R. A., Yale, L. J., & Marqua, J. J.. Tourism: The Business of Travel(4th Ed.) [M]. Upper Saddle River, NJ, USA: Pearson Prentice Hall. 2010.
6. Driver, B. L., & Bruns, D. H.. Concepts and uses of the benefits approach to leisure. In E. L. Jackson & T. L. Burton (Eds.), *Leisure studies: Prospects for the twenty-first century* [M]. State College, PA: Venture. 1999.
7. Edginton, C. R., Hudson, S. D., Dieser, R. B., & Edginton, S. R.. *Leisure Programming: A Service-centered and Benefits Approach*(4th Ed.) [M]. New York, USA: The McGraw-Hill Companies, Inc. 2004.
8. Fennell, D. A.. *Ecotourism Programme Planning* [M]. Wallingford, UK: CAB International. 2002.
9. Goeldner, C., Ritchie, J and McIntosh, R.. *Tourism: Principles, Practices, Philosophies* (8th Ed.) [M]. New York: John Wiley & Sons. 2000.
10. Goeldner, C. and Ritchie, J.. *Tourism: Principles, Practices, Philosophies*(11th Ed.) [M]. New Jersey, USA: John Wiley & Sons, Inc. 2009.
11. Hall, C. M.. *Introduction to Tourism: Dimensions and Issues*(4th Ed.) [M]. Frenchs Forest, Australia: Pearson Education Australia. 2003.
12. Hunter, C.. Sustainable Tourism as an Adaptive Paradigm [M]. *Annals of Tourism Research*, 1997(24), 850 – 67.
13. Jennings, G.. *Tourism Research* [M]. Sydney, Australia: John Wiley & Sons Australia. 2001.
14. Kotler, P, Bowen, J. and Makens, J.. *Marketing for Hospitality and Tourism*(3rd Ed.) [M]. Upper Saddle River, NJ, USA: Pearson Education, Inc. 2003.
15. Kraus, R.. *Recreation and Leisure in Modern Society*[M]. New York, USA: Appleton-Century-Crofts. 1971.
16. Leiper, N.. *Tourism Management* (3rd Ed.) [M]. Frenchs Forest, Australia: Pearson Education Australia. 2004.

17. Lindberg, K.. *Policies for Maximising Nature Tourism's Ecological and Economic Benefits* [M]. Washington, DC, USA: World Resources Institute. 1991.

18. Lumsdon, L.. *Tourism Marketing*. London, UK: International Thomson Business Press. 1997.

19. MacCannell, D.. *The Tourist: A New Theory of the Leisure Class* [M]. New York: Schocken Books. 1976.

20. Mieczkowski, Z.. *Environmental Issues of Tourism Recreation* [M]. Lanham, MD, USA: University Press of America. 1995.

21. Neuman, W. L.. *Social Research Methods: Qualitative and Quantitative Approaches* (4th Ed.) [M]. Boston, MA, USA: Allyn and Bacon. 2000.

22. Page, S. J., & Connell, J.. *Tourism: A Modern Synthesis* (3rd Ed.) [M]. Hampshire, UK: Cengage Learning EMEA. 2009.

23. Perroux, F.. *A New Concept of Development* [R]. Paris: UNESCO. 1983.

24. Poon, A.. *Tourism, Technology and Competitive Strategies* [M]. Wallingford, UK: CAB International. 1993.

25. Richardson, J. and Fluker, M.. *Understanding and Managing Tourism* [M]. Frenchs Forest, Australia: Pearson Education Australia. 2004.

26. Roche, M.. *Major Sports Events: Learning from Experience* [C], SPRIG conference, UMIST Manchester. 2001.

27. Ryan, C.. *Recreational Tourism: A Special Science Perspective* [M]. New York, USA: Routledge. 1991.

28. Sharpley R. and Telfer D. (Eds).. *Tourism and Development: Concepts and Issues* [M]. Clevedon, UK: Channel View Publications. 2002.

29. Stebbins, R. A.. Casual Leisure: A Conceptual Statement. [*J*]. *Leisure Studies*, 1997 (16), 17 - 25.

30. Stebbins, R. A.. *Serious Leisure: A Perspective for Our Time* [M]. New Brunswick, NJ: Transaction Publishers. 2007.

31. Swarbrooke, J.. *The Development and management of Visitor Attractions* (2nd Ed.) [M]. Singapore: Elsevier Science. 东北财经大学出版社影印出版,2005.

32. Theobold, W.. *Global Tourism* (2nd Ed.) [M]. Oxford, UK: Butterworth-Heinemann. 1998.

33. Veal, A. J.. *Research Methods for Leisure and Tourism: A Practical Guide* (2nd Ed.) [M]. London, UK: Pearson Education Limited. 1997.

34. WCED (World Commission on Environment and Development). *Our Common Future* [M]. Oxford, UK: Oxford University Press. 1987.

35. Weaver, D.. *Ecotourism in the Less Developed World* [M]. Wallingford, UK: CAB

International. 1998.

36. Weaver, D.. *Ecotourism* (2nd Ed.) [M]. Milton, Australia: John Wiley & Sons Australia, Ltd. 2008.

37. Weaver, D. and Oppermann, M.. *Tourism Management*[M]. Milton, Australia: John Wiley & Sons Australia, Ltd. 2000.

38. Weaver, D. and Lawton, L.. *Tourism Management* (3rd Ed.)[M]. Milton, Australia: John Wiley & Sons Australia, Ltd. 2006.

39. Weaver, D. and Lawton, L.. *Tourism Management* (4th Ed.)[M]. Milton, Australia: John Wiley & Sons Australia. 2010.

第三版后记

本书第一版自2006年1月问世，2008年1月修订第二版出版以来，受到了旅游学术界的同仁和使用学校师生的热情支持和好评。本人为此受到了很大鼓励，因此萌生了对本书再次进行修订的想法，以补充原书中的遗漏之处，并结合全球旅游发展的新思维和新实践，增加和更新一些与时俱进的内容。这个想法得到了中国旅游出版社的大力支持和帮助。

这次修订仍然保留了原书的基本框架，但是根据旅游学科和旅游业的最新发展对原书各章的内容都进行了补充和更新（包括理论框架、数据、图表、补充阅读资料、案例分析和参考文献等）。另外，为了适应我国休闲旅游和度假旅游的发展，增加了“休闲与旅游”一章。进入21世纪之后，中国的旅游业随着国家整体经济的发展正在迅速崛起，成为世界旅游业中举足轻重的力量。因此，中国的旅游发展实践也正在为世界旅游业和旅游学术研究提供宝贵的理论和实践基础。本次修订在一定程度上增加了一些与中国相关的理论与实践的内容。

本次修订版，全书共分为十二章，内容涉及旅游管理学的主要基础理论和实践，主要内容包括整体旅游系统、旅游市场、旅游营销、旅游对经济的影响、旅游的社会文化影响、旅游对环境的影响、旅游目的地开发、旅游的可持续发展、休闲与旅游和旅游研究。本书可以作为高等院校旅游管理类专业《旅游管理学》课程的教材，供本科生或研究生使用，还可以供旅游管理类专业的教师、旅游相关领域的研究人员、旅游业各个领域中的各类管理人员参考。

本次修订工作自始至终得到了中国旅游出版社付蓉编辑的大力支持和帮助，在此表示衷心的感谢。同时，作者也再次感谢使用本书的各个院校的教师和学生，以及旅游研究学术界和旅游产业界的同行对本书的厚爱。

旅游学科是一门新兴的学科领域，所涉及的某些理论需要在实践中加以完善，同时由于作者的水平所限，书中难免存在一些谬误和不足，恳请各位学术同仁和广大读者不吝赐教。

作　者

2012年6月于澳门